北京市科技创新平台项目"史学理论学科核心观念研究"(项目编号:SK2020PT03)

史学理论
核心观念研究

Key Issues
in Historical Theory

邓京力 ○ 主编

中国社会科学出版社

图书在版编目（CIP）数据

史学理论核心观念研究 / 邓京力主编 .—北京：中国社会科学出版社，2022.4

ISBN 978-7-5227-0063-2

Ⅰ.①史… Ⅱ.①邓… Ⅲ.①史学理论—研究 Ⅳ.①K0

中国版本图书馆 CIP 数据核字（2022）第 061253 号

出 版 人	赵剑英
责任编辑	耿晓明
责任校对	李 萍
责任印制	李寡寡

出　　版	中国社会科学出版社
社　　址	北京鼓楼西大街甲 158 号
邮　　编	100720
网　　址	http://www.csspw.cn
发 行 部	010-84083685
门 市 部	010-84029450
经　　销	新华书店及其他书店
印　　刷	北京明恒达印务有限公司
装　　订	廊坊市广阳区广增装订厂
版　　次	2022 年 4 月第 1 版
印　　次	2022 年 4 月第 1 次印刷
开　　本	710×1000　1/16
印　　张	26
字　　数	376 千字
定　　价	128.00 元

凡购买中国社会科学出版社图书，如有质量问题请与本社营销中心联系调换
电话：010-84083683
版权所有　侵权必究

序

邓京力

本文集旨在反映新世纪以来国内史学理论界对于学科核心观念的主要研究成果，形成对该领域国内外研究状况较为全面的认识和把握，并在其中一些重大史学理论问题上做出系统而深入的思考。以此推进当下中国史学理论的创造性发展，激发我们进行国际性学术对话的学科能力。文集所邀作者均为该领域具有代表性的国内研究者，所收入的论文也是他们近年取得的相关于本书主题的最为突出的成果，能够集中反映史学理论学科发展和建设的主要趋势。在研究内容上，本书分为上下两篇，共二十一章，从史学理论核心观念的整体性阐释到基于国别、史家和理论家的个案理解分析。重点围绕历史事实、历史解释（历史阐释）、历史证据、历史真理、历史客观性、历史认识主体、历史叙事、历史时间、历史语境、历史表现、历史文化、历史知识的构建等在当前国内外史学理论研究中凸显的核心观念。同时，还包括对唯物史观的再认识，以及后人类史观、文明史观等本体论问题的探讨。这些内容既在总体上呈现出 21 世纪史学理论学科建设的突破性发展，又能够有力而具体地说明中国史学理论学科体系、学术体系和话语体系构建的基础。

美国历史学家林恩·亨特在《全球时代的史学写作》中指出，马克思主义史学是二战后最重要的四大史学范式之一①。她的这个看法

---

① 这四大史学范式指的是现代化、马克思主义、年鉴学派与身份认同政治，参见［美］林恩·亨特《全球时代的史学写作》，赵辉兵译，大象出版社2017年版，第62页。

序

一方面是基于包括中国在内的一些国家马克思主义史学长期处于主流地位，另一方面也说明马克思主义史学在西方乃至全球的深远影响。对此，年鉴学派和英美史家也都有过类似的论述。例如，这方面的最新成果——由王晴佳和伊格尔斯主编的《全球视野下的马克思主义史学研究》①，就着重强调了马克思主义理论对历史书写在全球范围内所产生的广泛而深刻的影响。从中我们可以看到，马克思主义史学在不断地与其他理论互动借鉴的过程中，不断地受到其他学派的思想滋养，这也促使当今的史学理论与历史书写要想回避马克思主义几乎成为不可能。但同时，马克思主义史学也因此面临着更多、更复杂的挑战。全球化的趋势、后现代的来临、宏大叙事的危机、种族问题的积累、阶级与阶层的流动等等问题，都使得马克思主义史学在应对这些纷繁复杂的变化时，急需自我更新、突破创新，以保持自身与时代之间的契合性。那么，深入研究和了解近二十年来国外史学理论的最新成果与马克思主义史学之间的关联性，批判性汲取其中有益的成分，用以推进国内史学理论建设和实践研究应该说具有相当重要的现实意义。

近二十年来，国外史学理论研究表现得相当活跃，越来越多的史学理论家、历史哲学家、经验历史学家以各自不同的方式加入讨论中来。史学家比以往任何时候都更加关注历史学自身的理论及其对历史书写的影响，更加积极地对历史研究的性质、原则和方法做出新的反思。这些讨论的重要性在于，直接触及现代史学长期建立起来的历史观念、研究范式，以及历史书写传统。可以说，近二十年来史学理论研究发生了整体性变化，其中孕育着 21 世纪新的史学理论体系的构建。

目前，国外对于史学理论核心问题的研究形成了以下三类比较引

---

① Q. Edward Wang and Georg G. Iggers eds., *Marxist Historiographies: A Global Perspective*, London and New York: Routledge, 2016. 对该书的书评可参见邓京力、胡宇哲《马克思主义史学的全球性发展——评王晴佳、伊格尔斯等主编 *Marxist Historiography: A Global Perspective*》，《理论与史学》第 5 辑，中国社会科学出版社 2020 年版。

人注目的形式和立场：第一类，后现代史学理论家的理论建构，其学术旨趣在于解构现代西方史学理论体系和专业历史写作的基本框架与经验原则，同时广泛利用其他学科的理论方法建构后现代史学理论。其中包括海登·怀特对历史叙事理论的研究，弗兰克·安克斯密特对历史表现理论、历史经验理论的研究，英国史学理论家凯斯·詹金斯对后现代史学理论谱系及其影响的研究、对历史学性质与限度的反思等。第二类，稳健型的历史哲学家和史学史家在客观地审视后现代挑战的利弊之后，尝试探索史学理论发展的新途径。其中包括以美国历史学家罗伯特·伯克霍夫为代表的充分发掘后现代挑战对于史学研究的建设性意义，并从中系统梳理出叙述与语境、历史表现与真实、文本与修辞、历史化时间、多元视角与历史书写等史学理论问题；以德国历史哲学家约恩·吕森、波兰史学理论家托波尔斯基为代表的对于弥合或超越现代与后现代史学理论的鸿沟、探索多种历史书写可能性的研究；以格奥尔格·伊格尔斯为代表的对于"语言学转向"与历史研究关系的探讨、对于历史书写的诗性与科学性的讨论；以美国史学史家厄斯特·布雷萨赫为代表的对于世纪之交后现代挑战及其后果的研究等。第三类，经验历史学家从自身专业领域与历史学科整体发展的实际出发，重新反思史学理论的基本问题。其中包括以英国史家理查德·伊文思为代表结合后现代主义对于历史事实、史料性质、历史知识和权力的关系、客观性问题的挑战，提出历史学的多重特性和学科发展的正当性；以美国宗教史学会主席伊丽莎白·克拉克为代表着重对于语言学、结构主义、叙事主义、文本主义等理论给历史学带来的启示和发现进行了系统分析。此外，微观史家卡洛·金兹堡，美国新文化史家娜塔莉·戴维斯、林恩·亨特，英国新文化史家彼得·伯克等也都从其专业领域论及当前史学理论问题与历史书写的关系等①。

---

① 以上所述相关研究成果均可参见邓京力等著《近二十年西方史学理论与历史书写》，中国社会科学出版社2018年版，主要参考文献部分，第328—349页。

序

近年国内史学界也越来越重视对史学理论核心观念的研究，尤其对 20 世纪 70 年代以后影响历史研究走向的史学理论问题尤为关注。我们大体可以将相关内容概括为以下四个方面：第一，有关后现代历史哲学的整体性研究，涵盖从分析历史哲学到结构主义与解构主义历史哲学的演变、宏大叙事的崩塌、语言学转向之后的历史编纂观念、历史叙事理论、历史隐喻理论、历史语境等问题。第二，有关叙事主义历史哲学和当代西方史学理论的具体研究，包括对以海登·怀特、安克斯密特等为代表的史学理论家的思想阐释，也有对历史叙事与文学叙事、事实与解释、相对主义与叙事主义、历史学客观性等理论问题的专门研究。第三，从历史认识的角度，探讨现代到后现代历史认识的转变，论及福柯、德里达等后现代史家和理论家的思想对于历史认识论、历史知识论所产生的影响。第四，关注到近年史学理论界出现的某些新变化，发现其中有关历史意识、历史书写、历史记忆、历史感、历史理性、历史时间、史家角色、后叙事主义等专门问题的研究。这里，我们择其要者简论之。

重新反思历史学性质问题是近二十年来史学理论发展中的核心地带。针对后现代主义史学理论提出的以文学形式探讨史学类型的路径，我们发现当代西方史学界对于历史学性质问题的立场可以划分为重构主义、建构主义、解构主义三种基本类型。重构主义秉持经验主义的传统，强调历史知识与过去实在相符合的客观性与真理性，相信史家具有以历史叙事的方式重建过去的技能，拒斥任何理论模式在历史中的应用。建构主义主张历史在根本层面上依旧是对过去的摹写，但在经验事实之外需要借助其他学科的理论和方法，以期实现对总体历史的建构，并达到宏观与微观的结合。而解构主义则指出了过去与历史之间、真实与叙述之间、实在与语言之间联结的脆弱性，全面质疑过去能否通过重构或建构的方式转变为真实的历史，主张以解构历史编纂学的方式透析过去如何被编制为各种历史。这一史学类型的划分标准本身即蕴含了后现代主义的基本理论立场与实际指涉，即反对经验主义和认识论的理论预设，主张从文学形式或审美化、修辞化的

序

角度来认识历史学的学科性质,因而将其定位于制造历史知识的文学形式。这虽然从一个侧面揭示了历史学与文学之间的深刻联系,却也在某种程度上否定了历史学的科学属性,不免有将问题重新简单化的倾向。相对于其他学科而言,历史学是一个内涵非常复杂的学科。当下如何将历史学作为一套科学的知识体系、一门艺术或文学形式,以及所独有的学科技艺与规范等多重属性有机地结合起来,超越所谓重构、建构与解构主义的类型束缚,在史学实践中开拓新的融会贯通之路,这也许恰好是当前历史学回应后现代主义挑战、确立自身学科合法性的正当途径①。

后现代挑战之后在史学理论领域所造成的另一个趋势性变化是从历史认识论转向历史表现理论(或叙事主义历史哲学)的研究,即从关注历史认识的途径和历史知识的形成转变为追究历史是如何被表达与言说的。历史表现理论强调语言与讲述历史的形式在某种程度上影响到历史的内容和本质,甚至会形成某种形式的虚构性与内容真实性之间的矛盾。但历史真实仍然是无法回避的问题,因为这是历史书写据以成为可能的基础之一,因而探索历史表现与历史真实之间的关系成为一个重要的理论问题。由此,西方史学理论出现了有关史实的真实与史学的真实、真实性与主体间性、历史叙事结构与真实性等方面的具体讨论,其在总体上说明了历史学自身的限度。当然,历史表现理论还直接影响到上述从表现形式对史学类型与史学性质的研究,如何看待历史学和经验主义、实证主义传统的关系,如何处理经验事实与应用理论模式之间的张力,如何审视语言、修辞等叙事形式对历史解释的作用,成为重新思考历史学性质问题的关节点。其间也暴露出某些将历史叙事完全等同于文学叙事、片面强调形式的重要性等倾向,但同时也使经验历史学家愈发意识到应该阐明历史研究的技艺在理论层面的意义,展现历史学科在知识、科学、伦理、审美等不同方

---

① 参见拙文《重构、建构与解构之间——从文学形式论史学类型与历史学性质问题》,《史学理论研究》2012年第1期。

面所具有的多重特性。对于国内史学而言，更为重要的是亟需在此背景下重新发掘马克思主义史学在历史表现与史学性质问题上的基本立场与理论观点。

后现代挑战之后在史学方法论层面所造成的一个实际影响是对历史文本的话语结构、语境分析成为当前历史研究中较为流行与普遍受到重视的方法论。尽管文本主义和语境主义本身含有很多极端的思想成分，但对于以文本为主要依据和研究对象的历史学而言，从话语结构与语境论的层面解析史料似乎不可避免地构成了当代史家历史书写的基本途径之一，这也是专业史学自身发展的结果。因此，系统探讨话语分析和历史语境理论的来源、思想内容及其应用的实践性颇多受到西方史学理论家与经验历史学家的关注。从方法论范畴而言，可以思考作为解释模式和方法论前提的历史语境理论，并结合当代史学的某些研究范式讨论其可能蕴涵的实践意义。语境论是专业史学通常所采用的解释模式，原因在于它以历时性的叙事结构编排材料，体现了历史主义的精神，同时又提示出理解某种共时性关系的可能性。而从传统史学、语境主义、文本主义三种不同的方法论前提出发，对语境问题的理解则展现出不同的预设方案和语境化历史的差异性选择①。

历史学是一门关于时间的学科，但历史学家是以何种时间观念借以历史化过去和进行历史书写的，这在以往似乎不成其为问题。因为自编年史传统形成以来，历史时间不言而喻地变成了一个同质性、单向度、线性发展、客观中立的空置之物，历史学家只需要向其间不断填充内容就大功告成了。然而，在后现代主义挑战之下，时间问题渐趋成为近年史学理论研究中一个较为集中的热点。历史时间观念是伴随着西方现代化的过程，在自然时间的基础上通过复杂的人为建构而形成的，是现代西方社会与文化发展的产物。它也成为现代西方史学专业化、科学化的基石。但是，以西方中心论为基础建构起来的历史

---

① 参见拙文《语境与历史之间——作为解释模式与方法论前提的历史语境理论》，《天津社会科学》2013年第2期。

时间观念背后所隐匿的化约主义、线性目的论、普世性价值及其权力结构也逐步暴露出来。在此背景之下，一些西方史家和理论家纷纷提出重新反思历史时间观念，这或许为我们探究历史书写中的时间问题和建构新的时间观念提供了某些契机①。

上述近二十年来史学理论核心观念的变化与发展在很多方面与后现代主义相关。目前而言，有的西方史家明确将后现代视作一个经典现代化之后的社会阶段，与后工业社会、晚近资本主义相一致，是一个反思和纠正现代化发展的阶段。因而，他们认为西方目前处于一个社会、经济和政治的普遍的后现代状态之中，并且后现代性是他们所生存的条件，也是当前这些西方史家所经历的历史命运②。在这类观点当中，我们应该注意到两个重要的方面。其一，后现代主义在本质上是针对现代主义的弊端所进行的反思和重新评价，批判的主要目标是西方普世意义的现代性；其二，不少后现代主义者的思想来源于马克思主义，或者与马克思主义有着极为密切的思想渊源，因而其观点中含有大量批判现代西方资本主义的内容与倾向也就不难理解了。

另外，我们尤其注意到，当前国外有关史学理论核心观念的研究已经出版了一些比较有影响和分量的著作。例如，荷兰莱顿大学的赫尔曼·保罗所著《史学理论核心问题》、南希·帕特纳等主编的《史学理论手册》、凯斯·詹金斯等主编的《历史学宣言》等③。相比较而言，国内对于史学理论核心观念研究的综合性、系统性亟待加强与更新，也亟需引起更为广泛的关注，这正是本文集出版的初衷和热望。

---

① 参见拙文《历史时间与厄尔玛斯的"节奏时间"观念》，《史学月刊》2018 年第 11 期。

② Keith Jenkins eds., *The Postmodern History Reader*, London and New York：Routledge, 1997, p. 3.

③ Herman Paul, *Key Issues in Historical Theory*, London and New York：Routledge, 2015；Nancy Partner, Sarah Foot eds., *The Sage Handbook of Historical Theory*, SAGE Publications, Inc., 2013.（［加］南希·帕特纳、［英］萨拉·富特主编：《史学理论手册》，余伟、何立民译，上海人民出版社 2017 年版）；Keith Jenkins, Sue Morgan and Alun Munslow eds., *Manifestos for History*, London and New York：Routledge, 2007.

序

在此，特别需要向所有参与本项研究的作者表示诚挚的感谢，是他们在继承前辈学者的研究基础之上，开创性地提出了很多新的议题，或者在吸收前沿性成果的过程中深化了以往的研究。更令人可喜的是，这其中涌现出一批史学理论的新生代学者，他们是未来中国史学理论学科走向国际舞台的生力军。还要感谢北京市科技创新平台项目的资助，感谢首都师范大学历史学院的大力支持，以及我的博士生李鹏超、朱守政、李森等同学的协助。

目　录

上篇　基于整体的观念阐释

第一章　历史认识的辩证法阐释 …………………… 于　沛（3）

第二章　历史真理的认识和判断
　　　　——从历史认识的阐释性谈起 …………… 于　沛（18）

第三章　历史学中典型性研究的类型及其限度 ……… 张耕华（34）

第四章　对唯物史观几个基本概念的再认识 ………… 吴　英（49）

第五章　事实与解释：历史知识的限度 ……………… 彭　刚（67）

第六章　相对主义、叙事主义与历史学客观性问题 …… 彭　刚（91）

第七章　历史语境论及其应用 ………………………… 邓京力（122）

第八章　史家与读者
　　　　——论历史认识中的主体 …………………… 陈　新（140）

第九章　历史时间的内涵及其价值 …………………… 张旭鹏（160）

第十章　"人类世"与后人类的历史观 ……………… 张旭鹏（174）

第十一章　证据的界说
　　　　——以字典释义为中心的历史语义学分析
　　　　………………………………………………… 余　伟（186）

第十二章　学科共识、认知美德和学者角色
　　　　——化解当代历史知识客观性问题的新思路
　　　　………………………………………………… 顾晓伟（210）

 目录

下篇　基于个案的理解

第十三章　论历史陈述之"真"的界定
　　——验证曼德尔鲍姆的一个观点 ………… 张耕华（233）

第十四章　历史表现与历史书写的实验
　　——以《再思历史》杂志的相关讨论为中心
　　…………………………………………… 邓京力（260）

第十五章　历史研究中的证据与证明
　　——自柯林武德以来的讨论 ………… 陈　新（272）

第十六章　创伤、历史叙事与海登·怀特的伦理意识
　　………………………………………… 赖国栋（289）

第十七章　海登·怀特在《元史学》中混用 interpretation
　　与 explanation 的动机探究 ………… 吕和应（309）

第十八章　何谓"历史解释"？
　　——以"亨佩尔—德雷论战"为讨论中心
　　…………………………………………… 顾晓伟（328）

第十九章　文明、经济与布罗代尔的现实情怀 ……… 赖国栋（345）

第二十章　现代德国史学历史知识的认知建构及其诉求转向
　　…………………………………………… 范丁梁（363）

第二十一章　历史文化：当代德国史学理论中的一个范畴
　　…………………………………………… 尉佩云（384）

上 篇

基于整体的观念阐释

第一章

历史认识的辩证法阐释

于 沛[*]

历史认识，和马克思主义历史观紧密联系在一起。这是因为马克思主义历史观，是对人类历史发展最一般的结果的概括，首先要研究社会历史规律问题，而从社会存在与社会意识的关系、从史学的主体性与实证性的结合上去认识、分析、揭示和阐释历史规律的过程，则是历史认识的过程。历史认识理论，是马克思主义认识论的内容之一，其本质特征是建立在实践的基础上。这正如马克思主义哲学是实践的唯物主义，以区别旧的直观的唯物主义。马克思主义认为：社会生活在本质上是实践的，必须从物质实践出发来解释各种观念形态，而要真正做到这一点，则不能脱离辩证法。

恩格斯指出："唯物主义历史观及其在现代的无产阶级和资产阶级之间的阶级斗争上的特别应用，只有借助于辩证法才有可能。"[①]这并不难理解，因为在马克思主义的哲学中，辩证法具有本体论和世界观的意义，而非仅仅是方法论的意义。就如辩证法是马克思主义哲学的出发点一样，辩证法也是历史认识的出发点。所谓辩证法，是关

---

[*] 于沛：中国社会科学院中国历史研究院研究员、博士生导师。中国史学会副会长、学术委员会副主任，中国历史研究院咨询委员会委员。研究方向为俄国史、历史认识论、外国史学思想史。著有《当代中国世界历史学研究（1949—2019）》《近代中国世界历史编纂（1840—1949）》《苏联史学理论》《现代史学分支学科概论》《马克思主义史学新探》《西方史学的东方回响》《世界政治史 1918—1945》等。

[①] 《马克思恩格斯选集》第25卷，人民出版社2001年版，第587页。

于世界普遍联系和永恒发展规律的科学,是关于自然、思维和发展规律的科学。正是在这个意义上,辩证法也就是马克思主义的认识论,同样是历史地观察自己的对象,研究并概括认识的起源和发展。

毋庸讳言,科学的历史认识,要通过历史辩证法才有可能实现。所谓"历史辩证法",是指对世界既要进行"历史"的认识,也要进行"辩证"的认识;是历史与辩证相"统一"的认识。当代中国历史科学处在大繁荣大发展的新的历史起点上,重新审视对马克思主义历史辩证法的理解,深入探讨历史认识的辩证法阐释,无疑有重要的理论意义和现实意义。

一 历史辩证法的内涵和架构

历史辩证法的内涵和架构,是一个内容十分丰富、十分复杂的问题,本文限于篇幅,不拟展开全面讨论,仅就与历史认识密切相关的主要问题,即作为各种社会历史因素"交互作用"的辩证法内容,做一简要的探讨。

马克思主义经典作家认为:辩证法是关于一切运动的最普遍的规律的科学,无论对自然界中和人类历史中的运动,还是对思维的运动,都同样适用。历史唯物主义,是马克思主义经典作家把辩证唯物主义推广到对人类社会的认识,把唯心主义从社会历史领域中驱逐出去,使得社会历史的研究,第一次有可能克服人们过去对于历史和政治所持的混乱和武断的见解,使历史学成为真正的科学。而历史辩证法,指关于社会历史过程自身的辩证法,强调的是人类历史发展的规律性。历史辩证法有唯心主义、唯物主义之分。基于唯物主义的历史辩证法,是辩证唯物主义对社会历史辩证发展过程的科学阐释,人们往往将历史辩证法和历史唯物主义相提并论。

近年,有研究者对"历史辩证法"完全混同"历史唯物主义"、认为两者是完全"同义"的说法提出异议:"历史唯物主义与历史辩证法两个哲学术语虽然密切相关,但是却不能作完全等同的理解。对历史辩证法的这种理解,强调的是历史的唯物本质,而忽视对历史的辩证法理解。这种理解将活生生的历史僵化了,历史辩证法似乎是一群历史规律的堆积,它着眼于历史的规律性、客观性,抹杀历史的主观性和偶然性,在这种理解范式中,最突出的特点是在历史的发展中缺失了人的主体性维度,或者把人的主体性维度置于客体性维度之下,成为可有可无的隐性维度,这样的历史辩证法其实已经不是辩证法,而是形而上学化了的辩证法,是一种新的形而上学。"① 这种观点是否可取,自然见仁见智,可以展开讨论。但应该看到的是,这种观点实际上提出了一个与其所述内容相关的一个更深层次问题,即"什么是历史辩证法"?历史辩证法在马克思主义哲学中的地位?以及如何理解它与历史唯物主义的关系,这是一个十分重要的又必须回答的问题。

马克思主义把唯物主义与辩证法结合起来,完成了对黑格尔唯心主义辩证法的改造,建立了辩证唯物主义。辩证唯物主义是揭示宇宙万物普遍规律的科学,是马克思主义哲学的重要组成部分。历史辩证法既离不开辩证唯物主义,也离不开辩证唯物主义对社会历史解读的历史唯物主义。具体地说,历史辩证法是马克思主义哲学的内容之一。历史唯物主义,即唯物史观,是人类思想史上全新的历史观。唯物史观在揭示人类历史发展的客观规律性时,必须借助历史辩证法。在历史认识过程中,两者相互作用而非对立,不会"抹杀历史的主观性和偶然性";更不会"把人的主体性维度置于客体性维度之下,成为可有可无的隐性维度",相反会更充分地实现"人的主体性维度"。

唯物史观与历史辩证法同属于马克思主义哲学范畴的,两者有区别,但更有内在的本质上的联系,这一不可分割的联系,更多地表现出历史辩证法是唯物史观的主要内容之一,即前者是后者的一部分。因此,无论是将历史辩证法与历史唯物主义"混同""等同";还是将两者"对立",都是不妥的。随着上述问题的提出,与之有关的另

---

① 李西祥:《马克思历史辩证法研究》,中国社会科学出版社2012年版,第18页。

一个问题也有必要做出明确的回答，即如何认识"自然辩证法"与"历史辩证法"两者之间的关系。对这个问题的回答，如回答历史唯物主义与历史辩证法之间的关系一样，有相同之处。一方面，不能简单地认为历史辩证法，就是自然辩证法在社会历史领域的应用，是仅仅将前者推广到历史认识领域；另一方面，尽管两者涉及的对象不同、一些规律不同、功能不同，但也不能将自然辩证法与历史辩证法对立起来，无视两者之间的统一性和共同点。

如何正确理解历史辩证法的内涵和架构，需要从马克思主义经典作家的系统阐释中去认识，从近代以来的世界历史进程中去认识，从马克思历史观中国形态的构建中去认识。历史辩证法的规律，同唯物辩证法的规律，即它是自然、社会和思维发展的普遍规律。"世界发展的普遍规律是什么呢？最根本的就是一条规律，即对立统一规律。不过这条最根本的规律还有一些具体的表现形态，即量变质变规律、肯定否定规律以及一系列成对的范畴。"① 在漫长的人类历史进程中，历史辩证法的规律是普遍存在的。从古希腊的泰勒斯、赫拉克利特、德谟克利特和伊壁鸠鲁、苏格拉底、柏拉图，到近代欧洲资产阶级革命时期哲学中的弗兰西斯·培根、霍布士、洛克、笛卡儿、斯宾诺莎、莱布尼茨、狄德罗、爱尔维修、霍尔巴赫；到德国古典哲学的康德、黑格尔和费尔巴哈，都在探究这个问题，并都做出自己的贡献；但真正揭示出这种联系，并以科学规律的形式加以阐述，则是马克思主义经典作家在社会实践中，通过总结、改造人类认识史上的积极成果完成的。

在马克思主义历史辩证法看来，世界是普遍联系的统一整体，这种"普遍联系"，表现为事物之间相互依赖、相互制约和相互作用。在世界上，没有一个人是超然于社会联系之上的孤立存在。事物普遍联系的客观性，决定了任何事物都要受一定的历史条件的制约。但是，这并不改变世上一切事物又都在发展变化中，宇宙间万物处于永

---

① 李达主编：《唯物辩证法大纲》，人民出版社1978年版，第235页。

第一章 历史认识的辩证法阐释

恒的产生和消亡中。运动是物质世界万物普遍的存在方式,运动是绝对的,静止是相对的,没有什么东西是永存的。

人类历史是充满矛盾的辩证运动,在矛盾运动中辩证发展。"历史同认识一样,永远不会在人类的一种完美的理想状态中最终结束;完美的社会、完美的'国家'是只有在幻想中才能存在的东西;相反,一切依次更替的历史状态都只是人类社会由低级到高级的无穷发展进程中的一些暂时阶段……这种辩证哲学推翻了一切关于最终的绝对真理和与之相应的绝对的人类状况的观念。在它面前,不存在任何最终的东西、绝对的东西、神圣的东西。"① 对立统一规律,是历史辩证法的基本规律。从这一规律出发,人们可以清楚地认识到历史发展的基本动因,历史进步的源泉。此外,对社会历史发展中诸多复杂问题的理解,如历史的本质与现象、内容与形式;历史的统一性与多样性;历史的必然性与偶然性、选择性;历史的可能与现实,以及历史的因果联系等,也都建立在对立统一规律的正确理解的基础上。

在历史矛盾运动中,存在着从简单到复杂、从低级到高级、从旧质到新质的发展,亦即存在着量变和质变的现象。人类社会历史矛盾运动的重要表现形式之一,就是通过量变质变规律表现出来的。从远古以来的社会经济形态的更迭中;从各民族的、分散的历史向"世界历史"的转变过程中;从地区政治经济版图和国家兴衰的历史演变中,从近代以来人类社会的大变局中,都可以看到人类历史的螺旋式发展,是从量变到质变,又由质变到量变的无限交替过程中实现的。历史的发展是充满着矛盾的前进运动,虽然有时是曲折的、迂回的,也有可能出现暂时的倒退或重演。但是,历史发展的规律不可抗拒,符合历史发展方向的新生事物不可战胜,新生力量终究要战胜腐朽力量,历史不会倒退。

---

① 《马克思恩格斯选集》第4卷,人民出版社1995年版,第217页。

二　历史认识和历史辩证法

认识论，在西方多称"知识论"，这是因英文认识论（Epistemology）一词，由希腊文"知识"（Episteme）转化而来。在古典时代，认识论（知识论）主要是探讨知识的起源、属性、建构和本质等，隶属于本体论，直至近代以后，才逐渐从附属地位成为哲学的中心内容之一，以至有学者认为，从笛卡尔开始的近代哲学，其中心任务是研究认识论（知识理论）问题。① 马克思主义诞生后，将科学实践观引入认识论。马克思主义批判了唯心主义的不可知论、先验论，和旧唯物主义的直观反映论等，使古老的认识论发生了革命性的变革。"马克思主义认识论把物质实践作为主观和客观、认识与对象相统一的基础，从认识内容和认识形式两个方面揭示认识的经验来源，不仅科学地说明了世界的可知性，说明了主体能动性得以形成并发生作用的条件和途径，而且赋予了能动性以现实的具体的社会历史内容，从而在哲学史上第一次科学地使能动性与唯物主义内在地协调和统一起来，马克思主义认识论是革命的能动的反映论。"② 与一般的认识论相比，虽然历史认识理论因其主客体决定有其自身特殊性，但它的基本属性同样是"革命的能动的反映论"，这应是不争的事实。

鉴于人类的历史是辩证发展的历史，因此只有用辩证的方法，才能科学地认识历史矛盾运动的复杂过程，包括历史普遍的或内在的联系，历史的相互作用或运动的方式等等。从某种意义上甚至可说，辩证法是探求历史奥秘和历史真理的钥匙。马克思认为辩证法有两种形态，一种是辩证法的"神秘形态"，一种是辩证法的"合理形态"。马克思在《资本论》中，提出了"神秘形态"的和"合理形态"的两种辩证法。合理形态的"辩证法在对现存事物的肯定的理解中同时

---

① 参见［美］穆尼茨《当代分析哲学》，吴矣人等译，复旦大学出版社1986年版，第4页。
② 欧阳康：《马克思主义认识论研究》，北京师范大学出版社2012年版，第6页。

包含对现存事物的否定的理解，即对现存事物的必然灭亡的理解；辩证法对每一种既成的形式都是从不断的运动中，因而也是从它的暂时性方面去理解；辩证法不崇拜任何东西，按其本质来说，它是批判的和革命的"①。这里明确地提出了辩证的否定观，即否定之否定规律。

从整体的人类历史发展来看，在历史上彼此更替的一切社会秩序，都不过是人类社会由低级到高级的无穷发展进程中的一些暂时的阶段。社会经济形态的发展，即从"旧"社会诞生"新"社会的过程，可以理解成一种自然的历史过程。然而，一些英法理论家却持形而上学观点，从不同的视角否定历史进程中的辩证法内容。例如，英国哲学家斯宾塞提出的"庸俗进化论"，否认事物发展的根本原因是事物内部的矛盾性。他只承认事物发展的渐进性，否认事物发展的质变。法国哲学家柏格森则提出"创造进化论"，他认为进化是绝对的新东西的连续创造，不存在从量变到质变的过程。这些都无助于正确理解人类历史发展的规律性内容。

历史研究的基本任务，就是在历史认识中，从一般的和基本的特征上把握社会经济形态演进的客观逻辑。1859 年，马克思在《〈政治经济学批判〉序言》中，第一次提出"社会经济形态"这个概念，并以社会经济形态划分历史时代："大体说来，亚细亚的、古希腊罗马的、封建的和现代资产阶级的生产方式可以看作是经济的社会形态演进的几个时代。资产阶级的生产关系是社会生产过程的最后一个对抗形式……人类社会的史前时期就以这种社会形态而告终。"② 社会经济形态学说，是马克思主义历史观的基础理论，在历史认识和历史辩证法中，同样具有这样的意义。历史认识的辩证法阐释，也正是在这一基础理论之上展开的。

马克思主义认为，每一社会经济形态在其产生之日起，在其内部就已经孕育了否定自己的因素。新的社会经济形态代替旧的社会经济

---

① 《马克思恩格斯选集》第 2 卷，人民出版社 2012 年版，第 94 页。
② 《马克思恩格斯选集》第 2 卷，第 3 页。

上篇 基于整体的观念阐释

形态的自我否定,是辩证的否定。如原始社会内部的奴隶社会的因素;奴隶社会内部的封建社会的因素;封建社会内部的资本主义社会的因素;资本主义社会内部的社会主义社会、共产主义社会的因素等等。人类社会中否定之否定规律,表现出历史波浪式的前进运动,普遍存在于漫长的社会历史过程。历史辩证法的规律性内容表明,生产关系是随着物质生产资料、生产力的变化和发展而变化和发展的。

历史上的生产关系有五大类型:原始公社制、奴隶占有制、封建制、资本主义、社会主义和共产主义。每一时代生产力的"变化"和"发展",都表现出生动、丰富的辩证法内容。如从原始共产主义所有制到私有制,再到最高形态的共产主义所有制的否定之否定,表现出社会经济形态"公有制—私有制—公有制"演变的规律性内容。普列汉诺夫曾指出:"任何现象,发展到底,转化为自己的对立物;但是因为新的,与第一个现象对立的现象,反过来,同样也转化为自己的对立物,所以,发展的第三阶段与第一阶段有形式上的雷同。"① 但这仅仅是"形式上的雷同"而已。就人类社会"公有制—私有制—公有制"的历史演变而言,第一个公有制是私有制尚未产生的"原始共产主义社会"的公有制;而第二个公有制,是消灭了私有制的"共产主义社会"的公有制,而非简单的"公有制"的重复。社会经济形态更迭的过程,即是否定之否定的过程。在历史认识中,强调"辩证的否定"十分重要,这是区分马克思主义与机械唯物主义、庸俗唯物主义的重要标志。所谓"辩证的否定",是指否定中有肯定、肯定中有否定。在历史进程中,前者表现为历史的连续性,新的社会形态不是无水之源、无本之木,凭空产生,它会继承前一时代生产力发展的积极成果,汲取旧的社会形态中的合理内容,并赋予它新的社会意义,历史是从昨天走到今天的,历史的联系不可能割断;而后者是由于生产力的发展,从一种社会结构中发展出另一种更高级的结

---

① 《普列汉诺夫哲学著作选集》第 1 卷,三联书店组译,生活·读书·新知三联书店 1961 年版,第 635 页。

第一章 历史认识的辩证法阐释

构,这是质的飞跃,表现为历史的非连续性。正是辩证的否定,决定了历史发展的连续性和非连续性的辩证统一。从这种辩证统一中可以看出,社会经济形态的演变,由一种所有制形式变为另一种所有制形式的根本原因,在于社会生产力的发展。社会经济形态的演变,只能从生产力决定生产关系、生产关系同生产力相适应的客观规律中,得到合理的解释。

科学划分社会经济形态,不能无视劳动资料的性质,因为劳动资料更能显示出每一社会经济形态具有决定意义的特征,如手推磨产生的是封建主的社会,蒸汽磨产生的是工业资本家的社会。然而,蒸汽磨等机械性的劳动资料并不是天然的、自发的形成的,在这之前,人类至少经历了直接取自自然界的劳动工具、创造出的手工工具等阶段。正是经过了不同的社会形态发展阶段、有了必要的生产力进步的积累,才有可能在资本主义时代出现机械性的劳动资料。

历史研究坚持唯物辩证法,其重要意义在于历史认识中可深刻地认识和接近历史真理。社会历史进程中的"辩证的否定",不是社会进化论、不是庸俗进化论,也不是社会改良主义,而是旧事物被新事物代替,在旧事物灭亡的废墟中产生出新事物,是深刻的社会革命。但是,"辩证的否定"并不是对旧事物一笔勾销。辩证法的否定不是否定一切,而是"保持肯定的东西"的否定。社会主义制度是在资本主义制度灭亡的废墟中产生的,但并不是消灭资本主义的一切,而是将资本主义制度下发展起来的社会生产力和科学技术等继承下来,为社会主义所用。

这样,就不难理解,历史辩证法中的"辩证的否定",其实质是"扬弃",即变革与继承的统一。"扬弃是黑格尔解释发展过程的基本概念之一。他认为,在事物的发展过程中,每一阶段对于前一阶段来说都是一种否定,而又不是单纯的否定或完全抛弃,而是否定中包含着肯定,从而使发展过程体现出对旧质既有抛弃又有保存的性质……在马克思主义哲学里,这一辩证概念在唯物主义基础上,得到了更加明确的规定和使用。"总之,扬弃是"同时具有否定和肯定双重意义的辩证概念"①。这些对于历史研究中，正确认识作为一定生产关系总和的社会经济形态的运动规律，有十分重要的意义，这是理解漫长、复杂、矛盾的人类历史客观规律性内容的钥匙。

三　历史辩证法的现代意义

唯物主义的历史辩证法，是唯物史观的重要内容之一，是马克思主义哲学的组成部分。在马克思主义中国化的过程中，进一步丰富、发展了马克思的历史辩证法。然而，"在中国，辩证法曾经有过辉煌，也一度陷入困境。可以说，没有任何一个哲学术语像辩证法一样在我们中国家喻户晓。然而，也没有任何一个哲学概念像辩证法一样遭到种种的歪曲、误用"②。20 世纪 90 年代，辩证法在国外似也有类似的遭遇。1995 年后，"辩证法"在历年再版的《剑桥哲学辞典》中，均被"见苏格拉底"条目所代替，不再有单独的"辩证法"条目。一些西方马克思主义者提出，要用非辩证法的观点去"重构"马克思主义。以往，"辩证观念"被视为科学思维的核心，而此时辩证法却近于被否定或遗忘。俄罗斯哲学家弗拉基米尔·麦特洛夫写道："在我们的生活中，没有任何事物像辩证法那样竟然如此普遍地被哲学家们所忽视。"③ 造成这种情况的原因很多，但其重要原因之一，是 20 世纪 80 年代末 90 年代初，东欧剧变、苏联解体，世界社会主义运动进入低谷，科学社会主义面临着严峻的挑战。一些西方理论家大肆宣扬唯物史观"过时"，马克思主义"破产"，资本主义已经取得"永恒的胜利"。他们在否定唯物史观时，作为唯物史观内容之一的"批判的和革命的"辩证法，自然首当其冲。马克思主义辩证法被否定或

---

　　① 《中国大百科全书》第 26 卷，中国大百科全书出版社 2009 年版，第 31 页。
　　② 李西祥：《马克思历史辩证法研究》，第 16 页。
　　③ ［俄］弗拉基米尔·麦特洛夫：《当代形势下的辩证法》，张小简译，中国社会科学院哲学研究所《哲学动态》编辑部：《不竭的时代精神：步入 21 世纪的马克思主义哲学》，社会科学文献出版社 2001 年版，第 247 页。

第一章 历史认识的辩证法阐释

遗忘，正是在"冷战"后出现的一种社会历史现象，是西方社会政治思潮的具体反映。

从历史认识的辩证法阐释出发，述及历史辩证法的现代意义，充分实现辩证法的能动性，其目的是在马克思主义面临严峻挑战时，自觉坚持唯物史观在历史研究中的指导地位。没有历史辩证法的唯物史观，是不完整的唯物史观。历史认识要自觉划清历史唯物主义和机械唯物主义的界限、自觉消除自然唯物主义机械性的影响，不能脱离历史辩证法的理论、原则和方法。只有将历史认识中认识主体的主体性、能动性、主导性，和认识客体的一般物质生产基础、历史的客观性辩证地结合起来，即辩证法与唯物主义的完整统一，历史研究坚持唯物史观为理论指导才不是一句空话。

1938年，法国历史学家雷蒙·阿隆的代表作《历史哲学导论》出版，美国历史哲学家莫里斯·曼德尔鲍姆的《历史知识问题：答相对主义》，亦在同年出版。一般认为，这两部名著的问世，标志着历史认识论作为一个独立的学科开始形成。在英语国家，历史认识理论更多被称为"分析的（或批判的）历史哲学"。从其问世之日起，历史认识的客观性问题就成为是国际史坛热议的问题。20世纪80年代，历史认识论传入中国，中国史学界对其属性的认识，长期歧义纷呈也属正常。

经过30多年的探讨，历史认识论是唯物史观重要的生长点之一，而不是它的对立物，这在今天的中国，已经成为越来越多学者的共识。之所以如此，是人们通过研究实践逐步认识到，历史认识论是唯物史观自身发展的逻辑需要，唯物史观中包含有很多历史认识论的重要思想，系统阐发历史认识论，是丰富和发展唯物史观的题中应有之义。此外，这也是历史科学本身的发展向唯物史观提出的任务。"20世纪以来，历史科学取得了更大的进展，他不仅大大扩充了研究领域，由传统的政治史向社会史、经济史、心智史等领域扩展，而且在研究方式上也大大革新了……在这种情况下，历史学家迫切要求对历史认识的性质、历史认识的客观性、自然科学方法在历史认识中的可适用性等问题进行反思"①,这有力地推动了历史认识理论的研究,近年已有不少成果问世。②

如何理解"历史认识的客观性"?如何理解历史认识的主体性与客观性?这是历史认识的中心问题。就当代中国历史科学而言,这既是一个重大的理论问题,更是一个研究实践中面临的现实问题。20世纪末,林甘泉先生撰写《走向21世纪的中国史学》时,将"史学的主体性与实证性",作为三大重要问题之一提出(另两个问题是"唯物史观与历史研究""史学在现代化建设中的位置")。他认为,"史学的主体性意味着史学家的历史认识是把客观的历史过程对象化。也就是说,历史认识并非是历史过程纯客观的复写或反映。而是蕴含着认识主体的选择和价值判断。历史的客观性和史学的主体性是一种辩证统一的关系"③,在历史认识中,是否承认这种"辩证统一的关系"?能否完美地实现这种"辩证统一的关系"?这是区分历史认识主体是自觉践行唯物史观为理论指导,还是仅仅将其当作一个口号的重要标志,这将直接关系着历史研究的方向。

史家致力于撰写客观的历史,需要史家的主观努力。人类历史进程是客观的,而对其表述却是主观的。人类社会客观存在的历史,和史家撰写的历史,是两个不同的概念。这就决定了认识历史的特殊性和复杂性。历史认识理论在认识和揭示客观历史的本质内容时,既要坚持唯物论,又要坚持辩证法。追求历史的客观性,与坚持人的具有社会内容的主体性或能动性并不矛盾,历史从来就不是"纯客观"的描述。在科学阐释历史的客观真理时,恰恰需要更充分地实现史家

---

① 参见袁吉富《历史认识的客观性问题研究》,北京大学出版社2000年版,第14—15页。

② 这些成果主要有:吕锡生主编《历史认识的理论与方法》,南京出版社1990年版;袁吉富《历史认识的客观性问题研究》,北京大学出版社2000年版;于沛《历史认识概论》,中国社会科学出版社2008年版;林璧属《历史认识的科学性》,科学出版社2008年版;陈新《历史认识:从现代到后现代》,北京大学出版社2010年版;李士坤《历史认识论研究》,中国社会科学出版社2017年版。

③ 林甘泉:《走向21世纪的中国史学》,北京师范大学史学研究所编《历史科学与历史前途——祝贺白寿彝教授八十五华诞》,河南人民出版社1994年版,第9页。

第一章 历史认识的辩证法阐释

的主体性。在唯物史观的视域下，客观性与主体性完美的统一在历史辩证法中，为科学的历史认识开辟了广泛的现实的道路。

历史认识是由作为主体的史家来实现的，史家是一种社会性主体，历史认识自然也是社会性主体活动。对于史家的历史认识能力，"不能只看到通过生物学意义上的遗传进化方式所获得的所谓'天赋'能力，更重要的是要看到通过社会遗传进化方式由社会所给予的后天获得性能力"①，这首先体现在史家一定的社会联系和社会关系中。英国史学家爱德华·霍列特·卡尔说："我们一生下来，这个世界就开始在我们身上起作用，把我们从纯粹的生物单位转变成社会单位。""历史学家是单独的个人，同时又是历史和社会的产物"②，这种观点在西方有一定的代表性，兰克和兰克学派的所谓"客观主义"史学，早在第二次世界大战后即已被重新审视，正是西方史家的研究成果表明，德国近代史学所表现出强烈的民族主义色彩，正是经过兰克及其弟子们的系统阐发和传播的结果，兰克史学从没有什么"客观"可言。

第二次世界大战后，西方史学"出现了不懈的努力，试图把历史研究转变为一门严谨的科学，一门依赖于经验研究和分析方法的科学"。在新的历史条件下，"经验研究"和"分析方法"如何统一在历史研究中，成为二战后西方史学引人注目的热点之一。及至20世纪90年代冷战结束后，西方史学又出现了"新的方向性变化"，主要是"持续性的文化转向和语言学转向，导致了所谓的'新文化史'的兴起"；"历史研究与社会科学在后现代主义批判的基础上建立起新的联盟"；"世界史的兴起以及与它完全不同的全球化历史的兴起"③。这些变化表明一个基本的事实，即史家在历史研究中的主体

---

① 夏甄陶：《认识论与人学两论》，《夏甄陶文集》第5卷，中国人民大学出版社2011年版，第50页。
② [英]爱德华·霍列特·卡尔：《历史是什么?》，吴柱存译，商务印书馆1981年版，第29、44页。
③ [美]格奥尔格·伊格尔斯等：《全球史学史》，杨豫译，北京大学出版社2011年版，第265、390页。

意识和主体作用的不断加强，历史研究中的理论性描述，占有越来越加重要的地位。英国乔治·克拉克爵士在14卷本《新编剑桥世界近代史》的《总导言》中写道："一部历史书与仅仅是一堆有关过去的报道之间的区别之一，就是历史学家经常运用判断力。""就历史学而言，我们可以断定，如果说它是一门科学的话，它是一门从事评价的科学。"① 不言而喻，历史研究中的"判断"和"评价"，仅仅依靠史料是无法完成的。

中国史学对西方史学新变化正确的回应方式，不是关起门来视而不见，彻底否定；也不是盲目的照搬照抄，不加分析地全盘接受。正确的态度是对其认真的分析研究，并在此基础上探讨中国马克思主义史学的发展道路，首先是如何在唯物史观指导下，加强历史研究中的主体意识和主体作用，通过历史认识的辩证法阐释，使历史的客观性和史学的主体性成为辩证统一，不断提高历史研究的科学认识水平，包括历史的"判断"和"评价"等。

2003年初，笔者曾在《历史研究》撰文，讨论"历史认识是主体对客体辩证的能动的反映"，强调唯物史观指导下的"历史认识，不是一成不变地再现历史，机械地重构历史，而是主体对客体辩证的能动的反映"。"历史认识的过程，是历史认识主体依据一定的史学理论方法论进行积极的'创造'的过程"，"'创造'的目的不是要脱离具有客观性质的历史，恰恰相反，而是要使主体认识的结果更加接近客观的历史本质，更加符合历史矛盾运动的客观规律性"②。16年过去了，笔者以为这些旧话重提仍有必要，在这些方面，我们仍有不少工作要做。

特别要看到的是，16年来，中国社会已发生了深刻的历史性变革，中国特色社会主义进入新时代。习近平主席说："新时代坚持和发展中国特色社会主义，更加需要系统研究中国历史和文化，更加需

---

① ［英］克拉克主编：《新编剑桥世界近代史》第1卷，中国社会科学院世界历史研究所组译，中国社会科学出版社1999年版，第22、31页。

② 于沛：《历史认识：主体意识和主体的创造性》，《历史研究》2003年第1期。

第一章　历史认识的辩证法阐释

要深刻把握人类发展历史规律,在对历史的深入思考中汲取智慧、走向未来。"① 习主席的精辟论述开辟了唯物史观新境界。历史是最好的老师,这就要求当代中国历史科学,对新时代提出的重大理论和现实问题要给予更多的历史支持;我们要更加自觉坚持中国特色社会主义道路广阔的历史视野,要更加重视历史认识的辩证法阐释,努力为中国特色社会主义宏伟事业做出更多更大的贡献。

---

① 习近平:《致中国社会科学院中国历史研究院成立的贺信》,《人民日报》2019 年 1 月 4 日。

第二章

历史真理的认识和判断
——从历史认识的阐释性谈起

于 沛

在实际生活中,"历史"至少包括两方面的内容:其一,历史是人类社会已经逝去的历史过程;其二,历史是人们对这一过程历史认识的结果。① 人类客观存在的历史,与人们对"客观存在的历史"的认识,是既有联系、但却截然不同的两个概念。人类漫长的历史进程,可以理解成一个自然历史过程,存在着客观的历史真理。人们可以认识它,但又不可能穷极真理。因为"我们的知识向客观的、绝对的真理接近的界限是受历史条件制约的,但是这个真理的存在是无条件的,我们向这个真理的接近也是无条件的"②。历史认识的过程,就是探究历史真理的过程,即在实证研究,阐明"是什么"的基础

---

① 例如梁启超认为,"史者何?记述人类社会赓续活动之体相,校其总成绩,求得其因果关系,以为现代一般人活动之资鉴者也"。(《饮冰室合集·专集之七十三》,中华书局1989年版,第1页)。李大钊认为:历史"是人类生活的行程,是人类生活的联续,是人类生活的变迁,是人类生活的传演……种种历史的记录,都是很丰富、很重要的史料,必须要广蒐,要精选、要缺考,要整理,但是他们无论怎么重要,只能说是历史的记录,是研究历史必要的材料。不能说他们就是历史"(《李大钊全集》第4卷,人民出版社2006年版,第399页)。冯友兰认为:"历史有两义:一是指事情之自身;如说中国有四千年之历史,说者此时心中,非指任何史书,如《通鉴》等……历史之又有一义,乃是指事情之记述;如说《通鉴》《史记》是历史,即依此义。总之……历史与'写的历史'乃系截然两事。"(《中国哲学史》上,华东师范大学出版社2000年版,第11—12页)。

② 《列宁专题文集·论辩证唯物主义和历史唯物主义》,人民出版社2009年版,第42页。

上，回答"为什么"，通过这样或那样的阐释，以揭示历史的真理性内容。

追溯到人类远古文明时期，人们在如何理解卜卦、神话时，就已出现了萌生的"释义学"，以及与之伴生的诸多"阐释"。从古典时期到近现代以来，历史学中的"阐释"和哲学、文艺学、宗教学、社会学、心理学、语言学中的阐释一样，内容庞杂，歧义丛生，多元纷呈。今天，人们对历史阐释的认识不断深入，从"历史认识的阐释性"的视域，探讨历史真理的认识和判断，无疑仍有重要的理论意义和现实意义。

一　历史是被阐释的历史

当"历史事件"因史家的选择，成为"书写的史实"，进入典籍或为其他形式的历史记忆、蕴含并传达有往昔具体的信息，而成为"历史"时，可以看出历史的重要特征，即历史是被阐释的历史；从历史认识主体无法直接面对认识客体这个意义上也可以说，历史学与一般意义的史料蒐集的区别，在于它的阐释性。英国克拉克爵士（CLARK，Sir George Norman，1890—1979）在14卷本《新编剑桥世界近代史》的《总导言》中说：历史学不能停止于描述，而在于做出判断。"一部历史书与仅仅是一堆有关过去的报道之间的区别之一，就是历史学家经常运用判断力。""历史不是人类生活的延续，而是思想意识的延续。""就历史学而言，我们可以断定，如果说它是一门科学的话，它是一门从事评价的科学。"① 历史学不是史料的堆砌和展示，而是要对这些史料以及史料之间的内在联系等本质内容，进行判断和评价。不言而喻，无论是"判断"，还是"评价"，都离不开"阐释"。

---

① ［英］克拉克主编：《新编剑桥世界近代史》第1卷，中国社会科学出版社世界历史研究组译，中国社会科学出版社1999年版，第22、24、31页。

史学的这个特点，在远古时就已鲜明地表现出来，在中外都是这样。据《尚书·周书》记载，西周初期杰出的思想家周公，十分重视总结历史经验，他提出"我不可不监（鉴）于有夏，亦不可不监于有殷"，强调周所以代殷的原因，是"明德慎罚"。只有记住历史的教训，才能像夏朝那样久远。汉司马迁（公元前145—前90）《史记》"网罗天下放失旧闻，考之行事，稽其成败兴坏之理"①。"述往事，思来者""欲知来，鉴诸往""以史为鉴，可以知兴替"等，都是讲史学离不开认识和阐释。撰写历史，既要阐明史实，也要以此为依据，阐释史事的意义，给人以启迪或教训，两者缺一不可。这成为历代史家的共识，除司马迁外，刘知几（661—721）、杜佑（735—812）、司马光（1019—1086）、郑樵（1104—1162）、马端临（1254—1323）、章学诚（1738—1801）、顾炎武（1613—1682）、王夫之（1619—1692）、魏源（1794—1857）等人的史学著述，都是这方面的典范。在古代希腊罗马，史家修史的目的是为了喻今，垂训后世，同样离不开历史的阐释。如修昔底德（Thucydides，公元前460或455—前400或395）所言，"擎起历史的火炬，引导人类在摸索中的脚步"；塔西佗（Tacitus，约55—120年）说，"历史之最高的职能就在于赏善罚恶，不要让任何一项嘉言懿行湮没不彰，而把千秋万世的唾骂，悬为对好言逆行的一种惩戒"等，都是这样。

近代以来，随着社会的发展和科学的进步，社会生活中提出越来越多、越来越复杂的问题，需要通过历史的回溯，用历史的事实给予阐释。这样，如何认识"什么是历史"这样的问题就不可避免地凸显出来。因为只有明确地判定什么是历史，才有可能在此基础上去认识历史、阐释历史。在不同时代的不同的历史环境中，诸多学者就这个问题进行了热烈的讨论。这些讨论围绕着"历史是被阐释的历史"，以及历史是"如何"被阐释的历史，在人类思想发展史上留下了重要的一页。

---

① 《汉书》卷六十二《司马迁传》，中华书局1962年版，第2735页。

第二章　历史真理的认识和判断

18世纪意大利语言学家、历史学家维柯（Giambattista Vico，1668—1744），致力于建立将哲学的普遍性与历史的个别性相统一的历史哲学。在他看来，具体的历史事实，只看到片面的不完整的历史真理，只有将其与具有普遍真实性的哲学结合起来，相互融为一体，才能获得完整的历史真理，亦即维柯在其名著《新科学》中所追求的那样，"发现各民族历史在不同时期都要经过的一种理想的永恒的历史图案"①。维柯的历史哲学是要建立一种"理想的永恒的历史"，揭示人类历史是一个有规律的过程，为新兴的资本主义发展鸣锣开道。马克思高度评价他的思想"有不少天才的闪光"②，就在于维柯阐释了历史发展不仅是有规律的，而且这种规律是可以为人类所认识。维柯笃信真理的认识就是创造，人类的历史是自己创造的，人类自然可以认识自己的创造物，亦即认识历史的真理。他说："这个民族世界确实是由人类创造出来的，所以它的面貌必然要在人类心智本身的变化中找出。如果谁创造历史也就由谁叙述历史，这种历史就最确凿可凭了。"③ 在这里，"叙述历史"的过程即是认识历史、阐释历史的过程。这种认识，在欧洲学术界有广泛影响，例如，德国哲学家弗里德里希·施莱尔马赫（Friedrich Daniel Ernst Schleiermacher，1768—1834）即认为，所谓历史解释，即是创造性地重建历史，历史的意蕴在于历史之外。

意大利哲学家、历史学克罗齐（Benedetto Croce，1866—1952），是新黑格尔主义历史哲学的代表人物之一，他认为，历史绝不是用叙述写成的。1917年，它提出的一个著名命题是"一切真历史都是当代史"④。同时，他还从自己的哲学体系出发，对"历史"和"编年史"的差别进行了新的解释。他说："历史是活的历史，编年史是死

---

① ［意］维柯：《新科学》，朱光潜译，人民文学出版社1986年版，第7页。
② 《马克思恩格斯全集》第30卷，人民出版社1974年版，第618页。
③ ［意］维柯：《新科学》，第145页。
④ ［意］克罗齐：《历史学的理论和历史》，田时纲译，中国社会科学出版社2005年版，第6页。

的历史;历史是当代史,编年史是过去史;历史主要是思想行动,编年史主要是意志行动。一切历史当它不再被思考,而只是用抽象词语记录,就变成了编年史,尽管那些词语曾经是具体的和富有表现力的。"他还认为,"当生活的发展逐渐需要时,死历史就会复活,过去史就变成现在的。罗马人和希腊人躺在墓穴中,直到文艺复兴欧洲精神重新成熟时,才把他们唤醒";"因此,现在被我们视为编年史的大部分历史,现在对我们沉默不语的文献,将依次被新生活的光辉照耀,将重新开口说话"①。由此可以看出,克罗齐将"死历史"变成"活历史"的历史阐释,是"当代性"的阐释。这种阐释的前提,是那些史实,必须在当代历史学家的心灵中回荡。唯有当前的兴趣和要求才促使史家去研究过去,激活过去,将编年史转变为历史。在《历史即自由史》中,克罗齐写道:每一个历史判断的基础都是实践的需要,它赋予一切历史以当代史的性质,因为无论与实践需要有关的那些事实如何年深日久,历史实际上总面向着当时代的需要和实际。

今天,后现代主义已是一种世界性的文化思潮,它是 19 世纪后期出现的反理性主义哲学潮流的继承,在哲学、艺术、影视、文学、史学、语言学、社会学、心理学、法学、人类学、地理学、建筑学等领域,都有广泛影响。美国历史哲学家、后现代历史学派代表人物之一海登·怀特(Hayden White,1928—2018),在谈及他的"历史著述理论"时说:"我是通过区分以下历史著述中的概念化诸种层面来开始我的论述。它们是:(1)编年史;(2)故事;(3)情节化模式;(4)论证模式;(5)意识形态蕴涵模式。"与之相联系,海登·怀特确立了历史叙述的三种解释模式,即"(1)情节化解释,(2)论证式解释,(3)意识形态蕴涵式解释"② 这三种历史叙述模式在"解构"的使命下,密切联系在一起。例如,情节化解释,是指通过鉴别

---

① 参见 [意] 克罗齐《历史学的理论和历史》,第 6、11、15 页。
② [美] 海登·怀特:《元史学:十九世纪欧洲的历史想像》,陈新译,译林出版社 2004 年版,第 6、8 页。

所讲故事的类别，来确定故事的"意义"。所谓"论证式解释"，强调"论证"是对故事中所发生的事情进行一种解释。"意识形态蕴涵式解释"，指史家为"理解现实"所假设的立场。海登·怀特认为，历史话语不过是意识形态的制作形式，而史家则是以"客观性"和"学术性"为招牌，以掩盖自己的意识形态立场和文学性质的文学家。

2004年海登·怀特的代表作《元史学：十九世纪欧洲的历史想像》中文版出版时，他在中译本前言中写道："我在《元史学》中想说明的是，鉴于语言提供了多种多样建构对象并将对象定型成某种想象或概念的方式，史学家便可以在诸种比喻形态中进行选择，用它们将一系列事件情节化，以显示其不同的意义。这里面没有任何决定论的因素……近年的'回归叙事'表明，史学家们承认需要一种更多地是'文学性'而非'科学性'的写作，来对历史现象进行具体的历史学处理。"① 在海登·怀特看来，真实的历史是不存在的，史学无科学性可谈，所以历史不可能只有一种，有多少种理论的阐释，就会有多少种历史。历史叙述就是主观地讲故事（story–telling），历史事件是"故事的因素"；既然是故事就会有情节，历史学家写作就要"编织情节"（emplotment）。历史是一种"文学想象"的解释，这仍然是在强调后现代主义"彻底消解传统"的基本特征。

综上可以看出，维柯、克罗齐、海登·怀特等生活在不同的时代，他们是在唯心史观的立场上，从不同的理论体系出发去阐释历史，虽然观点不一，但都认为"历史是被阐释的历史"，却是不争的事实，而且他们也都没有否认历史阐释的意识形态内容，马克思主义史家也如是。唯物史观和唯心史观的区别，不在于是否承认"历史是被阐释的历史"，而在于如何阐释。1923年，李大钊（1889—1927）在上海大学作《史学概论》演讲中指出："历史家的任务，是在故书簏中，于整理上，要找出真确的事实；于理解上，要找出真理。"李

---

① ［美］海登·怀特：《元史学：十九世纪欧洲的历史想像》，第4—5页。

大钊在这里提出历史研究中"整理"和"理解"两个阶段。"整理"是要"找出真确的事实";而"理解",是"要找出真理"。李大钊十分重视历史研究中的理论阐释,即"找出真理",认为这是史学走向科学的基础和前提。李大钊指出:"史学的主要目的,本在专取历史的事实而整理之,记述之;嗣又更进一步,而为一般关于史的事实之理论的研究,于已有的记述历史以外,建立历史的一般理论。严正一点说,就是建立历史科学。此种思想,久已广布于世间,这实是史学界的新曙光。""今日历史的研究,不仅以考证确定零零碎碎的事实为毕乃能事;必须进一步,不把人事看作片片段段的东西;要把人事看作一个整个的,互为因果,互有连锁的东西去考察他。于全般的历史事实的中间,寻求一个普遍的理法,以明事实与事实间的相互的影响与感应。"① 李大钊这里所说认识历史的"普遍的理法",即是在唯物史观的理论基础上,通过对人类历史的宏观认识,科学阐释历史发展规律。

二 从"强制阐释"到"公共阐释"

在西方,阐释学有久远的历史。追根溯源,可上溯到古希腊,在亚里士多德的著述中,即已涉及"阐释"的问题,而阐释学作为一种哲学学派,则形成于20世纪,第二次世界大战后在西方学术界有较广泛影响。一般认为,阐释学可视为西方哲学、宗教学、历史学、语言学、心理学、社会学,以及文艺理论中"有关意义、理解和解释等问题的哲学体系、方法论或技术规则的统称"②。在中国,对于典籍的注释或经学,明显地表现出阐释学的特征,如《左传》对《春秋》的诠释,《系辞》对《易经》的诠释等等。近代以来,从学者们对"汉学与宋学之争""训诂明还是义理明",以及"我注六经还是

---

① 《李大钊文集》第4卷,人民出版社1999年版,第339、388—390页。
② 参见《中国大百科全书》第11卷,中国大百科全书出版社2009年版,第510页。

六经注我"等争论中，也可一窥中国古典学术中悠久的阐释传统。

　　19世纪是西方阐释学的古典时期，德国哲学家施莱尔马赫和狄尔泰（Wilhelm Dilthey，1833—1911）在广泛汲取前人"释义学"研究成果的基础上，开创了阐释学的新的发展时期。狄尔泰深受德国古典哲学创始人康德（Immanuel Kant，1724—1804）的影响，如康德提出为自然科学奠定哲学基础的"纯粹理性批判"一样，狄尔泰提出了"历史理性批判"的阐释学。其核心内容是：处于具体历史情境中的阐释学，如何能对其他历史性的表现进行客观的理解。20世纪的德国哲学家海德格尔（Martin Heidegger，1889—1976），是现代阐释学的开创者。他在《存在与时间》（1927）等著述中，将阐释学的研究从方法论和认识论性质的研究，转变成本体论性质的研究，从而使阐释学由人文科学的方法论，转变为一种哲学。第二次世界大战后，德国哲学家伽达默尔（Hans‐Georg Gadamer，1900—2002）强调从本体论角度去揭示人的理解活动的实质，哲学解释学成为一个有广泛影响的专门的哲学学派。与"哲学阐释学"不同，在历史学领域，"历史阐释学"始终处于"方法论和认识论"的层面上，这和"历史人类学"有些相似。所谓历史人类学，很难说它是一个历史学的分支学科，它主要是用人类学的方法去认识和分析社会历史现象，从人类学的视角对历史做出解释和判断。历史阐释学作为一个学科，或历史学的一个分支学科，长期是一个模糊的概念，但其主要内容是"历史—理解—阐释"，则是很明确的，似无更多的歧见。

　　在中国史学界，一方面，历史研究从没有脱离过历史的阐释，所谓"史论结合""论从史出"中的"论"，主要即是对历史的阐释；另一方面，对"历史阐释"，却多是"就事论事"，或"一事一论"，这里的"论"，似乎只有阐释的特殊性，却对阐释缺乏明确的、具有一般科学意义的规范，以致历史研究者往往是不自觉地、甚至是带有很大盲目性进行历史的阐释，致使历史阐释即使是在"方法论和认识论"的意义上，也往往被忽略了。2014年，张江教授提出了"强制阐释论"后，使情况开始发生变化。

关于"强制阐释",张江在文学理论研究中提出"强制阐释"的基本特征有四点:第一,场外征用。广泛征用文学领域之外的其他学科理论,将之强制移植文论场内,抹杀文学理论及批评的本体特征,导致文论偏离文学。第二,主观预设。论者主观意向在前,前置明确立场,无视文本原生含义,强制裁定文本意义和价值。第三,非逻辑证明。在具体批评过程中,一些论证和推理违背基本逻辑规则,有的甚至是逻辑谬误,所得结论失去依据。第四,混乱的认识路径。理论构建和批评不是从文本的具体分析出发,而是从既定理论出发,从主观结论出发,颠倒了认识和实践的关系。① "强制阐释"并非仅仅存在于文学阐释和文学理论研究中,也同样存在于历史研究中。应该说,历史研究中强制阐释由来已久,从欧美到东方,从二战前到战后,到"冷战"前后,直至今天,都不难找到它的身影。② 历史认识中的"强制阐释",不是对具体的历史过程或个别历史现象的"不当阐释",而是涉及历史认识的一些基本理论问题。这就促使人们去思考,如何在新的历史条件下,如何针对这样或那样的"强制阐释—不当阐释",建立我们自己的历史阐释的理论、原则和方法,这直接关系到构建当代中国历史科学的理论体系和话语系统这一现实问题。因此,"强制阐释论"的讨论,在史学界自然受到了广泛的关注。2017年夏,继"强制阐释"之后,张江又发表《公共阐释论纲》。"公共阐释"这个概念的提出,使人们对"强制阐释"的认识,不再仅仅

---

① 参见张江《强制阐释论》,《文学评论》2014年第6期。
② 历史认识中的强制阐释,具有文学研究中的强制阐释的四个特点,同时还由历史学的学科特点所决定,有更为鲜明的意识形态色彩,即历史的强制阐释多有具体的政治指向。例如,1937年七七事变,是日本帝国主义有准备的武力侵华的重大步骤,中国人民奋起抵抗,中国的全民族抗战,开辟了世界上第一个大规模反法西斯战场,做出了重大的民族牺牲。在西方和世界都颇有影响的14卷本《新编剑桥世界近代史》却无视基本事实写道:"1937年7月7日,日本和中国的军队在华北的卢沟桥附近发生了战斗。地方谈判宣告失败,这个事件与1931年9月在沈阳发生的事件不同,看来不是任何一方策划的,但它逐渐升级,直到两国深深陷入全面战争。这场战争直到日本在美国原子弹的轰炸下于1945年8月投降才告结束。"(参见[英]C.L.莫瓦特《新编剑桥世界近代史》第12卷,中国社会科学院世界历史研究所组译,中国社会科学出版社1999年版,第936页)。

停留在对其弊端的认识和摒弃。

  "公共阐释",作为一个新的科学术语,既可视为我们思考中的中国阐释学的新的核心概念、新的核心范畴,也可视为它的新的核心理论。广大史学工作者所探求的"历史阐释学"自然有历史学学科性质所决定的自身的特点,但其一般的科学逻辑、科学规范和理论基础,和"中国阐释学"则是基本一致的。张江在《公共阐释论纲》的题注中这样写道:"'公共阐释'是一个新的概念,是在反思和批判强制阐释过程中提炼和标识的。提出这一命题,旨在为建构当代中国阐释学基本框架确立一个核心范畴。强制阐释概念提出以后,学界进行了广泛讨论,提出许多好的意见和建议,对本文作者深入思考当代中国阐释学元问题具有重要的启发意义。公共阐释论就是对这些问题的进一步延伸"。从这样的认识出发,张江指出"公共阐释"的六个基本特征:"第一,公共阐释是理性阐释;第二,公共阐释是澄明性阐释;第三,公共阐释是公度性阐释;第四,公共阐释是建构性阐释;第五,公共阐释是超越性阐释;第六,公共阐释是反思性阐释。"[1] 这样,就对"强制阐释论"的讨论大大向前推进了一步。"强制阐释"和"公共阐释"的提出,使人们在讨论如何构建中国阐释学时,开始从抽象、泛议中走出,而开始从"强制阐释""公共阐释"等新概念、新理论出发,越来越加具体地开展讨论。

  "公共阐释"这个概念,是作者通过反思了西方阐释学中非理性、非实证、非阐释性的极端相对主义和虚无主义的理论话语的基础上提出,并强调"公共阐释",是指"阐释者以普遍的历史前提为基点,以文本为意义对象,以公共理性生产有边界约束,且可公度的有效阐释"[2]。这对于深化历史阐释具有重要的理论意义。历史研究在认识论的意义上展开,历史认识是具有阐释性的认识。任何一个民族历史的传递、历史记忆的获得和保存,以及历史文化的传播等,都离不开

---

[1] 张江:《公共阐释论纲》,《学术研究》2017 年第 6 期。
[2] 张江:《公共阐释论纲》,《学术研究》2017 年第 6 期。

世世代代历史阐释的积累。

就"历史真理的认识和判断"而言,"强制阐释"和"公共阐释"的含义截然不同,是两条截然不同的认识路径。在历史认识中,以"强制阐释"为中心的历史阐释所得出的结论,只能与客观的历史真理南辕北辙,愈来愈加遥远。而"公共阐释",则给人们以如何发现历史真理、接近历史真理、认识历史真理的启迪。人在本质上是社会存在物,虽然阐释是个体性的活动,但是"阐释活动的主体不是单独的人,而是'集体意义上的人',是一个深深植入公共理解系统的'阐释群体',这个群体而不是个人制约着文本意义的生成"①。人"作为社会主体所具有的认识能力或本质力量,不能只看到通过生物学意义上的遗传进化方式所获得的所谓'天赋'能力,更重要的是要看到通过社会遗传进化方式由社会所给予的后天获得性能力"②。"公共阐释"为中心的历史阐释,是"后天获得性能力"的重要内容之一。人在接受后天塑造时离不开公度性"有效"的历史阐释,正是在这个意义上,历史是最好的教科书,是最好的老师。

三 历史真理的阐释:历史性和现代性

马克思在亲自校订的《资本论》法文版第1卷的《序言》中写道:"社会经济形态的发展同自然的进程和自然的历史是相似的"③。此前,这句话曾被误解、误译成"社会经济形态的发展是一个自然历史过程"④,将这两段话稍加比较就可以看出,后者似认为"社会经

---

① 张江:《公共阐释论纲》,《学术研究》2017年第6期。
② 《夏甄陶文集》第5卷,中国人民大学出版社2011年版,第49—50页。
③ 《资本论》第1卷(根据作者修订的法文版第1卷翻译),中央编译局译,中国社会科学出版社1983年版,第4页。
④ 《马克思恩格斯选集》第2卷,人民出版社1972年版,第208页;《马克思恩格斯全集》第23卷,人民出版社1972年版,第12页。1995年以后,《马克思恩格斯选集》《马克思恩格斯文集》等,均已改正了原来的误译,被正确地译为:"我的观点是把经济的社会形态的发展理解为一种自然史的过程"。(《马克思恩格斯选集》第2卷,人民出版社1995年版,第101—102页)。

济形态的发展",即历史的发展规律可以自发地实现,人在历史规律面前无所作为。这显然不是马克思的原意,否则就无法理解马克思主义经典作家所强调的"历史不过是追求着自己目的的人的活动而已"①。历史真理,是指人类历史矛盾运动中的内在联系,以及由此所决定的历史发展的一般规律或特殊规律。历史真理和历史规律联系在一起,但"历史规律并不是存在于人的活动之外或凌驾于人的活动之上的'绝对计划',历史规律的形成、存在并实现于人的活动之中,表现为最终决定人类行为结局的力量"②。与人类历史矛盾运动密切联系在一起的"人的活动",传递着繁纷复杂的历史信息,蕴含着无限丰富的历史内容,而要获取这些信息和内容,进而探究或揭示历史真理,就离不开历史的认识和阐释。

历史规律参与并制约着人的活动,决定着历史发展的趋势,从而使人的活动不可避免带有历史性,人们尊重历史,敬畏历史。但是,历史与现实不可割裂,历史从来不会消失得无影无踪。人们阐释历史规律,并不仅仅是缅怀人类的过去,更在于通过对历史规律的认知,更清醒地认识人类的现实和未来。从历史性与现代性的统一去认识历史真理,是阐释历史真理的两个不可或缺的内容。古老的历史学永葆青春,是由现实的呼唤所激发的。历史研究要有鲜明的时代精神,这是中国史学古已有之的优秀传统。但是,这一传统在现实生活中却面临着严峻的挑战。

2002年,美国纽约大学张旭东先生在北大接受采访时,曾谈到当代中国文化和生活的世界定位问题。他说:"文化定位实际上也就是不同文化和价值体系之间的互相竞争。中国文化如何在当代西方各种强势文化的影响下进行自我定位和自我构想,这实际上也就是一个争取自主性,并由此参与界定世界文化和世界历史的问题。这反映出一个民族的根本性的抱负和自我期待。"他认为提出这些问题绝非小

---

① 《马克思恩格斯全集》第2卷,人民出版社1959年版,第118—119页。
② 杨耕:《马克思主义历史观研究》,北京师范大学出版社2012年版,第238页。

题大做，他说："现在，中国任何一个现象都只能在别人的概念框架中获得解释，好像离开了别人的命名系统，我们就无法理解自己在干什么。我们生活的意义来自别人的定义，对于个人和集体来说，这都是一个非常严重的问题。如果中国人获得'现代性'的代价是只知道'现代性'而不知道中国，这会是很可悲很滑稽的事，而且从某种意义上说，这是一种本末倒置。"① 15年过去了，他当时看到的中国学术界的这种极不正常的现象，在当今的中国史学界，并没有得到根本改变。那种既没有"根"，又没有"魂"的学术阐释，依然有它的市场。这种状况表明，面对西方强势文化的影响，构建当代中国哲学社会科学的理论体系和话语系统，在今天仍然是刻不容缓的历史性课题。

建立当代中国历史科学的理论体系和话语系统，不是坐而论道，而要通过艰苦的理论探讨和科学研究，在实践中进行。但这又不是"摸着石头过河"，而是要自觉地坚持唯物史观的理论指导，首先是明确历史真理阐释的历史性与现代性的辩证统一。关于史学的目的，以及历史与现实的关系，中国自秦汉以来即不乏精辟论述。如汉司马迁强调 史学"述往事，思来者"，"欲以究天人之际，通古今之变，成一家直言"②，近代梁启超（1873—1929）在《中国历史研究法》中写道："史家目的，在使国民察之现代之生活与过去未来之生活息息相关，而因以增加生活之兴味，睹遗产之丰厚，则欢喜而自壮；念先民辛勤未竟之业，则矍然思所以继志述事而不敢自暇逸；观其失败之迹与夫恶因恶果之递嬗，则知耻知惧；察吾遗传性之缺憾而思所以匡矫之也。夫如此，然后能将历史纳入现在生活界，使生密切之连锁。夫如此，则史之目的乃为社会一般人而作，非为某权力阶级或某

---

① 张洁宇：《全球化时代的中国文化反思：我们现在怎样做中国人——张旭东教授访谈录》，《中华读书报》2002年7月17日。
② 《史记》卷一百三十《太史公自序》，中华书局1959年版，第3300页；《汉书》卷六十二《司马迁传》，第2735页。

智识阶级而作，昭昭然也。"① 中国马克思主义史家，继承并发展了中国传统史学"求真求实""经世致用"等优良传统。如胡绳（1918—2000）强调："理论联系实际是发展社会科学的根本方针，也是马克思主义倡导的优良学风"，在历史研究中也是如此。"以为研究过去对现实没有意义，是不对的。科学地认识昨天和前天，就能对正在运动着的今天的现实有更深的了解，并能对未来做出科学的预测……在研究历史时，要有现实的时代感。"② 这些认识，对于从历史性与现代性的结合上，阐释历史真理，划清与"强制阐释"的界限，无疑有积极的理论意义和现实意义。

自古典时代始，历代的世家都在时代所给予他们的历史条件下，以不同的方式寻求历史的真理，并做出这样或那样的阐释。在汗牛充栋的中外典籍中，不难看到他们的思想痕迹。但直到19世纪中叶，情况才发生了根本的变化。正是马克思主义的唯物史观，作为人类科学思想的最伟大成果之一，揭示了历史的奥秘，开辟了科学认识历史真理的现实道路。在马克思看来，人类社会生活在本质上是实践的，是现实的个人及其活动；历史是社会历史主体与客体相互作用的过程。因此，"只要描绘出这个能动的生活过程，历史就不再像那些本身还是抽象的经验论者所认为的那样，是一些僵死的事实的汇集，也不再像唯心主义者所认为的那样，是想象的主体的想象活动"③。这就明确地指出了历史真理的真谛，它不是虚无缥缈的、可随心所欲阐释的精神产物，而是物质世界中主观性与客观性的统一、相对性与绝对性的统一的真理。不言而喻，这里所说的历史真理，是超越了历史上出现过的符合论真理观、语义真理观、分析真理观，或融通真理观，以及工具真理论所规范的真理，而是在科学实践基础上的，唯物主义和辩证法相统一的客观历史真理。

历史真理，是历史认识主体对客体辩证的、能动的反映，而不是

---

① 梁启超：《中国历史研究法》，东方出版社1996年版，第3页。
② 《胡绳全书》第3卷下，人民出版社1998年版，第458、472—473页。
③ 《马克思恩格斯选集》第1卷，人民出版社1995年版，第73页。

具体的历史过程本身。这就决定了历史真理不存在着所谓的"纯客观性",也就不难理解历史真理的主观性,首先体现在认识主体的主观选择性。但是,这种反应不是消极、盲目、被动的,而是由历史认识主体所主导的选择过程。英国史家卡尔(Edward Hallett Carr,1892—1982)曾言:"历史是历史学家跟他的事实之间相互作用的连续不断的过程,是现在跟过去之间的永无止境的问答交流。"他同时还强调,历史研究不可以排除解释或阐释,因为"解释是历史的生命必须的血液",史实所蕴含的真理性内容需要阐释。诚然,"没有事实的历史学家是无本之木,是没有用处的";但是,"没有历史学家的事实则是一潭死水,毫无意义"①。卡尔所言史家"跟他的事实之间……",意在凸显"他"(史家)的选择,所谓"选择",是一种理性的历史哲学思考,是基于历史事实的一种主动的创造。这与由前置立场出发,从根本上抹杀了历史真理本质特征的"强制阐释",显然有着质的区别。

在历史认识的范畴中,不存在"纯粹客观"的历史真理,然而,客观的物质世界毕竟是存在的,因此,"历史真理"即不是主观臆造的,也不是纯粹客观的,而是主观性与客观性的完美结合②。这种主观性与客观性相统一的历史选择和历史阐释,坚实地建立在客观物质世界的基础上,鲜明地表现出社会存在决定社会意识。例如,1924年初,瞿秋白(1899—1935)在广州阐释三民主义的"民族主义"何以提出时说:"至于三民主义的发生,是完全由于中国现实经济状况而起的……因为有外国的压迫和欺凌,固首先有民族主义。试看中国所有商埠,一切都在外人的掌握。许多政治上的大权都操自外人,所有铁路、矿山完全由外人经营,关税、盐税都由外人监督。在如此情形之下,我们即使有心和帝国主义者讲交情,试问有何方法?所以

---

① [英] 爱德华·霍列特·卡尔:《历史是什么?》,吴柱存译,商务印书馆1981年版,第28、26页。
② 关于历史真理是"主观性与客观性的完美结合",还可参见拙文《历史认识:主体意识和主体的创造性》,《历史研究》2003年第1期。

提倡民族主义是一个很简单的意思，并不用何种高深理想。"①

在历史真理阐释中，割裂"历史性与现代性"的联系，或人为地将其对立起来重要原因之一，是无视历史发展的辩证法。脱离历史矛盾运动的实际，以非逻辑论证的方式"解读"或"剪裁"历史，使绝对主义、虚无主义、简单化、公式化在历史阐释的话语中大行其道。历史真理不仅是物质世界中主观性与客观性的统一，而且也是相对性与绝对性的统一。马克思说："人们自己创造自己的历史，但是他们并不是随心所欲地创造，并不是在他们自己选定的条件下创造，而是在直接碰到的、既定的、从过去承继下来的条件下创造。"② 人们对历史真理的认识和阐释也如是。

历史认识的过程，是历史认识主体逐渐接近历史真理的过程。正因为如此，历史学是一门古老的学科，同时又是一门年轻的学科。历史流动地存在于人们永不间断的理解和阐释中。毫无疑问，新的时代需要新的历史。但是，人类历史发展是服从于一定规律的历史矛盾运动，历史的发展是绝对的，不取决于人的意志和愿望。人们只有自觉坚持历史阐释中的历史性与现代性的辩证关系，才有可能越来越接近客观的历史真理，更加自觉地成为历史的主人。

---

① 《瞿秋白选集》，人民出版社1985年版，第130—131页。
② 《马克思恩格斯选集》第1卷，第585页。

第三章

历史学中典型性研究的类型及其限度

张耕华[*]

关于典型性问题,李凯尔特曾有专门的讨论,虽未充分的展开,但基本的思路和框架,仍可用作我们今日研讨的出发点。我们知道,李凯尔特的研究主旨是为学科划界。他认为,无论是自然科学还是文化科学(这是李凯尔特对学科划分的界定。其义不仅包括人文学科,还应包含社会科学),研究工作都是从对个别的考察入手的,然而个别在研究工作中的作用、目的是不同的。表现在研究方法来上,那就是典型性方法的不同类型。他在《历史上的个体》一文中,论述了学科研究中三种不同的典型性:一种是代表性的或类别标本的典型性,一种是"完美模型或榜样"的典型性,还有一种是理想的典型[①]。为了便于讨论,我把这三种典型性,分别称之为第一种、第二种和第三种典型性;有时也称个别性的、普遍性的和理想型的典型性。

第一种典型性,以求取普遍性为目的,即从个别提取普遍或一般结论的典型性研究。按照李凯尔特的观点,这是自然科学的研究方法。自然科学对个别的研究,目的是提取出普遍或一般。在此种研究

---

[*] 张耕华:华东师范大学历史学系教授、博士生导师。中国史学理论研究会理事。研究方向为史学理论、中国史学史、中国古代史。代表作《历史哲学引论》,长期致力于吕思勉遗著的整理工作,已编辑出版十余种该方面成果。

[①] [德]李凯尔特:《历史上的个体》,取自他的《自然科学概念构成的界限》,白锡堃译,王太庆校,收入张文杰等编译:《现代西方历史哲学译文集》,上海译文出版社1984年版。

第三章　历史学中典型性研究的类型及其限度

中，个别之重要性，主要体现在它（个别）是普遍、一般的"例证"。就"例证"而言，某一个别并无特殊价值，个别 A 与个别 B 的作用、地位都是同等的，故而也是可以彼此替代的。在这里，典型性"表示将一组事物或事件平衡之后所得出的具有代表性的东西，这样，典型这个词的意思有时干脆就是某种一般的、自然科学的类别概念的标本"[①]。按照李凯尔特对学科的划界（质料的和形式的）原则，这一种典型性研究主要是属于自然科学的方法，而不是文化科学的方法。因为文化科学，尤其是历史学的情况有所不同。在那些学科里，个别（其地位和作用）是独一无二、不可替代的，歌德不可替代李白，秦始皇不可替换汉武帝。所以，历史学家总是关注个别，他们按照价值的引导，选定个别对象，并对它进行叙述，其目的不是求取普遍或一般，而是叙述某一个个别，它只想"缝制一套只适合保罗，或彼得的服装"。如果我们也采用第一种典型性方法，即使用自然科学的方法去缝制一套既适合保罗也适合彼得的服装，这样，我们就会用"诗人"（或"皇帝"）的一般来概括歌德或李白（秦始皇或汉武帝）。一旦这么做了，我们就会满足于以"诗人"的概述来代替对歌德、李白的具体描述；以"皇帝"的概论来取代对秦始皇、汉武帝的个别叙述。这时候，歌德、李白，秦皇、汉武都就成了"诗人""皇帝"的例证而已，歌德可以等同于李白，秦皇可以替代汉武。李凯尔特认为，这已经不是历史学了，没有对独一无二的个别的特别关注，就没有了历史学。

　　以上是李凯尔特的主要观点。我们不能否认，李凯尔特所说的这一种情况，在历史学中是确实存在的。但这是否意味着这一种典型性方法在历史学中完全绝迹呢？似乎也不是。在《文化科学和自然科学》一书中，李凯尔特讨论了这样一个案例，他说："我曾经强调指出，弗里德里希·威廉第四拒绝接受德国王位，这在历史上是本质成

[①]　[德] 李凯尔特：《历史上的个体》，张文杰等编译：《现代西方历史哲学译文集》，上海译文出版社 1984 年版，第 26、27 页。

分；反之，给他制作外衣的裁缝虽然也同样是真实的，但在历史上却无关紧要的。迈尔［Edward Meyer（1855—1930）德国历史学家］可能对此反驳；当然，所说的裁缝对于政治历史来说始终是无关紧要的，但是我们很可能设想，在关于服装式样、缝纫手艺和服装价格的历史上，他是本质成分。"①说某一历史人物、事件是本质的成分，就是说这一历史人物、这一事件因有特殊的价值而为史学研究者所关注。至于研究者用其来说明特殊性，还是用来说明普遍性，这是研究者的研究目的而定。如果我们研究的目的是想去关心"关于服装式样、缝纫手艺和服装价格的历史"一般状况，那么，我们就会把"威廉第四的裁缝"视为典型性研究的标本，以求取当时纺织业、手工业、缝纫制作，乃至服饰审美等某种普遍或一般的东西。这种典型性自然指向普遍性。李凯尔特又说："如果我们把譬如像歌德这样的人物拿来同随便一个普通人做比较，并且对这个普通人的个别性就任意的一些价值而言所具有的某些意义不予考虑，于是就会出现这样的情况：歌德对于这个普通人的关系和科伊诺大钻石对于一块煤的关系是一样的，也就是说，就一般价值而言，这个普通人的个别性可以被凡是属于人这个概念的每个客体所替代。"② 科伊诺大钻石（重109克）是英国王室的珍宝，将歌德与普通人的等量齐观，那就是把科伊诺大钻石等同于一块普通的煤。那就把事物的（科伊诺大钻石或歌德）本质特征取消了，把事物的独一性、不可替代性取消了。但对于普通的煤块、普通的人，既然是没有特殊价值无关紧要，那就不妨对它们等量齐观，也不妨用自然科学的方法来处理。这样说来，李凯尔特也未尝完全将第一种典型性排斥在历史学之外。只不过按照他的观点，这不是历史学的重要内容，不反映历史的本质特质，故而不是历史学的主要方法。

---

① ［德］李凯尔特：《文化科学和自然科学》，涂纪亮译，商务印书馆2000年版，第81页。

② ［德］李凯尔特：《历史上的个体》，张文杰等编译：《现代西方历史哲学译文集》，上海译文出版社1984年版，第25页。

第三章 历史学中典型性研究的类型及其限度

苏联学者康恩曾批评李凯尔特"轻视'普通人'——人民群众。说他无视人民大众在历史中的作用，主张用'一般化的'自然科学方法来研究他们的活动"①。普通的人民群众在历史中起了重要的作用，这自然无可怀疑。而且，借助普通的人民群众，将其视为典型个案来求取历史中的某种普遍性，也是历史研究的重要方法。我们知道，历史研究通常要涉及两类不同的历史事实：一类是特殊的历史事实，它是指发生于某一时空点上历史现象；另一类是普通的历史事实，②它是指发生或流行于某一地域、某一时段里普遍存在的历史现象。普通的历史事实应该通过历史归纳法来获得，但有时受史料的限制，往往只能通过典型性的个案研究来加以推论。如陈寅恪先生《元白诗笺证稿》有"井底引银瓶"一节，陈先生云："乐天新乐府与秦中吟所咏，皆贞元、元和间政治社会之现象。此篇以'止淫奔'为主旨，篇末以告诫痴小女子为言，则其时社会风俗男女关系与之相涉可知。此不须博考旁求，元微之莺莺传即足为最佳之例证。盖其所述者，为贞元间事，与此篇所讽刺者时间至近也。""夫'始乱终弃'，乃当时社会男女间习见之现象。乐天之赋此篇，岂亦微之和李校书新题乐府序所谓'病时之尤急者'耶？"这就是以《莺莺传》为个案，来求取当时社会流行的普通或一般。书中另有一节"时女妆"，陈先生云："乐天则取胡妆为此篇以咏之。盖元和之时世妆，实有胡妆之因素也。凡所谓摩登之装束，多受外族之影响。此乃古今之通例，而不须详证者。又岂独元和一代为然哉？"又云："岂此种时世妆逐次兴起于贞元末年之长安，而繁盛都会如河中等处，争时势之妇女立即摹仿之。其后遂风行于四方较远之地域。迄于元和之末年，尚未改易耶？今无他善本可资校订，姑记此疑俟以更考。"③ 说"无他善本可

---

① ［苏］康恩：《哲学唯心主义与资产阶级历史思想的危机》，乔工等译，生活·读书·新知三联书店1961年版，第74页。
② "普通"一词，借用金岳霖先生的用法。或还有更合适的术语，暂且用之。参见金岳霖《知识论》，商务印书馆1996年版，第846页。
③ 陈寅恪：《元白诗笺证稿》，生活·读书·新知三联书店2001年版，第286—288、267—270页。

资校订"，即无其他史料可资佐证，但白乐天此诗足以证明当时长安流行以胡妆为摩登的一般风尚，则无疑义矣。这种典型性研究，就具有李凯尔特所说的"代表性"和"标本"的意思，它在社会史、文化史等研究领域，使用得很为普遍，应该也是历史学中一种很重要的研究方法。

我们读李凯尔特的《文化科学和自然科学》，发现当他借助史学实践的案例来论证他的观点时，所列举的总是兰克史学。① 这似乎表明，李凯尔特的上述观点，与他过于倚重兰克学派为事实案例有关，因为兰克学派的史学著述常常凸现的是第二种典型性，而不是第一种典型性。然而，这里还有一层问题不可忽视，即历史学对此类"平均类型"的典型性的把握，确实与自然科学的研究方式不同。因为历史中的个别与一般的关系，远比自然界来得复杂。论者或说：世界上没有绝对的个别，个别总是相对于普遍而言，典型总是相对于一般的典型。李凯尔特的错误就在于把这两者绝对割裂了。当年俄国学者普列汉诺夫写《论一元论历史观的发展》，就是从这里入手批判李凯尔特的观点。爱德华·卡尔也批评李凯尔特将历史中的特殊与一般完全对立，他说："语言的运用本身使得历史学家就像科学家一样，要从事于概括。伯罗奔尼撒战争跟第二次世界大战截然不同，而两者又都是独特的。可是历史学家却管两者都叫战争。"② 翻翻我们的历史著述，不是充满着诸如"皇帝""农民""战争""革命"之类的概括用语吗？这不就是普遍性的东西吗？历史学只要还在使用概括语，那它的对象就不能视为绝对的个别，这与"铁矿石""麻雀"之类的概括有什么本质不同呢？如果我们遵循这样的思路而不再深入推敲，我们一定会同意普列汉诺夫或卡尔的批评，而李凯尔特的问题也就随之被打发。然而，问题远非这么容易被打发。我们知道，概念来自个别，但

---

① [德] 李凯尔特：《文化科学和自然科学》，第53、75页。
② [英] 爱德华·霍列特·卡尔：《历史是什么?》，吴柱存译，商务印书馆1981年版，第65—66页。

它又超越个别。所谓"执一以范多""执型以范实在"①。一个"麻雀"的概念，可以管辖着千千万万个麻雀；而一个"皇帝"的概念能管辖着多少个皇帝呢？秦始皇、汉武帝、唐太宗、明太祖，这些当然都属于它管辖；但东汉的冲帝呢？他两岁继帝位，一年后便死了；还有那位殇帝诞育百余日就死了，却也做了百余日的皇帝。如果要写一本《中国皇帝大全》之类的书，殇帝、冲帝自然不可少，因为他俩确确实实做过皇帝啊！但在他俩身上又有多少皇帝的典型性呢？这是有其名而无其实的皇帝。历史上还有一些无其名而有其实的皇帝，他们具备了"皇帝"所有的本质特征，却没有皇帝的名号，写不进《中国皇帝大全》，不受"皇帝"概念的管辖。如何来解释历史中的这类现象，这需要另外撰文来讨论。但这至少表明了李凯尔特的观点并非无的放矢。而他的观点，也不是像卡尔那样随意地批评几句就可以把它打发、驳斥了的。

证之于具体的史学研究的实际，你就会发现，历史研究中的这一类典型性研究，有时非常可靠，有时却非常危险，如陈寅恪先生《元白诗笺证稿》中的一些考证，大约是可靠的。然而有时则不然。因为社会历史领域的个别，并不像自然界中的事物那样所具有的天然同一性，后者为自然科学的典型性研究提供了无穷的便利。而历史学的研究，显然没有这样的便利，且还隐含着种种陷阱。这也就是严中平先生在他《科学研究方法十讲》中"典型研究的目的性、代表性和局限性"一节所提出的问题。关于第一章典型性研究所碰到的困难和限度，笔者曾撰文做过分析，此处不再赘述。②

与第一种典型性研究不同，第二种典型性研究的目的不是为了获得普遍性，而是为了凸显特殊性，它不是要"缝制一套只适合保罗或彼得的服装"，而只是"按照每个人的体形"缝制只适合保罗或彼得的衣服。关于此类典型性研究的对象，李凯尔特说它（典型）是

---

① 金岳霖：《知识论》，第229页。
② 严中平：《科学研究方法十讲》，人民出版社1986年版，第56—61页。相关讨论也可参见拙著《历史哲学引论》，复旦大学出版社2009年版，第70—72页。

"意味着完美模型或榜样，它该是一个价值概念，确切地说，是一个有某种价值寓于其中的好物的概念"，"譬如我们说歌德或俾斯麦是典型的德国人，那么这有时就意味着二者在其独特性上及个别性上是榜样性的。因为他们作为榜样必然对众人都是重要的，所以他们作为典型，实际上同时也就成了不可分个体；反之，倘若将平均性的这层意思悄悄地塞进典型的这个词里，然后还照样地声明历史只研究典型性的东西，那么，人们就会获得这样的错误观点：在所有的个体中，只有其大多数所共有的东西才是历史性的。如果歌德或俾斯麦被称为此种意义的典型，人们则会得出这样的一种奇怪的结论：'大人物'乃纯属'大量存在的现象'"①。所以，从这个意义上说，"历史的个体恰恰是因其与众不同之处才对众人是重要的。谁要是认为只有一般事物而永远不会是个别事物才具有一般意义，谁就忽视了这样的事实：那些最具一般意义的价值恰恰能够寓于绝对个别的和绝对独特的事物之中"②。

"榜样"一词，通常是褒义的，虽然有时也说某某是"坏榜样"之类的话，但大都还是从正面去理解它、使用它。说此类典型性都是"榜样""好物"，这就会容易引起误解——那些为"四人帮"写传的，那书店里林林总总的诸如西太后传、袁世凯传等，难道也都有"榜样"意义？也属于"有某种价值寓于其中的好物"？有些历史人物功绩极大，但罪孽也不轻，可以说是集流芳百世与遗臭万年于一体，如张学良在西安事变中发挥了极其重要的作用，以至于被称为民族功臣；但这也不能掩饰他的弃守东北的大错，而这样的"错误是不能犯的，一犯就是千古罪人，百身莫赎"③。说给张学良写传，原因在于他是集"好榜样"与"坏榜样"于一身。这样的说法岂不别扭？所以，我认为此类典型性研究，与其在"好榜样""坏榜样"里犹豫

---

① [德] 李凯尔特：《文化科学和自然科学》，第28—29页。
② [德] 李凯尔特：《文化科学和自然科学》，第26页。
③ 张鸣：《张作霖父子头上的光环》，《历史学家茶座》2007年1月。

第三章 历史学中典型性研究的类型及其限度

斟酌，倒不如直接强调其特殊性。① 转换到李凯尔特的话题，那么，与其说"典型意味着完美模型或榜样，它该是一个价值概念，确切地说，是一个有某种价值寓于其中的好物的概念"，倒不如直截了当地说此类典型性的研究，就是为了凸显某一历史人物、历史事件的特殊性、独一无二性。

对照具体的史学实践，应该承认，凸显特殊性的典型性研究在我们的史学研究中是大量存在的，只是我们一直没有对它们有自觉的反思。我们甚至有一种错觉，认为历史学中的典型性研究，都是为了求取普遍性为目的的。上文所提到的严中平先生的批评，主要也是针对这一种情况。现代史学史的研究，很关注陈寅恪、吕思勉等史学大家。如果我们把这些大家称之为"大人物"，那么，他们究竟是"大量存在的"人物呢？还是恰恰是少数的、甚至是独一无二的"大"的人物？如果我们的专题研究是将他俩视为中国现代史学史上的标本而求取普遍性，那么，我们就会得出中国现代史学史的"史学大家"就是"大量存在着的这样的历史学家"之类的结论。这是不符实际且非常可笑的结论。数年前，我曾写过一本吕思勉的传，在书的"后记"中写道："吕思勉先生曾说：'真正的学者，乃是社会的、国家的，乃至全人类的宝物，而亦即是祥瑞。我愿世之有志于学问者，勉为真正的学者。如何则可为真正的学者？绝去名利之念而已。吕先生的学生、也即我的老师李永圻先生常常对我说，多读老先生（指吕先生）的文章，尤其是他的日记序言，对于道德修养的提高极有帮助。他很希望老先生的学问道德能够发扬光大。吕先生的女儿吕翼仁先生的看法则不同，她说：'记不得有谁说过，列夫·托尔斯泰带走了一个时代。我也许不该把父亲去比一个伟大的文学家，但总觉得父亲带

---

① 张鸣先生说张学良是"民国史上的传奇人物，人称他总做令人大跌眼镜的事情，每每出人意料"。又说他"率性而为，胆子大，天都可以捅个窟窿，当然可能做点好事，但也容易把事弄砸了，一砸就砸个大的"，"对于这样的军人，我们说他什么好呢"，字里行间无不感慨这种古今中外、千古难得一见的特殊性（参见张鸣《张作霖父子头上的光环》，《历史学家茶座》2007年1月。）

· 41 ·

走一种道德标准。如果今天仍按这样的标准来为人处事,恐怕连饭都没得吃。'"① 可见,这里涉及的个别,即便不能说是独一无二、不可复制,至少也是与众不同的特殊性。诚如李凯尔特所说,这种类型的典型性,正好表示的是它的与众不同的独特性,而不是大量存在、人人都具有的一般性。

其实,在常见的史学著作中,有不少段落都是在论述这种典型性。钱穆先生在《国史大纲》第三十二章论宋代"士大夫的自觉与政治革新运动"第一节"学术思想之新曙光"中云:"宋朝的时代,在太平景况下,一天一天的严重,而一种自觉的精神,亦终于在士大夫社会中渐渐萌茁。所谓'自觉精神'者,正是那辈读书人渐渐自己从内心深处涌现出一种感觉,觉到他们应该起来担负着天下的重任。范仲淹为秀才时,便以天下为己任。他提出两句最有名的口号来,说:'士当先天下之忧而忧,后天下之乐而乐。'这是那时士大夫社会中一种自觉精神之最好的榜样。"士大夫可视之为传统社会里的知识分子,他们或尚在野,或已入仕途。进入仕途之后士大夫,究竟有多少能如范仲淹那样仍以"先天下之忧而忧,后天下之乐而乐"为己任呢?读上面这段钱先生的叙述,千万不要造成一种错觉:即"先天下之忧而忧,后天下之乐而乐"已是当时士大夫普遍怀抱的一种"自觉精神",范仲淹只是这种普遍存在的士大夫及其"自觉精神"的一个典型。《国史大纲》同一章的第二节讲"庆历变政"及其失败时,钱先生又云:"仲淹的政策,到底引起了绝大的反动。宋朝百年以来种种的优容士大夫,造成了好几许读书做官人的特有权利,范仲淹从头把他推翻,天下成千成万的官僚乃至秀才们,究竟能'以天下为己任'的有多少?能'先天下而忧后天下而乐'的有多少?"② 钱先生的这一段叙事,明白无误地告诉我们,决不能把"先天下之忧而忧,后天下之乐而乐"看作是普遍存在于一般官员、士大夫身上的

---

① 拙著:《人类的祥瑞:吕思勉传》,华东师范大学出版社1998年版,第339页。
② 钱穆:《国史大纲》(下),商务印书馆1996年版,第558、565页。

"自觉精神",范仲淹只是一个榜样性的典型,他并不反映当时一般官员、士大夫的普遍状况,不能视为普遍性的典型。换言之,范仲淹只是特殊的典型性,而不是普遍的典型性。在野的士大夫或许抱有此种"自觉精神"的多一点,但究竟能普遍到怎样的程度,仍不好推测。因为大部分的士大夫是官僚的后备队伍,他们中的大部分孜孜以求视为悬鹄的,无非是如何尽快地挤进官僚阶层。"天下只有天良发现之个人,无有天良发现之阶级;只有自行觉悟之个人,无有自行觉悟之阶级。"① 在中国传统社会,作为治者阶级的官僚集团(以及它的候补)不会普遍地具有"先天下而忧,后天下而乐"的自觉精神。即便就更广大的士大夫阶层而言,说其有这种普遍的精神也值得推敲。

读钱穆先生的著述,我们常常会获得这样一种观感:即他对中国传统社会中"士大夫"及其精神的描述似乎带有不少理想化、情感化的色彩。此种色彩在他的学生余英时先生的著述中,也同样表现得极其明显。读者若不做深入推敲,就不能清醒地加以辨析:钱先生《国史大纲》中关于范仲淹及其"先天下之忧而忧,后天下之乐而乐"精神的那些陈述,究竟是为了凸显一种特殊性的典型性,还是属于理想型的典型性分析呢?这就牵涉到下面要讨论的"理想典型"了。

李凯尔特所说的"理想典型",我在这里简称为第三种典型性研究,这自然可以马克斯·韦伯的研究为原型。李凯尔特说:"马克斯·韦伯就曾经论及在历史科学上起着作用的'理想典型'。然而这里的'理想的东西'这个概念同价值概念很少有什么关系。它只暗示着同现实的对立,也就是说,指出任何地方的现实事物都不会同这些有时会被历史学家所造就出来的理想典型完全相符。"他又说:"恰恰因为这个概念所涉及的是某些相对历史的东西,所以它根本不适于用来确定历史的个体这个概念,而仅仅适用于通过历史表述所形

---

① 吕思勉:《中国文化思想史九种》,上海古籍出版社2009年版,第765页。

成的一些特殊类型的产物。"① 众所周知，马克斯·韦伯是反实证主义的，他自称是李凯尔特的继承人，但又不愿像李凯尔特那样将文化科学的任务仅仅停留在个别事物的描述上。他设计出理想类型的典型性研究，就是为了对个别、特殊的对象做出一定程度的抽象和提升。但这种抽象和提升又不能过高，过高的抽象和提升就会导致超时间、超地域的普遍概念，而这是历史学所做不到的。由此而形成的概念，都具有明显的时代性和地域性。没有永恒的、决定意义的概念体系，也没有以某种概念为基础的超时代、超地域的客观性。② 这样，马克斯·韦伯的理想型的典型性研究，就有这样一些特征：它是理念性的，与经验事实不全然符合；但它又不是凭空虚构。它侧重于概括事物的某一点和某一方面的特征，而不可能囊括了事物的所有特征。因此，理想类型的典型性是将经验事实中的某些具有特殊意义的因素加以强化、突出，或者是简化、极端化而形成的，作为一种研究的方法，它可以增强我们的推论技巧；它虽然不是对实在的描写，却可以为我们的描写提供清晰的表达手段，也为事物间的比较研究提供了参照。③

按照李凯尔特的看法，理想型的典型性研究"根本不适于用来确定历史的个体这个概念"，而他的讨论主要"局限在典型这个词所以表示的榜样性的东西和平均性的东西这两个概念上"④。然而，在实际的史学研究中，理想类型的典型性研究仍为历史学家所看重，且自有它别具一格的功用。余英时先生的《士与中国文化》可视为此类

---

① ［德］李凯尔特：《历史上的个体》，张文杰等编译：《现代西方历史哲学译文集》，上海译文出版社1984年版，第28页。
② 王养冲：《西方近代社会学思想的演进》，华东师范大学出版社1996年版，第193页。
③ 参见于海《西方社会思想史》，复旦大学出版社1993年版，第320页；周晓虹《西方社会学历史与体系》（一），上海人民出版社2002年版，第361页。
④ ［德］李凯尔特：《历史上的个体》，张文杰等编译：《现代西方历史哲学译文集》，上海译文出版社1984年版，第28页。

典型性方法的代表作（下文简称为"余书"）。① 余先生在该书的《自序》中写道："本书所刻画的'士'的性格是偏重在理想典型的一面，也许中国史上没有任何一位有血有肉的人物完全符合'士'的理想典型。但是这一理想典型的存在终是无可否认的客观事实"，"至于终身'仁以为己任'而'造次必于是、颠沛必于是'的'士'，在历史上原是难得一见的。"在余书的《道统与政统之间》一篇里，余先生又说：孟子所谓"无恒产而有恒心"，"事实上只能期至于极少数突出之'士'，因此但有'典型'的意义，而无普遍的意义"②。然而，何以说"无恒产而有恒心""先天下而忧后天下而乐"是士大夫的基本特征呢？为什么"难得一见"的"士"，却又是无可否认的客观事实呢？对此，余书序文中的另一段叙述可以回答这个疑问。余先生写道："隋唐时代除了佛教徒（特别是禅宗）继续其拯救众生的悲愿外，诗人、文士如杜甫、韩愈、柳宗元、白居易之伦更足以代表当时'社会的良心'。宋代儒家复兴，范仲淹所提倡的'以天下为己任'和'先天下之忧而忧，后天下之乐而乐'的风范，成为此后'士'的新标准。"此外，便是出现在中国历史上的那许多"为民请命"的"士大夫"。这是凭借着这一点，中国文化才能一再地超越自我的限制。③ 很显然，余先生对"士"的研究方法，正是运用了韦伯的"理想典型"，可以说是理想型典型研究方式在中国史领域里的一次有意义的尝试。

为了说明第三典型性研究方法的基本特征，我们有必要暂时抛开学术性的语言，而回到日常生活中去，借用一些日常所见所闻的概念术语来做点分析，以便对这里的问题有所简化，因为问题一旦被学术语言所包裹，其实质往往不易被人察觉。比如，"教师"一词是很常

---

① 《士与中国文化》系八篇长文组成，称其为韦伯方法的代表作，也是笼统的说法，其中前面数篇，大致借助韦伯式的理想型研究模式。最后一篇《中国近世宗教伦理与商人精神》，是借用"韦伯式"的问题，来考察中国16—18世纪商人的社会地位和意识形态的变化。故而，韦伯式的提问与韦伯式的理想型研究，还是有区别的。
② 余英时：《士与中国文化》，上海人民出版社1987年版，第108、109页。
③ 余英时：《士与中国文化》，《自序》第10、11页。

见的一个概念。"教师"一词如何解释，自有各种不同的定义。为了讨论的方便，我们就列举出两类很常见的说法，虽然不甚规范，但颇能说明问题：其一，有时我们说：教师是指以教育工作为其职业的人。其二，有时我们也说：教师是人类灵魂工程师（以爱心和知识触摸、改变人的内心）。与第二类说法相似的，还有不少。如教师是燃烧自己、照亮别人的蜡烛；是传承人类文化的功臣；是学识渊博、经验丰富、道德高尚、积极向上、理智稳重的学习楷模。所谓"理想典型"的研究，就是着眼于上文所说的第二类说法。按此种说法去选取对象，恐怕只能期至于极少数的个别；甚至在现实生活中还找不到一个能够全面吻合这些特征的个体，而只能借助抽象提炼的方法，将经验事实中的某些因素加以强化、突出，或者是简化、极端化。一般说来，当我们要表彰某一个优秀教师的时候，当我们把第二种说法内容写进我们的《教师手册》时，我们自然不会认为这就是一种普遍性。同样，我们也不会从第二种说法出发去满打满算地估量一般教师的作用和影响。反之亦然。回复到上文的有关"士"的讨论，吕思勉先生有一段论述值得引用。他曾写道："惟'士'为能的士字，不可泥看。这'士'字不是以地位言，乃是以道德言，亦和君子两字，有以地位言、以道德言两义一般。惟'士'为能，就是说只有生而道德性格外丰富的人为能。而今偏要责之于一般人，这就是责一个平常人以旷世的高节了。殊不知人总是中材居多数。这个因为在生物学上，上智下愚，同为变态，惟中材为常态之故。这是人力所不能变更的事实，而今要责中材以为上智之事，那自然是镜花水月了。"① 余书所论的中国史上的"士"及其精神，及其对中国社会的影响和作用，大致也当作如是观。

有了上述的讨论，我们或许能体会到，李凯尔特有关"歌德对于这个普通人的关系和科伊诺大钻石对于一块煤的关系"的分析，有关"大人物"不等于"大量存在的人物"，有关"理想典型"只是"适

---

① 吕思勉：《中国现阶段文化的特征》，《中美日报》1940年4月5日。

用于通过历史表述所形成的一些特殊类型的产物"的论述，都不是随意可以打发的话题，其后自有他一番深入的思考。至少提醒我们，历史研究里的典型性，远比我们原先所认识到的要复杂。对于这三种典型性的区分，以及混同之后的后果，我们当抱一种清醒的警觉。这种警觉，既是针对研究者、写作者而言，也是针对读者、接受者、使用者而言。行文至此，笔者想起了马克思给米海洛夫斯基信中的一段名言，马克思说：米海洛夫斯基"一定要把我关于西欧资本主义起源的历史概述彻底变成一般发展道路的历史哲学理论，一切民族，不管他们所处的历史环境如何，都注定要走这条道路……但是我要请他原谅。他这样做，会给我过多的荣誉，同时也会给我过多的侮辱……极为相似的事变发生在不同的历史环境中就引起了完全不同的结果。如果把这些演变中的每一个都分别加以研究，然后再把它们加以比较，我们就会很容易地找到理解这种现象的钥匙；但是，使用一般历史哲学理论这一把万能钥匙，那是永远达不到这种目的的，这种历史哲学理论的最大长处就在于它是超历史的。"[1] 所以，严中平先生在《科学研究方法十讲》特别提醒学者当注意典型性研究的局限性，"忘却了自己典型研究的局限性，把自己所找到的特殊规律，夸大成一般规律"[2]。当然，这里除了要注意严先生所说的特殊与一般的混淆，尤其当注意不能将理想的典型性与前两种典型性相混淆。

  以上所述，都是读李凯尔特的书而引出的思考，且以"笺注"的方式为李氏的观点做点辨析，大致都未能超出李氏的论域。李凯尔特的著述之被介绍到中文界，已有二十多年了。随着一波接一波的新流派、新思潮的兴起，李凯尔特及其观点已渐渐地淡出学界的视野，而他的著述以及他所思考的问题，似乎已不再能引起我们的兴趣。其实，他的研究是有深度的，许多看法都引而未发，或发而未畅，然而都可以用作我们进一步研究的起点。在《文化科学和自然科学》的

---

[1] 《马克思恩格斯选集》第3卷，人民出版社1995年版，第341—342页。
[2] 严中平：《科学研究方法十讲》，第57页。

最后一章，他曾论述文化科学的客观性问题，他写道："如果价值是一种指导历史材料的选择，从而指导一切历史概念的形成的东西，那么人们可能而且必定会问：在历史科学中是否永远把主观随意性排除了呢？……这里有一个不容忽视的事实，即这是一种特殊的客观性，看起来特别不能把它和普遍化自然科学的客观性相提并论。一种与价值联系的叙述始终只是对一定范围的人有效。"① 愚笨如我者只是读到了沃尔什《历史哲学导论》里的"配景理论"②，才回想到李凯尔特早已有类似的论述，才体会到《文化科学和自然科学》（还有《历史上的个体》）的价值及其重要性。他的著述一直插在我的书架上，也常常浏览。然而，许多年来我也一直仅是浏览而已，常常是"入宝山而空手归"，这真是何等遗憾的事啊！

---

① ［德］李凯尔特：《文化科学和自然科学》，第122页。
② ［英］沃尔什：《历史哲学导论》，何兆武、张文杰译，广西师范大学出版社2001年版，第115—118页。

第四章

对唯物史观几个基本概念的再认识

吴 英[*]

唯物史观是马克思、恩格斯为后人留下的认识和把握人类社会历史发展规律的基础理论。它从人类赖以延续生命的物质生产演进的视角，揭示出人们的社会存在、社会交往、阶级统治等一系列的演化规律，而成为指导我们认识客观世界并能动地改造客观世界的根本理论。但是，一个时期以来，唯物史观的指导地位面临着严峻的挑战。在史学领域，也出现一种主张史学研究指导范式多元化的呼声。究其缘由，固然有多方面因素的影响，但其中认识上的原因却不容忽视。正如陈先达教授所指出的，以往存在的不足，"并不是因为我们比较注重基本原理和范畴的研究，而是因为我们单纯局限在原理和范畴之内以致我们对什么是生产力、什么是生产关系、什么是经济基础、什么是上层建筑、什么是社会存在、什么是社会意识，至今仍然不很清楚。在教科书中对历史唯物主义基本范畴和概念也很难给出明确的得到共识的定义。至于一些基本原理的分歧更大"[①]。因此，现在亟需要下大力气去辨识唯物史观的基本概念和基本原理，力求与时俱进地

---

[*] 吴英：中国社会科学院历史理论研究所研究员、博士生导师。中国史学会史学理论分会理事，《史学理论研究》常务副主编。研究方向为马克思主义史学理论。著有《今日亚太与中国》《史学概论》（合著）等，译有《现代世界体系》（第四卷）、《马克思主义与历史学》《瑞典史》《美国通史》《史学导论》等。

[①] 陈先达：《唯物史观在新中国的五十年》，《哲学动态》1999年第10期。

深化对该理论真谛的理解与把握。本文正是为此而写作的。

一　对唯物史观几个基本概念的重新解读

（一）关于"生产力"

生产力是唯物史观理论体系的逻辑出发点。科学地界定"生产力"概念的内涵，才能使我们在把握唯物史观博大理论体系时具有准确、坚实的基点。但是，我们过去习惯于按"三要素说"来界定生产力，即生产力是由劳动力、劳动工具和劳动对象三个要素构成。这种界定源出于对马克思关于"劳动过程"的论述的误读和误用。在《资本论》第一卷第三篇第五章阐释"劳动过程"的论述中，马克思明确地指出："劳动过程的简单要素是：有目的的活动或劳动本身，劳动对象和劳动资料。"① 把劳动过程运行所必需的三要素移植成为生产力的三要素实际上是"偷换概念"。须知，"劳动过程"是以生产运行进程为分析对象，阐明它有三个必备要素，若缺少其中任何一个要素，该"过程"就无法进行。而"生产力"显然应是一种有关"能力"的概念，是一种做工的能力。② 这两个概念不存在可以相互替代的关系。

那么，生产力的含义究竟应该如何界定？这可以从马克思、恩格斯的相关论述中得到启示。比如他们在《德意志意识形态》中论及：在资本主义私有制下，"各个人——他们的力量就是生产力——是分散的和彼此对立的，而另一方面，这些力量只有在这些个人的交往和

---

① 《资本论》第1卷，人民出版社1975年版，第202页。
② 分析学派的马克思主义的创始人、英国学者柯亨指出，"马克思的用语Produktivkräfte通常译为'生产力'（Productive forces）。这一英译法是根深蒂固的，因此我们将照例使用它，但是应该指出，它不是很确切的。'生产能力'（Productive powers）是更确切的……生产工具或原料严格说来都不是生产能力（Productive powers）"。［英］柯亨：《卡尔·马克思的历史理论》，岳长龄译，重庆出版社1989年版，第39—40页。

相互联系中才是真正的力量"①。又如马克思在1846年12月28日致安年科夫的信中指出:"人们不能自由选择自己的生产力——这是他们的全部历史的基础,因为任何生产力都是一种既得的力量,以往的活动的产物。所以生产力是人们的实践能力的结果,但是这种能力本身决定于人们所处的条件,决定于先前已经获得的生产力,决定于在他们以前已经存在、不是由他们创立而是由前一代人创立的社会形式。单是由于后来的每一代人都是前一代人已经取得而被他们当做原料来为新的生产服务,这一事实,就形成人们的历史中的联系,就形成人类的历史,这个历史随着人们的生产力以及人们的社会关系的愈益发展而愈益成为人类的历史。"② 由此可见,马克思是用"力量""应用能力""能力"等词汇来描述生产力的。这就是说,生产力是人们应用于生产的、外化了的能力,或说,生产力是在物质生产实践中人们释放出来的能力。这里要着重强调的是,我们只将人们应用于实际生产中外化了的能力视为生产力。至于各个人拥有的知识、技能尚以无形的形态累积于人体,而未应用于实际的物质生产中,既然它还只是一种知识积累、技术潜能,没有释放出来转化为现实的生产力,自然也还不能将其就视为生产能力。更何况,这种潜在的能力也无法加以计量。

确认了生产力是人们在物质生产过程中实际表现出的能力后,下一步就是如何衡量和测度这种生产能力。因为,只有识别、把握了生产力的变化才能解释生产关系或经济结构的变化以及后者引致的上层建筑的变化。过去按"三要素"来理解生产力,往往选用生产工具来测度生产力的发展。加之,又有马克思的形象描述作为支持:"手推磨产生的是封建主的社会,蒸汽磨产生的是工业资本家的社会。"③ 于是,人们往往用生产工具来衡量生产力的变化,并由此来解释历史的变迁。但是,这种做法是存在疑难的:其一,从经典论述

---

① 《马克思恩格斯选集》第1卷,人民出版社1995年版,第128页。
② 《马克思恩格斯选集》第4卷,人民出版社1972年版,第321页。
③ 《马克思恩格斯选集》第1卷,第142页。

的文本支持看，上述的形象描述出自马克思批驳普鲁东的著述《哲学的贫困》。在他对普鲁东的批驳中，上述那段话是论及"社会关系和生产力密切关联"时作为举例提及的，并非论析普遍规律的结论。随着人们物质生产能力的提高，劳动过程的诸要素当然也会发生相应的变化。但如果将生产力简单地理解为"生产工具"，将会导致在生产力对生产关系的决定关系上出现巨大弹性，而使我们的认识陷入混乱。因为，历史地看，奴隶制、封建制和产业革命以前近200年的手工工场时期的资本主义，这三种不同的生产方式都在使用手工工具。这样一来，一种"生产力（即手工工具）"就可以与多种生产关系相适应，那么，又何谈生产关系必须适应生产力发展的要求？这岂不是否定了二者关系的规律性！马克思对生产能力与劳动工具、劳动对象（后两者被马克思称为劳动条件或客观条件）的轻重地位有过明确阐释，"积累只不过是社会劳动生产力的积累，所以工人本身的技能和知识（科学能力）的积累是主要的积累，比和它一同进行并且只是反映它的那种积累，即这种积累活动的现存客观条件的积累，重要得多，而这些客观条件会不断重新生产和重新消费，只是在名义上进行积累"[①]。对此，西方分析学派的马克思主义的创始人柯亨也有过很形象的表述，"毁掉所有的蒸汽机而保存制造和使用它们的知识，幸而又有合适的原料，你就可以很快使它恢复原状。毁掉知识而保存机器，你就只会有一堆无用的金属"[②]。不过，柯亨最终是将唯物史观解释为一种技术决定论，则是不可取的。其二，从因果链条解析，工具、哪怕是最复杂的机器都不是终极性的。首先是"后来的每一代人都得到前一代人已经取得的生产力并当作原料来为自己新的生产服务"，尔后才有通过认知的积累与操作技能的提升，根据需要创造性地研制出新的工具。可见，是人们在生产实践中劳动能力的提升导致新的生产工具的创制；并在新的生产工具被接受和应用于实际生产后

---

① 《马克思恩格斯全集》第26卷（第三册），人民出版社1974年版，第294页。
② ［英］柯亨：《卡尔·马克思的历史理论》，第44页。

提高劳动效率，推动生产力的进步。分析学派的马克思主义的另一位创始人、美国学者威廉姆·肖也曾指出："一方面，新工具……需要由更有知识的劳动力来创造……另一方面，任何发明的引进都需要有充分熟练地使用它的劳动者，如果缺乏这样的劳动者，发明的利用就会受到抑制。"① 他还引用马克思的话作为支持："沃康松、阿克莱、瓦特等人的发明之所以能够实现，只是因为这些发明家找到了相当数量的、在工场手工业时期就已准备好了的熟练的机械工人。"② 可见，创新的需要，生产工具的发明和普遍应用都是以人们物质生产能力的提高为前提的。但假如人们的普遍物质生产能力尚未发展到一定水平，那么，单个人的发明不仅不会在生产中应用，还可能会给发明家带来悲惨的命运。历史就是这样告诫后人的："安东·缪勒约在1529年在但泽发明了一种所谓织带机，或称为纽带机或编织机等，可以同时织出四到六块织物；但是城市绅董会恐怕这项发明会使大量工人沦为乞丐，因此禁止使用它，并把发明者秘密地淹死或绞死了……马堡大学数学教授但尼斯·巴宾企图造一部工业用的蒸汽机，后来由于各方面的反对而灰了心，他结果把机器放下而造了一艘汽船，他在1707年乘着它从加塞儿沿富尔达河顺流而下，想航行到英国去。但在明登，明智的当局禁止他前进；维塞尔河上的船夫就把汽船捣毁了。巴宾于是就在英国穷困而死。现在可以弄明白了，1529年安东·缪勒发明织带机或但尼斯·巴宾在1707年发明汽船，是比詹姆斯·哈格利夫斯在1764年发明珍妮纺纱机，或者富尔顿在1807年发明汽船，更伟大得不可比拟的人类精神产物。但前者竟一事无成，而后者则获得了这样的改变世界面貌的成功。"③ 所以，工具的发明或技术的创新，以及它们被普遍应用，在社会生产力演化、提高的进程

---

① ［美］威廉姆·肖：《马克思的历史理论》，阮任慧等译，重庆出版社1989年版，第13页。
② 《资本论》第1卷，第419页。
③ ［德］弗朗茨·梅林：《保卫马克思主义》，吉洪译，人民出版社1982年版，第30—32页。

中不是终极性的；恰恰相反，它们乃是人们实际生产能力提高的产物。这也是我们不赞同柯亨将唯物史观解释为技术决定论的原因所在。

我们是主张用劳动生产率（指每个劳动者所生产的产品价值或产品数量）来测度生产力。除了因为它是生产能力的一个自然衡量指标外，还在于它直接决定着一个能够说明生产关系性质的指标，即剩余量或净余量，也就是劳动者在满足自身和家庭起码的物质生活需要之后的剩余。每个部门的劳动生产率决定着该部门的剩余劳动量，也就决定了该部门能够转移出多少劳动力到新的生产部门工作，同时决定了有多少人可以从直接的生产过程中游离出来去从事生产的组织管理和技术工作，以及有多少人能够从物质生产过程中游离出来从事社会公共事务的管理工作。而这些指标实质上决定着社会生产关系中劳动分工关系的特性。

（二）关于生产关系

什么是生产关系？马克思指出："人们在生产中不仅仅影响自然界，而且也相互影响。他们只有以一定的方式共同活动和互相交换其活动，才能进行生产。为了进行生产，人们相互之间便发生一定的联系和关系；只有在这些社会联系和社会关系的范围内，才会有他们对自然界的影响，才会有生产。"① 他还指出："人们在发展其生产力时，即在生活时，也发展着一定的相互关系；这些关系的性质必然随着这些生产力的改变和发展而改变。"② 这就是说，生产关系是人们在生产过程中形成的各种关系，而它的性质则是由生产力的发展水平决定的。具体地讲，生产关系应该是包括了生产过程中的各种人际间的交往关系，像劳动分工关系、产品分配与交换关系、消费关系，乃至生产资料所有权关系等等。在标志唯物史观形成的著作《德意志意

---

① 《马克思恩格斯选集》第1卷，第344页。
② 《马克思恩格斯选集》第4卷，第536页。

识形态》一书中，马克思、恩格斯曾使用"交往方式"一词来描述生产关系，后来才改用"生产关系"一词。这也反映出"生产关系"就是指在生产中发生的人与人之间的诸种交往与联系，尽管这种联系与交往大都以实际生产进程或物质产品作为媒介，但究其本质则是人与人之间有目的的交往活动。但是，过去在一个很长的时期里，我们对生产关系内涵的理解集中于生产资料所有制，对于生产关系范畴内的其他人际交往关系则视为无足轻重，也因此使我们在理论与实践两个层面都曾遭遇困难。美国学者拉特勒就曾以苏联的实例论证生产资料所有制是一个可以由上层建筑任意加以改变的权益关系，从而质疑生产力决定生产关系命题的真理性。他写道："从1917年10月到1918年中期，年轻的苏维埃政府支配着一种分崩离析的资本主义经济。企业尚未被国有化，仍然处于名义的资产阶级所有制下，尽管所有者的实际控制已经有效地由工人委员会自下、由苏维埃政府机构自上给予有效地挑战。从1918年到1921年，经济基础是战时共产主义制度，其特征是对工业实施中央集权化的军事控制，取消商品交换和货币。从1921年到1929年，新经济政策见证了混合经济的发展，它将私人所有权、由独立生产者为市场进行的小生产和国家所有权结合在一起……斯大林的强制集体化和工业化终止了这一过程。从1929年到1991年，苏维埃国家支配和管理着一个中央集权化的、由国家拥有的指令性经济。从1991年到现在，我们见证了基本上是同样的政府机构在执行国有企业私有化、自由市场经济替代指令经济及苏维埃经济重新整合进资本主义世界市场……从战时共产主义到新经济政策，从新经济政策到指令经济、再到资本主义经济都是由上层建筑的有意识决策和行动引致的。"[①] 这种任意以上层建筑的决策来改变经济基础的结构和性质的做法，显然背离了马克思的有关论述，也是导

---

① Harry Ratner, "Historical Materialism: A Critical Look at some of Its Concepts", *New Interventions*, Vol. 10, No. 2, p. 2000.

致苏联解体的重要原因。①

　　仔细阅读马克思、恩格斯有关生产关系的论述还可以领悟到，他们明确阐释了构成生产关系的诸种关系并非彼此独立、相互并列，它们之间是蕴涵着因果的链条。如他们指出："分工起初只是性行为方面的分工，后来是由于天赋（例如体力）、需要、偶然性等等才自发地或'自然形成'分工。分工只是从物质劳动和精神劳动分离的时候起才真正成为分工。"② "分工不仅使精神活动和物质活动、享受和劳动、生产和消费由不同的个人来分担这种情况成为可能，而且成为现实"③，"与这种分工同时出现的还有分配，而且是劳动及其产品的不平等的分配（无论在数量上或质量上）；因而产生了所有制"④，"分工发展的各个不同阶段，同时也就是所有制的各种不同形式。这就是说，分工的每一个阶段还决定个人的与劳动资料、劳动工具和劳动产品有关的相互关系。"⑤ 而这种分工的演化则取决于生产力的进步："任何新的生产力，只要它不是迄今已知的生产力单纯的量的扩大（例如，开垦荒地），都会引起分工的进一步发展。"⑥ 这些论述给了我们一系列明确的概念，即生产力的演进制约着生产关系的演化；在诸种生产关系中，生产过程中的劳动分工关系又决定着生产过程中生产资料和生产结束后产品的分配关系。而这些因果链条的揭示，乃是马克思、恩格斯对人类社会历史演进规律剖析的出发点或说是基础性认识。

　　依据马克思、恩格斯的相关论述，我们尝试对诸种生产关系之间蕴涵的因果联系做一些分层的解析，以更好地把握其中的规律。首先看生产关系的第一个层面或称基础性层面，位于这个层面的是人们在

---

　　① 有关将生产关系理解为生产资料所有制的疑难，参见吴英《对马克思分工—阶级理论的再解读》，《史学月刊》2004年第5期。
　　② 《马克思恩格斯选集》第1卷，第82页。
　　③ 《马克思恩格斯选集》第1卷，第83页。
　　④ 《马克思恩格斯选集》第1卷，第83页。
　　⑤ 《马克思恩格斯选集》第1卷，第68页。
　　⑥ 《马克思恩格斯选集》第1卷，第68页。

生产过程中形成的分工与协作关系。最初它是由人们自然禀赋的差异自发地形成的，那时的分工十分简单、自然，尚未形成以脑体分工为基础的"真正"的分工或社会分工。伴随着生产力水平的提高和剩余产品的产生，人们的知识积淀、劳动技能在不断提升，与此同时人们间的能力差异也不断扩大，于是以脑体分工为基础的社会分工出现，生产分工日益走向专业化，而生产协作也日趋密切。到了现代，高度发达的生产力已促使社会形成一个庞杂、繁复的分工与协作体系。所以不难看出，自从人类以社会群居形态生活的那一刻起，为了求得生存的最简单的生产（狩猎和采集）就已萌生了生产的分工。而日趋复杂的分工与协作，促使人们的交往活动（产品的分配与交换、生产资料的拥有或占用、使用）亦步亦趋地复杂化、多样化。可以毫不夸张地讲，这种以物为媒介的人际交往，现时已是遍及全球、融入整个社会生活。但究其本源，皆出自于生产分工关系的引发。这也是我们把它列为第一层面的依据，它对于生产关系中囊括的其他人际交往关系具有决定性的作用。其次，生产关系的第二个层面囊括了由于生产的分工、协作而必然形成的生产资料和产品的分配关系、交换关系，乃至生产资料的拥有或占用关系，等等。表面看，这些似乎都是生产过程中发生的人与物的关系；但联系生产过程中的分工关系就不难识别，在物的背后有着权力之手在操控，所以仍然是人与人的交往关系。马克思、恩格斯的阐述形象地揭示了这一切，如他们指出："与这种分工同时出现的还有分配，而且是劳动及其产品的不平等分配（无论在数量上或质量上）；因而产生了所有制……所有制是对他人劳动力的支配。其实，分工和私有制是相等的表达方式。对同一件事情，一个是就活动而言，另一个是就活动的产品而言。"① 马克思还指出："分配的结构完全决定于生产的结构，分配本身是生产的产物，不仅就对象说是如此，而且就形式说也是如此。就对象说，

---

① 《马克思恩格斯选集》第1卷，第83—84页。其中将"product"译为"产品"是成问题的，因为私有制不可能是产品，应译为"产物""结果"更准确。

能分配的只是生产的成果，就形式说，参与生产的一定形式决定分配的特定形式，决定参与分配的形式。"① 就是说，人们在生产活动中的地位、作用和表现相应地决定着生产资料和产品的分配权益。由于人们在生产中发挥的作用和在劳动分工中所处的地位不同，必然导致的是生产资料和产品的不平等分配，这种不平等的占有导致了阶级差别的出现。在劳动分工中居于主导地位的、因而在生产资料和产品分配中居于优势地位的集团，构成社会的统治阶级；而在劳动分工中处于附属地位的、因而在生产资料和产品分配中居于劣势地位的集团，构成社会的被统治阶级。而当这种分配权益经上层建筑的确认，则就转化为法律上的所有权制度。

上述对生产关系的层次划分，在一些西方研究唯物史观的学者中也有相似的认识，他们将生产关系划分为两个不同层面：柯亨区分为物质关系和社会关系，认为"新生产力需要新的物质的生产关系，而它又需要新的社会的生产关系，新的权威形式和权力分配"②。威廉姆·肖区分为劳动关系和所有权关系，认为"虽然这两种生产关系——劳动关系和所有权是紧密地联系在一起的……但是它们之间的区别却是马克思的中心思想"③。英国学者普列门纳茨区分出："实际生产中包括的关系与因为生产创造了对它们的需求而产生的关系。第一类关系凡是存在劳动分工的地方它们就存在，而且它们随着生产方法的变化而变化……似乎正是第二类关系、而不是第一类关系最有资格成为生产力发展的形式或桎梏；……包括在生产中的关系必然随着生产的变化而变化，因此不大可能成为它的桎梏。"④ 不过，西方学者并未从人的生产实践能力的差异这种本质性差异上去解析分配中出现的差别，也就未能触及事物的本源。

综上所述，在对生产关系的概念界定上有两点应予以重视，一是

---

① 《马克思恩格斯全集》第46卷（上），人民出版社1979年版，第32—33页。
② ［英］柯亨：《卡尔·马克思的历史理论》，第180页。
③ ［美］威廉姆·肖：《马克思的历史理论》，第27页。
④ John Plamenatz, *Man and Society*, *Volume Two*, Longmans 1963, pp. 279 – 280.

要摒弃狭义的、简单化的解释。二是要厘清在生产关系中各种不同性质的人际交往关系的内在因果链条，从而使我们得以在认识与实践中做出科学的把握。

（三）生产力与生产关系的辩证关系

从上文不难看出，学术界对于生产力和生产关系的概念界定是有着认识上的分歧的。因此，在生产力和生产关系二者的关系认识上也有着截然不同的观点。归纳起来，大体有三种不同的看法：第一，认为生产力居于首要地位。柯亨和威廉姆·肖都坚持生产力的首要决定地位。柯亨认为，"马克思给予生产力以解释的首要性……这种首要性是指生产力对于生产关系的首要性，或对生产关系组成的经济结构的首要性。这个首要性命题是，一种生产关系的性质是由它所包含的生产力的发展水平来说明的"[①]。威廉姆·肖也指出，"我坚定地主张对马克思的理论做一种'决定论'的解释。这种理论认为生产力在历史中起着决定性的作用，并且试图更确切地阐明生产力以及生产力在解释历史唯物主义中的首要性"[②]。第二，认为生产关系居于首要地位。将马克思主义与实用主义相结合的美国学者悉尼·胡克做出了生产关系居于首要地位的解释："不能把社会生产关系（它同'财产关系'以及'文化的经济基础'等说法，其意义是相同的）看作是技术的自发反映。相反的，技术的开发其本身往往是取决于它所遇到的社会关系的制度的。"[③] 最近坚持生产关系首要地位的例子是法兰克福学派的著名德国学者哈贝马斯，他的论点是，"坚持生产关系的首要性……在许多历史事例中生产关系的变革先于生产力"[④]。第三，生产力和生产关系相互适应说。在这两种针锋相对的解释之外，还出

[①] ［英］柯亨：《卡尔·马克思的历史理论》，第145—146页。
[②] ［美］威廉姆·肖：《马克思的历史理论》，第6页。
[③] ［美］悉尼·胡克：《对卡尔·马克思的理解》，徐崇温译，重庆出版社1989年版，第118页。
[④] Richard Ruey – Chyi Hwang, *Recent Interpretations of Karl Marx' Social Theory*, Peter Lang 2006, pp. 5 – 7.

现了一种折中解释，即：生产力和生产关系是一种相互适应的关系，中国已故著名历史学家罗荣渠先生就持此种看法。"对于生产力和生产关系的相互关系的机械的单线解释……现在看来，这一简单化的概括未必是正确的。相应的生产力水平有相应的生产关系，形成相应的社会经济结构，但是由于每一种新形态的生产力都具有巨大的能动性、发展弹性和适应性，同一性质与水平的生产力可能与几种不同的生产关系相适应。同一种生产力、同一种生产方式在不同的历史条件下可以适应几种不同的社会结构。"① 在唯物史观最基本的概念和原理上存在如此截然对立或折中的解释，关键的症结就在于对生产力和生产关系的概念界定上存在着分歧。而消除这种认识分歧只有一种途径，那就是要准确地理解与把握马克思的经典论述。

对生产力与生产关系之间的辩证关系，马克思、恩格斯曾经做过明确的阐述。他们指出："已经成为桎梏的旧交往形式被适应于比较发达的生产力，因而也适应于进步的个人自主活动方式的新交往形式所代替；新的交往形式又会成为桎梏，然后又为别的交往形式所代替。由于这些条件在历史发展的每一个阶段都是与同一时期的生产力的发展相适应的，所以它们的历史同时也是发展着的、由每一个新的一代承受下来的生产力的历史"②，他们还指出："无论哪一个社会形态，在它所能容纳的全部生产力发挥出来以前，是决不会灭亡的；而新的更高的生产关系，在它的物质存在条件在旧社会的胎胞里成熟以前，是决不会出现的。"③ 这就向我们展示了两个自然的历史进程：其一，生产关系总是伴随生产力的进步或迟或早发生演变，也就是说，生产力的进步会促使生产关系做出适应性的变革。那么，它是通过什么样的"机制"或说"管道"促使生产关系发生变革？其二，原有的生产关系为新的更高级的生产关系所替代又是有条件的，即在新的生产力还有允许其发展的空间的时候，在新的生产关系的建构条

---

① 罗荣渠：《现代化新论》，北京大学出版社1993年版，第61页。
② 《马克思恩格斯选集》第1卷，第124页。
③ 《马克思恩格斯选集》第2卷，第33页。

件还不成熟的时候，原有的生产关系又不会轻易退出历史舞台。那么，这又是什么力量在阻滞生产关系的变革？因为，新的生产力的发育、成长毕竟需要有新的生产关系的促进。下面，我们尝试做出解析。

先看前者。前文我们曾引用马克思、恩格斯的论述说明，有什么样的生产力就会产生、发展依据该生产力要求的劳动分工，而劳动分工又决定着"个人的与劳动材料、劳动工具和劳动产品有关的相互关系"。所以说，生产力决定生产关系这一因果链条的机制在于"分工"。新的生产力会造成新的社会劳动分工，而处于生产关系基础层面的"分工"的演化，必然牵动整个生产关系的演化。这是生产力与生产关系之间的正向决定作用层面，它无疑是一种自然的历史进程。而后者，生产关系伴随生产力的演进而演变，表现出一种双向的滞后性，即旧有的生产关系不是即刻退出历史舞台的，而新的生产关系也不是即刻取得社会主导地位的，这其中同样蕴涵着一种自然历史演化的进程。因为，分配关系、交换关系，乃至所有权关系等诸种生产关系的演化，无不蕴涵着社会不同利益集团的利益调整，而此种不同社会利益集团的利益调整乃是一种"此消彼长"的关系。新的生产力在原有的生产关系架构下发育、成长是一个漫长进程；而新的生产关系的孕育，同样需要假以时日。所以，原有的生产关系只要尚未束缚、排斥新生产力的扩张，也就是说还未形成"桎梏"，就不会完全被取代。至于新的生产关系伴随新的生产力发育、成长，也有一个过程。当新的生产力发展成为主导社会生产的生产力、而新的生产关系也为社会所认同和接受的情况下，新的生产关系才将成为在全社会起主导作用的人际交往范式。这是生产力与生产关系之间反作用的层面。但生产关系最终必须适应生产力发展的要求，否则就会由于利益分配不当而抑制生产者发挥积极性与创造性，由此阻碍生产力的持续发展。社会一旦发生这种矛盾而又久拖不决，最终将会引发变革生产关系的强烈要求。

(四) 经济基础与上层建筑的矛盾运动

马克思在《〈政治经济学批判〉序言》中明确指出:"这些生产关系的总和构成社会的经济结构,即有法律的和政治的上层建筑竖立其上并有一定的社会意识与之相适应的现实基础。"① 这就是说,生产关系的总和构成经济结构或称经济基础,上层建筑则是指服务于经济基础的政治、法律权力和观念意识。这种政治、法律权力和观念意识是现存社会生产关系的反映,它们的存在则在于维系现存社会生产关系。于是,我们会在人类社会历史演变的长河中观察到,当处于社会主导地位的分配关系、生产资料占有关系同生产力、劳动分工关系相吻合时,掌握上层建筑的社会统治阶级会通过对经济结构的卫护与稳定作用,促进生产力的发展;而当生产关系不适应生产力发展方向时,既有的社会统治阶级则会利用上层建筑作为原有生产关系的卫道者,为维护这种有利于自身利益的分配格局,运用它所能动用的政治的、法律的、观念意识的种种手段,来阻碍生产关系的变革,从而阻滞生产力的提高和劳动分工的进一步演化。这就是既得利益集团(即社会的统治阶级)对社会发展的阻碍效应。在这种时刻,在劳动分工中处于劣势地位、并由此在分配关系中居于不利地位的集团或阶级就将试图改变现有的经济结构。但这种变革的意图和行动能否成功,就将取决于他们在劳动分工中的地位是否已有质的改变,而这又取决于整个社会的生产能力是否有了质的提高。因为"生产关系仅仅是由于社会生产能力的扩张才发展到较高阶段"②。恩格斯晚年曾对上层建筑的反作用力做过经典论述,他指出:"它(上层建筑)可以沿着同一方向起作用,在这种情况下就会发展得比较快;它可以沿着相反方向起作用,在这种情况下,像现在每个大民族的情况那样,它经过一定的时期都要崩溃;或者是它可以阻止经济发展沿着既定的方向走,

---

① 《马克思恩格斯选集》第2卷,第32页。
② [美] 威廉姆·肖:《马克思的历史理论》,第73页。

而给它规定另外的方向——这种情况归根到底还是归结为前两种情况中的一种。但是很明显，在第二和第三种情况下，政治权力会给经济发展带来巨大的损害，并造成人力和物力的大量浪费。"①

从以上对唯物史观几个基本概念的重新认识使我们领悟到，唯物史观的基本解释范式似可以概括为：生产力与劳动分工的演化牵动生产关系整体发生变革，而社会经济结构与上层建筑的矛盾运动决定着这种变革或迟或早实现，由此推动人类社会由低级向高一级的演进。

二 用唯物史观的基本概念解析人类社会历史发展轨迹

从以上对唯物史观几个基本概念的重新认识表明，人类社会历史发展的终极原因在于社会生产力的持续提高，即人们认识自然、能动地改造自然的实践能力的持续进步。在马克思、恩格斯的著述中对人类社会历史演进的轨迹做过不同视角的描述，而其中以生产力和交往关系演进为主线做出的描绘最具包容性和解析力，即著名的"三形态理论"："人的依赖关系（起初完全是自然发生的），是最初的社会形态，在这种形态下，人的生产能力只是在狭窄的范围内和孤立的地点上发展着。以物的依赖性为基础的人的独立性，是第二大形态，在这种形态下，才形成普遍的社会物质变换，全面的关系，多方面的需求以及全面的能力的体系。建立在个人全面发展和他们共同的社会生产能力成为他们的社会财富这一基础上的自由个性，是第三个阶段。"②在这三大形态的社会演进中，包含三次大的社会转型：一是从无阶级社会向阶级社会的过渡，二是从前资本主义社会向资本主义社会的过渡，三是从资本主义社会向共产主义社会的过渡。

---

① 《马克思恩格斯选集》第4卷，第701页。
② 《马克思恩格斯全集》第46卷（上），第104页。

（一）从无阶级社会向阶级社会的过渡

这是生产力演化进程中实现的第一次跃升的结果。阶级的出现取决于物质生产的发展水平。在原始社会，人们群居生活、集体狩猎，单个人是非常不独立、不成熟的。随着人们生产能力的渐进提高，使维持最低生活水平的生产开始出现少量剩余，使少数人能够从直接生产过程游离出来从事社会公共事务的管理，由此产生了阶级。就像恩格斯所指出的："社会分裂为剥削阶级和被剥削阶级、统治阶级和被压迫阶级，是以前生产不大发展的必然结果。只要社会总劳动所提供的产品除了满足社会全体成员最起码的生活需要以外只有少量剩余，就是说，只要劳动还占去社会大多数成员的全部或几乎全部时间，这个社会就必然划分为阶级。在这被迫专门从事劳动的大多数人之旁，形成了一个脱离直接生产劳动的阶级，它掌管社会的共同事务：劳动管理、国家事务、司法、科学、艺术等等。因此，分工的规律就是阶级划分的基础。"① 恩格斯还较为详尽地描述了阶级产生的两种不同路径：第一条路径是由于公社中公共事务管理的需要，像解决争端、制止个别人越权、监督用水、宗教职能等等，少数人从直接生产过程中游离出来履行这些职能，以后他们逐渐发展为社会的统治阶级；另一条路径是随着生产发展，人的劳动力所能生产的东西超过了单纯维持劳动力所需要的数量，维持更多的劳动力的生活资料已经具备了，使用这些劳动力的资料也已经具备了，劳动力获得了某种价值，而战争提供了这种劳动力，人们就让战俘活下来，并且使用他们的劳动，奴隶制被发现了。② 阶级社会由此诞生。

（二）从前资本主义向资本主义社会的过渡

资本主义的出现使社会生产进入了一个高速发展时期。但工业经

---

① 《马克思恩格斯选集》第3卷，人民出版社1995年版，第632、756页。
② 《马克思恩格斯选集》第3卷，第522—524页。

济的发展和市场交换的繁荣在很大程度上却是取决于农业劳动生产能力的提高。因为，只有农业劳动生产能力提高了，农业部门的劳动力才能够从农业部门中游离出来，到工业部门从事生产活动；也只有农业劳动生产能力提高了，剩余产品增多，相应地用来交换工业的产品也会增多，市场的发展才有了坚实基础。马克思精辟地概括道："重农学派正确地认为，一切剩余价值的生产，从而一切资本的发展，按自然基础来说，实际上都是建立在农业劳动生产率的基础上的……超过劳动者个人需要的农业劳动生产率，是一切社会的基础，并且首先是资本主义生产的基础。"① 这是因为："社会上一部分人用在农业上的全部劳动——必要劳动和剩余劳动——必须足以为整个社会，从而也为非农业工人生产必要的食物；也就是使从事农业的人和从事工业的人有实行这种巨大分工的可能；并且也使生产食物的农民和生产原料的农民有实行分工的可能。"② "如果撇开对外贸易……那末很明显，从事加工工业等等而完全脱离农业的工人……的数目，取决于农业劳动者所生产的超过自己消费的农产品的数量。"③ 资本主义社会的诞生固然还有工业生产力的创建、资本原始积累的野蛮掠夺、世界市场的开辟等等条件，但是，如果没有农业劳动生产率的提高这个根本条件，资本主义的胚胎是无法发育成形的。

（三）从资本主义向共产主义社会的过渡

马克思在《哥达纲领批判》中对共产主义社会的本质特征做出权威性论述："在共产主义社会高级阶段，在迫使个人奴隶般地服从分工的情形已经消失，从而脑力劳动和体力劳动的对立也随之消失之后；在劳动已经不仅仅是谋生的手段，而且本身成了生活的第一需要之后；在随着个人的全面发展，他们的生产力也增长起来，而集体财富的一切源泉都充分涌流之后，——只有在这个时候，才能完全超出

---

① 《资本论》第3卷，人民出版社1975年版，第885页。
② 《资本论》第3卷，第716页。
③ 《马克思恩格斯全集》第26卷（第一册），人民出版社1972年版，第22页。

资产阶级法权的狭隘眼界,社会才能在自己的旗帜上写上:各尽所能,按需分配。"① 可以看出,其中隐含的因果链条是:生产能力普遍而巨大的提高导致脑体分工的根本消失,而因分工产生的不平等分配也失去了合理性;加之,产品的极大充裕,人们分配关系第一次真正实现了按需分配。马克思在进一步谈到向未来社会的过渡时,是将劳动日的缩短作为一个根本的条件,"这个自由王国只有建立在必然王国的基础上,才能繁荣起来。工作日的缩短是根本条件"②。"真正的经济——节约——是劳动时间的节约……而这种节约就等于发展生产力……发展生产能力……节约劳动时间等于增加自由时间,即增加使个人得到充分发展的时间,而个人的充分发展又作为最大的生产力反作用于劳动生产力。"③ 要大大缩短工作时间,前提条件就是大大提高劳动生产能力,以越来越短的时间生产出过去用较长时间才能生产出的产品和服务。

当前,人类世界正处于第二大阶段向第三大阶段过渡的进程中。发达资本主义国家在工作日的缩短和从事脑力劳动者的人数上都有了重大提升,可以说,客观上是在为向共产主义过渡的自然历史进程逐步创造着必备条件。我们中国作为后发国家,充分发挥中国特色社会主义的优越性,选择避免重走造成巨大贫富差距、付出惨重代价的资本主义道路。这种选择,马克思曾以"跨越资本主义制度卡夫丁峡谷"的命题予以专门论述。④ 历史的演进在不同的民族国家尽管有着千差万别,但是,以生产力作为社会历史发展终极动因的唯物史观的解释模式却是逻辑严密和前后一致的,它对历史和现实过程都具有巨大的解释力。

---

① 《马克思恩格斯选集》第 3 卷,人民出版社 1995 年版,第 305—306 页。
② 《资本论》第 3 卷,第 927 页。
③ 《马克思恩格斯全集》第 46 卷(下),人民出版社 1980 年版,第 225 页。
④ 吴英:《马克思的两种社会主义理论及其现实意义》,《天津师范大学学报》(社会科学版) 2005 年第 1 期。

第五章

事实与解释：历史知识的限度

彭　刚[*]

一　什么样的历史事实能够进入历史解释？

长久以来，人们所期待于历史学家的，是他们能够通过自己的研究，讲述人们在过去所经历的事情。可是，人们不会满足于，历史学家只是确认和描述，过去发生了如此这般的事实；而是期望他所呈现的，是一幅有着内在关联的历史图景，能够让人们了解历史现象的来龙去脉、前因后果，甚而进一步对历史过程中的当事人的选择和作为做出评判。历史学家工作任务的主旨，就是要提出自己的历史解释。搜集考订史料，勘定史实，当然是历史学家研究工作的题中应有之义，但这一切，归根结底是服务于历史解释的。

从事具体研究工作的历史学家，经常同时面对着的，是史料太多和史料太少的情形。在探究特定的历史现象时，往往会出现史料有限、其中无法提炼出充足的信息来构成完整的证据链的情况，面对此

---

[*] 彭刚：清华大学人文学院历史系教授、博士生导师。现任清华大学副校长。主要从事西方思想史和史学理论的研究和教学工作。曾入选教育部"新世纪优秀人才支持计划"北京市"新世纪社科理论人才百人工程"等。著有《叙事的转向：当代西方史学理论的考察》《精神、自由与历史：克罗齐历史哲学研究》、*A Critical History of Classical Chinese Philosophy*（合著）等，译有《法国革命论》《论〈独立宣言〉：政治思想史研究》《自然权利与历史》《德国的历史观》《新史学：自白与对话》等。

种情形，史家只能或者是放弃解释，或者满足于提出推测性的解释。史家常常面对的，还有另一类情形：关于某一历史论题的史料过于丰富，最终只能选择蕴藏于现有全部相关史料中的史实的一部分，让它们进入自己所描绘的历史图景之中。选择性因而就是历史解释的一个不可离弃的特性。① 的确，对于一个研究工业革命或者文艺复兴的历史学家来说，相关的史料是他穷尽毕生精力也无法完全将其掌握的。而哪些史实应该被纳入自己所提供的历史解释之中，就是历史学家所必须始终面对的一个问题。

历史学家选择什么样的历史事实进入自己所要构建的历史解释，依赖于他关于相关事实对于自己论题的重要性的判断。在黑格尔眼中，世界历史进程中的民族和个人，可以区分为世界历史性的和并不具备此种特性的，而只有以其行动和业绩汇入了他所描绘的历史进程的民族和个体，才具有被写入历史的资格。司马光所说"专取关国家盛衰，系生民休戚，善可为法，恶可为戒者，为编年一书"，就再清晰不过地表明了《资治通鉴》的取材标准。杜维运更是径直把"史识"界定为，"史学家的观察力，亦即史学家选择事实的能力"。在他看来，"史学家要有眼光选择极具意义的一般事实使其变成历史事实，并扬弃无意义的事实，大史学家与一般史学家的分野在此"②。也就是说，史料中所记载的人类过往的经历，并不见得都是有意义的历史事实，而无意义的一般事实不是历史学家所应该关注的，甚至于没有资格成为"历史事实"。

我们可以认可，历史学家的工作就包含了，他必定要在他所掌握的历史事实中做出选择，他要选择的是有意义的历史事实。由此出发，我们可以说，"有意义"，是相对于史家所要考察的历史现象、

---

① 参见［德］约恩·吕森《我对历史哲学的几点认识》，李雪涛等译，《历史研究》2016 年第 3 期。吕森谈到历史解释的选择性时说，"只有符合各自视角的事件才会以叙述的方式进入当下之中。每一段的叙述同时也是一种隐瞒。每一段当下化的事件都掩盖了另外一个事件。对于选择来讲，关键之处在于哪些内容将要被讲述"。

② 杜维运：《史学方法论》，北京大学出版社 2006 年版，第 21 页。

所要探究的历史论题而言的，它既涉及具体的历史事实与特定现象和论题的相关性，也涉及史家对具体历史事实的重要性的判定，而这两者是彼此联系在一起的。与原来某一论题没有或甚少相关性的历史事实，在转换了论题后，也许就具有了很强的相关性，从而原本不具备的重要性，就随之而产生了。半个多世纪以前，爱德华·卡尔在他《历史是什么?》的著名讲演中说道："过去常说，让事实本身说话。当然，这话是不确切的。只有当历史学家要事实说话的时候，事实才会说话；由哪些事实说话、按照什么秩序说话或者在什么样的背景下说话，这一切都是由历史学家决定的……正是历史学家按照自己的目的来选择恺撒渡过溪流卢比孔作为历史事实，可是此前此后有成千上万的其他人渡过这条溪流，却丝毫没有引起任何人的兴趣。"[1] 可是数十年后，理查德·艾文斯却针对卡尔这段话评论说："到了1980年代，卡尔之论显见为不确了：社会史史家恰恰会对那数百万渡河的平民更有兴趣，包括他们一再反复渡河的行为所揭示出的交通模式；经济史史家则将会对这数百万人的贸易模式和渡河周期感兴趣，如此等等。"[2] 对于关注古罗马政治军事史的传统史家而论，固然只有恺撒渡过卢比孔河才值得关注，才具有重要性；可是一旦采取社会经济史的视角，考察的是特定时段人们的交通和贸易模式，原本完全被漠视的数百万普通人的日常行为，就因为与转换了的论题密切相关，从而具备了此前所没有的重要性。因此，在很大程度上，历史事实的重要性是与史家所要探究的历史论题的相关性联系在一起，是依史家研究视角而异的（perspectival）。

20世纪后半叶以来，欧美历史学潮流所发生的一个持续至今的重大变化，就是越来越关注普通人在过往历史过程中的经历。社会史中"自下而上的历史（history from below）"的崛起，更往后的新文化史、微观史、日常生活史等新兴的研究领域和研究方法的勃兴，都显

---

[1] [英] E. H. 卡尔：《历史是什么?》，陈恒译，商务印书馆2007年版，第93页。
[2] [英] 理查德·艾文思：《捍卫历史》，张仲民等译，广西师范大学出版社2009年版，第171—172页。

示出了同样的趋向。历史学作为一门人文学科，具有自身的价值关怀。价值关怀发生了变化，它所探究的对象也就会随之而发生变化。马克思主义在探究宏观历史过程中的动力机制和规律的同时，也高度关注人民大众在历史中的命运。当代欧美史学对历史过程中结构性因素的关注和对人民大众命运的关切，都受到马克思主义史学的深刻影响，而这两个层面在史学实践中却往往被隔离开来。东德史家库钦斯基就曾经针对当时东欧马克思主义史学的弊病批评说，那里的马克思主义史学家们写的高高在上的历史可谓汗牛充栋，但对普通人民的生活经历却根本没有关心过，例如"他们吃什么，穿什么，住的是什么样子，平日在脑子里想些什么，怎样劳动，什么时候休息和就寝，他们生病了怎么办，他们的婚偶来自哪些人群，他们怎样从一地迁往另一地"①。而这些层面的内容，恰恰是新的史学潮流所要关注的。杰出的英国马克思主义史学家汤普森，在他的名作《英国工人阶级的形成》的开篇，以饱含感情的笔触写道："我想把那些穷苦的织袜工、卢德派的剪绒工、'落伍的'手织工、'乌托邦式'的手艺人……都从后世的不屑一顾中解救出来。他们的手艺与传统也许已经消失，他们对新出现的工业社会持敌对态度……他们的集体主义理想也许只是空想，他们的造反密谋也许是有勇无谋；然而，是他们生活在那社会剧烈动荡的时代，而不是我们。"② 这样的文字，正是以其对于普通人在历史过程中的喜怒哀乐的关切和同情，具备了令人动容的力量。倘若认定了，"历史是过往的政治，政治是当下的历史"，由这种以政治为中心的传统史观出发，当然只有与金戈铁马的战争、纵横捭阖的政治权谋、风起云涌的重大事变联系在一起的伟人英雄的业绩，才是值得重视的。历史事实的重要性，也是和历史学家投射于历史事实之上的价值观联系在一起的。

---

① 转引自［美］格奥尔格·伊格尔斯等《全球史学史》，杨豫译，北京大学出版社2011年版，第283页。
② ［英］E.P.汤普森：《英国工人阶级的形成》，钱乘旦等译，译林出版社2001年版，第11页。

第五章　事实与解释：历史知识的限度

因为与特定历史论题相关而产生的，以及由于史学和史家的价值观而具有的重要性，都可以归结为历史事实相对于特定参照系而言所具有的重要性。那么，历史事实还有没有相对超脱特定参照系而自身所具有的、内在的（inherent）重要性呢？我们可以以新文化史（同时也可以被归入微观史）的两部代表性著作为例，来讨论这个问题。美国史家娜塔莉·戴维斯的《马丁·盖尔的归来》，通过司法档案重构了过往发生在几个小人物身上的戏剧性故事。一方面，戴维斯的叙述能够让当今的读者真切地感受到，生活在 16 世纪的法国乡村会是什么样的体验；另一方面，如同其他成功的微观史研究总是展示出更为普遍的关怀和更加宏大的研究意图一样，戴维斯也说："倘若一部微观史写得好的话，它应该是一部有着自身深厚内蕴的研究，但同时也会揭示出与在它之外的其他进程和事件的关联……比如，就马丁·盖尔而论，没有了早期现代法国国家的司法体系和人们对于社会流动性的广泛期望，他的故事就没有了意义。"这部著作风靡一时，难免让有的人担心，这种着眼于小地方小人物的离奇故事太走红，会不会使得历史学步入日益碎片化的歧途。一位史学家就感慨地说，倘若"马丁·盖尔和马丁·路德的名字一样有名，甚至比后者更有名"的话，历史学一定是出了什么问题。戴维斯本人针对以上说法的回应则是："我希望已经发生的改变是，人们在教马丁·路德们的时候，不再会不考虑到或涉及马丁·盖尔们。"[①] 如若把历史事实的重要性界定为，特定人物和事件对后来人类生活面貌的影响的深度和广度，以及影响所及的地域的广狭和时间的长短等等，那么，无疑可以说，马丁·盖尔与马丁·路德完全无法相提并论。当然，对过往历史的理解，既需要了解马丁·路德，也需要了解马丁·盖尔。只是，这中间仍然有着分别，那就是马丁·路德是不可替代的，而马丁·盖尔则是可以替代的。离开了前者，我们无法理解和讲述宗教改革，而如若不

---

① 参见帕拉蕾丝·伯克对戴维斯的访谈，[英] 玛丽亚·露西娅·帕拉蕾丝·伯克编《新史学：自白与对话》，彭刚译，北京大学出版社 2006 年版，第 75—77 页。

是戴维斯发掘了马丁·盖尔,我们完全可以设想通过别的个案,来达成对于特定时段乡村生活方方面面的理解。

这里,我们还可以区分历史的(historical)重要性和史学的(historiographical)重要性。倘若说,马丁·路德比之马丁·盖尔,具有不可比拟的更大的历史的重要性的话,后者却可以因为戴维斯的出色的研究工作,而具有不可忽视的史学的重要性。在历史的重要性方面无足称道者,却可以因为具有史学的重要性,而在历史解释中占据重要的一席之地。意大利史家卡罗·金兹堡最负盛名的著作《奶酪与蛆虫:一个16世纪磨坊主的宇宙》中,主人公梅诺丘是一个以往名不见经传的乡村磨坊主,置身于宗教改革和反改革余波犹在的时代大背景之中,由阅读和自己的思考而产生了一套被视为异端的世界观,两度受到宗教裁判所的审判,从而留下了丰富的文字史料。在金兹堡看来,"梅诺丘的案例是由于两个重大事件才成为可能的:印刷术的发明和宗教改革。印刷术使得他能够以他生养于其中的口述传统来与书籍相比照,让他有了能够将内心深处的观念和狂想表达出来的言辞;宗教改革让他有了向教区牧师、村民和审讯者们表达自身情感的勇气"①。如何梳理精英文化和大众文化、印刷文本和口述传统、由阅读而接受的和由自身思考而产生的因素,在这个具体人物身上的交集情形,就成了金兹堡的研究中最具有挑战性而也最能够彰显其创造性的问题。这一微观个案的研究,对于改变和丰富我们对过往历史中相关断面和问题的认识,带来了新的视角。金兹堡在别的地方说过:"在人类学中,一篇特定的研究论文的重要性,并不与如此这般的一个部族的重要性相联系,就像是马林诺夫斯基所说的。相反,它是与研究所提出的问题和答案的总的质量相联系的。我在研究磨坊主梅诺丘时就面临这个问题……我的想法,是要表明研究一个弗留里的磨坊主对于弗留里之外的读者以及潜在的每一个人所具有的意义,因为通

---

① Carlo Ginzburg, *The Cheese and The Worms: The Cosmos of a Sixteenth – Century Miller*, translated by John and Anne Tedeschi, New York, Dorset Press, 1989, p. xxii.

过这个例证可以提出更大的问题来。"① 的确，马林诺夫斯基所研究的新几内亚和西太平洋上的若干部族，埃文斯—普理查德所研究的非洲努尔人，若不是因为他们出色的研究，恐怕会更少为世人所知。人类学的学科发展史上，这样的例子不胜枚举。然而，这些开拓了新的视野和方法的研究的重要性，却和这些部族本身在当今世界的重要性几乎没有什么关系。历史学领域中也可以有类似的情形。生活于清末民初的山西乡绅刘大鹏，即便在生前也几乎没有过任何引人注目的行迹，可就是这么一个底层知识分子、商人、农民、时政观察评论者等多重身份混杂在一起的小人物的各种经历，却给我们理解那一段历史，提供了单纯从大人物大事件中无法得到的诸多视角。② 特定人群在人类学上的重要性和在当今人类中的重要性③，不必是同一回事；在历史上未必重要的人和事，也完全可以具备史学上的重要性。

历史学家要纳入自身的历史解释的，总是在他看来重要的、有意义的历史事实。历史事实并非没有自身内在的重要性，但其重要性也绝非一成不变，而总是随着史学和史家关照的问题的变化、价值观的转换而发生变化和转换的。未必具备历史的重要性的历史事实，却完全可能具备史学上的重要性，从而在历史解释中占据一席之地。

二　历史事实与历史解释的边界

在很多人眼中，史料里蕴藏着历史事实，历史学家通过考订史料，确定历史事实和它们相互之间的关联，从而提出自己的历史解释。历史学家的工作，可以区分为确定历史事实和提出历史解释这样前后相继的两个步骤。"历史事实被视为先于并且独立于解释：解释

---

① 参见帕拉蕾丝·伯克对卡罗·金兹堡的访谈，[英] 玛丽亚·露西娅·帕拉蕾丝·伯克编《新史学：自白与对话》，第251页。
② [英] 沈艾娣：《梦醒子：一位华北乡居者的人生》，赵妍杰译，北京大学出版社2013年版。
③ 这里的"重要性"不涉及价值评判，而是指影响力。

的价值是根据它对事实表述得有多好来判定的；倘若与事实相冲突，就必须将它抛弃。真相只有一个，而非依视角而异的（perspectival）。"① 历史事实有着客观的存在，历史解释被限定在历史事实所允许的可能范围之内。历史学家完全可以对历史事实达成一致的共识，从而只要不偏不倚、不被一己的偏见所束缚，历史学家之间也应该能够对特定论题的历史解释达成一致。以上所表述的这种史学观念，是长期盛行而为人们耳熟能详的。文化史名家彼得·盖伊的这段话就再清晰不过地表达了这样的立场："历史学家研究的对象就正是存在于那个真实而单一的过去之中。历史学的争议对于它们存在论意义上的完整性毫发无伤。过去之林中的大树只以一种方式倒下，无论有关它的倒下的报道会有多么零碎片段或者如何彼此抵牾。无论在它倒下之后是否没有历史学家、只有一个历史学家还是若干个争执不休的历史学家对此进行了记录并且彼此辩难不已。"②

盖伊在他所举的例子中，强调的是无论人们有无或者如何记载，大树只有一种倒法。可是按照别的思路——从 20 世纪初期的卡尔·贝克尔这样相对主义色彩浓厚的史家、到后期的海登·怀特这样的后现代主义路数的史学理论家，都会是这样的思路——人们也可以强调事情的另一半：关于大树是否以及如何倒下，未能亲见者所可能拥有的，毕竟只能是史家各自从不同角度所留下的不同版本的记录和解说。一方面，历史学家不同于物理学家和化学家的地方，就在于后者可以通过受控的实验，直接观察物理现象和化学现象，而历史学家无法直接面对自己所要探究的历史现象，而只能在自己当下的思想活动中，通过人们过往历史活动所留下的踪迹（trace）和遗存物（relic）来探究过去；另一方面，传统史学注重的是书面文字性的史料，现当代史学极大地扩展了史料的范围，但无论如何，在历史学家的工作过程和最终产品（文字性论著）中，被史家所确定并纳入自身历史构

---

① Peter Novick, *That Noble Dream*, *The "Question of Objectivity" and The American Historical Profession*, Cambridge, Cambridge University Press, 1993, p. 2.
② Peter Gay, *Style in History*, New York, Basic Books, 1974, p. 210.

图的历史事实,都往往是以语言形式出现的。与这两方面的情形相对应,在讨论历史事实的性质时,有人更加注重的,是史家是在自身当下的精神活动中借助史料来建构过往历史图景的,他们更倾向于认为,"历史事实在某些人的头脑中,不然就不存在于任何地方"①(卡尔·贝克尔的说法);有人更加在意的,则是历史事实是以日常语言的文字表述的方式出现在历史文本中的,他们更倾向于强调,历史事实乃是"语言学上的存在(linguistic existence)",是一种"语言学实体(linguistic entity)"(罗兰·巴特和海登·怀特的说法)。② 虽则,这样一些表面上似乎有悖于常识的说法,并不见得就要以否认过去的实在性为前提。③

从这样的角度出发,历史事实与历史解释就并非可以截然分开的了。首要的原因在于,历史事实要成为"头脑"里的事实,就必须是已然从蕴藏在现有史料里的事实中,被拣选进入了历史学家的视野之内,这种"拣选"不会是随机的、漫无边际的。照柯林武德的说法:"过去可以解释现在,然而人们只有通过分析它在现在的踪迹(证据)才能认识过去。常识的观点似乎认为,历史学家首先发现这些踪迹(它们是些什么),尔后再发现从它们可以得出什么关于过去的推论;辨识'它是什么'(确定事实是什么),然后确定'为什么如此'(发现可以对此做出解释的过去)……这大概是错的……发现什么是证据,就已经是在对它提出解释。"④ 李剑鸣则说:"史家从无数的事实中选取某些事实,或从真伪混淆的材料中辨明事实的'真相',都离不开他个人的判断,并包含了他对事实的意义的理解……

---

① [美] 卡尔·贝克尔:《什么是历史事实》,段涓译,见张文杰编《历史的话语:现代西方历史哲学译文集》,广西师范大学出版社 2002 年版,第 287 页。
② 参见 [美] 海登·怀特《答亚瑟·马维克》,彭刚译,载彭刚主编《后现代史学理论读本》,北京大学出版社 2016 年版,第 85 页。
③ 参见拙文《叙事主义史学理论概说》,《历史研究》2013 年第 5 期,第一节中的分析。
④ R. G. Collingwood, *The Principles of History*, W. H. Dray & W. J. van der Dussen eds., Oxford, Oxford University Press, 2002, p. 140.

离开了事实和对事实的陈述,史家就无法展开论说,无法形成解释。所以说,确定事实的工作不仅属于解释的范畴,而且是一切历史解释的基础。"① 历史事实并非自动就会出现在史家笔下,史家不是像镜子一样忠实地反映事实,而是像探照灯一样选取、照亮和澄清事实。两者都是从史家活动的这一特质出发,来论证历史解释与历史事实不可分的。

再就是,历史事实是以日常语言表述的方式进入历史学实践的。以语言结构的形式出现的历史事实,就并非单纯事实的呈现,而往往带上了特定的价值观、意识形态立场、言说者个人的偏好等等,换言之,其中就常常包含了人们通常归之于解释性的因素。比如,"1492年哥伦布发现了新大陆",这看似最常见不过的对一个历史事实的表述。然而,短短一句话中,欧洲中心的立场、对单一人物和事件的历史重要性的申论、对美洲原住民的无视等等,都已蕴涵在其中。"2008年,奥巴马成为美国历史上第一个当选为总统的非裔美国人",这样的表述看似客观中立,然而,恰恰是"非裔美国人"这样的用语,却是在特定时代背景下才会出现的、蕴涵了特定立场和价值观的"政治正确"的表述方式。海登·怀特引述列维·施特劳斯的话说,历史学家"总是在两种历史之间进行两难选择,一种是传递多于解释,一种是解释多于传递"②。借用这个说法,我们也可以说,以语言结构的形式来表述的历史事实,都或多或少地既包含了"传递"的因素,也包含了"解释"的因素。作为"语言实体"的不同的历史事实,其中所包含的"传递"和"解释"的因素的多寡,也像光谱一般分布,其间情形并非整齐一律。例如,"现存杜甫诗歌中有十二首是为李白而作","李白为杜甫所作诗歌的数量,大大少于杜甫为李白所作的数量";又比如,"贝多芬于1770年12月出生在波恩","1793年,法国革命进入了雅各宾派的恐怖统治阶段";分别考

---

① 李剑鸣:《历史学家的修养和技艺》,上海三联书店2007年版,第279页。
② [美]海登·怀特:《历史中的阐释》,见《话语的转义——文化批评文集》,董立河译,大象出版社2011年版,第63页。

察这两组史实描述，二者中的前一个和后一个史实描述，其传递和解释的因素的配比情况显然大为不同。但无论何种情形，事实一经纳入语言描述，就和解释不可分割了。

历史事实和历史解释不可分割，还由于历史事实有着不同的层次，有其各自不同的结构。比如，霸王别姬、垓下之围、楚汉战争，这三者显然有着不同的结构和层次，其容量和概括程度是不断递进的，前面的事实可以纳入后面的事实而成为其中一个构成部分。而在把较小较低层次上的历史事实构成为较大较高层次上的历史事实的过程中，往往离不开历史学家解释性的因素。在大半个世纪之前，英国史学理论家沃尔什（W. H. Walsh）就提出，历史学家研究工作的主旨，"乃是要从他所研究的事件中构成一个一贯的整体……他做出这一点的方式是要寻求某些主导的概念或指导的观念，以此来阐明他的事实，追踪这些观念本身之间的联系，然后表明事实细节是怎样由于对所讨论的那个时期的各种事件构造出来一种'有意义'的叙述而（就这些观念看来）成为可以理解的"①。史家用来将各种事件构成为整体的主导性概念，沃尔什称之为"综合性概念（colligatory concept）"，而后更被荷兰学者安克斯密特着意发挥为"叙事实体（narrative substance）"。"文艺复兴""工业革命""17世纪危机"等我们耳熟能详的历史名词，就是这样的情形。历史学家或者别的什么人提出了这样一些概念，它们有效地帮助我们把某一组历史现象归结为一个整体来加以领会和把握。"比如说，工业革命并非历史实在中一个巨大的与人无关的力量，直到1884年阿诺德·汤因比写作《英国的工业革命》之前都没有人注意和发现，而是为着理解过去而提出的一个解释工具。"②的确，"17世纪危机""唐宋变革"这样的概念，不

---

① ［英］沃尔什：《历史哲学导论》，何兆武、张文杰译，北京大学出版社2008年版，第57页。
② ［荷］安克斯密特：《叙事主义历史哲学的六条论纲》，彭刚译，彭刚主编《后现代史学理论读本》，北京大学出版社2016年版，第147页。这里的汤因比是后来那位更为知名的《历史研究》作者汤因比的叔父。

同的学者可能给它们赋予了虽然相互重叠却又彼此有所不同的内涵，一方面，它们提供了对于某一断面的历史现象的总体性解释，另一方面，这样的术语一经产生并被广泛接受，它们就仿佛成了对于历史事实的指称。用安克斯密特的话来说，"在何者为解释、何者属于实在之物的范畴之间没有什么固定的和绝对的分野"①。换言之，它们同时既是历史事实，又是历史解释；在事实与解释之间，并没有截然分明的分界线。

三 历史解释的确定性和不确定性

任何一个学科存在的前提，都应该是它的研究对象总是可知的。如果研究对象终归是不可知的，研究活动就失去了它存在的理由。史学史上出现过的各种各样的怀疑主义和相对主义的论调，对历史学认识过去的能力提出质疑的主要理由，大致都可以归结为两点：史家不可离弃的主观因素妨碍了对于过去的客观中立的认识；史料的有限性和局限性，决定了我们有关过去的了解总是不完整、不全面的。这里的有限性指的是，历史学家的研究活动总是经常面临这样的情形：针对某一历史论题的史料有着不同程度的欠缺，难以让我们构造出没有缝隙的历史图景；这里的局限性指的则是，史料总是特定的人从特定的视角为着特定的目的而有意无意制造出来的，因而并非透明而无分别地反映过去。一个显著的例子，就是如同卡尔所说，我们有关古希腊的历史理解的素材，主要来自于雅典公民，②而他们都是有着一定

---

① ［荷］安克斯密特：《叙事主义历史哲学的六条论纲》，《后现代史学理论读本》，第147页。

② "历史一直被叫作一具缺少许多零配件的、巨大的钢丝锯。但是主要的麻烦并不在于漏洞。我们有关公元前5世纪的雅典在雅典公民看来是怎样的，我们知道得很多；可是在斯巴达人、科林斯人、底比斯人眼中的雅典是怎样的，我们却几乎一无所知——更不用说波斯人，或者说奴隶，或者说那些居住在雅典的非雅典公民是怎样看待雅典的了。我们关于雅典的印象是为我们预先选择好的，预先决定了的。"此段引文见［英］E. H. 卡尔《历史是什么？》，第95页。

第五章　事实与解释：历史知识的限度

财产的成年男子。从主客观因素提出的对于历史知识的犹疑，一个共同点就在于，从客观、完整的历史知识难以达成这一点出发，而怀疑历史知识的可能性。历史学家研究历史，提出历史解释，其前提是这样一种信念：我们归根结底对于人类过往能够有所认识和理解。那种因为我们难以达到对过去的完全了解、而对历史知识的可能性产生怀疑的论点，其症结恰如英国史家埃尔顿所云，是"忘记了无法知晓全部的真实和全然无法认识真实是两码事"①。

　　硬币的一面，是"不全知"不等于"不可知"；硬币的另一面，则是"可知"不等于"全知"。清华大学近年来收藏和研究的战国竹简中有很多珍贵的史料，在很大程度上丰富和改变了我们对上古中国文明的认识，可是，这批竹简能够存留至今，最终得到妥善的收藏、保护、整理和研究，其中有着太多的偶然因素。美国汉学家宇文所安曾经谈到，唐代诗人李绅留存到今天的，基本上都是他后期相当平庸的一些作品，而作为"新乐府"和元和年间诗歌革新运动中的重要人物，他早年的诗歌必定是完全不同的另一番风貌，只是具体情形大概我们永远也无法得知了。② 这里，我们知道有某个很重要的东西是我们所缺失了的，而且我们有能力知道我们缺失了什么。我们还可以推想，在不少情形下，我们很可能连自己缺失了某些很重要的东西这一点，都不会有机会意识到。套用美国前国防部长拉姆斯菲尔德在为并未在伊拉克发现大规模杀伤性武器辩解时说的话，那就是，"世上有已知的已知（known knowns），也就是我们知道自己已经知道的东西；此外还有已知的未知（known unknowns），就是我们知道自己并不了解的东西；然而除了二者之外，还有未知的未知（unknown unknowns），亦即那些我们甚至不知道自己对其一无所知的东西"③。历

---

　　① G. R. Elton, *The Practice of History*, Malden, Blackwell Publishing, 2002, p. 46.
　　② ［美］宇文所安：《史中有史（上）：从编辑〈剑桥中国文学史〉谈起》，《读书》2008年第5期。
　　③ 转引自［斯洛文尼亚］斯拉沃热·齐泽克《事件》，王师译，上海文艺出版社2016年版，第11页。

· 79 ·

史学家在提出历史解释时，在有着不断拓展学科知识边界的抱负的同时，又有必要对自己在具体论题上的认识边界保持足够的警醒和谦卑，对自己能够做什么、不能够做什么有着足够清醒的认识。

对于同样的历史论题，人们是否应该而且也可以达到同样的历史解释？可以将对这一问题的不同态度，区分为历史解释的一元论和多元论。① 在一元论者看来，过去的大树只以一种方式倒下，因而对于大树倒下的正确描述方式只能有一种；不同角度的对于大树倒下的描述，只要足够准确无误，它们之间就必定彼此相容而不可能相互抵牾，终归可以汇集成为一个更加全方位的、更为优越的版本。② 多元论者如海登·怀特，则认定面对同样的历史论题，史家可以提出不同的彼此之间未必相容的解释策略，"其结果就是，我们在致力于反思一般历史时，注定了要在相互竞争的解释策略之间做出选择"，而"选择某种历史图景而非另外一种的最好的理由，归根结底乃是审美的或道德的，而非认识论的"③。对于怀特这样的多元论立场，我们可以说：首先，认识论的问题并非这么简单就可以一笔勾销了的。英国史家赫克斯特所说的历史学的实在性准则（reality rule），讲的就是历史学家应该讲述"相关的现有证据所能支撑的最有可能的故事"④，这当然是认识论层面上的问题。同一论题上某种特定的历史解释得到

---

① 伯克霍福说："一元论意味着只有一种最好的或者正确的解释，多元论可以意味着两种或者多种正确解释之间的不可通约，也可以意味着多种解释之间可以也应该调和，从而产生一种最好的或者更加正确的解释。"见其《超越伟大故事：作为文本和话语的历史》，邢立军译，北京师范大学出版社2008年版，第84页。在我看来，他所列举的历史解释的多元论的两种情形，只有第一种才是严格意义上的多元论；多种解释彼此相容而且可以百川归海、汇集提升为一种更好的解释，这后一种情形，只能归为一元论。

② 彼得·盖伊就表示过，后悔将自己研究启蒙运动的名作的副标题写成了"An Interpretation"，而不是"The Interpretation"。见 Peter Gay, *Style in History*, New York, Basic Books, 1974, p. 211。

③ 这两句引文，正是怀特在《元史学》"序言"中就明确提出的他此书的七条基本结论中的两条，见 Hayden White, *Metahistory, The Historical Imagination in Nineteenth - Century Europe*, Baltimore, The Johns Hopkins University Press, 1973, p. xii.

④ 见 Peter Novick, *That Noble Dream*, *The "Question of Objectivity" and The American Historical Profession*, p. 595.

第五章 事实与解释：历史知识的限度

更为广泛的接受，是因为其整合相关历史素材并做出解释的有效性，超过了别的解释，这是再常见不过的情形。其次，即便只考虑怀特所注重的审美的和道德的层次，我们也可以说，就审美层面而论，"诗无达诂"的同时，人们并未就此丧失了对具体诗歌的优劣高下达成共识的可能性，"趣味无争辩"并不就等于"趣味无高下"；就道德层面来说，怀特本人也持有自身鲜明的道德立场而不可能始终保持相对主义的伦理态度。① 再次，人们对于有关同一论题的不同历史解释的优劣高下，往往能够达成共识；原有的不同视角的历史解释被后起的历史解释整合容纳，成为其中一部分，而后者具备了更大更具普遍性的解释效力；史学史上最常见不过的这种现象，使得史家们经常将历史学的客观性寄托于历史学家共同体的学科纪律和学科共识。② 这种看法在理论逻辑上固然尚没有得到足够有力的阐发，却无疑比之怀特的说法，更能在史学实践中得到印证。

如同别的学科一样，历史学中也常常会出现各种各样的争议。史料中所蕴藏的史实是否可靠，固然是史家争论的话题；而被认定为可靠的史实，是否具有足够的代表性和重要性，与同一论题相关的各个史实之间有着什么样的关联，应该如何将相关史实拣选出来、连贯成一体并给出合理的解释，更是史学实践中争讼不已的问题。人们习惯于认为，对于某一史实，如果人们对于它所"传递"的信息并无异议，似乎就能够达成确定的解释。与历史事实的确定性相对应的，乃是历史解释的确定性。然而，史学实践中的情形，并不见得就一定如此。对霍斯巴赫备忘录（Hossbach Memorandum）的解释就是一个例子。1937年底某一天希特勒与其手下要员开过一次会议，希特勒的副官霍斯巴赫留下了相关的记录。在这份备忘录中，希特勒谈到了德国争夺"生存空间"的长期政策，明确提到要占领奥地利和捷克斯

---

① 更为详细的讨论，参见拙著《叙事的转向：当代西方史学理论的考察》，北京大学出版社2009年版，第34页。
② 合著《历史的真相》（[美] 乔伊斯·阿普尔比、林恩·亨特、玛格丽特·雅各布著，刘北成、薛绚译，上海人民出版社2011年版）的三位女历史学家，就是这样的思路。

洛伐克，还谈到了与英法开战的可能性。这份档案的真实性从未遭到过质疑，在二战后的纽伦堡审判和若干史家那里，它都被当作纳粹战争机器在二战中的作为是早有图谋的证据。然而，研究二战史的名家泰勒（A. J. P. Taylor）等人却对此种解释颇不以为然。在泰勒看来，那次会议的主题是内政问题，希特勒有关战争的言论，不过是"元首"要超脱于手下人对具体事务的争执，要照例描绘一番远大愿景，只不过这一次的说法恰好与后来事态的发展更相吻合而已。在这里，基于同样认定的史料和史实，却出现了颇为不同而各自都不乏其合理依据的解释。① 这里的情形似乎是，史实的确定性，并没有随之以解释的确定性。

确定的史料和史实，并没有让历史解释就丧失了弹性，甚至是不确定性。然而，史料和史实的束缚，又让历史解释并非就是漫无边际、不受限制的。史家总是要在史料和史实中有所选择，来构筑自己的历史图景。19世纪的英国史家弗罗德（James Anthony Froude）就说："我常常觉得，历史就像是孩子玩的字母游戏，我们可以随意拼凑出任何单词。我们只要挑出自己想要的字母，随心所欲地排列一番，对于不合我们心意的东西，我们绝口不提。"仿佛挑选和排列都是可以随心所欲、任意而为的。果真要是这样，历史学就没有"家法"可言了。一方面，史实的拣选，总是受到它与论题相关性的限制。我们不能想象，研究工业革命的史家，能够将蒸汽机的改良和当时英国煤炭资源的分布和矿藏特征撇开在自己的视野之外；另一方面，史实之间的关联，绝非如海登·怀特所说的那样，全然来自史家的建构。过去虽然不能为史家所直接碰触，然而，它却每每通过史料对于史家的束缚，来表明其真实不妄的存在。艾文斯说："从事历史研究就像在做一个拼图游戏，那些拼板分散在一个屋子里的许多盒子之中，其中有一些已经被毁掉，即使我们把所有拼板组合在一起，依

---

① 此例证出自 W. J. van der Dussen, "The Historian and His Evidence", in *Objectivity, Method and Point of View*, W. J. van der Dussen and Liond Robinoff eds., Leiden, Brill, 1991, pp. 163–167.

然有很多重要的拼板无法找到。最后这幅图像什么模样，部分要依仗有多少盒子留下来且被我们发现而定，这又大致要看我们到哪里搜寻它们。不论如何，尽管我们没法找到所有的拼板，这幅图像的大致轮廓总能被我们把握。于是，我们'想象'着这幅图像的轮廓，并试图去深入它的细节。然而同时，那些我们已经发现的拼板只能拼出一个蒸汽引擎的图像，那我们就别想着能把它们拼成一个乡野庭院，这根本办不到。因此，我们不能想当然地认为，过去留给我们的痕迹是支离破碎的，历史学家在重建它的时候完全能够海阔天空地进行想象发挥。"[1] 这就仿佛，确如人们所常说的，一千个读者就有一千个哈姆雷特；可是不管怎么样，那哈姆雷特毕竟是优柔寡断、柔肠百结，更长于思索而非行动的，没有人会把他混同于莽张飞。又仿佛，每个人心中自有一个林黛玉，但很难有人会把薛宝钗才会做的事、说的话，安到林妹妹的头上。

  考察问题的视角不一样，选择的参照系不一样，进行历史解释时需要考量的因素也会不一样。对明清易代这一巨大历史变动的考察，传统的政治史更多地聚焦于宏观政治军事格局下，崇祯皇帝、多尔衮、李自成、吴三桂等人物的进退取舍，把个体的选择视作历史过程的重要变量。军事技术史角度的考察，则可以从各方所掌握的从西欧传来的火器的优劣多寡，对最终的战争结局得出合理的推断。而将这一历史变动纳入全球视野、置于历史人物所置身的自然环境在特定时期的变化中来考察，那个时段在中国所发生的一切，就成了17世纪全球性总体危机的一部分了。[2] 彼时北半球进入地球上第5个小冰河期，气候变冷使得东亚这块土地上，不可能再出产足以养活原来那么多人口的食物。给定这样的前提，晚明之际的大变乱就成了无可逃避，微观视角下充满了能动性和可能性的历史人物，在很大程度上，就如同年鉴学派第二代领袖人物布罗代尔眼中的人类，不过是受制于

---

[1] 转引自［英］理查德·艾文思《捍卫历史》，第53、88页。
[2] 参看李伯重《火枪与账簿：早期经济全球化时代的中国与东亚世界》，生活·读书·新知三联书店2017年版。

结构和局势的因徒，"陷入自身无能为力的命运之中"①。从微观到宏观、从个体到人群、从事件到结构、从特定地域到全球视野，针对特定论题的相关研究，因其焦点各异、参照系不同，提出的解释也自然不同。然而，这里的情形并不如多元论者所想象的，是各种解释之间互不相容而又各自都能成立。不同层次和视角的解释，彼此之间不能相互替代。宏观的、从结构性因素着眼的解释，无法让我们对具体进程和事件（如满明之间的某场战役、崇祯在对起义军"剿"与"抚"之间的踌躇与决断）达到充分的理解，更无法让我们对身处这场历史大变局中特定个体（如陈寅恪所关注的柳如是）的命运感同身受。微观的、聚焦于个体和事件的解释，却又难以具备宏观的、从结构因素着眼的解释所能提供的对于特定时段历史大势的解释效力。然而，不同层次和视角的解释又绝非彼此隔绝，而是可以相互勾连，互相发明的。比如，对诸如明清辽东战争的进程这样的具体事件，就可以结合早期经济全球化时代军事革命的宏观背景和战事中的各种具体细节，而得到更为充分完备的理解。②

四 历史解释的理论维度

历史学是一门经验性的学科，它在研究过去时所要凭借的，是过往人们的活动所留存下来的种种痕迹，它注重史料，关注人类现实的生活经验。因而，在一些时候，在一些史学家那里，常常有一种轻视理论甚至于是反理论的倾向。对此，海登·怀特有一个说法：那是因为历史学在 19 世纪成为一门专业化学科时，采取的是一种"反向定义（negative definition）"的方式。③ 简单地说，历史学不同于哲学，

---

① 见［英］彼得·伯克《法国史学革命：年鉴学派，1929—1989》，刘永华译，北京大学出版社 2006 年版，第 35 页。
② 参见李伯重《火枪与账簿：早期经济全球化时代的中国与东亚世界》，相关章节。
③ 参见陈建守主编《史家的诞生：探访西方史学殿堂的十扇窗》中所收怀特访谈，时英出版社 2008 年版，第 56 页。

不是以理论的思辨来解说人类历史过程；历史学不同于自然科学，其研究主旨不是寻找规则而是进行个体描述；历史学不同于文学艺术，不能凌空蹈虚，而只能建基于史料之上。历史学的学科特性和历史学家研究活动的性质，就因其不同于别的人类知识领域而得到界定。似乎历史学一旦受到别的学科的理论和方法的侵蚀，其自主性就会受到威胁。

然而，19、20世纪之交席卷欧美的"新史学"运动，其主旨，是要将史学研究的范围从传统的政治史扩大到经济、社会、文化、宗教、艺术等层面；在英雄伟人之外，要将普通人的生活方式、交往模式、衣食住行、家庭关系等等也纳入历史学家的视野。既然历史学的研究范围和目标，都发生了如此巨大的变化，重在"描述"和"理解"的传统史学方法，也就需要进行相应的变革。各门新兴的社会科学如经济学、社会学、地理学、生态学、心理学等学科的理论和方法，就都理所当然地应该成为历史学家探究过往人类历史面貌的工具。第二次世界大战之后的大约三十年内，欧美史学更是经历了一个历史学接纳和吸收各门社会科学的理论和方法的高峰时期，社会科学化的历史学成为这一阶段史学发展的主流。[①] 流风所及，不仅在有着"经济学帝国主义""社会学帝国主义"一类倾向的、企图以某一门社会科学的范畴和方法来解释所有社会现象的社会科学家那里，甚至于在不少历史学家眼里，历史学的功能就在于，它可以为各门社会科学探究社会现象的规律和定则提供素材，而它反过来，又可以利用社会科学所提出的范畴和定则来解释历史现象。历史学就成了不过是各门社会科学的原料提供者和产品消费者。历史学研究更多地受到何种社会科学的概念范畴和研究方法的影响，在很大程度上，可以成为分析和判断特定史学流派学术特征和史学发展阶段与走向的一个重要标

---

① 德裔美国史学史家伊格尔斯在其《二十世纪的历史学：从科学的客观性到后现代的挑战》（何兆武译，山东大学出版社2006年版）中，将20世纪历史学的发展分为三个阶段，中期阶段的特征就是"社会科学的挑战"，并且把年鉴学派、德国的"历史社会科学"和马克思主义史学视作这一阶段的三个主要支流。

尺。例如，在分析20世纪后期史学研究领域中所出现的"叙事的复兴"之时，社会史名家劳伦斯·斯通就说："在某些新史家那里，人类学取代社会学和经济学成为最有影响的社会科学，乃是叙事复兴的首要原因。"① 彼得·伯克也评论说："从20世纪60年代到90年代，文化史研究中最突出的特征之一，就是向人类学的转向。"②

历史学固然是一门经验性的学科，但它和任何其他学科一样，都离不开一定的理论预设。历史学家当然是要进档案馆的，是要"上穷碧落下黄泉，动手动脚找材料"的，可是，历史学家不是消极反映历史事实的镜子。档案和史料无穷无尽，看哪些档案是有选择的，从同样的档案中看到些什么，又完全可能因人因时而异。如果没有充分的问题意识，实际上是无法从档案中有效地获取相关的信息的。年鉴学派的第一代创始人费弗尔就说："没有问题，就没有历史学"，因为"一个人不知道自己所要寻找的是什么，他就不能真正认识自己所找到的东西"③。彼得·伯克也说："要做一个优秀的史学家，首先最为必不可少的，就是想象力、穿透力以及提出恰当问题而又知道到哪儿去寻找答案的天赋。"④ 问题的提出，离不开理论自觉。而理论自觉的养成和获取，既来自于历史学家对自身工作性质和论题性质的反思，也来自于对不同学科理论和方法资源的汲取和利用。

不同的史学样式、史学领域、史学流派和史学方法，都各自有着自身的理论预设。新文化史的基本前提，就是社会现实的文化建构论。用英国学者乔伊斯（Patrick Joyce）的话来说，那就是在认可"真实可以说是独立于我们有关它的表象之外而存在的"同时，又认

---

① ［英］劳伦斯·斯通：《叙事的复兴：对一种新的旧史学的反思》（Lawrence Stone, "The Revival of Narrative: Reflections on a New Old History", in Geoffrey Roberts ed., *The History and Narrative Reader*, London, Routledge, 2001）, p. 293.

② ［英］彼得·伯克：《什么是文化史？》，蔡玉辉译，北京大学出版社2009年版，第139页。

③ Peter Burke ed., K. Folca trans., *A New Kind of History, from the Writings of Febvre*, London, Routeldge & Kegan Paul, 1973, p. xii.

④ 参见［英］玛丽亚·露西娅·帕拉蕾丝·伯克编《新史学：自白与对话》中对彼得·伯克的访谈，第172页。

定"历史从来都不是以话语之外的任何形式而呈现在我们面前的"①。新文化史由此就将研究的重点，放在了语言、修辞、表象等层面。而德国的"历史的社会科学"的基本前提，按社会史第二代中坚人物科卡（Jürgen Kocka）的说法则是，"个人的活动余地在很大程度上受到经济发展进程、社会运动与政治结构的限制，历史的内容远远超过人们相互之间的图谋……历史不仅是由行动与经历的关系组成，而且由影响与功能的关系组成。这些关系能压过个别人的追求和努力，而个人主观上并不一定认识到这些关联的存在"②。随着新文化史、微观史、日常生活史的发展而复兴的叙事史学，被劳伦斯·斯通称之为"新的旧史学"，它的"新"，很大程度上就在于，其研究是以问题意识和理论自觉作为导引的。前面提到过的戴维斯笔下的马丁·盖尔和金兹堡笔下的磨坊主梅诺丘的生平行迹，倘若脱离了研究者所要探究的更为宽泛而普遍的问题，就真的只不过是奇闻轶事，不过就只是过往历史的单纯碎片，而非可以反照出阳光和大千世界若干面相的水珠。

各种理论和方法在激发历史研究的问题意识的同时，当然也就进入了历史解释。历史学各个具体研究领域的进展，固然可能是由于新史料的出现，也同样可以来源于对于旧史料提出了具有创造性的新解释。于现有史料中发现新问题，提出新解释，于看似题无剩义之处另辟蹊径，从来就是很多杰出史家为人称道之处。③ 文学理论中，对于作品是否有超出作者"原意"之外的意义，有过很大的争议。但是，对于史料是否有超出史料创造者意图之外的意义，大概历史学家中，很少有人会给出否定的回答。梅诺丘审判记录的制作者，不会想到后世史家在其中所发现的大传统与小传统的交汇、这位磨坊主思想中阅

---

① 转引自［美］格奥尔格·伊格尔斯《二十世纪的历史学：从科学的客观性到后现代的挑战》，何兆武译，山东大学出版社2006年版，第140页。

② ［德］于尔根·科卡：《社会史：理论与实践》，景德祥译，上海人民出版社2008年版，第78页。

③ 田余庆的若干研究就常被视为这样的例证，参见胡宝国为其《拓跋史探》一书所作书评《在题无剩义处追索》，载胡宝国《虚实之间》，社会科学文献出版社2011年版。

读所得的成分和"自主创新"的成分的关系等问题。中国古代文学中有关如今华北区域存在着象群和竹林的记载者，也不会想到，后世史家会以此作为环境和气候变迁的重要史料。历史学长期以来所积累的学术传统和史家技艺中，很重要的一条就是，历史学家要能够从不同角度，去开掘史料所可能给我们揭示的过往人类生活的不同面相。而当代史学中，来自不同学科的理论范畴和研究方法，就在其中扮演了至关重要的角色。恰如艾文斯所说："究竟是什么让我们能够对材料进行'抛开作者意图式'的解读？这里我们就不得不求之于理论。任何的理论——无论是关于人类社会如何构成、人类如何行动等普遍性的论题，还是那种较狭窄的命题，比如历史中的节庆、前工业时代乡村人际交流的特性等——都是从历史学家自身所处之当下生发出来的，而不是来自于他们所用的材料。理论的使用，对历史学家是极其重要的。举例来说，如果没有20世纪在非洲乡村社会研究中发展起来的人类学理论，过去二十五年我们对17世纪欧洲巫术史的研究，就不会取得这样大的飞跃。这是因为，此类理论能够让诸如凯斯·托马斯等学者用一种全新的更具独创性的方式去解读材料。如果没有马克思主义的理论，城市史和劳工史的研究可能会极快地走向枯竭，而像 E. P. 汤普逊《英国工人阶级的形成》这样一部厚重而极富影响的经典著作，可能永远无法写成。没有现代经济学理论，历史学家无法像现在这样理解工业化，也无法知道怎样阅读和使用量化的资料，以及由量化材料派生出的别的论据。"①

  来自不同学科和领域的各种理论和方法，其解释对象和解释能力，也都有其合理性的范围和边界。越出理论解释的有效性的范围，超出研究方法所适用的边界，会在史学实践中引发各种问题。量化的史学方法就是一个显著的例证。在计算机技术普及之后，量化方法一度似乎成了历史研究的不二法门。法国史家勒华拉杜里在1979年时甚至于说过这样的话："不能被量化的历史学，就不能称其为科学"，

---

① ［英］理查德·艾文思：《捍卫历史》，第82—83页。

第五章 事实与解释：历史知识的限度

"以后的历史学家必须学会电脑编程才能生存"①。似乎只有可以被量化的人类过往生活的那些层面，才是真正重要和有意义的。布罗代尔考察人类历史的三个时段的基本模式，在其年鉴学派的后学勒华拉杜里这儿，具体化为食物生产和供给、粮食价格和人口增长之间的关系。"在他看来，历史的关键变量是食物供应和人口之间的生态平衡的摆动，此种平衡必定是由对于农业生产力、人口变动和食品价格的长时段量化研究来确定的。"② 而在他所考察的14到18世纪，西欧这一"生态—人口"的总体模式并没有出现什么值得注意的变化，因而他就有了理由，将这五百年视作"不变的历史"。宗教改革、文艺复兴、民族国家的构建、科学领域的突破，就都落在了这样一种承继了年鉴学派"总体史"传统的史学路径的视野之外。这样的盲点，就在于把自身的解释路径的有效性的范围过度扩大了。量化方法在取得了引人注目的成就之余，也自有其局限。社会生活和历史过程高度复杂，充满了微妙复杂、变动不居的因素，可量化的数据本身是历史现象所可能具有的一个特性，但历史现象远非可以量化的那些面相就能够涵盖的。美国计量史学方面曾经取得了最为辉煌成就的福格尔（Robert W. Fogel），对于量化方法在史学研究中的局限，就有着十分清醒的认识，他说："在写作过程中，我们对历史著述中科学与人文学之间的关系的看法发生了重大变化——我们认识到历史学基本上是一门人文科学，将来很可能还是如此。我们现在认为，数量史学家引起的问题并非历史学能否变成社会科学，而是社会科学方法论在人文科学中的应用范围……历史综合本身超出了社会科学的范围。"③ 直到现在为止，量化方法在不同的史学领域中得到越来越广泛的利用，

---

① 转引自［英］理查德·艾文思《捍卫历史》，第39页。很难想象，说出这番话的同一个人，是后来被视为微观史和新文化史代表性著作的《蒙塔尤》一书的作者。在他的身上，也可以看到20世纪后期欧美史学所发生的巨大变化。

② Lawrence Stone, "The Revival of Narrative, Reflections on a New Old History", in Geoffrey Roberts ed., *The History and Narrative Reader*, p. xii.

③ ［美］福格尔：《历史学中数量方法的极限》，见项观奇编《历史计量研究法》，山东教育出版社1987年版，第204页。

量化方法也得到长足发展，但与此相对应的是，不同领域的史家，对于量化方法能够做些什么、又不能够做些什么，比之过往有着更为明确和清晰的认识。

一方面，历史解释有其不可离弃的理论维度，来自不同学科的理论范畴和研究方法，为历史学提出问题和进行解释提供了不同的视野和工具。另一方面，各种学科尤其是社会科学与历史学的相互融合，在使得历史学带有更为明确的理论取向的同时，也给社会科学带来了历史的维度。如果说一百多年之前，在面对自然科学和社会科学的勃勃生机所带来的挑战时，历史学还有所犹疑，对于如何保持自身学科的自主性和学科尊严颇为忧虑的话，那么，一百多年之后的今天，历史学在对于相关理论范畴和研究方法的局限性保持着充分的警醒的同时，有了更多的自信来张开怀抱，吸纳和利用各种理论和方法，以求对人类的过往达成更丰富、更多元、更深入的理解。

第六章

相对主义、叙事主义与历史学客观性问题

彭　刚

一

　　历史学19世纪在西方开始成为一门专业学科之时，就是以还历史的本来面目、揭示历史的真相作为自身鹄的和学科合法性的来源的。一代史学宗师兰克最为人所知的训诫，就是要"如实直书"（wie es eigentlich gewesen）。那个时代的历史学家们满怀信心，认为历史事实就蕴藏于史料之中，而历史学在长期的发展过程中，拥有了从希罗多德和修昔底德开始代代相传下来、并在他们自己的时代得到了长足进步的搜集史料、批判考辨的一整套史学技艺，只要秉持这一家法，过往历史的真相自然就会从史料中呈现出来。但凡不怀偏见的历史学家正确地运用了这一套史家技艺，就会得出所有同样不怀偏见的人们都一定能够接受的历史图景。19世纪后期，法国史学家古朗治（Foustel de Coulange）针对公众所发表的一系列历史讲演深受欢迎。他在听众的欢呼声中说道："请不要为我鼓掌；不是我在向你们讲话，而是历史通过我的口在讲话。"① 有一个客观的、统一的历史存在着，

---

① ［英］乔治·皮博迪·古奇：《十九世纪历史学与历史学家》上册，耿淡如译，商务印书馆1989年版，第368页。

历史学家则是通过正确地对待史料而将那一历史的某一片段或层面如实地呈现出来,这样一种信念在古朗治这里最为鲜明不过地表现出来。

将过往的历史如实地呈现出来,这一过程所蕴含的客观性涉及史学和史家这两个方面的品质。彼得·诺维克是这样来总结这种客观性的信念的:

> [客观性]建立于其上的假设包含了对于过去实在的忠实、对于与那一实在相吻合的真理的忠实;在知者与所知、事实与价值而且尤其是历史与虚构之间的分野。历史事实被视为先于并独立于解释;一种解释的价值是由它在多好的程度上解说了事实而加以判定的;倘若与事实相抵牾,就必须将其抛弃。真理只有一个,而非依视角而异(perspectival)。存在于历史中的无论何种模式,是"被发现的"而非"被创造出来的"①。

如果说上面一段话描述的是史学研究与其对象的关系的话,以下则是对于"客观的"历史学家所应该具有的基本品质的概括了:

> 客观的历史学家的角色乃是一个中立的、不偏不倚的法官;绝对不能堕落到辩护人或者在更糟糕的情形下宣传鼓动家的角色。人们期望着,历史学家的结论展现出公正持平的标准的司法品质。就像司法的情形一样,这些品质得到保障,靠的是史家这个行当与社会压力或政治影响相隔绝,靠的是单个的历史学家不私不党——他不会因为得出某一个结论而比之得出另一个结论更加受益。当历史学是为着功利的目的而写作出来的时候,客观性就处于严重的危险之中。这一切的一个推论就是,历史学家作为

---

① Peter Novick, *That Noble Dream*, *The "Objectivity Question" and the American Historical Profession*, Cambridge and New York, Cambridge University Press, 1993, pp. 1 – 2.

第六章　相对主义、叙事主义与历史学客观性问题

历史学家，必须从自己身上驱除对外在东西的忠诚：历史学家首要的忠诚，对着的是"客观的历史真理"和他那些共同致力于以齐心协力、日积月累的努力而朝着那一目标推进的同行。①

从这样的角度来看，历史学客观性的基本保证就来自两个方面：一方面是经由批判性的检验而确保史料的可靠；另一方面则是史学家要在研究过程中剔除个人的和主观的因素，而保持严格的中立和不偏不倚的态度。

然而，在20世纪西方史学和史学理论的发展进程之中，这种客观性的信念在维系了众多史家的工作伦理的同时，也经受了来自各个方向的冲击。还在20世纪二三十年代，史学相对主义就曾经来势汹汹，卡尔·贝克尔径直宣称，"人人都是他自己的历史学家"②，查尔斯·比尔德则断言，客观性对于历史学家而言，是一个高贵然而永远不可能达到的梦想。③ 第二次世界大战之后，随着历史学的社会科学化，客观性似乎得到了一定程度上的维护和还原（尽管那已经不可能是前面那种绝对意义上的客观性④）。可是，20世纪70年代以来，后现代主义思潮愈演愈烈，它在史学和史学理论领域内所产生的巨大效

---

① Peter Novick, *That Noble Dream*, *The "Objectivity Question" and the American Historical Profession*, p. 2.
② ［美］卡尔·贝克尔：《人人都是他自己的历史学家》，王造时译，载何兆武主编《历史理论与史学理论：近现代西方史学著作选》，商务印书馆1999年版。
③ Charles A. Beard, "That Noble Dream", in Fritz Stern ed., *The Varieties of History*, New York, Meridian Books, 1957.
④ 美国历史学家阿兰·梅吉尔在其"客观性的四种含义"一文中，区分了当代学术语境下四种不同内涵的客观性：绝对的（absolute），指的是在如实地表征外在对象这一意义上的客观性；学科的（disciplinary），指的是能够在特定的学科共同体内部就客观性标准达成共识；互动的（interactional）或辩证的（dialectical），指对象或客体是在主客（认识者与认识对象）互动的过程中建构出来的，从而认识者的主观性就成其为客观性中不可离弃的成分；程序的（procedural），指的是依靠研究过程中不带个人色彩的方法或程式而达到的客观性。这样的区分对于我们下面的讨论很有启发。此书是梅吉尔为其所编《重思客观性》一书所写的导言（Allan Megill, "Four Senses of Objectivity", in Allan Megill ed., *Rethinking Objectivity*, Durham and London, Duke University Press, 1994），后又收入其《历史知识，历史谬误：当代实践指南》一书（Allan Megill, *Historical Knowledge, Historical Error, A Contemporary Guide to Practice*, Chicago, The University of Chicago Press, 2007）。

应，使得客观性再度处于风雨飘摇之中，遭受到了前所未有的巨大挑战。[①] 20世纪历史学客观性所遭逢的这两次冲击，在危及长期以来历史学家们的这一核心价值和信念的同时，也为我们更加深入地反思和维护历史学客观性提供了新的契机。

二

真实可靠的史料会自动呈现出历史的本来面目，而历史学家在研究和写作过程中的中立不偏则有效地保证了历史真相不被歪曲。这是传统意义上历史学客观性的两个要件。然而，认真的反思足以表明，这两点并非表面上看起来那样是理所当然的。

我们先从后面一点说起。一方面，历史学家在一定程度上可以通过抑制自己的好恶、克服自己的个人局限，来试图更加公正地对待史料；但他是否真的完全可以变成一面虚己以待的镜子，完全不带主观色彩地来接纳和反映研究对象呢？历史学家固然可以在自己所写就的文本中，尽可能地清除掉带有价值判断、伦理倾向、政治立场、审美趣味等等具有主观个人色彩的因素；然而，历史研究中最常见不过的一个现象就是，除了相关史料极其有限的例外情形，在历史研究以及它的最终产品历史文本中，相关的史料，或者说对于相关的史实的记述，必定要经过历史学家的选择，而不可能全盘呈现在人们的面前。仅仅是此种对于史料的主动选择，就使得历史学家主观的和个人的因素不可避免地会渗透到历史研究的过程之中。我们完全可以设想这样的情形：同样是以中立客观的笔调来写作的两部法国革命史，一部浓墨重彩渲染的是罗伯斯庇尔、丹东和拿破仑等人一呼百应、金戈铁马

[①] 史学史名家伊格尔斯有关20世纪史学的著作，副标题就是"从科学的客观性到后现代的挑战"（[美]格奥尔格·伊格尔斯：《二十世纪的历史学：从科学的客观性到后现代的挑战》，何兆武译，山东大学出版社2006年版）。美国历史学家诺维克《那个高贵的梦想》一书，讨论20世纪六七十年代以来的美国史学界情形的部分，也名之为"危机之中的客观性"。

第六章 相对主义、叙事主义与历史学客观性问题

的政治和军事行动，另一部则以极大的篇幅来讨论卢梭、伏尔泰的思想言论与法国革命中各种现象的关联；这当中，是政治家的行动成为历史事件的核心成分，还是历史的航线终究是由思想观念所指引着的，这样一些有关历史进程中不同因素扮演何种角色的观点，这样一些与史家个人的立场和倾向不可分割的东西，不期然地就进入到了历史学之中。诚如比尔德所言，"无论历史学家会采取何种行动来纯化自己，他都依然还是人，一个有着时间、地点、环境、关切、偏好和文化的生灵。无论多大程度上的抑制自身，都不可能让安德鲁·怀特变成特纳，或者将他们当中的任一位变成一面中立的镜子"①。

另一方面，史家的主观因素对于历史认识而言，就终究不过是一种无法摆脱的累赘吗？对于现代学科意义上的历史学的成立，德国历史主义传统功莫大焉。然而，在历史主义看来，历史研究的主体和对象都是同样的人类精神，史家不能像自然科学家那样将自己与研究对象对立起来，而是要力图把握历史事件中精神之所在；因此，历史理解仅靠理智是不够的，它还有赖于创造性的想象力，让历史学家设身处地地来了解历史当事人的所思所感，为其行动得出合理性的解释。因而，发历史主义之端绪的洪堡就已经明确地提出，"一切历史理解都有赖于研究者将自己同化于研究对象"②。在兰克看来，"每一事件，无论是一般的还是个别的，都是精神生命的一种表现"，只有直觉性的认识（intuitive recognition）才能真正达到对它的把握。③ 狄尔泰更是明确指出，由于历史研究的主客体都是人类精神，因而历史理解就只能通过内心的体验才能完成。于是，直觉、想象、心通意会的移情（empathy），就都是历史研究中不可或缺的要素和手段。20世纪史学理论中，克罗齐所强调的要重新复活（re-live）历史当事人

---

① Charles A. Beard, "That Noble Dream", in Fritz Stern ed., *The Varieties of History*, p. 324.

② 转引自 William Kluback, *Wilhelm Dilthey's Philosophy of History*, New York: Columbia University Press, 1956, p. 27。

③ Friderich Meinecke, *Historism*, *The Rise of A Historical Outlook*, London: Routledge & Kegan Paul, 1972, p. 502.

的心灵，以及作为柯林武德历史哲学核心概念的对于他人思想的重演（re-enactment），其要旨都不外乎此。"世事洞明、人情练达"的人生阅历和体验①，感同身受地了解不同时代、不同地域、不同文化下他人处境的能力，有类于艺术家的创造性的，而又为现实感和分寸感所节制的想象力，悲天悯人的人道情怀，"究天人之际，明古今之变"的学术追求，这样一些充满主观性和个人色彩的因素，就成为史学史上那些大师们所共有的特质。缺少了这样一些能力和要素，过往历史对于我们而言，就难免成为克罗齐意义上的"编年史"，不过是一些缺乏生气的僵死的史料而已，而无法真正为我们所触及和把握。史学史上的诸多经典著作，在其诸多史料被更新、诸多观点被修正的情形下，依然葆有魅力，也许其中一个重要原因，就在于它们蕴藏了史学大家们这些常人难以比肩的品质。就此而论，可以说，历史学的客观性就应该包括了历史学家的主观性在内，真正的客观必须是承认主观因素的客观。历史学的高下取决于历史学家精神境界和思想水平的高下。在一定意义上来说，历史学家的主观精神因素越是强有力，他的历史认识和历史理解也才能越是"客观"②。在这个意义上，历史学的客观性就是梅吉尔所说的那种包含和认可了主观性的"互动的"或"辩证的"客观性。虽然，这其中并非没有困难存在。作为历史理解重要手段的内心体验和心理置换，如果在不同史家运用于同一对象时产生冲突和差异，我们如何来对其中的高下优劣做出评判？这其中未必就没有合理性标准可循（比如，对各种造成特定处境的相关史实的恰切把握，史家推论对于历史过程解释的有效性等等）；然

---

① 汤因比就说过，自己是在亲历第一次世界大战之时，才真正理解了修昔底德笔下的伯罗奔尼撒战争（参见何兆武主编《历史理论与史学理论：近现代西方史学著作选》，第772页）；陈寅恪也说，自己是在抗战初期，"苍黄逃死之际，取一巾箱坊本《建炎以来系年要录》，抱持诵读……然其中颇复有不甚可解者，乃取当日身历目睹之事，以相印证，则忽豁然心通意会。平生读史凡四十年，从无似此亲切有味之快感"（陈寅恪：《金明馆丛稿二编》，上海古籍出版社1982年版，第234页）。

② 参见拙著《精神、自由与历史：克罗齐历史哲学研究》，清华大学出版社1999年版，第110—111页。

第六章 相对主义、叙事主义与历史学客观性问题

而,确如狄尔泰所说,只要历史学家的方法还依赖于对于动机的确定,历史怀疑主义就无法从根本上来克服。但无论如何,主观因素之无法离弃,以及主观性并不见得总会成为客观性的障碍,而相反地却可以是成就客观性的要素,当是我们都应该加以承认的。

再来看看史料问题。前面我们涉及了史学家对史料进行的主动选择。可以说,史料到达史家手中,还要经历一个被动选择的过程。戴维·克拉克将最终到达考古学家手中的遗物的形成,分成了四个不断"取样"的过程:在大量的人类活动中,只有少数可以留下样本和痕迹;少数样本和痕迹可以形成埋藏;少数埋藏可以保存至今;少数被保存的能够得到发掘。①(其实,这里我们还可以加上一句:少数被发掘的能够得到确凿可靠的解释。)考古学的这番情形,对于宽泛意义上的历史学来说,也并无二致。倘若说,历史指的是过去所发生的一切,那么,我们原则上所能了解的过去,就已经是过去所发生的如此这般的无数事情当中,留下了踪迹(文字记载、宫室器皿、考古发现等等)并将其传递到今天的那些。我们只能是通过踪迹为中介来了解过去。我们可以断定,历史上所曾发生过的更多的事情,因为没有给我们留下任何踪迹,已经一劳永逸地消失在我们的把握之外了。而我们真正能够认识并纳入自己的历史知识的,又只是留下了踪迹的那些部分当中极其微小的一部分。对于历史学家所力图了解的历史的某个片段或层面而言,也是同样的情形。因此,可以说,无论历史学如何以追求客观、还原真相自勉,它真正处理的,只能是经过层层折扣而剩下的残缺不全的过去的某个层面。

仅仅因为史料经历了被动的选择,从而我们就无法在绝对的、完整的、纤毫必至的意义上,还原过去或者过去的某个片段或层面。然而,这是不是就意味着客观性也一劳永逸地丧失了根基呢?比尔德似乎就是这样来推论的:

---

① 徐坚:《告别纯真:向戴维·克拉克致敬》,《文景》2008 年第 5 期。

不仅史料是不完全的。只有在很少见的情形下，历史学家能够有理由确认，他搜集到了有关某一特定时期、地区或片段的全部史料。在绝大多数情况下，对于他所处理的实在之中的无数人和事，他不过是对有关它们的不完全的记录进行了不完全的选择或者不完全的解读……既然有关任何时期的历史都包含了它所涉及的全部实在，而且，既然史料和研究都是不完全的，随之而来的就是，完整的实在是任何历史学家实际上都不可能知晓的，无论他在研究过程中如何勤勉、公正或诚实。如其所是的历史——它当然有别于具体的历史事实——是人们不知晓也不可知的，无论人们是如何热忱地追求着"努力达到客观真理的理想"[1]。

这样的论点很难令人信服。毕竟，人类的知识形式中，没有哪一种是可以毫厘不爽地来完整反映和刻画它的研究对象的。几何学在解决现实问题时，只会关注研究对象的几何特征而不会涉及其颜色和气味；审美心理学在关注"夏天最后一朵玫瑰"所引发的审美心理时，也不会考虑到它作为植物生殖器官的功能。可以说，以一种知识形式不能完全地把握对象而取消其客观性，是对各种知识形式的功能和客观性的内涵作了不恰当的理解。内格尔针对那种因为历史学的选择性而否认其客观性的论点评论说：

> 只有根据如下假定，一切历史论述都是内在任意的和主观的这一看法才是可理解的，这个假定就是：对一个题材的知识必须等同于那个题材，或者必须以某种方式再现它；这个假定，以及与此伴随的看法，必定会因为荒谬而受到拒斥。这样，无法合理地把一张地图表征为是对它所表示的区域的歪曲翻版，只因为这张地图并不符合那个区域，或者并不提及在那个区域中可能实际

---

[1] Charles A. Beard, "That Noble Dream", in Fritz Stern ed., *The Varieties of History*, p. 324.

第六章　相对主义、叙事主义与历史学客观性问题

存在的每个东西；相反，一张按比例绘制但不略去任何东西的"地图"，才是一个全然没有目的的怪物……如果一个历史说明无法陈述"自人文开始它漫长的历程以来，这个星球上的一切所说、所做和所思"，就要把这个说明表征为"主观的"，那么，这不仅是客观性的一个无法实现的理想，也是一个荒谬的理想。因此，历史研究处理过去那些经过选择的方面，或历史说明并不认为每个东西都与别的每个东西因果相关，单是这一事实并不是怀疑能够得到客观上有保证的人类历史的恰当理由。①

内格尔的评论颇为中肯，但其中以地图为例所提出的论点中，也有我们可以提出异议之处。细节虽小，却涉及历史学的特殊性所在。近年来，论者每每像内格尔那样以地图为例来表明，历史学所具有的选择和建构的特征，并不意味着它就无法客观地认知历史实在；因为在地图的绘制过程中就充满了选择和建构的因素，但是，地图与其特定目的相适应，客观地反映了地貌，乃是不争的事实。② 然而，在我看来，在这个极具启发意义的比喻中，也颇有可以商议之处。在地图绘制工作当中，人们可以有把握地说，针对地图所要服务的特定目的（如指示交通道路、表征山川地形、标明加油站的分布等等），我们了解我们所需要的一切信息；在人类知识的诸多形式（如至少是大多数自然科学的各个门类）之中，人们也至少在原则上能够搜集汇总种种与其研究主题和目的相关的要素。而在历史学中，却有很多有价值的或重要的东西是我们不曾拥有过或者无可挽回地失去了而又无法弥补的。

---

① ［美］欧内斯特·内格尔：《科学的结构：科学说明的逻辑问题》，徐向东译，上海译文出版社2002年版，第694—695页。
② 例如，在卡罗尔（Noël Carroll）对海登·怀特和哈斯基尔（Thomas Haskell）对利奥塔等法国后现代主义者的批评中，都以地图为例来表明此种立场。卡罗尔的"解释、历史与叙事（Interpretation, History and Narrative）"和哈斯基尔的"客观性并非中立（Objectivity is not Neutrality）"都收入了《历史与理论：当代读本》（Brian Fay, Philip Pomper and Richard T. Vann eds., *History and Theory, Contemporary Readings*, Malden, MA, Blackwell Publishers, 1998）一书中。

面对这样的情形，人们往往会自我安慰，仿佛凡是真正值得留存下来的东西，都是会留存下来的。大浪淘沙，真金自会被保留下来。可是，真实的情形未必如此。宇文所安在谈到文学史的编撰时就举过这样一个例子：李绅是唐朝"新乐府"运动和元和时期诗歌革新运动中的重要人物，元稹的《莺莺传》就是与他已失传了的《莺莺歌》相配的，他应该是一个很有趣而活跃的诗人。然而今天很少有人关注李绅，因为他现存的诗作绝大部分都是他晚年相当平庸的一些作品。我们无从知道他早年充满生气的作品是什么样子了。又一个例子是，现有孟郊的诗集是北宋宋敏求所编，宋敏求自承他剔除了其中那些"体制不类"的作品。我们今天读到的孟郊诗作，其风格高度一致，然而，我们不知道这应该归功于孟郊还是宋敏求。宇文所安的一个结论就是：对于文学史"我们的理解比以前更加完善，这不仅是就我们所知道些什么来说的，而且是指我们知道自己不知道什么，并且知道这些我们不知道的东西的重要性"[①]。只从这样的例子，就可以揣想，有多少要紧的、应该和值得知道的过去的某些层面，已经不复能够呈现在我们的眼前。准此而论，一方面，我们不能期望历史学在绝对的包罗无遗的意义上还原过去，但即便是在选择性地重建过去之时，也常常会出现关键性的要素和史实是我们暂时或永远无从知晓的情形，常常会出现事件或事态的重要链条和环节是我们无从根据确凿证据来进行填补的情形。真相的还原和本来面目的重建，经常会遭逢重要要素和环节出现缺失的情形。另一方面，在历史学的研究中，苏格拉底式的"知道自己的无知（the knowledge of one's own ignorance）"的古典智慧，不啻是让史学家对自己的研究始终保持警惕和自省的清醒剂。历史学的进步，不仅在于知道得更多更深入，还在于对于不知道的东西及其重要性有着清晰的意识。历史学的选择性并没有就将史学家与过去隔离开来，然而，对于我们了解过去时所受到的限制、所难

---

① ［美］宇文所安：《史中有史——从编辑〈剑桥中国文学史〉谈起》，《读书》2008年第5、6期。

第六章　相对主义、叙事主义与历史学客观性问题

以弥补的欠缺，却是过往史学传统中所没有能够充分认识到的。

相对主义正是从历史学的选择性和历史学家的主观性这两个层面，来质疑和攻击历史学的客观性的。我们以上的讨论试图表明，这样的攻击和质疑本身很成问题。历史学的选择性，历史学家主观性之无可避免地渗透到历史学家的工作流程，并构成为历史学认知过去的一个条件，虽然并不见得危及到了客观性本身，然而，我们确实无法再维系那种绝对意义上的客观性，而只能以更加谨慎和更多限制的方式来探讨客观性问题，来理解历史学"还历史以本来面目""讲述历史真相"的使命。

三

后现代主义思潮在历史学领域产生的效应，在使得启蒙运动以来，以理性、自由、民主、革命等"大词"来组织编排历史的"宏大叙事"退出前台的同时，也严重地冲击和动摇了历史学的客观性。叙事主义作为后现代主义思潮影响下的历史哲学和史学理论的主要形态①，一方面更加有力地挑战了客观性，另一方面也为我们反思和重建客观性提供了新的契机。

1973年海登·怀特《元史学：十九世纪欧洲的历史想像》一书问世，奠定了叙事主义史学理论的基本思路。怀特的出发点是考察历史学的最终产品——历史文本。在他看来，历史学不像自然科学或某些社会科学那样有着自身的专业语言，它使用的就是日常有教养的语言（ordinary educated speech），因而，历史学文本就具备了其作为文

---

① 叙事主义史学理论两位最主要的人物中，海登·怀特虽然有时与后现代主义保持一定的距离，却被广泛视为后现代主义在历史哲学领域的始作俑者；安克斯密特则鲜明地标示出自己的后现代主义者的立场。在波兰学者埃娃对多位史学理论家的访谈中，可以清楚地看到这一点。见［波］埃娃·多曼斯卡编《邂逅：后现代主义之后的历史哲学》，彭刚译，北京大学出版社2007年版。

学作品的某些特质。① 在《元史学》中，怀特提出了一套高度程式化的理论模式来考察历史学文本。他指出，历史学家是依靠语言和思维的各种比喻模式来建构其研究对象的。在语言和思维的这种深层结构的支配下，历史叙事的概念化就具备了三个基本的层面：情节化模式、论证模式和意识形态蕴涵模式。一个历史叙事，要以特定文化的文学传统中既有的情节化模式（如喜剧、悲剧等）来编排历史过程，要以各种方式来说明和解释研究对象（比如，有机论的解释模式，就是要以各种相互关联的因素来说明特定的历史现象），并且，它还必定包含了史家政治立场和伦理观点的因素。对于过去的同一个片段，人们完全可以用不同的情节化模式来对其进行编排，以不同的论证模式来对其做出解释，并且赋予其不同的意识形态蕴涵。我们一般总认为，因为还可以不断做出自由的选择，将来对我们而言是开放的和不确定的。而在怀特这里，人们在面对过去时，也有着按照自己所喜好的方式来编排和理解它的自由，过去就并非如人们所设想的那样一成不变，而也是人们在很大程度上可以选择怎么来看待它的，因而，可以说，在怀特这里过去也成其为不确定的了。② 过往的史学理论（比如说克罗齐和柯林武德）也在强调，过去并非已经僵死的过去，而是还在活着的过去（living past），但其要旨，一方面是指，人们总是以自己当下的精神活动来还原和重构过去的；另一方面是说，过去构成为现在的要素，正如黑格尔所说的，"我们之所以是我们，乃是因为我们有历史"，过去就鲜活地保存在现在之中。在他们那里，过去并不因为依然鲜活，就失去了其确定性。而叙事主义者如怀特则赋予了人们编排、把握和理解过去的自由，那么，不仅将来是什么样子，而且过去是什么样子，就都在很大程度上取决于我们的自由选择。

---

① ［美］海登·怀特：《作为文学作品的历史学文本》，见其《话语的比喻：文化批评论集》（Hayden White, "The Historical Text as Literary Artifact", in *Tropics of Discourse*, *Essays in Cultural Criticism*, Baltimore, The Johns Hopkins University Press, 1982）。

② 参见拙文《叙事、虚构与历史——海登·怀特与当代西方历史哲学的转型》，《历史研究》2006 年第 3 期。

第六章　相对主义、叙事主义与历史学客观性问题

　　由这样的立场出发，怀特得出了如下的结论："没有什么确定无疑的理论基础能够让人们有理由声称，[历史学的]这些模式中的任何一种具有比其他模式更加'实在'的权威性……其结果就是，我们在致力于反思一般历史时，注定了要在相互竞争的解释策略之间做出选择……由此得出的推论是，选择某种历史图景而非另外一种的最好的理由，归根结底乃是审美的或道德的，而非认识论的。"① 人们都熟知审美领域内"趣味无争辩""诗无达诂"这样的命题，当代社会更是呈现出政治伦理观点多元化的面相。倘若照怀特的思路，审美或道德的因素决定了人们对历史图景的选择的话，客观性和一致性就不是历史学所应该追求和自诩的理想了。在怀特看来，人们写作和接受什么样的历史，取决于他们是什么样的人，具有什么样的个性色彩、伦理立场和审美取向。既然人们无法在不同历史模式的取舍之间展开真正有意义的争辩，则"史无达诂"就是他史学理论的归宿了。怀特否定了有任何实在的和认知的基础，来在对于同一对象的不同历史叙事之间做出评判和选择，他在"解构所谓历史科学的神话"② 的同时，也就否定了历史学的客观性。

　　怀特的立场危及了历史学的科学性和客观性，是许多职业历史学家所无法接受的。然而，若非触及了历史学文本当中某些人过往没有能够深入探究的特性，他所产生的巨大影响也就不大容易得到解释了。在怀特所着重分析的19世纪历史学家中，同样一场法国革命，在自由主义立场的米什莱那里，呈现为一场高奏自由凯歌的喜剧，而在具有保守色彩的托克维尔那里，则成了一场让人唏嘘不已的悲剧。而这二位，又都是当时后世所公认的史学大师。在都不违背历史学家法、也即历史学在有关史料考订和提出解释等方面所形成的传统学术规则的同时，对于同一对象形成差异甚大甚至彼此冲突、不能相容的

---

　　① [美] 海登·怀特：《元史学：十九世纪欧洲的历史想像》，陈新译，译林出版社2004年版。
　　② 这是怀特在接受埃娃访谈时所表明的《元史学》一书的意旨。见 [波] 埃娃·多曼斯卡编《邂逅：后现代主义之后的历史哲学》，第18页。

历史图景，这样的情形在史学史上实在是屡见不鲜。我们再来看一个例证：同样是研究同一历史现象（20世纪30年代美国南部大平原上发生的尘暴及其带来的大干旱）的两部著作，书名几乎相同，两位作者研究的档案材料绝大部分也是相同的，他们在绝大多数有关史实的问题上并无二致，而得出的解释和结论却大相径庭。[1] 博尼菲尔德总体的论点是：

> 说到底，尘暴的故事乃是人的故事——有能力有才干的人，随机应变、执着勇敢的人……尘暴袭击的人们不是受到挫败、丧失了希望的一贫如洗的人。他们是明天的建设者。在那些艰难岁月里，他们继续建设和经营他们的教会、生意、中小学、大学和他们的社区。他们靠上帝与这片土地的开拓者们更近了。他们的过去都经历了艰难岁月，然而将来属于那些做好了准备抓住这个瞬间的人们……因为他们在那些艰难岁月中坚持下来，在土地上劳作，开发那上面的资源，上百万的人们有了更好的食物，在更卫生的地方工作，享用了更加温暖的住房。由于那些坚忍不拔的人们没有在一场危机中逃离这片多灾多难的土地，今天这个国家有了更好的生活水平。

而构成沃斯特著作主线的则是这样的思路和结论：

> 尘暴是20世纪南部大平原生活中最黑暗的时光。这个名号就标示着一个地方——其边界就像沙丘一样变化不定的一个地区。然而，这也是一个有着全国性、甚至全球性意义的事件。在

---

[1] 见［美］克罗农《故事的所在：自然、历史与叙事》，《美国史杂志》（William Cronon, "A Place for Stories: Nature, History, and Narrative", *The Journal of American History*, 1992, Vol. 78, Iss. 4），以下两段引文也转引自此文。这里提到的两本著作分别是博尼菲尔德的《尘暴：人、污物和萧条》（Paul Bonnifield, *The Dust Bowl: Men, Dirt, and Depression*, Albuquerque, 1979）和沃斯特的《尘暴：1930年代的南部大平原》（Donald Worster, *Dust Bowl: The Southern Plains in the 1930s*, New York, 1979）。

第六章 相对主义、叙事主义与历史学客观性问题

> 世界粮食问题上广受尊重的权威乔治·博克斯特罗姆将尘暴的发生列为历史上人类铸成大错的三个最糟糕的生态灾难之一……无法将其归咎于无知无识、人口过多或者社会混乱。它之所以到来，是由于那种文化按照人们设想的方式在运行……尘暴……是某种自觉故意地以主宰和剥夺土地上的全部财富为己任的文化的必然后果。

于是，在前者那里一个人类勇敢地战胜自然灾害的具有史诗传奇意味的喜剧故事，在后者那里，却呈现为一出以逐利为核心价值的资本主义文化使得人类无法与自然相协调而造成的悲剧。在这样两幅高度重叠却又互不相容的历史图景之间，读者又该何去何从呢？

海登·怀特之后叙事主义领域内风头最健的理论家安克斯密特曾经评论说，尽管两幅历史构图中包含着同样真确的对于史实的陈述，然而，为什么一种历史构图会比另一种更加易于让历史学家接纳，这是史学理论长期忽视的一个问题。[①] 历史著作之间的优劣高下，历史学家的学术共同体之间大体总是能够达成一致的，如果不否认这一现象的普遍存在，这其中就必定存在着某种合理性标准。而完全否定了客观性观念，我们就无从探讨这样的标准，也无从解释这种学科内部的一致性。

四

历史学的传统向来是以追索历史真相、"还过去以本来面目"为鹄的的。寻常的观点认为，历史研究要达到这样的"客观性"，只需要满足两个条件：一是历史学家要精心考辨史实，做到经自己之手写出来的论著，"无一字一句无来历"，经受得住历史学家法的锤炼，

---

① 见［荷］安克斯密特《叙事的逻辑：历史学家语言的语义学分析》（Frank Ankersmit, *Narrative Logic, A Semantic Analysis of the Historian's Language*, The Hague, Martinus Nijhoff Publishers, 1983）的"导论"。

表述出来的都是真实发生过的历史事实（如果碰到了只能以或然的方式来言说的东西，带有猜测和想象成分的东西，也必须在语言运用中将这一层内涵表达出来）；再就是，对于历史真实的表述，要不带任何主观色彩，避免将个人情感、好恶、价值判断等因素掺杂进去。客观中立的史料，自然会将其意义显露出来，而任何带有党派或其他偏见的人们，都无法找到合理的根据来拒斥它。兰克所说的，他自己写的宗教改革史，要让天主教徒和新教徒都能够接受，就表达了类似的信念。虽然，兰克本人的思想蕴涵，远比他那被实证主义化了的形象要深邃复杂许多。我们今天在书页报端当中，随处可见"让历史事实说话"的说法。倘若历史事实本身，自动地就会呈现出意义和结论来的话，傅斯年的那句名言"史料就是史学"，便应该是不刊之论了。然而，叙事主义理论视野下历史学文本所呈现出来的某些特性，却令我们不得不对这样的看法发生疑问。也许，做一个小小的文本实验，可以帮助我们在叙事主义思路的基础上，更加深入地来了解历史文本的特性，更加贴近历史文本地来探讨客观性问题。①

  这里所要做的文本实验的主人公，是颇具传奇色彩、别号"呵呵勋爵"的威廉·乔伊斯（William Joyce），第二次世界大战时期德国对英国广播的首席播音员。在从不同角度对这位传奇人物有所了解之后，这里试对乔伊斯之死进行简单的历史表述。在现有史料的基础上，我们可以肯定（或者至少暂时这么假定），其中的每一句都是确定无疑的，都是历史上真实发生过的事情，而且对这些史实的表述，我们都小心翼翼地避免让其带上任何主观色彩。于是，我们有了如下这样一段文本：

    （甲）（1）按其1933年申请英国护照时的说法，威廉·乔

---

  ① 本节内容部分见之于拙文《呵呵勋爵与历史文本的游戏》，《读书》2008年第7期。其中的文本案例出自英国学者戈曼《历史学中的客观性和真》（J. L. Gorman, "Objectivity and Truth in History", in *History and Theory*, *Contemporary Readings*）一文而有所变化，讨论方式和立场也有所不同。

第六章 相对主义、叙事主义与历史学客观性问题

伊斯生于爱尔兰。（2）但按其受审时的说法，乔伊斯生于纽约，父亲是入了籍的美国公民。（3）乔伊斯从未正式申请过英国国籍，尽管他一生中大部分时间在英国度过，并被人视为爱国者。（4）他成了一个法西斯分子，和他比起来，连"吸血鬼"奥斯瓦尔德·莫斯莱（一个有名的法西斯分子）都显得太温和了一些。（5）1938年，乔伊斯申请并拿到英国护照，当时他伪称自己为英国公民。（6）1939年8月，战争爆发前几天，他去了德国，为德国宣传部工作。（7）倘若乔伊斯没有撒谎并拿到英国护照，他就不会被绞死。对此种谎言的通常刑罚是一小笔罚金。（8）1940年9月，他加入了德国籍。（9）乔伊斯在德国为德国宣传部工作，他是德国首席的英文广播员，并赢得了"呵呵爵士"的名声（因为他说话时爱清嗓子）。（10）很多被归到乔伊斯名下的广播内容，其实他和别人都没有说过。比如说，没有一个德国广播员宣布过德国轰炸机第二天会轰炸的城市的名字，或者说过某个地方的钟慢了十分钟。（11）这些传奇式的说法是战争时期人们神经太过紧张的产物。（12）后来他以叛国者的罪名被处死。

这一段文字，完全满足了前面所列的关于客观真实的历史学的基本要求。除了相关史料极其有限的例外情形，在历史研究以及它的最终产品历史文本中，相关的史料，或者说对于相关的史实的记述，必定要经过历史学家的选择，而不可能全盘呈现在人们的面前。可是，是不是真像很多人所认为的那样，尽管选择的因素是历史学所无从回避的，但只要每一字每一句，都说的是可以被确立的历史事实，一份历史文本就必定是不管持有什么立场的所有人都必须接受的呢？

继续我们的文本游戏。假定文本（甲）中已经包含了我们关于乔伊斯之死所能说的全部内容，现在，将文本（甲）中的要素（1）、（4）、（6）、（9）、（12）编排在一起，我们可以得到一个虽短小却完

整的历史叙事：

> （乙）按其 1933 年申请英国护照时的说法，乔伊斯生于爱尔兰。他成了个法西斯分子，和他比起来，连"吸血鬼"奥斯瓦尔德·莫斯莱都显得太温和了一些。1939 年 8 月，战争爆发前几天，他去了德国，为德国宣传部工作。他是德国首席的对英广播员（因为他说话时爱清嗓子，人称"呵呵爵士"）。后来他以叛国者的罪名而被处死。

再将（2）、（3）、（8）、（9）、（11）、（12）组合在一起，也同样构成了一个有头有尾的完整的叙事文本：

> （丙）按乔伊斯受审时的证词，他生于纽约，父亲是入了籍的美国公民。乔伊斯从未正式申请过英国国籍，尽管他一生中大部分时间在英国度过，并被人视为爱国者。1940 年 9 月他加入德国籍。他是德国对英广播的首席播音员，并赢得了"呵呵爵士"的名声。关于他的某些传奇是战争时期人们神经太过紧张的产物。后来他以叛国者的罪名被处死。

除了为着文气连贯而在文字上所作的轻微变动之外，（乙）、（丙）两个文本所包含的，都是我们认为可以确立的史实，而且，对这些史实的陈述也避免了任何主观的色彩。然而，这两个针对同一主题的、完全由客观中立的史实陈述所构成的文本之间，却发生了严重的冲突。这大概是读者马上就能强烈地感受到的。这就验证了内格尔所揭示过的现象："有关同一时期的两个历史记述，其中都只包含了对于特定（或'简单'）事实的无可置疑的正确陈述，然而其中每一个都明显地带上了偏见的印迹，这并非不可想象之事。因为在它们提到或没有提到的东西上，在它们并列它们报告的同样事件的方式上，或者在它们对它们允许起作用的各种因素的强调上，这两个论述可能会有所不同。"① 只看到文本（乙），我们得到的印象是，乔伊斯是一个罪有应得的叛国者。只看到文本（丙），我们会觉得，加之于乔伊斯的叛国罪名很有些可疑，而且，在他身上，罚与罪似乎太不相称。而如果事先有了文本（甲）的印象，恐怕很多人都会觉得，（乙）和（丙）都太过偏颇，让人无法接受。尽管事实上，文本（甲）是否就足够客观中立，恐怕也让人心怀疑虑。

三个文本对照之下，或许我们可以得出几层看法。

首先，史料或者说历史事实要说话，靠的是历史学家将它们编排为有机的整体。单纯的互不关联的史料堆积在一起，不过是克罗齐贬义上的"编年"或者中国传统说法的"断烂朝报"，并不会就自动呈现出意义来。一系列相关的史料构成一个可理解、有意义的历史图景，才成其为真正意义上的历史学。单个陈述构成的历史文本，其意义并非从其组成成分就能分析出来的。用大家烂熟于耳的话来说，就历史文本而论，确实是整体大于部分之和。像是文本（丙）的情形，其中的每个句子都是中立地表达出来的史实，可是，六个句子构成的文本中，前后事件之间的关联，文本作者的态度（对当事人乔伊斯的同情甚至为其辩解和叫屈）等等这样一些因素明显地出现了。而在构成它的六个句子的任何一句当中，都无法找到这些成分。或许可以说，是历史学家让史料说话的，虽然，历史学家说话的时候，不能恣意妄为，而是要受到史料的束缚。在这个例证中，我们可以真切地感受到，史学理论关注的是史实陈述或文本的构成部分，还是关注文本整体，其间的视野和问题意识大不一样。由前者向后者的转移，正是海登·怀特以来史学理论转向的蕴涵之所在。安克斯密特则将当代西方历史哲学由分析的历史哲学到叙事主义历史哲学的转型，解释为前者关注的是历史研究，后者关注的是历史写作。历史研究涉及的是对于事实的单个陈述，而历史写作则涉及作为整体的历史文本或叙事性

---

① ［美］欧内斯特·内格尔：《科学的结构：科学说明的逻辑问题》，第 699 页注释 1。译文有改动。

解释。"历史研究的结果以陈述表达;叙事解释则是成系列的陈述。"一系列彼此具有内在关联的陈述构成为一个叙事性解释,其特性就并非单个陈述所可能具有的了。如安克斯密特所言,"仅当就其整体而论的历史叙事的(隐喻性)意义,超出了其单个陈述的总和的(字面)意义之时,历史叙事才成其为历史叙事"。而"历史叙事就像脚手架:在攀登上了其单个陈述的台阶之后,人们的视野之所及,远远超出台阶建基于其上的那片地域"①。由这样的视角出发,对历史学客观性的探究,就不能仅仅在或者甚至主要不应该在(安克斯密特意义上的)历史研究和史实陈述的层面上来展开,而应该充分考虑到历史文本或历史叙事的特性。

再就是,通常我们要求于一个历史文本的,是要它传达历史的真实。可是,在上面的例证中,每一个句子、对于史实的每一项陈述都是真的,然而,由真的陈述构成的整体画面,却难免有片面和歪曲的嫌疑。在前面的例证中,即便(乙)或(丙)两个文本中的每个句子,都是我们所能够接受的,然而,这些句子所组成的那个小小的文本整体,却无法同样让人接受。也许,我们可以说,"真""假"这样的标准,对于历史学来说,只能适用于对单个的历史事实的陈述,而无法适用于整体文本(这正好是安克斯密特的核心论点之一)。比如,我们可以说(乙)或者(丙)中的某个陈述是真的或者假的,却无法说(乙)或(丙)相比较,其中一个比另一个更真。然而,我们可以说,(甲)比(乙)或(丙)更恰当、更能让人接受。传统的看法往往将"客观"与"真"相等同。也许,我们可以将其修正为这样的提法:"客观性"在较低(也是最基本)的层面上,要求单个史实陈述的"真",在较高的层面上,要求整个文本的"恰当性"

---

① [荷]安克斯密特:《叙事主义历史哲学的六条论纲》,见其《历史与比喻学:隐喻的兴衰》("Six Theses on Narrativist Philosophy of History", in *History and Tropology*, *The Rise and Fall of Metapho*, Berkeley, University of California Press, 1994)。

第六章 相对主义、叙事主义与历史学客观性问题

和"可接受性"①。

更进一步,文本的"恰当性"或"可接受性",又该如何来界定呢?这样的标准是否意味着退回到主观感受和偏好而失去了约束力呢?紧贴着上面的文本实例,倒也暂时可以先说上几句。对于认定乔伊斯罪有应得的文本(乙),人们完全可以指责它忽略了若干重要的史实,比如说,若干涉及他是否可以以叛国罪论处的事项。对于多少想为其开脱的文本(丙),也可以同样指责它无视若干不应该省略掉的史实,比如,乔伊斯是以狂热的法西斯分子的身份而在战争前夕跑到德国去的。也就是说,虽然,在历史学家针对某一个主题选择史实时,可能有着主观性和自由度,其间也并非就全然没有带有一定强制性的约束。比如,一部论述英国工业革命的论著,如果忽略了蒸汽机的改良或者英国当时可利用的煤炭资源的特点,大概就是人们所难以接受的。换个说法,对于某个主题,若干历史事实所具有的相关性和重要性,人们是可以达成共识的。而一个历史文本(或者说一幅历史构图),如果无法容纳具有较大相关性和重要性的史实,比方说,文本(乙)不能容纳让乔伊斯的叛国罪罪名变得可疑的史实,人们也就有了不接受它的理由。也许,从这一点出发,在谨慎得多的意义上来讨论历史学的客观性,才是一条可行的途径。

五

海登·怀特认为历史学的概念化包含了认知的、伦理的和审美的

---

① 戈曼说,对他而言,"客观的就意味着可以被合理接受的(rationally acceptible)"(《历史学中的客观性和真》(J. L. Gorman, "Objectivity and Truth in History", *History and Theory, Contemporary Readings*, p. 333);安克斯密特则提出,要以合理性(plausibility)标准来取代真实性这一概念,参见安克斯密特《历史表现》(*Historical Representation*, Stanford, Stanford University Press, 2002, p. 238)。

三个层面，这在史学理论家中是得到了广泛认同的①。然而，怀特在其理论展开的过程中，却有意无意地忽略了认知的层面，而更多地从后面两个层面来进行发挥。怀特是不谈客观性的，安克斯密特对他所提到过的历史表现的"合理性"标准也语焉不详，更没有将此与客观性联系起来。那么，在叙事主义所揭橥的历史文本或历史表现的层面上，是否客观性就没有了存身之处呢？换言之，我们还有没有什么合理标准，来对不同历史构图的优劣高下做出评判呢？

仅就认知的层面而论，上一节针对叙事主义立场而对客观性进行的讨论还可以进一步深入下去。作为具体史学研究的最终产品，历史学文本首先自然是要在事实陈述方面做到史料可靠。然而，一旦从文本整体的角度着眼，我们就会看到这样的情形：倘若一个文本包含了不正确的史实，它至少就是有瑕疵的，尤其是当这样的史实构成历史解释中的关键环节时，此种解释是否能够成立，更是会遭到根本性的质疑；反过来，如果一个历史学文本中只包含了在对史料进行批判性研究之后的可靠的史实，也并不就能保证整个历史构图的正当性。换言之，"单纯的史实本身只能消极地反证一幅历史图像的不正确，但不能正面证明它的正确"②。而史学研究中常见的情形是，一个包含了某些错误史实或者说对史料的错误运用的文本，照样可能具有很高的学术价值和对同行的说服力，甚至于超出了其他针对同一论题而史实把握更为准确可靠的文本。用戈曼的话来说就是，历史文本所包含的陈述都为真，是文本的绝对可接受性的必要条件。然而，对于文本的相对可接受性而论，它却既非充分条件，也非必要条件。③

---

① 对怀特颇多批评的德国史学理论家吕森（Jörn Rüsen）也提出，历史文化具有三个彼此息息相关的维度——认知、政治和审美（见埃娃对吕森的访谈，[波]埃娃·多曼斯卡编《邂逅：后现代主义之后的历史哲学》，第191页）。

② 何兆武：《可能性、现实性和历史构图》，《历史理性批判论集》，清华大学出版社2001年版，第62页。

③ J. L. Gorman, "Objectivity and Truth in History", *History and Theory*, *Contemporary Readings*, p. 327. 戈曼所谓的绝对可接受性，指的是就单独一个文本而论的毫无瑕疵；相对可接受性则是就不同文本的比较而言。

第六章　相对主义、叙事主义与历史学客观性问题

　　于是，在认知的层面上，从叙事主义视野来看，更关键的问题发生在对史实的选择和编排上。安克斯密特将对于诸多陈述的选择和编排称之为历史学家的"政治"，在他看来，在历史写作中，"所有根本性而有意思的东西都不是出现在单个陈述的层面上，而是在历史学家选择各个陈述……[以形成他们关于过去的图景]的政治之中"①。然则，这种对于史实的选择完全（如海登·怀特经常所说的那样）是武断任意的吗？史实之间的关联是纯然出自历史学家创造性的思想活动吗？② 首先，如前面我们在讨论有关"呵呵勋爵"的文本时所谈到的，历史学家在针对某一主题选择将要纳入其历史构图的史实时，虽然有着一定的自由度，其间并非就全然没有法度和约束可言。历史学家的学术共同体，对于哪些史实是有关特定主题的研究所必须包含而无法回避掉的，哪些史实较之别的史实对于这样的主题具有更大的重要性，往往是能够达成很大程度上的共识的。也许我们可以说，在构成一幅历史构图或者说一份历史学文本的诸多史实陈述中，事实上存在着一种重要性的等级制（hierarchy of importance），是历史学家学术共同体中往往能够达到一定程度的共识的。③ 梅吉尔所谓"学科

---

　　① Frank Ankersmit, "Reply to Professor Zagorin", *History and Theory*, *Contemporary Readings*, p. 208.
　　② 怀特曾经有过这样的极端之论，"历史不仅有关事件，而且有关事件之间的关系。这些关系并非内在于事件本身，而只存在于反思这些事件的历史学家的心灵之中"。（Hayden White, "The Historical Text as Literary Artifact", *Tropics of Discourse*, *Essays in Cultural Criticism*, p. 94.）
　　③ 戈曼将具体史实对于一个历史文本而言的相关性（relevance）与其意义（significance）进行了区分，并举例说，就"呵呵勋爵"的叛国罪名是否成立的有关文本而论，他是否有过英国国籍，具有很大的相关性；而第二次世界大战的结果是盟军取得了胜利这一史实，虽然意义重大，但对这里讨论的文本而言却并不具有多大的相关性。照这样的说法，就仿佛是任何史实本身都有其内在而大小确定的意义（参见 J. L. Gorman, "Objectivity and Truth in History", *History and Theory*, *Contemporary Readings*）。在我看来，意义和相关性一样，总是针对特定主题或对象而言的。同一个史实对于不同的历史构图而言，也可能具有不同的重要性和相关性（比如针对威廉斯的叛国罪名是否成立，他的出生地等有关史实就是具有重要意义和相关性的）。脱离具体语境而孤立评判史实意义的大小，并没有多大的意义。因此，这里所使用的"重要性"一词，可以说就兼摄了戈曼的"相关性"和"意义"的内涵。

的"客观性，在历史学中最重要的蕴涵就应该就是此种共识的达成。违背了这种共识，历史学家的职业操守和专业水准就会受到质疑。其次，诸多史实被编排成为一个完整的历史构图，在认知的层面而论，也要求这样的历史构图必须内在地融贯一致，而不能出现不同陈述相互矛盾冲突的情形。"在不同的构图能够包容同样的史实的情况下，不同构图的优劣就取决于它们逻辑的严密性和简洁性。"再次，一幅历史构图，其解释效力必须具有足够的涵盖面，至少是没有已知的重要史实是其所无法解释和容纳或者直接与其相冲突的。就此而论，则"如果一幅历史图像能够被纳入另一幅而成为它的一个组成部分，前一幅就是一个低层的，后一幅则是一个更高一层的历史图像。"① 最后，历史构图或文本的新颖或原创性（那当然是指在严守历史学家法基础上所产生出来的）②，也是我们相对于其他同一主题的文本或构图来判定其价值的重要考量因素。

如果说，在认知的层面，其实是有着诸多合理性的标准，来对单个历史构图的正当性以及不同构图之间相对的正当性和高下优劣做出评判的话，在审美的和政治与伦理的层面我们是否就完全无法做到这一点了呢？

沃尔什（William Walsh）被安克斯密特视为叙事主义理论在怀特手中成型之前，最早脱离分析的历史哲学的窠臼的先驱理论家之一。在沃尔什看来，历史学家注定了是从自身的视角来观照其研究对象的，个人的和集体的偏见、各种互相冲突的有关历史解说的理论，根本性的哲学冲突，都是造成历史学家之间不一致的因素。然而，沃尔什认为，这并不意味着客观性和真实性就不复存在了。沃尔什力图以一种视角论（perspectivism，也译为配景理论）的立场来解说历史学

---

① 何兆武：《可能性、现实性和历史构图》，《历史理性批判论集》，第64、65页。
② 安克斯密特就提出，好的历史表现应该具有两个条件，一是涵盖面的最大化（scope‑maximalization），二是原创性。马克·贝弗尔在准确性、一致性、整全性（comprehensiveness）之外，也将进步、新颖和开放作为客观的历史解释所应该满足的标准，见 Mark Bevir, "Objectivity in History", *History and Theory*, 1994, Vol. 33, No. 3。

第六章　相对主义、叙事主义与历史学客观性问题

客观性的问题，他说：

> 真实性和客观性这些概念在这一理论里，却仍然保持着一种对于历史学家的意义。它们之所以如此，是因为在任何给定的一组前提假设之内，历史著作都可以完成得好一些或者差一些。被党派宣传家用来鼓动信徒和感化动摇分子的历史学是坏历史学，并非因为它是有偏见的（所有的历史学都是有偏见的），而是因为它是以一种错误的方式而有偏见的。它以忽略所有有声望的历史学家都承认的某些基本规则为代价而建立它的结论：诸如，要详尽考订你的证据，只有当结论具有良好的证据时才能接受结论，在你的论证中要保持思想的诚实性，等等规则。凡是忽略这些规则的历史学家，只能写出一种坏的意义上的主观的著作；而凡是坚持这些规则的历史学家则处于一种可以达到真实性和客观性的地位，只要它们在历史学中是可以达到的……这一点所得到的结论就是，按照这种配景理论［即视角论——引者］，历史学中的客观性就只有在一种弱化了的或者次要的意义上才是可能的……按这种看法，马克思主义对 19 世纪政治史的解说，将只对马克思主义者才是有效的；自由主义的解说则只对自由主义者才是有效的，如此等等。但是这并不妨碍马克思主义者或者自由主义者以一种可以称之为客观的姿态来写历史；那就是说，来试图在他们给定的前提假设之内构造出一种确实是对他们所承认的全部证据都做到了公平对待的叙述。于是就会有马克思主义的相对客观的和相对主观的叙述和以自由主义的观点而写出的相对客观的和相对主观的历史著作。但却不会有在科学的理论所要求的那种方式上的绝对客观的历史著作。①

---

① ［英］沃尔什：《历史哲学导论》，何兆武、张文杰译，社会科学文献出版社 1991 年版，第 114—115 页。

照沃尔什的这种视角论，历史学的客观性只能限制在历史学家法的范围之中来加以讨论，而不同视角之间是完全无法加以比较和衡量的。这似乎是说，过去之作为一个整体，是我们所无从达到的，历史学家所努力要做的，不过是"各得大道之一端"。只要都满足了对于史料加以公正对待的历史学家法，不同视角之间实际上是无法加以比较的；一个历史学家所创造出来的历史图景，只有在同一视角内部才具有其有效性。如果考虑到怀特虽然认为，对史家不同解释策略的选择主要是出于意识形态和审美的理由，但他并没有像很多极端后现代主义倾向的学者那样，走到否定证据的约束性和史学规范的地步，他的基本立场与沃尔什就并没有什么太大的根本性区别。

就此而论，我们可以说，一方面，审美趣味和政治、伦理的立场倾向并非全然就没有合理的标准来进行判别和估价。在审美层面上，"趣味无争辩"的同时，趣味有高下却也是不争的事实。贝多芬的交响曲与流行歌曲、《红楼梦》与网络小说，李商隐的"锦瑟无端五十弦"与"一去二三里，烟村四五家"的打油诗，其间的优劣高下，大概还是人们彼此之间能够达成一致的。怀特在认为史家可以以各种情节化模式来编排历史事件时，也说过，以既有的情节化模式来编排特定事件，是在趣味上的堕落。① 在政治、伦理的层面上，更加深广的价值关怀，更加开阔的文化视野，总是人们所追求的目标。政治立场、伦理观念并非就绝对没有高下之别。比方说，对笼罩着中国传统史学的正统观念的突破，或者，对华夷之别观念的抛弃，就标示着史学观念和史学研究的实质性进步。而西方史学界对殖民主义的反思、对欧洲中心论的批判、对女性和少数族裔历史身份和作用的重新审视，就都在拓宽人们视野的同时，更新了过往人们头脑中的历史图景。另一方面，审美的层面、政治与伦理的或意识形态的层面，虽然有别于认知的层面，却并不是彼此悬隔，而是交相缠绕、息息相关

---

① Hayden White, "Literary Theory and Historical Writing", *Figural Realism*, *Studies in the Mimesis Effect*, Baltimore, The Johns Hopkins University Press, 1999, p. 12.

第六章 相对主义、叙事主义与历史学客观性问题

的。在我看来，审美趣味的高下，固然会影响到历史学认知层面内史学家意旨的传达，而且，既然艺术、诗歌和小说也具有认识的功能（这是当代美学和文论所着重阐述，而怀特和安克斯密特都一再强调的），审美因素之中也就包含了认知的成分，高品位的审美取向与更加强有力的认识功能之间也许就是密切关联在一起的。[①] 而政治、伦理的层面，更是包含了认知的功能在内。比方说，不同的意识形态或政治立场，就有着不同的解释功能和各自的盲点。霍布斯、洛克一系奠基于自然权利论之上的古典自由主义传统，就无法达到对于国家这一"尘世的神物"（黑格尔语）的某些特质的领会，难以真切把握马基雅维利以来的"国家理性"观念中所解释的政治实在中的某些面相。同样，自由主义的视野也无法预见和解释20世纪至今民族主义在国际政治生活中所扮演的重要角色。[②] 前面所举中西史学观念嬗变的若干例子，也是政治、伦理立场的变化导致史学视野和解释能力得以拓展和深化的彰明较著的例证。既然如此，沃尔什将各种视角视作彼此隔离，没有公度性存在于其间；海登·怀特由于伦理和审美层面的因素决定了人们对不同历史策略的选择，因此便否认此种选择之中有着任何客观的基础；二者的论点就都并非无懈可击。其中的缺陷，就在于忽略了伦理、审美层面所具有的认知含义，以及伦理、审美层面并非没有判别高下优劣的合理性标准的存在。

---

① 怀特就曾认为，历史学的进步靠的是不断产生名著，而名著在史料被更新、观点被替代或修正之后之所以还能够流传下来，靠的是其文学品质（Hayden White,"Literary Theory and Historical Writing", *Figural Realism, Studies in the Mimesis Effect*, Baltimore, The Johns Hopkins University Press, 1999, p.5）。然而，其中恢宏大气而又精细入微的解释框架即便受到重大修正，也未必就没有其不可替代的价值（比如布克哈特的文艺复兴研究和赫伊津哈的中世纪后期文化史的研究）。因此，在史学著作的审美趣味、文学品质与认知能力之间，未始没有值得进一步探讨的关联。

② 参见［英］以赛亚·伯林《民族主义：往昔的被忽视和今日的威力》，见其《反潮流：观念史论文集》，冯克利译，译林出版社2002年版。

六

　　20世纪以来，历史学客观性在史学和史学理论内部所遭逢的这两场危机，以后现代主义在历史学和史学理论中的效应所导致的对于历史学客观性的挑战，来得更为剧烈，更深刻地撼动了历史学长久以来所秉持的追求客观和真实的理想。① 20世纪前期相对主义赖以质疑客观性的主要依据——历史学在通过史料重建过去时主动的和被动的选择性、历史学家无可摆脱的主观因素——都在叙事主义史学理论对历史文本的考察中再度凸显出来。然而，这些挑战在威胁着客观性的同时，也给我们重新审视客观性带来了新的契机。

　　一方面，在经受了这样一些理论反思的洗礼之后，我们应该承认，传统实证主义意义上那种"如实直书""还原真相"的绝对的客观性，那种认为史料就自动呈现出历史本来面目的观点，是过于天真和乐观了些。我们应该在更加谨慎、更多限定的意义上来谈论客观性。另一方面，历史学的选择性和历史学家的主观性并没有就将客观性从此驱逐出历史学的领地之外；而叙事主义史学理论所揭示的，历史学家在建构历史文本时所拥有的自由度和创造性，历史学文本所具有的除却认知层面以外的审美的和伦理的层面，也并未让历史学丧失让人们在不同文本之间做出评判和选择的合理性标准。

　　历史学无法直接面对历史实在、直接面对它所要探究的真实的过去，而注定了是要通过中介（文字记载、宫室器皿、考古发现等广义上的史料）来重构过去。相对于我们所力图了解的过去的某个片段或层面而言，史料固然一定是太多遗漏而不完全的，并且不会是中性

---

① 当代英国史学名家彼得·伯克认为，历史意识在现代分别经受了17世纪和当今后现代思潮的冲击下的两场危机，在这两场危机中，历史学作为获知事实真相的知识的地位都受到了动摇。见Peter Burke, "Two Crises of Historical Consciousness", *Storia della Storiagrafia*, 33 (1998)。

第六章　相对主义、叙事主义与历史学客观性问题

的，而是在形成和流传过程中已经渗透了种种经手人的个人主观的因素；然而，离开了史料，我们就完全无从触及过去；而且，无论多么片段、零散和扭曲，过去的信息毕竟通过其中介到达了我们手中。叙事主义一如后现代主义的主导趋向一样，是将历史学文本化的，然而，文本之外是否别无一物呢？诚如彼得·伯克所指出的，"'实在'的概念尽管在哲学中引起了种种困难，对于历史学家的工作而言，就如对于我们每个人的日常生活一样，它依然不可或缺……即便未经中介的实在是我们所无法达到的，那至少也有可能表明，某些表现比之别的表现距离它更为遥远"①。无论如何强调历史学的文本性，史料对历史学家的约束和限制，却时时表明那个我们不能直接触及的实在的坚硬的存在。出乎历史学家意料的、对史家原有构图和解释取向造成障碍或者甚而是将其彻底破坏的史料的出现，是史学研究中常常发生的情形。再就是，史料之中所展示的诸多史实之间具有的关联，绝非怀特所认为的那样纯然就是历史学家思想的创造。历史事实具有其内在的结构性：一方面，历史事实具有不同的层次，大事实统御和包含着小事实，构成为小事实的背景网络，比如，楚汉战争的大格局、垓下之围、霸王别姬的绝唱就分别是三个不同层次上的事实②；另一方面，事实之间的关联对于史家来说，也具有强制和约束力。③ 比如，要对"呵呵勋爵"以叛国罪名被处死这一事件进行历史表述，就必定要涉及他的国籍问题和他为纳粹德国效忠的时间和方式，这方面的重要史实，就不是史学家所可以刻意回避或者无意遗漏的。归根结底，历史实在虽无从直接触及，却真实不妄地存在着，它通过史料对

---

① Peter Burke, "Two Crises of Historical Consciousness", *Storia della Storiagrafia*, 33 (1998), p. 15.

② 有关历史事实的结构性和层次性的问题，得益于与北京师范大学刘家和教授的讨论。

③ 其实，怀特也正是敏感到了这一点，才会不回避与自身理论观点的抵牾，而指出对某些事件（如肯尼迪被刺或纳粹德国对犹太人的大屠杀）而言，某些情节化模式（如喜剧或传奇）就应该被排除在外。参见拙文《叙事、虚构与历史：海登·怀特与当代西方历史哲学的转型》，《历史研究》2006 年第 3 期。

史家的约束和强制，成其为历史学客观性的最终来源。历史学家对史料的选择和编排，在确如叙事主义所强调的那样拥有一定程度上的创造性和自由度的同时，最终要受到历史实在通过史料而施加的强制和约束。正是面对这种强制和约束，历史学才"在它存在的漫长岁月中，逐渐形成了一些防止选择性沦为个人主观随意性的方式"①。历史学家技艺和历史学学术规范，使得历史学家在进行研究和提出历史构图时，必须遵循一定的程序和方法，而这些程序和方法，正是历史学家达成一致的根本渠道。可以说，讨论历史学的客观性问题而忽视了梅吉尔这种"程序的"意义上的客观性，未免就太脱离历史学的学科实践了。

德国史学理论家吕森指出，"当前的史学理论中有一种精神分裂症。对于使历史学接近于文学的语言的、修辞的、叙事的程式，我们有着敏锐的意识和反思。我们还有着——然而在理论层面上没有这么着力强调——对于历史研究的技巧、量化、统计学、许许多多有助于历史学家从史料中获取有价值信息的辅助手段的认可。这两个方面之间没有让人信服的关联。"② 这确实是击中了叙事主义史学理论的软肋。照彼得·伯克的说法，当前的西方历史学家之中已经很少有人认为历史学是科学了。③ 但也许更加准确的说法是，很少还有人会认为历史学是自然科学那种意义上的科学了。美国史名家伯纳德·贝林认为，历史学"有时候是一种艺术，从来不是一种科学，永远是一门技艺（craft）"④，在历史学家当中，这样的看法也许更能得到普遍的接受。历史学作为一门传统悠久而日新又新的学科，在其发展过程中积累和形成了它所特有的学术规范、研究方法和学科共识。历史学家的技艺乃是历史学命脉之所系。而历史学的这一方面在叙事主义的视野

---

① 李剑鸣：《历史学家的修养和技艺》，上海三联书店2007年版，第67页。
② ［波］埃娃·多曼斯卡编：《邂逅：后现代主义之后的历史哲学》，第185页。
③ 转引自李剑鸣《历史学家的修养和技艺》，第36页。
④ 参见厄科尔西对贝林的访谈"有时候是一种艺术，从来不是一种科学，永远是一门技艺"。见 A. R. Ekirch, "Sometimes an Art, Never a Science, Always a Craft: A Conversation with Bernard Bailyn", *The William and Marry Quarterly*, 3rd. Ser., Vol. 51, No. 4 (1994)。

下却受到了严重的忽视。史学理论在关注历史文本的同时，需要更加深入地对史学实践的规范、方法和程式进行考察和反思，更加注重历史学家技艺的层面。也许，只有将这样两个层面的考虑有机地结合在一起，历史学的客观性才能得到更加有力的维护和阐明。

第七章

历史语境论及其应用

邓京力[*]

对于历史学家而言,语境是理解过去的一种重要观念,以致"将事物放在其所处的语境中去考察"成为历史学区别于其他学科的显著特征之一[①]。历史学家在面对过去、处理史料与书写历史的过程中,通常会对各种语境做出多重含义的检视。然而,究竟什么构成了语境这一相当抽象而又模糊的概念?它是否如同文化人类学家所说的是一种通过"厚描述"的方法对过去情景的摹写[②]?为何历史研究脱离不了辨识语境的工作?语境与历史之间是否有着某种亲密关联?这些恰恰是后现代主义挑战之后语境化历史的关键所在。

一 作为解释模式的历史语境理论

海登·怀特在《元史学》中曾提出历史学家一般所采用的四种解释论证模式,即形式论、有机论、机械论和语境论,其中对于语境论

---

[*] 邓京力:首都师范大学历史学院教授、博士生导师。主要研究领域为史学理论与史学史。著有《近二十年西方史学理论与历史书写》《历史评价的理论与实践》《新时期中国史学思潮》(合著),译有《技术与性别——晚期帝制中国的权力经纬》(合译)等。

[①] E. P. Thompson, "Anthropology and the Discipline of Historical Context", *Midland History* I, Spring 1972.

[②] Clifford Geertz, *The Interpretation of Cultures*, Chap. 1, New York, Basic Books, 1973.

第七章 历史语境论及其应用

的解释模式进行了较为详细的分析①。怀特认为，所谓语境论即是主张将事件放在所发生的语境中就可获得相应的解释，语境可以揭示事件发生的根源、过程及与其他历史事件之间的特殊勾连。其原因在于，正是语境确定了历史事件所发生的"现场"和在历史中所占据的具体位置，进而就可以据此说明事件的功能性相互关系——存在于行为主体与行为方式之间的各种关系。

从语境论的实际运作过程来看，它是通过孤立历史领域中的某些要素来突出其研究主题的。首先要从纷繁复杂的历史事物中挑选出与"现场"相关联的"线索"，以便将需要解释的事件与语境中的其他范畴联系起来。线索在历史发展中均是可辨识和追踪的，在空间中它们向外伸展进入事件所发生的自然与社会场所，在时间脉络上则可向前回溯事件的"起源"，或向后确立事件的"冲击"和"影响"。一旦线索消失在其他事件的语境中，抑或聚合促成了某些新的事件，这一追踪工作就宣告结束。追踪的目的并不在于将所确定的全部事件和趋势整合为一体，而在于以一条暂时性的、限定的链条将它们连缀起来，从而突显某些事件的重要意义。对此，英国历史哲学家沃尔什也曾从配景的角度描述了这种语境化的过程，他认为，历史学家是通过揭示某些弥散在大量看起来无关系的史料中存在的主题而使其产生意义的。更准确地说，是他们从中挑选出了某些重要的东西，其重要性

---

① 依据怀特在该书中的讨论，形式论旨在识别历史中客体的独特属性，趋向描述或重构历史事物的多样性、特质和生动性，因而青睐于个体化的历史解释，对材料的分析本质上是分散的，浪漫主义史学家多采用此种模式；有机论则致力于将分散的历史事件、个体化的历史细节综合为一个统一的整体，形成一种微观与宏观的关系范式，更注重历史过程的叙述，从中发现个体过程和整体过程之间的关系，倾向于以民族、国家、文化等因素作为整合历史过程的基本单元，以兰克为代表的 19 世纪民族主义的史学家多采用此种模式；机械论以探求历史过程中更普遍存在的、稳定的因果律为目标，通过展示历史作为一个整体的综合性质说明其内在的规律性、趋势性，并指明规律对个体、行为、过程的历史决定性作用，实证主义与马克思主义史学当属此种模式（Hayden White, *Metahistory*: *The Historical Imagination in Nineteenth - Century Europe*, Baltimore, Johns Hopkins University Press, 1973, pp. 13 - 20）。

在于它们超越自身的范围并与其他事件联结为一个连续的过程①。历史学家解释某个事件的首要目的即是看它能否可以成为统一过程的组成部分，其方式就是将它置于与其他事件共同组成的语境之中②。

怀特从四种历史解释模式的比较出发，指出语境论相对于其他三种解释模式的优越性在于，它在一定程度上避免了形式论极端分散的倾向，同时也利于消除有机论和机械论由追求整合的冲动而带来的过于抽象的弊端，因而成为专业史学通常所采用的解释模式。语境论以表现一种现象的相对整合性为目标，这种现象是依据某些历史时期和时代的趋势或一般外部特征在历史事件的有限范围内辨识出来的，被认为是过去特定时空中实际存在过的各种关系，从而区别于有机论或机械论所假设的那种历史目的论原则与普遍因果律。

从上述作为历史解释模式的语境论的含义、操作方式、思想主旨中，我们可以发现，其理论基础显然是历史主义的基本原则之一——历史事物要根据所发生的时间及其先后顺序加以叙述和解释。需要强调的是，语境论在这里一方面实践了以历时性的叙事结构组织和安排材料，运用"现场"与"线索"的勾连突出历史运动中处于低谷或巅峰状态下事件的不同意义；另一方面，它也暗示出理解聚集于同一时间框架内某种共时性关系的可能，通常可以从时间脉络中截取历史过程的某一片断对诸种因素或情形进行结构性、关系性的表现。当然，这种语境论中也同时包含了对还原历史现场的憧憬和被迫局限于一定范围内选择的认识矛盾。

二 作为方法论前提的历史语境理论

美国历史学家罗伯特·伯克霍夫提出，对于历史语境内涵的理解

---

① William H. Walsh, "Colligatory Concepts in History", in Patrick Gardiner ed., *The Philosophy of History*, Oxford, Oxford University Press, 1974, p. 136.

② William H. Walsh, *Introduction to the Philosophy of History*, London, Hutchinson, 1967, pp. 23–24.

是基于史学家不同的方法论前提。当下如果从传统史学、语境主义、文本主义三种不同的方法论前提出发就会得出不同的结论,而这其中也始终贯穿着它们各自不同的历史认识观念①。这里,我们以伯克霍夫归纳出的三种历史语境理论为基础,比较分析其各自对于语境化历史的差异性认识及其对历史表现的影响。

(一) 传统史学的语境理论

在传统史学家的实际工作中,有三种语境是其需要加以区分和辨明的。它们的具体内涵既普遍浸润着传统史学方法的基本原则,而对于它们的理解、揭示乃至重建程度则又直接关系到历史认识的结果。

其一,过去客观存在的关系网络及其中人们的经历,可称之为关于过去实际发生的语境。历史事件、制度组织、过程关系等各种历史事物无疑都是人类行为的产物,它们都必须被放进行为所产生的更大的关系网络、社会结构以及文化氛围中去理解。只有这样,行为本身所内蕴的深意才有可能在历史学家的笔下得到某种真实的重现。于是,有效地发现这类似乎蕴含了过去存在密码式的相关语境(包括时代、国家、社会、政治、经济、文化、宗教、公共空间与私人领域等)就成为历史学家至关重要的解码器。这种语境的特征是外在于历史学家的主体世界而独立存在的。对这种语境的理解是基于所有历史实在论的形式做出的,所普遍采取的史学方法是以过去遗留的证据重建那过去的真实,历史学家希望通过他们笔下所书写的历史来再现这种真实存在过的语境。

其二,文献或其他遗留下来经人为加工过的史料所包含的信息,可称之为关于文本的语境。这其中包括诸如档案、书信、日记、复制品等各种类型或形式的史料,以及基于这些史料构建的历史表达,即通常历史学家所说的一手(直接)或二手(间接)史料。可以说,

---

① Robert F. Berkhofer, *Beyond the Great Story: History as Text and Discourse*, Cambridge, Massachusetts & London, England, the Belknap Press of Harvard University Press, 1995, pp. 19–24.

对于史料的处理程度和对文本语境的理解程度在一定意义上决定了历史研究的结果，因为过去的大部分历史已经不复存在于现实之中。对于史学家而言，过去的语境更多地是以某种文本的语境出现在眼前的，他们希望通过对以往这些文本的细密研究，弄清其中所可能蕴含的意义，以便将这种语境作为其历史书写的一部分加以呈现。

其三，历史学家用以建构过去的概念、理论或宏大框架，可称之为主体思想性语境。历史学家对过去所抱有的想象、对现实与未来所充满的信念或理想，加之从证据或文献的语境中所探知的内容，会综合为分析历史的某种概念工具或宏大的理论框架，构成其重建过去真实状况的主体思想性语境。其实这种语境即是指在认识论中通常所讲的主体自身的历史观、世界观、人生观或宗教与哲学观念等思想层面的意识结构内容，它可能在具体历史研究过程中演化为多种用于阐释、理解、建构过去的各种理论化表达。

在传统史学的观念中，过去实在、史料与史家主体三者构成了其历史语境的基本内容，可以说是三位一体的语境化历史构图。显然，在史家主体语境中再现过去、重构过去的真实无疑是这种方法论的终极目标。但这种语境理论在 20 世纪后期受到来自语境主义和文本主义的挑战，在某种程度上也表现出自身的一些弊端和问题。

（二）语境主义的历史语境理论

语境主义与传统史学的不同之处在于它提出了三种关于语境的新假设。

首先，语境主义假设了世界的现实及其中人们的经历与过去之间具有某种可穿越性。极端语境主义主张，语境化过程的结果可以对过去人们所经历的真实达到穿越性的理解，对过去的实际语境可以直接认识，而无须再经历或间接感受。因而在语境主义看来，传统史学所提出的关于过去的语境即是当下人们可以直接经历与感受到的，是无须重构或阐释的，并保持着前语言状态（prelinguistic），可以直接用来理解过去的实际语境。

其次，语境主义假设了理解过去实际的社会或现实是如何被经历与阐释的民族语境（ethnocontext）。它通常需要将事物重置于人们所生活和经历的族群认同性语境之中，尝试以唤醒或"重新体验"过去时代族群所共同经历的方法来加以重构。在全球化背景下，这一语境突出强调了民族话语权问题，即从某种民族身份或文化认同感出发而形成的对过去认识的本土性内容。民族语境化的成功标志是与未经重构的实际语境相一致，因此也就需要第三种语境来考量实际语境与民族语境之间的差别，并对此做出学术上的阐释。

最后，语境主义假设了一种阐释或建构前两种语境的解释性语境。这种语境是用以研究和描述实际语境与民族语境的，其发挥到极致可导致对社会、文化、政治、性别或其他体系的建构。对生活于实际语境和对其做出阐释的人而言，过去作为历史或历史化都同样是给定的和真实的，二者之间并没有本质性的区别。于是，根据语境主义者的假设，过去与现在的文本本身均是某种作品，是经人为加工过的，但其制造却是超乎文本之外的，是社会特定方向的话语实践的产物，而且其解释也是以特定的、超文本的解释性群体[①]或阅读群体[②]为基础的。

通过上述假设，语境主义在总体上极度放大了语境对于历史的认识功效，它在某种程度上完全可以使我们克服过去与现在的时空差异而达成在现实条件下的与历史的直接对话。而语言、民族、社会、文化等多种因素均被囊括或泛化入语境的法眼之中，成为穿越过去、建构现实的源泉。

（三）文本主义的历史语境理论

后现代主义理论通过文本主义（textualism）挑战上述语境主义与

[①] Stanley Fish, *Is There a Text in This Class? The Authority of Interpretive Communities*, Cambridge, Mass., Harvard University Press, 1980.

[②] Tony Bennett, "Texts in History: The Determinations of Readings and Their Texts", in Derek Attridge, Bennington, and Young eds., *Post-Structuralism and the Question of History*, Cambridge, Cambridge University Press, 1987, p. 70.

传统史学的语境理论。文本主义首先将文本泛化，使其内容不仅包括文字化、语言化的东西，更将所有用于交流的人工制品都纳入文本的视野，如绘画、影视作品、服装款式、运动场面、政治集会、社会文化现象等。同时，文本主义还赋予了文本以新的含义，将其视作可以从符号、社会、文化过程加以不同解读的意义系统，而非具有固定意义的东西①。于是，文本主义增加了阅读过去遗留下来的文本的复杂性，并且将这些文本所指向的过去与其本身混淆了起来。传统史学方法中用以重构过去的文本语境被无限扩大为文本化历史的过程，文本化不仅将过去与现在联结起来，而且也使历史与历史编纂学统一于文本化之中，这在很大程度上挑战了史学实践的基础。

对于语境问题，文本主义似乎有将文本与语境同一化的倾向，具体而言，其所主张的语境理论主要包括三个方面的内容。

其一，将语境还原为文本中语言或符号本身的结构系统。这种对语境化的理解可称之为文本的自发性或内文本性，因其语境化的过程产生于文本之中，抑或是通过文本内部的各部分之间或部分与整体之间的比较来完成的。从形式上看，似乎有点类似于传统校勘学中的内证法，但显然文本主义在这里更多强调了语言或符号本身的语境。正如阿特·伯曼（Art Berman）所说："语言符号系统成为一个自足的、无穷尽的、内部的、自我指涉的能指系统，其意义由它们自身的网络产生。"② 一般情形下，这种语境之意所显示的是论证或叙事的前后一致性，特别是史家所使用的注释与其所支持的概括之间的契合性。

其二，主张一个文本的语境来源于其他文本的建构。这种对语境

---

① 关于文本主义的研究，参见 Cesare Segre, Tomaso Kemeny, *Introduction to the Analysis of the Literary Text*, trans. John Meddemmen, Bloomington: Indiana University Press, 1988; John Mowat, *Text: The Genealogy of an Antidisciplinary Object*, Durham, N. C., Duke University Press, 1992。

② Art Berman, *From the New Criticism to Deconstruction: The Reception of Structuralism and Post-Structuralism*, Urbana, University of Illinois Press, 1988, p.169.

化的理解可称之为文本间性（intertextuality）①，以区别于内文本性。文本间性既可指一个文本利用其他一个或多个文本作为前文本，也可指一个文本是如何被其他文本当作前文本而加以利用的。这种关于前文本的分析是思想史家的重要阐释来源之一，而通常史学家所使用的注释，因其指涉了大量的其他著作而不可避免地卷入文本间性的对话，即某种专业或专门领域内的对话。文本主义认为，这种文本间性是作为语境而存在的，它似乎可以呈现历史研究所进行的实际场景。历史学家所书写的各种文本的内容与形式在很大程度上依赖于专业性的研究实践，他们的工作始于其他历史学家业已完成的工作及所做出的阐释，他们处理过去所依据的是其学科限定的范围或标准。诸如什么可以用作史料，应如何将其作为证据加以解读，以及史料提供了怎样的事实，或如何表达研究的结果，这都依赖于专业史学领域内文本间性的对话。

其三，强调语境需要到文本之外去寻找。这种对语境化的理解可称之为超文本性。从表面上看，这似乎有回到传统史学所主张的过去实际的语境中去的意味，但事实上远非如此。由于文本主义将人类行为与社会现实等实践领域亦均理解为广义的文本化过程，是人为建构的结果，那么史学实践中所有关于过去的一切都被当作文本来加以认识和解读，因而文本化的语境也就只能通过孤立、范畴化、阐释化的过程建构起来。所谓超文本性只是强调了文本的社会性内涵，而非真正超脱于文本之外回到社会实际中去②。在文本主义那里，我们的认识领域中并不存在一个文本之外的现实世界，只存在一个由文本建构的世界；对于历史认识而言，亦不存在一个文本之外的过去世界，只存在一个由文本建构的历史世界。

---

① 关于文本间性概念的解释，参见 Chris Baldick, *The Concise Oxford Dictionary of Literary Terms*, Oxford, Oxford University Press, 1990, p.112。

② 此类观点可参见 Richard Harvey Brown, *Society as Text：Essays on Rhetoric, Reason and Reality*, Chicago：University of Chicago Press, 1987；*A Poetics for Sociology：Towards a Logic of Discovery for Human Sciences*, Cambridge, Cambridge University Press, 1977。

基于以上不同方法论前提的语境理论，可能导致当前史学研究中对待语境的态度、理解语境的方式，以及通过语境化表现历史的尝试出现截然差异的选择。尤其对于语境主义和文本主义那些带有强烈独断性的观点，很多历史研究者始终抱有怀疑的态度甚或持反对意见。无论如何，现在看来对于究竟采用哪种语境理论才能使历史书写成为可能尚未确定，这也就成为当下亟须认真探究的史学理论问题之一。

三 语境论与思想史研究

无论将语境论当作一种历史解释模式或理解策略，还是将其作为某种方法论前提加以应用，很多历史学家仍然相信语境是将有关过去的大量信息编织成一体的一种基础性方式，并普遍应用于历史研究的诸多领域。据此，事件、个人与时代均可寻找到其所依托的社会的、文化的、政治的、经济的、民族的、心理的等多重语境，它似乎也可以同时强调历史整体关系网络之下的个体性及个体与整体之间的关联性。这里，我们以当代西方思想史研究中所运用的语境化思想的尝试来探讨一下在史学实践中语境化历史的主要途径和可能遇到的问题。

（一）跨文本的语境论思想史研究

英国剑桥学派的代表人物昆廷·斯金纳在20世纪70年代以来开创了一种新的思想史研究范式①，打破了以往专注于经典文本的内在义理性和根本性问题的分析，提出发现"语境中的思想"和"跨文

---

① 关于昆廷·斯金纳的思想史研究方法，参见彭刚《叙事的转向：当代西方史学理论的考察》，北京大学出版社2009年版，第80—115页；李宏图《语境·概念·修辞——昆廷·斯金纳与思想史研究》，《世界历史》2013年第1期；James Tully ed., *Meaning and Context: Quentin Skinner and His Critics*, Cambridge, Polity Press, 1988; Kari Palonen, *Quentin Skinner: History, Politics, Rhetoric*, Cambridge, Polity Press, 2003 等。

本的语境论"思想史研究方法①。他反对将思想史变为对若干"永恒问题"、理想类型或不变的"观念单元"的研究，好像观念是自我形成、斗争与发展而来的实体。他认为，思想史学者的根本任务应是"将处于自身时空条件下的思想家定位于整个的思想世界中"，提炼出"思想的宝藏"以展露"过去世界的问题、价值和语境"②。这种对于思想史研究的基本立场可以看作斯金纳语境化思想的理论前提。

　　对斯金纳而言，虽然研究的主要对象仍是如马基雅维利、霍布斯这些经典思想谱系上的人物，但他所关注的已不再是那些有关永恒智慧的命题，而是追寻他们的不朽名著《君主论》《利维坦》背后所隐喻的作者的真实意图。斯金纳从柯林武德那里获得了直接的理论灵感③，认识到仅仅从特定哲学家的观点出发"是不足以对其思想达到历史性的理解的"，他主张在完成把握文本实质的初步工作的同时，进一步"去还原作者提出这一特定论点时可能具有的意图"，抑或了解写作该文本时"作者在做什么"，他在何时何地发起了这一"语言行动"（linguistic action）④。这样，就将研究的注意力从关注思想本身转移到了思想所产生的语境之中，致力于从历史的语境或主体的语境中考察那些观念的来源。

　　斯金纳还借用哲学家奥斯汀（J. L. Austin）有关"言说行动"（speech act）的理论，一方面将言说视作一种基本的语言模式，而写作并不具有相对于言说的天然的、决定思想本质的优势地位；另一方

---

① Maria Lucia G. Pallares - Burke ed., *The New History*: *Confessions and Conversations*, Cambridge, Polity Press, 2002, p. 216. 原文是斯金纳在接受该书编者访谈时谈到自己的方法论："我在给剑桥大学出版社所编的一套丛书的题名中用到'语境中的思想'，这个题目表达了我所感兴趣的、并努力实践的思想史类型。换言之，假若让我描述一下自己的话，我在方法上是一位跨文本的、语境论的历史学家。"

② Quentin Skinner, "Meaning and Understanding in the History of Ideas", *History and Theory*, 1969（8）.

③ Maria Lucia G. Pallares - Burke ed., *The New History*: *Confessions and Conversations*, Cambridge, Polity Press, 2002, p. 216.

④ Quentin Skinner, "The Idea of Negative Liberty: Machiavellian and Modern Perspectives", in *Visions of Politics*, Vol. 2, Cambridge, Cambridge University Press, 2002, p. 194.

面则指出各种类型的写作其实均为对话的某种形式,从根本上也是由言说所塑造的;进而将言说与著作等量齐观为"言说行动",看作思想家介入现实政治的活动或对现实政治的思考与论争的某种方式①。显然,斯金纳借用这套"言说行动"理论的目的旨在将观念领域与现实语境连接起来。

而要探知斯金纳所说的"作者意图",就需全面考察思想家观念所产生的多重历史语境,如语言语境(linguistic context)、思想语境、政治语境等。其中,斯金纳比较强调分析文本中语言语境的重要性,诸如考究语词含义的变迁、语言习惯的变化、语言之间的转换、言说行为等对理解文本思想意义的影响②,这充分体现在他对马基雅维利和霍布斯的经典研究中③。同时,斯金纳在强调语境决定文本意义的重要作用时,一般认为语境并不总是指向社会史家通常所分析的社会或经济的领域,而是特别注重优先考察语言的、通用的、意识形态的语境,从而确定文本产生时所传达给社会大众的意义范围④。这也就是哲学家所称之为的"理性的接受力"。对斯金纳而言,这里所谓的"理性"即指人们在当时特定时空条件下所能接受的思想内容⑤。

如此看来,斯金纳所主张的跨文本、语境化思想的研究范式似乎有意摆脱单纯诉诸宏大哲学主题或思想家个体的传统思想史模式,更多地将个体置于具体而微的由语言、思想、政治等因素交织而成的历史语境中加以勾连和定位,令人感到思想所具有的更为普遍化、社会化、细节化的维度。尽管对于语境化思想的适用范围、程度与方式在

---

① Quentin Skinner, "From Hume's Intentions to Deconstruction and Back", *Journal of Political Philosophy*, 1996 (4).

② Quentin Skinner, "Meaning and Understanding in the History of Ideas", *History and Theory*, 1969 (8).

③ Quentin Skinner, *Machiavelli*, Oxford, Oxford University Press, 1981; *Reason and Rhetoric in the Philosophy of Hobbes*, Cambridge, Cambridge University Press, 1996.

④ Quentin Skinner, "Hermeneutics and the Role of History", *New Literary History*, 1975 (8); "Meaning and Understanding in the History of Ideas", *History and Theory*, 1969 (8).

⑤ Quentin Skinner, "From Hume's Intentions to Deconstruction and Back", *Journal of Political Philosophy*, 1996 (4).

思想史研究中尚有种种争议，其研究取向也未必尽善，但毕竟斯金纳的尝试提供给我们进一步理解语言与观念、思想与政治、精英与社会之间关系的某些新的可能性。

（二）思想史研究中的六种基本语境问题

美国康奈尔大学欧洲思想史学者多米尼克·拉卡普拉在20世纪80年代针对思想史研究应如何理解语境问题、如何看待语境与文本的关系进行了系统反思，认为其解决方案主要依赖于将语境的实体化、具体化，因而提出了一个思想史研究中六种基本语境问题的清单[1]，内容涵盖了作者意图、动机、社会、文化、文献、话语结构等方面，其间批判性地表达了许多与斯金纳及其他思想史学者不同的语境化思想的理解。

其一，关于作者意图与其文本之间的关系。尽管拉卡普拉并不完全否认文本含义与作者意图之间所存在的普遍联系，但他却难以赞同斯金纳所运用的"言说行动"理论，尤其质疑作者意图与文本意义、历史语境之间的确定性关系指涉。拉卡普拉认为，这种观点假定了作者与文本或言说之间的独占性、单一性的关系，它通过单方面展现"反映"作者意图的文本，使思想得到某种貌似真实的重建。但事实上，这其中掩饰了多种形式的张力，包括可能只是一种"自我论争"式（self-contestation）的研究，诸如作者意图并非完全前后一致或统一地表达出来，作者意图也并不能得到完全的确认或者表现出根本性的矛盾等。更为重要的是，拉卡普拉还指出，思想史研究者通常会把作者意图规范化为可追溯的内容，从而使文本分析受制于这类将多重意义化约为某种明确意图的阅读与解释模式；研究者通常还会受到追求完美的终极解释的诱惑，从而使对文本动机的分析符合逻辑地指向

---

[1] Dominick LaCapra, *Rethinking Intellectual History*: *Texts*, *Contexts*, *Language*, Ithaca, Cornell University Press, 1983, pp. 35-59.

作者意图建构的最终标准——某种道德的、法定的、科学的预设①。

其二，关于作者生平与其文本之间的关系。思想史学者通常相信作者生平与其文本之间具有某种一致性，实际研究中往往特别注意文本内出现的有关作者生平过程的标记或征兆，以此作为理解二者关系的主要原因或解释依据；有时又以心理传记性的视角审视作者的动机，发现其间可能属于无意识的成分。拉卡普拉则质疑这类研究方法中所预设的生平与其文本之间内在完全的整体性或同一性。他指出，二者之间既可以是一种相互促进或彼此减损的关联性模式，又可能呈现出平行线式的无交叉、无关联的发展状态。具体而言，生平与文本自身可以是各自独立、自成一体的，也可能是相互矛盾、抵牾的。在某种程度上，它们是相互区别的，彼此之间的关系远非相符或矛盾如此简单。拉卡普拉强调，书面文本对于了解作者生平或动机的意义并不仅限于其补充性的内容，更在于其相对日常生活而言所具有的增效价值，因为作者可能视写作为其至关重要的生活方式，他写作的目的正是去明确表达自我对现实生存状态的一种批判，从而形成了某种生活文本。于是文本的解释功能可能会更加错综复杂，它所内蕴的其他存在维度对于作者的动机而言就不仅是一种次要地位的阐述或投射性反映②。我们发现，拉卡普拉在这里所突出的语境化思想的内容已不再是作者在实际生活过程中所形成的某种动机或者某些潜意识的心理因素，而是其在文本中所包含的那些超现实的、反现实的、观念化层面的东西。他所反对的是将生活与文本之间做一种简单化、投射性勾连，所主张的是文本语境的独立性、自主性，显然带有文本主义的语境论色彩。

其三，关于文本与社会的相关性。在这里拉卡普拉使用了范畴交叉性分析，强调文本与社会二者建构过程之间的互动关系。他认为如

---

① Dominick LaCapra, *Rethinking Intellectual History*: Texts, Contexts, Language, Ithaca, Cornell University Press, 1983, pp. 36 – 39.

② Dominick LaCapra, *Rethinking Intellectual History*: Texts, Contexts, Language, Ithaca, Cornell University Press, 1983, pp. 39 – 41.

果离开社会参照系统就无法讨论个体性生活,反之亦然。与社会史研究所不同的是,他主要是从思想史的视角探讨社会过程与文本解释之间的关系。以往思想史研究者通常将文本与社会过程之关系简单化为"起源"与"影响"的分析模式,或将文本仅视作研究中某种例证或反思的依据,拉卡普拉认为这是远远不够的。他提出,文本除去与话语实践或意识形态具有相对直接的相关性外,也同样参与了社会过程的建构,问题是我们如何将文本的产生与形成、复制与演变、被阅读与传播、被阐释与择选、被采用与滥用、被经典化或神圣化等一系列过程和传统的建立与改变、制度的确立与变革等社会过程之间的微妙关系揭示出来。此时,文本之语境是问题的关键,因为它标明文本出现的特定时间和地点,即可勾勒出一个文本所处的关系网络——历史语境,从而有可能实际地展现出思想与社会之间的交叉或联动[①]。

其四,关于文本与文化的相关性。文本在不同文化等级中的流通与否是个复杂问题,其困难首先在于如何界定或识别文化的"等级",即哪些属于所谓的"高级"或"精英"文化。思想史研究以往普遍重视的是那些"伟大"文本,而通常此类文本的多数读者仅限于受教育的阶层。于是,思想史就演变为知识分子观念的历史,一个话语共同体分享感受、领悟、意义的历史。拉卡普拉认为,这种范式显然对于理解某种社会或文化状态下普遍存在的观念形态是不足够的,我们需要在更大范围内进行对话性的文本间研究,以细节揭示文本间所讨论与对话的问题,审视观念在不同的文本和语料库(corpus)中所发挥的不同功能。同时,研究"伟大"文本在不同社会层面或文化等级中被创造性阅读、改写、翻版、流传的过程,穿越"伟大"文本与普通大众之间的沟壑,融通精英文化与大众文化之间的联系,这有可能令我们发现一个更广阔的社会文化语境。拉卡普拉又强调,思想史研究虽然通常以文献研究方法为基础,但文本的作用在某

---

① Dominick LaCapra, *Rethinking Intellectual History*: *Texts*, *Contexts*, *Language*, Ithaca, Cornell University Press, 1983, pp. 41–48.

种程度上绝不仅限于作为文献的功能，它对既存的文化或社会现实还可能起到补充作用。在传统语境中，文本的功能在于支撑规范与价值；而在革命语境中，文本则有助于瓦解既存的制度和指明变革的道路。当然，文本也可能沿着与作者意图完全相反或矛盾的方向被现实的追随者所利用①。

其五，关于文本与作者语料库的相关性。语境的观念在这里体现为一个文本和作者其他文本之间的关系，也许该文本的性质恰好是由其他文本所提供的，因而通常思想史学者在专注于某一文本的研究时，必须同时注意到它与作者其他文本之间的关系。拉卡普拉提出，语料库囊括了作者所有书面或口头资料在内，通常可以从三个方面对其加以审视，即文本间的连续性（指"线性发展"的内容）、文本间的非连续性（指不同阶段或时期间的变化甚或"认识论的突破"）、辩证的综合（指后期提出的较前期更高层次的洞见）。但他又指出，问题的复杂性在于语料库本身是否存在统一性，一个文本的不同方面或因素间的同一性有时尚值得怀疑，更何况语料库中多个文本间可能存在的非一致性和差异性形式，追求文本与语料库之间的相关性或同一性有可能会导致荒谬的结论②。总之，文本与语料库之间或文本之间的关系并非是封闭的，它们或彼此有所差别，或又相互关联，共同构成思想形成演变的语境之一。

其六，关于话语模式与文本之间的关系。有些理论家强调话语模式、解释结构或传统风格在阅读和写作中的重要性③。拉卡普拉在此基础上提出并强调语言结构所构成的语境在文本解读和思想史研究中所起的作用，进而讨论语言的语境在历史学和文学中的功能区别。一般认为历史学区别于文学的基点在于，历史是关于事实的领域，而文

---

① Dominick LaCapra, *Rethinking Intellectual History*: *Texts*, *Contexts*, *Language*, Ithaca, Cornell University Press, 1983, pp. 48 – 55.
② Dominick LaCapra, *Rethinking Intellectual History*: *Texts*, *Contexts*, *Language*, Ithaca, Cornell University Press, 1983, pp. 55 – 56.
③ Jonathan D. Culla, *Structuralist Poetics*: *Structuralism*, *Linguistics and the Study of Literature*, London, Routledge, 2002.

第七章 历史语境论及其应用

学是关于虚构的领域；历史学家不能发明事实，而文学家却可以创造事实。但在另一些层面上，历史学家却需利用某些具有启发性的想象或反事实的研究模式与视角。对此，拉卡普拉质疑的是历史学家在与过去的交互作用中是否必定要受到事实的限制，是否能够截然区别纯粹的事实与虚构、纯粹的哲学与诗学、纯粹的同意与反对等。他指出，虽然语言可以多种形式完成自我指涉的表达过程，但通常它在历史中是以从属性或排他性两种主要形式达成的。在历史学学科制度化之后，就已形成一套"正规史学的形而上学"（metaphysics of the proper），历史学家仅可利用受限的语言形式达成普遍化的写作结果，以区别"他者"而明确所"发现"的同一性、正当性、权威性等决定性范畴。在这里，特别需要注意的是话语领域的纯粹性和自主性问题[1]。

总体来看，拉卡普拉对于思想史语境的种种论证，其核心是意欲进行思想史研究范式的转换，即采用与过去对话式的思想史以取代重构过去的思想史。尽管他也承认后者依据原始文献的研究取得了非常巨大的成果，但也正是由于这种传统的文献观念误导了我们对于历史编纂学和历史过程的理解。拉卡普拉批评道，所谓纯粹的文献观念只是对历史记载性质的一种有启发性的虚构，因为任何对过去的描述都并非纯粹，而这种观念又导致了将历史学家的技艺抬高至纯然客观的地位，并且忽视了语言在表现历史方面的自主性维度。与这种纯粹的文献观念相伴而生的还有历史主义的观念，特别强调过去事物的独特性与连续性等。而所谓事实也只是相对于某个主题或问题所选择的记录而言，即便是最简单的事实（如事件所发生的日期）也要依靠历史学家的观念和历史编纂学的方法（如公元纪年法）来加以确认。拉卡普拉所主张的与过去对话式的思想史研究，其实质就是更加突出研究者或读者自身对文本的阅读和解释在思想史研究中的重要性，认

---

[1] Dominick LaCapra, *Rethinking Intellectual History：Texts，Contexts，Language*, Ithaca, Cornell University Press, 1983, pp. 56 – 61.

为通过阅读和解释的实际行动过程可以在某种程度上达成读者与作者的视域融合，以内化于文本的方式穿越过去与现在的时空阻隔，兼顾"批判性"与"学术性"的研究视角，进行一场历史与现实、语言与观念、社会与文化、自我与他者之间多重语境相互交织之下的思想对话①。

四 结语

20世纪90年代以来，伴随着西方社会步入所谓后现代状态，伴随着后现代主义与现代主义思想的交锋，西方人文学科、社会科学包括历史学在内也日益呈现出两种截然相反的研究趋势，而关于语境与历史之间关系问题的讨论即是产生于其间。从中，我们可以洞察出语境观念深刻而微妙的变化及其对于历史的主要指涉。

其中一种趋势暂可称之为现代主义范式的强化与标准化，其在理论与实践上强调现代科学方法中的分析与综合、现象与规律、定量与定性、微观与宏观的有机结合，或重视发现经验性事实、中心线索、核心意义，或追求宏大的、深层的、结构性、整体化、普遍性的真理认识，并以此作为重构或建构历史世界的基础。在专业史学领域，这种研究趋势具体表现为重构与建构主义史学类型。而关于语境与历史之间关系问题的讨论在此种趋势中是较少的，且带有某种神秘的色彩，尽管在实际研究中语境经常被传统史家作为解释历史的基本模式或方法论前提而加以应用，但对其价值与重要性则更多归于语言学或文学领域，当然对语境的总体认识也就未能从实践上升至理论自觉的程度。

另一种趋势则是对上述现代主义范式的批判性研究，具体表现为系统反思或解构现代主义的理论前提、历史假设、方法策略、知识体

---

① Dominick LaCapra, *Rethinking Intellectual History: Texts, Contexts, Language*, Ithaca, Cornell University Press, 1983, pp. 61 – 69.

系等，并进行以各种后主义为理论基础的实验性研究，突出分析主体、话语、文本、语境与语言、社会、政治、现实之间的互动关系，甚至指出现代社会、现代科学、现代历史编纂学将走向终结的命运。在专业史学领域，这种研究趋势主要体现为解构主义史学类型或史学危机与终结论。而随着语境主义、文本主义的出现和流行，语境与历史之间关系问题的讨论则成为此种研究趋势中的热点问题之一。

前文所提到的海登·怀特与罗伯特·伯克霍夫的相关理论研究即是后一种趋势中的代表，其立意主旨均在于揭示语境与历史之间的密切关联。昆廷·斯金纳则从语境主义出发，具体提出和尝试了在思想史研究中如何应用语境理论，在语境化思想的过程中表现出将语境历史化的取向。拉卡普拉所列举的思想史研究的六种基本语境问题，明显透露出文本主义的语境论立场，在将文本泛化的前提之下又表现出把语境内化于文本的寓意。从此类研究中，既让我们直接感受到其间所发散出的诸多新鲜的研究视角与思考方式，也同时不免体味到某些暗含的将历史彻底语境化、文本化的极端倾向，语境这一曾助益于历史理解的观念似乎也在悄然从处于底色的后台走向前台。然而，这种语境化历史的终极立场和态度能否为专业史家所普遍接受还有待于史学实践的检验，所提出的诸多理论问题也有待于国内史学理论与历史哲学界的进一步研究，以便洞察其间可能包含的有利于我们构建自身历史语境理论的思想元素。

第八章

史家与读者
——论历史认识中的主体

陈 新[*]

在史学理论的观念体系中，历史学家作为主体常常会被论及，尤其当我们在讨论历史学中的主观性时，将其带入其中的始作俑者——历史家或历史学家（或简称为史家），都得到了一定程度的重视。历史学作为一种社会实践行为，如果从研究到写作出版构成一个循环的话，史料、史家、研究方法、叙事方法等等就成为这个循环中的必然组成。如果作为社会实践行为的历史学行动需要从其社会效用的角度来理解的话，我们便注意到，读者可以是构成一个新的循环系统中至关重要的环节。史家与读者之间有着紧密的联系。二者都可以视为介入历史学实践的主体，并且不存在主动者（文本提供者）和被动者（文本接受者）的严格区分。因为史家成为史家之前，就是读者或者受（听）众，即英文之 audience。任何读者也有成为史家之可能，这只取决于时间和情境。本文的意图便是在这种内涵了读者的史学理论框架中思考史家、读者，以及他们之间未及深入讨论过的相互作用。

---

[*] 陈新：现任浙江大学历史系教授、博士生导师。研究方向为历史认识论、西方史学理论与史学史、公众史学。著有《历史认识：从现代到后现代》《西方历史叙述学》《西方史学史》（合著）、《20世纪西方史学》（合著）等。译有《历史的观念》（合译）、《元史学：十九世纪欧洲的历史想像》《当代西方历史哲学读本》《史学理论读本》等。

第八章　史家与读者

一　历史家与历史学家

在西方史学史的学科基础之上，严格来说，到了18世纪末，当历史学步入职业化进程成为专门学科时，我们才可把"historian"称为"历史学家"，之前上溯到希罗多德，我们应该称他们为"历史家"，他们叙述历史，并非历史学职业人士。再回想柯林武德在《历史的观念》中做出的判断："历史学是为了'人类'的自我认识。"[①]那么我们做史学理论与史学史研究的人、做具体史学研究的史家，在从事历史研究、写作实践之前，是不是首先需要做到多一些自我认识，至少在史学研究和写作过程中反思并了解自己所处的状态。这涉及很多层面，我们在认识事物的过程中，脑子里发生了什么？受什么东西影响了？是怎样去做的？如果这一点无法达到自觉，当我们写作某一主题的历史，如史学史、文学史、哲学史，以及与人类历史相关的总体史或世界历史（如麦克尼尔父子所合著的《人类之网》）时，对自己的认识活动没有很好的自觉和理解，怎能写出令人信服的作品？

为此，我们需要关心史家是怎样生活在传统中？又是如何受传统影响？受传统影响时，人们经常会倾向于做决定论描述，而作为一个有自主性的人，他的自由意志又如何体现？如何使自己成为真正的史家？

我们可以从一些思想家那里，看到他们对史家的要求。梁启超在《中国历史研究法》附录《中国历史研究法补编》中谈到史家四长：德、学、识、才。我们知道在刘子元（知几）的《史通》里谈到三才：才、学、识。章实斋（学诚）在《文史通义》里添"德"于其后，即才、学、识、德。这里我们发现梁启超对于德、学、识、

---

① ［英］柯林武德：《历史的观念》，何兆武、张文杰、陈新译，北京大学出版社2010年版，第11页。

· 141 ·

才有自己的看法，首先他便把顺序变换一番，将"德"放在首位。但我认为梁任公虽重德，却理解错了它的意思。他说："实斋所谓史德，乃是对于过去毫无偏私，善恶褒贬，务求公正。"这一表述与史德有所关联，但梁启超还受到西方实证主义史学思想的影响，他又说："我以为史家第一件道德，莫过于忠实。如何才算忠实？即'对于所叙述的史迹，纯采客观的态度，不丝毫参以自己意见'便是。"①这里的"忠实"便相当于西方之"客观"。梁任公所提不夸大、不附会、不武断，所举之例，都在细节层面，远不够有关史德之反思所应提示的警惕，因为"德"涉及善恶，仅从细节务求客观不能回避可能导致的扬恶惩善的恶果。他所说的要心性养成镜子和天平一般，并依靠忠实来实现，这是一种幻想。梁任公在这些问题上仍停留在朴素的经验主义层面，实在可以落入诺维克后来在《那崇高的梦想》（That Nobel Dream）批判实证主义的批判之列。

  以上是梁启超对于史家提出的要求，那么史家要做什么呢？德、学、识、才构成了史家的特性，由此四项命名。在梁启超处，史德如果仅限于忠实与否，已经是发生了偏差，而还需要深入处理的史实之真与史学之真的关系，更是没有得到深入探讨。梁启超仅涉及史实之真，而没有涉及史学之真，即历史学在结构上、在文本整体上如何实现真。按理说忠实不应是史德的主要内容，因为史德还在于对善恶的判定及其标准的理解，什么是公平正义，有没有普世价值，对人之为人的道德追求作为写史的根基性准则，讨论它们才是善恶问题或史德问题的解决之道。换言之，史德的问题还是对于某种道德的信仰的问题。忠实或真实性问题与善恶问题是彼此关联的，但它们的关系类似于核技术与核能发电或原子弹施之于人类的关系：核技术是真，核能发电为善，原子弹为恶。技术上的功用并不能避免它造成恶的结果。这就是梁启超在这个问题上所犯的错误。笔者在此似是不考虑梁启超

---

  ① 梁启超：《中国历史研究法 中国历史研究法补编》，中华书局2014年版，第203页。

所处的情境来苛求他，事实上此处的批评一来说明梁启超在当年有拾西方牙慧之嫌，若因情境作同情之理解，那这一批评针对当代那些盲从梁启超的史家，就不必再留同情了。

在事实的搜集和论证这个层次上的真实，与历史文本作为一个整体的真实，这二者的关系，托波尔斯基之文《历史叙事之真实性的条件》有细致讨论。他认为，历史叙事的逻辑在三个方面与众不同：首先，构成陈述的真实性不能保证整体陈述的真实性；其次，即便某些陈述是假的，作为整体的叙事也可能是真实的；最后，某个历史叙事中的真实陈述的比例更高未必使它比另一种叙事更为真实。历史叙事的"纵向"结构包括清晰的表面层、不明确的表面层和深层（暗含的或者理论的）层次，而叙事的真实性主要由第三层决定。① 类似托波尔斯基所做的这类研究在20世纪下半叶蓬勃发展起来，即历史的真实在多大程度上是技术层面可以实现的？在多大程度上依靠理论或文本结构？这些认知对于理解史家在叙述历史过程中的自觉性和不自觉性，以及如何通向他认知的历史真实，有着极其重要的反思，这也是一种史家的反思和自我认知。

梁启超认为史学"贵专精不贵杂博"② 即可，应不断碎化，在小的领域进行深入，这也受实证主义的影响。但史学若将自己封闭起来，与其他学科失去关联，其实它也不能成立。梁启超意识到这点，继续提出以常识补专长，便于触类旁通，但他没有回答何谓常识，实则是依靠自身的经验性内容来做模糊界定，或只是用未经思索的"常识"一词来含糊统称，这也与西方学术大有不同。他谈到史德时说历史需对于过去毫无偏私，若在西学的逻辑中，学者就会自问：偏私是什么？偏私是如何形成的？可否避免？若不可避免我们怎么办？西方学术要谈得更深一些，而中国的史学思维对于很多问题都按"心知肚明"而不再做学理追究，因此便很难理解梁启超所谓之忠实。忠实可

---

① ［波］托波尔斯基：《历史叙事之真实性的条件》，见陈新编《当代西方历史哲学读本（1967—2002）》，复旦大学出版社2004年版，第148页。
② 梁启超：《中国历史研究法　中国历史研究法补编》，第206页。

不可以分类？如史实的真实与史学的真实。在梁启超这里，史学讲的是基本功，如勤于抄录、练习注意、逐类搜求，这些的确还是史学的基本功。在近代西方史学那里，具有这类基本功之后，史家还需要深入处理普遍和特殊的关系。专精被认为是特殊，博杂便可能是普遍，但是梁启超并未深入探讨它们的关系。因此若从中国史学的进展来看，他的主张尚存在拓展空间。

关于史识，梁启超主要涉及史家的观察力：从全部到局部（从大势看）；从局部到全部（从细节看），两种方法并用。要养成精密的观察力，要注意如戴东原所言"不以人蔽己，不以己蔽己"：不要为因袭传统的思想所蔽（保持自主性）；不要为自己的成见所蔽。① 梁启超在此谈的核心是克服成见，因为他认为史学的根本目的在于追求忠实。

在实证主义思想的影响下，客观性是史家最高的追求。到 20 世纪后半叶，后现代主义史学的思想中，客观性并非最高的要求，对变化、人性、信仰或品性的把握，对差异性的维护才是其标准，客观性须在这样的关系系统中才可获得定位。至于差异性为什么能带来自由社会，便属后现代主义的另一个论证。后现代主义从逻辑和实践上证明了史学的功用，这是实证主义无法匹敌的。"不以人蔽己，不以己蔽己"，这一说法在理论上就是主观和客观的关系，显然，梁启超按理也应更深入处理二者的关系。我们不能在现在的立场上要求他当时那样做，我们只是通过对梁启超观点的陈述来说明：不同的时代、不同的史家有着植根于自己社会和立场的观点。梁启超作为史家，也是历史中的人，他的文字、著述、表现皆有历史性。通过批判梁启超来说明此问题时，实际上是一个认识自我的过程，是要刺激我们自己思考，我们正处于什么样的时代，受到时代多大的影响。史家若不能经常性地形成自我反思，就无法做到自我认知，更不能做到对人类的认知。

---

① 梁启超：《中国历史研究法 中国历史研究法补编》，第 212 页。

第八章　史家与读者

关于史才，梁启超说，"史才专门讲作史的技术，与前面所述三项另外又是一事，完全是技术的。有了史德，忠实的去寻找资料；有了史学，研究起来不大费力；有了史识，观察极其锐敏"①，史才一类技术，就是文章的构造，包括两个方面：一是组织，分为剪裁、排列；二是文采，拥有简洁、飞动两个特点。这些都是梁启超在经验层次的描述，其实另一层需要深入处理的是形式和内容的关系，这类讨论在近代以来西方学术中便大量地存在。

梁启超作为一代史学大家，其在史学理论上的见解是极为薄弱的，这样的路数一直影响到现当代的中国史家。20世纪70年代以后，西方史学理论的引入才促使一些中国史家的观念开始改变，对于史学理论的认识逐渐丰满起来。以上以梁启超论史家四长为例，只能够说明史学家的内在的才华，要了解史学家，更重要的是了解这个角色在社会中的位置，在历史中的位置。

其实历史学在不同时期起到的作用就表现了史家的不同位置。在古希腊罗马时期，历史是一种私人的技术。修昔底德是将军，因其有能力、有兴趣而开始记录；中世纪西欧基督教世界的史家多为教士、神父，拜占庭史家多为律师；中国传统的史官很大程度上是政治的附庸；西欧理性主义时代的史家主要是知识分子，很少是政府人士；职业化的历史时期，史家演变为社会上的一种职位，不少史家在大学拥有教职。我们用史家各种各样的位置以及其作品在社会构成中具有的功能来定位史家，或者根据历史学的文本发挥的作用来定位史家的所在。

余下一个问题是，史家作为个体，何时作为个人？何时作为代言人？作为个人与作为代言人是否存在张力？爱德华·卡尔在《历史是什么？》第二章《社会与个人》中问道："历史学家在多大程度上是单独的个人，又在多大程度上是其所生活的社会、时代的产物？"人实际上是被抛入到这个社会的，因为我们无法选择。从学习语言开

---

① 梁启超：《中国历史研究法　中国历史研究法补编》，第213页。

始，我们便接受了价值理念。因为语言蕴含了价值取向，并非一种客观媒介。对此，20世纪的语言哲学又有大量的研究可资说明。我们在日常生活中的耳濡目染，其实都在塑造你的民族精神、家族风格、个人品性。中国古代"孟母三迁"的故事便说明了环境对于人的影响。我们在成长的过程中，从小时起，作为个人也同时在进行社会化，这种社会化是治史者未来成为一个史家的基本底色。但人又是自主的，他何时开始确信"我"与"他"存在区别、思考"我"的特殊性在何处（如果不能确认特殊性，"我"将不成之为"我"）。我的自由意志（free will）使得我无法与外部世界完全一致，所以史家生活在历史中，其行为带有历史性，既受处境影响，又有超脱的方面，主动寻求一种自由。爱德华·卡尔还说："历史学家也是一种社会现象，他不仅是其所属社会的产物，而且也是那个社会的自觉的或不自觉的代言人；他就是以这种身份来接触过去历史的事实。"① 这表明史家不仅是自我，还是一个群体的代言人，这个群体是一个更大的自我，例如"我们"中国人与"他们"外国人之差异。

所谓纯粹私人的历史，即某人表述或写作历史后立志永不流传。只要写出并期待流传，它就可能被他人接受。当历史文本所表达的东西恰恰能够表现某一类人共有的品性时，随着该文本越加广泛地流传，作者就被推崇而成为这一类人的代言人。这或许并非出于作者的本意，而仅仅因为他与某些人群的想法吻合，作者便被自然推选为代言人。社会就是这样接受史家的。爱德华·卡尔在讨论个人和社会关系问题时说："我在这里的目的仅仅想说明两个重要的事实：第一，假如你没有首先掌握历史学家本人从事历史研究的立场，你就不能完全理解或鉴赏历史学家的著作。"上文梁启超提到的历史文本追求忠实，尽可能摒弃史家立场正与这句话充满矛盾，实际上那是做不到的，20世纪早期以来的史学理论能够证明：任何历史文本，不论在结构上、还是在字词的选择和使用上，都带有作者的立场。如果能了

---

① ［英］E. H. 卡尔：《历史是什么?》，陈恒译，商务印书馆2007年版，第123页。

解到史家写作时所见到的全部史料与作品中留下的史料，我们就更能够确认其选择并推断其立场。一个好的史学家甄别材料是在追求真实，但其中仍然不可避免地带有其立场，因为选择也需要标准，而标准仍然出自史家。你、你所研究的史家、史家所研究的历史人物，其中每一种表达都有其立场，都可以分析出主观性。爱德华·卡尔继续说道："第二，历史学家的立场，其本身是根植于一个社会与历史背景之中的。正如马克思曾经所说的，不要忘记的是，教育者本人也必须接受教育。以现在的行话来说便是：洗脑筋的人，自己的脑筋也被洗过了。"但是多数人很难知道自己是如何被洗脑的，这需要不断的反思和自我批判，是对理性的不断挑战。"历史学家在开始撰写历史之前就是历史的产物。"① 换言之，史家是历史中的人，他的所有言行都具有历史性，被他者所影响。

那么我们如何理解史家的自由意志呢？他如何成为一个具有创造性的史家？法国社会学家布尔迪厄在《社会学家与历史学家》中对历史学家夏蒂埃说："我认为，历史学的一大弱点是不像社会学那样必须不断经受考验；社会学家必须不断地证实自己的存在，永远不能把自身的存在视为大功告成。我的朋友都是历史学家，因此，不会有人怀疑我恶语中伤。有个很具体的例子：当我散发调查问卷时就说自己是历史学家。当学生们遇到困难局面时，我就会对他们说：'你们最好说自己是历史学家。'历史学家的存在是名正言顺的，而社会学家的存在……"② 布尔迪厄为什么会这样说？我们把布尔迪厄说的这段话中的内容视为经历过社会调查后的结果，那么如何解释它呢？历史学为什么不需要经常受到考验？经验与理论是历史学和社会学的差异吗？因为历史学总被认为是经验的表述者，通过了记忆，历史变得不容置疑；社会学更多地通过理论设计提出假设，并进行验证，其验证的结果建立在概率的基础上，不可能是绝对的事实。如果是这样一

---

① ［英］E. H. 卡尔：《历史是什么?》，第127—128页。
② ［法］皮埃尔·布尔迪厄、罗杰·夏蒂埃：《社会学家与历史学家：布尔迪厄与夏蒂埃对话录》，马胜利译，北京大学出版社2012年版，第75页。

种差别，我们是否可以将其还原为事实与假设的差异？即历史学代表事实，而社会学代表假设。在此，我们便开始质疑布尔迪厄的自大。实际上他认为，史家享受了过去一百多年来人们通过经验赋予史家的信赖，这是坐享其成，而"我们社会学家"在不断努力耕耘。其实，如果我们能证明历史学中同样存在着不断的假设，并且这种假设与社会学中的假设同等重要，那么，我们就需要思考是什么因素让布尔迪厄忽略了这一点？忽略了史家的自由意志？当我们看到夏蒂埃对于布尔迪厄的批评无力回击时，这促使我们认可：这两位学者在他们所处的学术情境中，对于史家应具有的反思性自我认知能力均处于一种普遍的认知缺失状态。

普罗斯特在《历史学十二讲》第四讲里谈到一个问题：历史学家所提问题的个人根源。他举了一些例子，大家不难理解。比如说，他从入世的角度来谈史学家和社会的关联。他说起，如果最近一位失意的财政部长写了一部《杜尔哥的失宠》，大家很快就会和他对上号来，因为杜尔哥是1776年法国被免职的财政大臣。大家会知道这位新近失意的财政部长是要借题发挥来表达自己的心境了。这样可以看出一位历史作家或者史家在选择他的主题的时候，多大程度上受到了他现实生活或生存状态的影响。①史家在研究历史中的人物、历史中的事件、历史中某一派的思想的时候，与他个人的性格、个人的思想以及思维水平有没有直接的关联？要想建立起这样一种联系和阐释的话，这往往是史学史家的任务，而这样一种联系从我们现在对于历史文本的分析技术来讲，是不难确立的。普罗斯特还举了一些比较现实主义的例子。他说，研究共产主义的史家克里格尔、罗布里厄在共产党内长期担任职务，也就是说他们写他们身边的故事，他们对自己所认同的这个党派的思想更有兴趣；研究犹太史、维希反犹史、种族大屠杀史、集中营史的史家往往是受迫害家庭出身的史家。我们举个史

---

① ［法］安托万·普罗斯特：《历史学十二讲》，王春华译，北京大学出版社2012年版，第79—87页。

学史家的例子，现在还健在的美国史学史家伊格尔斯，他是犹太人，他的史学思想里面就极力反对历史主义。因为他认为历史主义是纳粹思想的一个很深的根源。所以，在学术活动里面，他和海登·怀特经常会有争论。因为海登·怀特是后现代主义者，而后现代主义曾被安克斯密特概括为一种历史主义的极端化。这个例子我们可以看到，史学史家伊格尔斯个人的根源、社会的根源、思想的根源和他学术之间的关系，以及与他进行的学术论辩之间的关系。这当然是我在论述本文时建构的一种解释，但这种解释可能容易被读者相信。

　　普罗斯特还说了另外一类不入世的史家。他说："在布洛赫、费弗尔和布罗代尔的著作中，我们看不到有什么研究是入世态度的产物。"布洛赫是法国年鉴学派的创始者，布罗代尔被认为是年鉴学派第二代的主要代表人物。普罗斯特说，在他们的著作中，我们看不到什么入世态度的表现。"入世在某些方面是不可替代的社会体验，但它远非作为个人的历史学家卷入他所处理问题的唯一方式。"① 在大家看来，布洛赫的研究，如《封建社会》；费弗尔的研究，如《莱茵河》《16世纪的不信教问题：拉伯雷的宗教》；布罗代尔的研究，如《地中海与菲利普二世时代的地中海世界》《15至18世纪的物质文明、经济和资本主义》以及《法兰西的特性》这些著作，都是和他们的个人经历没有关系的。这也是普罗斯特的看法。但在我来看，被视为和布罗代尔个人生活经历最没关系的一部著作——《地中海与菲利普二世时代的地中海世界》，仍然表现出他的个人心志。这部作品的初稿是布罗代尔二战期间被俘后，在集中营里面写作的。那个时候，法国被德国彻底地征服了，写这部作品时，他对法兰西命运的看法是什么样的呢？我们可以看到，他非常看重历史变迁里面长时段过程，而认为政治事件只是短时段的，如同大海中的一些浪花，长时段是深层的潜流。他论述了法兰西文化或者地中海周边的各种文化，包括他对文明特性的反思，晚年在写《法兰西的特性》中仍旧表现出

---

① ［法］安托万·普罗斯特：《历史学十二讲》，第81页。

对长时段的信仰。我们试想，在二战的德国战俘营里的布罗代尔，如果坚信文化或者文明的生命力能够长时段地保留，也就意味着他相信法兰西的命运可以一脉相承，不会因为短时段的政治或战争所摧毁。尽管布罗代尔的长时段思想在二战前已经初具雏形，可谁又能说二战中他的经历，没有令他坚定对于长时段理论的信仰呢？由此，我们可以看到这是另外一种层次上的入世，这是普罗斯特没有说明的。此外，再有一个层次的入世，当布罗代尔被关入战俘营时，他主要凭记忆中的史料来完成博士论文。如此说来，写作或历史叙事这样一个行为，本身就是入世的一种表现。如果不想入世，人们通常会保持沉默，可布罗代尔还想留下文字，这便是他个人生命的一种积极态度，这也是入世的一种积极表现。历史作品被写作出来流传于世，目的是要影响人。这是一种积极的入世态度。我们可以去分析，布罗代尔的作品里面就表现了他的人格，他既坚持保守主义，又要求对社会承担历史责任，有着一种积极的生活态度。[1] 史家的日常生活或者处境对他的作品有深刻影响，要做出这样的论证也不是很艰难。

爱德华·卡尔《历史是什么?》还说过一句话，就像埃尔顿先生(Mr. Elton)在一册新版《剑桥近代史》中简洁说的"历史学家与历史事实收集者之间的区别就在于概括"[2]。这是说史家的一种特性。对于他接触到历史事实，如果只是作为一个收集者的话，还不能称之为史家，史家必须对这种事实进行概括。他怎么概括呢？概括是为了从历史中学到点什么，而概括的时候需要有原则。那我们概括时遵循何种原则？这种原则在何种程度上是我们在日常生活中学到的或得到的，是不是一种经验主义教条进行的演绎？其实，正是日常生活中经验教条的演绎，才使得你具有了这样一种概括的能力。这样才会把一整套事件中归纳出来的教训应用到另一套事件中去，也就是说，我们从历史中通过概括所获得的这些原则，我们要把它套用或运用到另外

---

[1] 具体论述可参见拙文《理性、保守主义与历史学家的责任——初论布罗代尔史学思想及其实践效应》，《世界历史》2001年第1期。

[2] ［英］E. H. 卡尔:《历史是什么?》，第160页。

一些事实的解释中去。

　　作为一位史家，他首先是一位读者，在他生活经验不断积累的过程中，他变成了一个不断在改变自己、不断丰富自我的人，他相信自己的认识能力在不断地提升，不断地进展。他有了更好的历史经验之后，他对于收集到的历史事实的解释能力会进一步增强。如果我们把史家的认知能力视为史家存在的形态的话，那么他的认知的不断进展就意味着史家的存在性不断地拓展，因为他通过他的作品影响人，获得更多存在的意义。

　　怎么样才算是一位理想的史家呢？史家首先要具有一种自觉性。这种自觉性是指在进行历史叙述的时候（不管是研究还是写作，最后都是通过叙述的方式来呈现），他更能够认识到自己和其他人都是历史中的人。每个人包括他自己都具有历史性，受历史所影响；也更能自觉地将有关历史性的认识贯穿在他的研究过程和叙事过程中。①

　　在研究过程中，他的历史方法是不是在历史中有变化的轨迹？为什么20世纪70年代以后，更多史家偏向使用历史情节设置的方法，而在之前不少人也只是进行史料摘录和简单编排？就像我们讲到的梁启超所提到的一些历史学的技巧和方法。现在我们又侧重使用例证和比喻的方法，注重历史文本的细节表述与结构上的安排和布局，这些方法在不同时期是否有所侧重？也就是，方法本身及其应用是否具有历史性？

　　我们要注意到这些过程以及史家自己生存情境的历史性，就是我们所谓的时代。时代又是综合了什么的影响才造就了这样一个时代。史家或者叙事者及其环境，我们都要给予历史的解释。在不同时期，我们用来编纂历史的史料，对其解释也可能是不一样的。为什么会发生这种区别？同一条史料，在不同的史家、不同的时代的解释不一样，所有这些都围绕着时间变化而展开。史家的语言，很多词的词义

---

① 相关论述还可参见拙著《西方历史叙述学》，社会科学文献出版社2005年版，第155页。

发生了变化。比如"先生"这个词，在不同时期，用处是不同的。在很早的时候，它指有学问的人，现在呢，它的多义性代表着什么？所以，一位自觉的史家，他能够注意到每一种他所运用的方法、每一个他所应用的概念、每一个他所面对的对象，都是历史中的不断变迁的产物。只有这样，才有可能通过对历史性的感悟，最终实现对自己当下存在的真正认识。如果历史的研究是用来认识人类自己的话，史家首先要认识作为个体的自己。史家所有的历史认识都首先在于丰富自己的历史认识，即丰富自己的存在性，这之后，才谈得上史家的认识代表一个群体、一个民族、一个国家，或者代表人类的自知。史家的认识要向外拓展，被更多的人接受，那才成为群体的认识，史家才成为群体的代言人。

布洛赫说过，"历史学所要掌握的正是人类，做不到这一点，充其量只是博学的把戏而已"①。"掌握人类"不是说掌握人类未来的命运，因为未来是偶然的、未知的，有着各种可能性。我们无法把握未来，但我们可以期待未来；因为这种期待，我们通过研究和叙述历史来定位现在，从而就我们在现在为朝向所期待的未来而制定的各种规划和策略提供选择的依据或合法性证明。通过这样一种方式，人们认为史家是能够掌握人类的。当史家的才能与面向人类的眼光结合起来，其结果将是：史家的才能在历史学实践中越是得到发挥，他就越难以保住自己的职业与特性。也就是说，如果史家的能力是要代表了人类的话，那么史家就不再仅仅是史家了。越是把历史学的思维方式、对于历史性的认识传播给更多的受众或读者，也就越是意味着要让他们更像史家，那么史家的特殊性就越来越消失。换句话说，史家的思维方式如果成为普遍的思维方式，史家因为再无特殊之处，这个头衔也就可以取消了。在某种意义上，如果说史家旨在帮助人们提升对自我的认识的话，他也同时在做自己的掘墓人。他把自己消除掉，

---

① ［法］马克·布洛赫：《历史学家的技艺》，张和声、程郁译，上海社会科学院出版社1992年版，第23页。

是通过使自己的思维成为大众化的思维,这是史家最理想的目标,这也帮助普通人获得历史性的自我认知、自觉的认识。

二 理想读者与现实读者

史家成为史家之前,首先是读者。作为读者,事实上我们可以分为两类:理想的读者和现实的读者。他们在历史学实践及其效果的获取中起到同等重要的作用。

卡尔在《历史是什么?》中说:"历史的阅读者以及撰写者都是积习成癖的概括者,总是把历史学家的观察应用到他所熟悉的其他历史现象上去——或者,也许应用到他自己的时代上去。"① 实际上,这是在说明历史学发挥功能的一条路径。也就是说,史家面对那么多的现象时,他要将某一部分写到他的作品里面,他必定要删除一些东西、忽略一些东西,把他认为主要的、重要的东西写进来,这一定是通过选择和概括的方式。所以卡尔说史家对于概括是积习成癖的。概括意味着抽象,就像修昔底德经历着伯罗奔尼撒战争时所发现的,人性总是人性,人性在任何时代都会有贪婪、恐惧、冲动等等各种各样的欲望。通过经验进行概括,人们再以这样的概括去解释即将面对的新事物时,他就把它当作解释的基本原则。我们作为读者在阅读历史作品时,实际上是把史家所写的事件当作一种例证。因为是过去发生的事情,我们从这些写作里面得出一些道理,它们是史家或者读者从历史文本中概括出来的,我们得出的道理不会再运用到这个文本所叙述的事实中去,因为这样的循环论证毫无意义。比如,我们从第二次世界大战某次战役中得出的战争的规律或者道理,再用来解释二战中被抽象概括过了的那次战役,还有意义吗?肯定没有,它的意义在于运用它来规划、预备之后发生的战争,或者充当另一场战争失败的解释原则。比如说,某某战役的失败的主因被确定为后勤的疏忽,在类

---

① [英] E. H. 卡尔:《历史是什么?》,第159页。

比另外一次战役为什么会失败时，史家或会提出设想，是不是后勤的问题呢？就像二战中那次已经被概括过的战役那样？这样的概括和类比应用到我们自己熟悉的环境里，解释自己身边的事物，这是读者接受历史最主要的方式。

　　各种各样的历史经验，我们把它抽取、提炼，得出某个道理或者所谓的规律，这种道理或者规律在逻辑上都不可能得到完全的和充分的证明，它们也只是未来历史解释中的某一项条件而已。但是，我们通常还是会运用以偏概全的方式确立某一个原因对于某个历史结果是至关重要的，认定没有它，这件事情就不会发生。历史事件总是在一个复杂巨系统里面发生，的确，一个微小的因素很可能都会影响整个事情的发展。这样的解释很早就被联系到有关历史偶然性的分析。例如，史家常常举的例子就是克里奥帕特拉的鼻子。传说她的漂亮之精华就在她鼻子，如果她的鼻子长一点或短一点，恺撒、安东尼等人可能就不那么喜欢她，历史不就可能会改变了吗？还有一个说法，在混沌学里面所说的蝴蝶效应，北京的蝴蝶拍一拍翅膀，纽约几个月以后便发生了大风暴。事实上，这些不过是更具有娱乐性质的历史解释和反事实判断，意在强调历史中的偶然性。但我们在生活中如果频繁应用这样的偶然性解释，也就犯了过度强调单一性因素能造成宏大结果的错误。其实，某个单一性因素，其影响在时空之流的不断延展中，新的诸多的因素不断加入进来，构成一个时间上连续的巨系统。在某个历史事件发生的巨系统中，缺一不可的线索是如此之多，这正是历史解释多元化的源泉。可是，不少史家与普通人一样，常常乐于不断强调某一个重要的因素带来了最后的结果。

　　论及于此，似乎历史偶然性的问题与我要谈到的读者问题有点偏离了，但它是一个很好的例子来说明史家与读者作为历史认识主体的相似性。对历史偶然性抱有这种态度，也是历代读者在接受历史文本时经常表现的。当一位史家，他如果知道读者经常采取甚至喜欢这样一种简单化的、单一化的思维模式的话，他在写作历史文本时会怎么想呢？也就是说，作为一个自认为更聪明的，更理解这个世界，至少是更理解他所研究的那个历史主题,也对这个世界或研究主题更具有解释才华的人,他会怎么样去写他的文本呢?

每一位史家都有自己的理想读者,理想读者可以分为几个层面。首先,他是否明确自己写出来的东西给谁看?例如,我研究史学理论,我设想的理想读者便是经过或正在接受专业历史学训练的学生或者做具体历史研究的史家。我为他们写作。之后,我要了解这部分人的认知水平,我应该如何向他传达我所想要表达的东西。假如我要讲讲关于历史性思维的一些道理,比如说任何事物都是有其历史性的,这样,一种简单的普及性说明或许也可以不只限于历史系的学生或者历史研究者,讲得更浅显一点,还可以给中学生去做讲座。理想读者是根据我的叙述意图来指向的。我对中学生或者大学生或史家认知水平的了解,来自我与他们不断的交流。可是,我总是有一个理想读者,就如同在历史系为专业学生上史学理论课之前,我仍然假想那个理想读者已经掌握了历史学的一些基本方法,比如收集材料、史实;已经有过历史研究的某种经验,比如写过论文或者描述过历史事件。我设想,经历过这样的初级历史研究过程,他可能更容易明白我所讲的史学理论内容。而事实上,在课堂里或许有不少学生并不具备我在课前设想他们应有的水平,但我毕竟是根据自己心目中的理想读者来准备和讲述课程。如果我能确认学生完全没有过这种研究经历,那我就要采取另外一种方式来设计表达策略。

史家对理想读者的设置来自于史学家对受众群体认知水平的判断和对自身的期许。有的史家明白一个道理,他知道多数的普通人都是以线性方式思维,容易被单因素论所左右,他特意写一些这样的东西来迎合大众,他并没有想到要启蒙大众的心智,令他们领悟历史的复杂性。他要通过这种方式来获得读者对史家的一种纯粹的崇拜。另外还有一些史家,他并不希望自己的读者是顺从的、被规训了的,他希望自己所传达的知识能促成读者的反思和批判,不仅史家研究之主题内容的批判,还有对讲述者或史家的批判,更重要的是对自我的批判,希望读者慢慢能养成自我批判的能力。读者只有首先奠定了自我批判的能力，才能在论争中立于不败之地，并开始对他人进行批判，对社会进行批判，通过批判的方式来介入社会的改造。

史家对读者的期望不一样，他的行文、组织史料、对文本的架构都会有差别。例如，我们看到一些历史文本，史家想要将自己的主观性隐去，就好比他真的在叙述一种客观的事实；但是20世纪70年代以后，我们也看到，史家在越来越多的历史文本中告诉我们，这个文本所表述的，只是史家自己的一种判断，是史家在自己认知的有限性里面得出来的判断，所以他只是为读者多提供了一个参考，而并没有告诉读者，事实确凿无疑地就是这样的；史家希望读者能够根据自己的见识，更自由地去选择。这就是史家的两种心态，正因为他们对理想读者的设计不一样，他们到底希望有一批盲从型读者，还是一批反思型读者，他们的叙述方式以及表述的态度也都会有不同的表现。

这是史家所设置的理想读者，因为在写历史文本的时候，史家不能像读者一样去理解事物，只能设想读者可能是怎样的，如何写可能被他的理想读者接受并影响到他。但是现实的读者中，有些人很可能认为这个文本仍然是难以读懂，还有的读者会认为文本中的道理太简单，无需多言。那么，如何理解史家的价值所在？我们不可能设想史家的文本能让所有读者感到满意。如果某位史家这样想的话，只能说他对历史文本的接受过程不甚了了。一个历史文本在传播过程中，必定会面对各式各样的读者。读者作为历史中的人，他的认知水平也有其历史性。他的认知水平，或认知心理、知识结构在面对史家提供的文本时，会与文本里所表现的史家的心智水平产生碰撞，从而评判出史家表现的证明力或说服力之强弱，史家的思想和读者的思想由此进行一种交汇，或是冲突，或是协调、融合。

在这样的交汇之中，一个差的文本同样可以启迪现实中一位好的读者进行发散性的思维。那位好读者面对一个差文本时，可能会去考虑，为什么作者会写成这样？好读者或许会去建立解释。尤其当这个差文本是由一个大家公认的好史家写出来的时候更是如此。这有可能吗？当然有可能。这意味着如果好读者能够批驳那位史家，并且让新的读者信服这种批驳，那好读者就成了一个在这个论题上比前一位史家更好的史家。一位史家被另一位史家超越，通常是以这样的方式完成的。

当然，这种超越并不意味着线性的进展，而是意味着其时代的历史性左右了或者说帮助了这位好读者未来去奠定一个新的历史解释方案，以此去超越他读到的历史文本中体现的解释能力。对于历史解释，我们知道，现在这个时代对于某一个历史事件解释的需求可能与早先的时代不一样了。比如，读托克维尔的《旧制度与大革命》，现实的读者里面可以分出很多类型。其中有一类只是听了领导人的推荐而去读，一时成了一个社会现象。这个现象可以从社会学和历史学的角度来分析，我们这个时代和《旧制度与大革命》所描述的那个时代有些什么样的类似性，从而促成了这种阅读需求。

现实的读者之多种多样，不能指望一个文本就只有一个唯一正确的解释。在这个文本被接受的过程中，它也只是现实的读者所接触的、构成其认知的所有内容中极小的一部分。史家常常希望自己写的文本能成为读者认为最重要的文本：一方面，这是因为他对自己长时间研究的领域有特殊的情感依赖；另一方面，他对某一特定事件，比如法国大革命进行了艰深的研究之后，感悟到了社会内部的一些潜在结构，而这些结构，他认为从 18 世纪末期的法国到现在的中国，有一种共同性，所以，《旧制度与大革命》这本书很重要。但是，每个人对社会、对人生的理解都不一样，史家认为重要的，现实的读者未必认为重要。如果坚持这样一种观点，这就意味着，史家提供的文本、研究成果，只不过是增添了对于历史解释的一种方案。至于这个方案未来会不会成为最重要的方案，是要靠读者来检验的，与史家自己的期许没有太大关系。马克思也不知道自己的思想到了 20 世纪被苏俄那样使用，被中国这样使用，他也不知道他的思想会得到这么多人的解释。这种解释是马克思的本意还是变样了呢？马克思不知道，他当时写作的时候也不会这样去指望。所以，现实的读者在某种意义上是历史文本意义的决定者；进一步说，假定史家之存在的社会意义来自其文本的话,读者便决定了史家的意义所在。

我们还能以现实中发展着的"公众史学"为例。我们看到百家讲坛、其他一些公众性的历史讲座影响了很多人,但是职业史家的圈子里,很多史家对这种行为并不认同。可是时代变了,当读者能够决定史家工作的意义时,不能够获得读者、不能够影响读者、不知道读者的心智结构和他们对历史学的期待是什么样的,关起门来做自己的研究,最后只能导致历史学这个学科的消亡。这个学科的消亡,是指闭关自守的史家所理解的历史学的消亡,因为另外一种公众愿意接受的历史学会兴起。这种情形持续发展下去的话,公众史家未必会是经过职业历史学训练所培养出的写作者,他们在自己的实践过程中,用自己对于历史的理解和展现获得读者的认同,从而使自己成为公众史家。如果现有的职业史家对公众历史写作者始终抱有一种对立情绪的话,那么,我们就等于荒废了过去一两百年来历史学积累的各种经验。因此,在这个层面上,主张职业史家积极地介入到公众的历史知识传播中来,这样才能做到:我们既能满足自己对学术的兴趣,又能满足公众对历史意识和历史思维培养的要求。这涉及现实读者对史家的一种期许。太多史家提供的历史文本无法被公众阅读,这是因为史家要么没有想过要为公众写作,要么并不知晓公众的理解水平,而公众对历史中某些领域的知识储备非常薄弱。现在看来,在高深的史学研究和通俗的现实读者之间,缺少了某些环节,还不能建立起一个完整的历史知识生产和传播的体系。这是我们通过讨论理想读者和现实读者会思考的内容。

还有一群特别的人,这就是史学理论家和史学史的研究者。他们的理想读者群是史家。最近十几年中,关于史学理论家和史家的争执有一个很好的例子。1995年时,阿瑟·马维克写了一篇文章,谈到历史研究的两条路线,形而上的路线和历史的路线。他认为,后现代主义走的是一条形而上的路线,例如海登·怀特为代表的这些历史哲学家或者史学理论家,无视史家具体的研究。为此,荷兰史学理论家安克斯密特回击了阿瑟·马维克的一些论点。① 他说，史家对历史哲学家的敌意，主要的方面是认为历史哲学家是不诚恳的竞争者，他们用他们的智力、才华将史家孜孜不倦地勤勉工作归结为仅仅是无足轻重地卖弄博学，至多只是生产原材料；历史哲学家们却用它们可以建构激动人心的历史全景。换句话说，就是历史哲学家或者史学理论家，很注意在文本的结构、论证策略和方式上来说服人，用逻辑的方式来说服人；而史家往往用细致的证据、史料来说服人。但是，细致的史料和理论暨形式上的结构是冲突的吗？并非如此。关键的研究出现在20世纪70年代前后，史学理论家已经认识到这一点，二者并不冲突。然而，史家很难接受史学理论家或历史哲学家的做法。史学家们容易接受史实的真实，不容易理解史学的真实。因为史学的真实意味着读者对于历史的一种总体性领悟。当读者得知那种真实性来源于领悟，而不是简单的所谓证据的堆砌，这就导致了史学理论家和他们的读者之间激烈的矛盾。这是一场作者和读者的战争，也是我们谈到的史家和读者的一层关系，并且，史家和史学理论家之间的关系特殊，他们互为史家、互为读者，这也令史家与读者的讨论可以更加复杂化。

关于史家与读者的讨论，我们暂止于此，未来可探讨的空间还很大。例如，史家和读者之间在什么程度上会发生激烈的矛盾？对于史德有高标准要求的人与社会的道德理想之间，以及与具备这种社会道德理想的普通读者之间，会形成怎样的文本解释冲突？这些都是可以再做进一步细致研究。我们把读者视为历史认识的主体之一纳入历史认识的结构之中，与史家（作者）一起，探讨历史叙述作品制成与传播过程中主体参与及获得意义的不同维度，这是史学理论研究理应更加重视的，也是史家理应多少了解一点的。

---

① 参见 A. Marwick, "Two Approaches to Historical Study: The Metaphysical (including 'Postmodernism') and the Historical", *Journal of Contemporary History*, Vol. 30 (1995), pp. 1 – 35; F. R. Ankersmit, "Hayden White's Appeal to the Historians", *History and Theory*, Vol. 37, No. 2 (May, 1998), pp. 182 – 193.

第九章

历史时间的内涵及其价值

张旭鹏[*]

时间是历史学最重要的构成要素,历史学在某种意义上也成为一门关于时间的科学。无论是对历史进行分期,还是对循环或线性的历史观念予以剖析,抑或对历史的走向做出预测,无不涉及时间问题。不过,与作为哲学研究的一个重要课题相反,[①] 时间长期以来并没有成为历史研究的对象,而是更多地作为历史学的一个属性,或者作为历史研究的一个不言自明的因素,制约和限定着历史研究的范围、目的和意义,同时也赋予历史学家一种历史意识,对其实践产生着直接或间接的影响。随着人类进入现代社会,随着以科学和理性为特征的现代史学的建立,历史学家开始关注时间问题。这首先是因为,社会的发展和变化,让历史学家深切体会到时间的加速,以及由此带来的不同于以往的历史意识。另一方面,关于未来的观念开始出现,让历史学家对于时间的走向有了更为明确的认识。时间,因而成为历史学

---

[*] 张旭鹏:中国社会科学院历史理论研究所研究员,外国史学理论与史学史研究室副主任,哥廷根大学客座教授。主要研究领域为欧洲思想文化史、当代西方史学理论。著有《当代历史哲学和史学理论:人物、流派、焦点》(合著)、《文化研究理论》(合著)、《西方文明简史》等。在 History and Theory, Rethinking History,《历史研究》等刊物上发表学术论文多篇。

[①] 对于时间的哲学研究,经典著作可参见伯格森的《时间与自由意志》(1889)、海德格尔的《存在与时间》(1927)、胡塞尔的《内时间意识现象学》(1928)、保罗·利科的《时间与叙事》(1983—1985)等。

考察的重点，也成为历史学家反思过去、着眼现在和展望未来的重要介质和维度。

一般而言，历史学家对时间的研究有两种模式：一种是历时性研究，即将时间这一概念置于历史脉络中，考察它的形成、发展与演变；一种是共时性研究，即将时间这一概念放在不同的语境中，考察不同文化系统或地区对时间的不同理解。此外，历史学家也倾向于对时间进行社会史的或历史社会学的研究，即分析时间的社会内涵、自然时间与社会时间的异同、时间与权力的关系，等等。不过，这里所谓的"历史时间"（historical time）还是与上述研究路径有着根本的不同，它侧重于研究过去、现在和未来这三种时间向度之间的关系，并试图揭示这些关系背后所体现出来的历史意识的变化。

一 历史时间的多重层次：费尔南·布罗代尔

通常认为，历史时间这一问题主要由德国历史学家莱因哈特·科塞勒克提出，并经法国历史学家弗朗索瓦·阿尔托格的推进而得到进一步拓展。不过，在历史时间这一问题提出之前，法国历史学家费尔南·布罗代尔（Fernand Braudel，1902—1985）便较早地将时间维度引入历史研究中。布罗代尔虽然并不关注不同时间向度之间的关系，但他所提出的历史研究中多元时段的理论，对科塞勒克的历史时间理论产生了积极的影响。因此，追溯历史时间问题的源头，需要从布罗代尔谈起。

在出版于1949年的巨著《菲利普二世时代的地中海和地中海世界》中，布罗代尔依据历史发展的节奏，对时间进行了三种层次的划分。第一种时间层次被称作"地理时间"，它的节奏最为缓慢，几乎静止不动，成为制约人类历史发展的深层结构。该书的第一部分《环境的作用》即是以"地理时间"为基础。在这一部分，布罗代尔从自然地理和人文地理两个角度出发，描述了地中海世界的自然环境特点，以及自然环境对地中海地区各个国家政治活动的约束。在对地理环境的描述中，布罗代尔有意识地突出了地中海世界高度的统一性与完整性。第二种时间层次被称作"社会时间"，其节奏较为缓慢，与这一时间相对应的是经济史和社会史。而"社会时间"也构成了该书第二部分《集体的命运和总的趋势》的主题。在这一部分，布罗代尔从经济、国家（帝国）、阶级（社会）、文明和战争五个角度完整呈现了地中海世界的经济、社会形态。第三种时间被称作"个人时间"，它的发展速度最快，专门用来描述历史事件，属于传统史学的时间范畴，该书的第三部分《事件、政治和人》就是专门针对"个人时间"。在这一部分，布罗代尔以传统史学热衷讨论的政治、战争和重要人物为研究对象，叙述了1550—1600年地中海世界的重大历史事件。①

　　布罗代尔的三种时间层次的理论到了后期有了进一步的发展。在1958年发表的《长时段：历史学与社会科学》一文中，布罗代尔将历史研究中三种形态的时间指称不同的时段。其中，"地理时间"被称为"长时段"（longue durée），对应的历史形态叫作"结构"，以一个世纪或几个世纪为单位；"社会时间"被称为"中时段"，对应的历史形态叫作"局势"，以十至五十年为单位；"个人时间"被称为"短时段"，对应的历史形态叫作"事件"，以年月日为单位。依托对于不同历史时段的划分，布罗代尔完整地呈现了菲利普二世时代地中海世界的全景图，为"总体史"研究提供了较为成功的范例。在上述三种时段中，布罗代尔最为看重"长时段"，认为这种新的时间形态完全不同于以往历史学家对时间的认知，它将最终改变历史研究的实践和价值："对一个历史学家来说，接受长时段就必须准备改变自己的风格、态度，必须彻底改造自己的思维，而采用崭新的思考社会事务的概念。这意味着逐渐习惯一种比较缓慢的、有时近乎停滞的时间……总之，相对于这种缓慢的、层积的历史而言，整体的历史可以

---

①　［法］费尔南·布罗代尔：《菲利普二世时代的地中海和地中海世界》第一卷，唐家龙、曾培耿等译，商务印书馆2009年版，第4—18页。

重新思考，正如要从底层结构开始一样。"①

由此可以看出，布罗代尔提出"长时段"理论，是为了思考历史的整体，亦即所谓的"总体史"（histoire totale）。所谓的总体史，就是要改变以往历史研究只重视政治史等"短时段"的历史，从深层次的结构层面去把握人类历史的整体发展。此外，总体史的提出，也是要打破历史学与社会科学之间的壁垒，积极开展学科间的对话。彼得·伯克（Peter Burke）曾这样总结早期年鉴学派的史学理念："《年鉴》背后的主导理念也许可扼要归纳如下。首先，是以问题导向的分析史学，取代传统的事件叙述。其次，是以人类活动整体的历史，取代以政治为主体的历史。再次，为达成上述两个目标，与地理学、社会学、心理学、经济学、语言学、社会人类学等其他学科进行合作。"②

与年鉴学派创建者马克·布洛赫（Marc Bloch, 1886—1944）和吕西安·费弗尔（Lucien Febvre, 1878—1956）不同的是，布罗代尔的总体史是在长时段的时间框架下呈现的。这种独特的呈现方式，反映了布罗代尔对总体史性质的深入思考。首先，长时段是总体史的根本前提，只有将历史现象置于长时段的框架之下，人们才可以把握其总体的发展和变化。有了长时段的时间架构，总体史才称得上是一种真正客观的历史；其次，根据历史现象变化节奏的不同，历史研究中的时间可以划分为不同的时段，每个时段都是窥探总体史的一个特殊维度，其中长时段用来衡量变化最缓慢的历史现象；再次，布罗代尔最看重由长时段或地理时间所衡量的历史现象，他称这类历史现象为"结构"，并认为结构是总体史的重心；最后，综合性与多元性是历史的根本特性，总体史不能只反映长时段下的历史现象，还应当适当关注传统史学所侧重描述的重大事件。

---

① ［法］费尔南·布罗代尔：《历史和社会科学：长时段》，见《论历史》，刘北城、周立红译，北京大学出版社 2008 年版，第 36 页。
② ［英］彼得·伯克：《法国史学革命：年鉴学派，1929—2014》，刘永华译，北京大学出版社 2016 年版，第 3 页。

长时段作为一种叙述和解释历史的新视角，对后来的历史学产生了深远的影响。首先，在历史认识论方面，长时段理论将历史研究者的关注点，从细枝末节的表层现象引向了更为深层的结构上去。布罗代尔曾指出："我们必须事先弄清这些隐蔽的、往往无声无息的巨大水流，而长时期的观察才能揭示它们的流向。引起轰动的事件往往只是这些宽阔的命运的瞬间和表象，而且只能用这些命运予以解释。"[1] 当然，长时段不是理解历史的唯一途径，但却是回答历史中长期的和结构性问题的重要途径。雅克·勒高夫曾这样评价长时段的意义和价值，他说："新史学的先驱较有成效的观点无疑是长时段。历史发展时快时慢，但推动历史发展的内在力量却只有在长时段中才能起作用并被把握。"[2] 因此，只有当历史学家的视域从短时段转向长时段，他们才能从总体上理解历史的各种层次，才有机会重新建构一种宏观的历史理论。在布罗代尔漫长的研究生涯中，他始终致力于对历史进行长时段研究，他对经济世界的构建、对文明史尤其是物质文明的独特理解，也无不与长时段息息相关。

其次，长时段突破了传统史学对时间的单一理解，发现了时间潜在的多样性和多种可能。在布罗代尔看来，历史研究中的时间具有多重形态，它们既可以是平行的，也可以交织在一起，彼此独立但又相互影响，是"历时性"与"共时性"的有机结合。这种对于历史时间的新的理解，意味着历史学家要用更加开放和更加包容的态度去认识过去和解释过去。历史因而不再是绝对的和唯一的，而是多元的和多层次的。历史学家所要做的，就是尽量从不同的时间尺度来衡量各个层次的历史，进而将这些不同的历史综合在一起，形成对人类历史的较为完整的认识。[3]

---

[1] ［法］费尔南·布罗代尔：《菲利普二世时代的地中海和地中海世界》，《序言》，唐家龙、曾培耿等译，商务印书馆2009年版，第10页。

[2] ［法］雅克·勒高夫：《新史学》，见雅克·勒高夫、皮埃尔·诺拉等主编《新史学》，姚蒙译，上海译文出版社1989年版，第27页。

[3] 布罗代尔对于多元历史时间的贡献，可参见 Dale Tomich, "The Order of Historical Time: The Longue Durée and Micro-History", *Almanack*, No. 2, 2011, pp. 52–65.

最后，更为重要的是，在长时段的观照下，"过去"不再是单一和恒定的，而是随着时段的延长也在不断延长和变化，过去因而是多样化的和复数的。这种复数的过去因此可以与现在甚至未来建立一种多元的联系，赋予人们一种动态的理解历史的方式，进而使人们获得一种不同于以往的历史意识。而这种新的历史意识的获得，则有助于人们去重新思考过去、现在、未来之间的关系，这一点对于理解莱因哈特·科塞勒克意义上的历史时间问题有着重要的意义。

二 经验空间与期待视域：莱因哈特·科塞勒克

作为历史时间问题的主要提出者，莱因哈特·科塞勒克（Reinhart Koselleck，1923—2006）坦言，他对于这一问题的思考深受布罗代尔著作的启发，并认为自己所提出的历史时间多重层次的观念是对布罗代尔理论的延续。① 科塞勒克尤其注意到布罗代尔的历史的结构与历史时间之间内在联系。他在一篇题为《表现、事件与结构》的文章中这样说道："近年来，社会史诸多成问题的原则，使得'结构'一词渗透在历史尤其'结构史'之中。这些结构，包括了那些没有被已经经历的事件的严格序列所涵盖的时间层面。这些结构表明了长期的延续、稳定和变化。'长期'和'中期'这样的范畴，以一种更为严苛的方式，规定着过去一个世纪被看作是'局势'的那种东西。"② 尽管受到了布罗代尔的影响，但科塞勒克是将历史时间作为历史研究的对象，而不是作为历史研究的背景或框架。换句话说，在科塞勒克那里，历史时间不是一个外在的实体，比如物理学中的时间或社会学中的时间，而是一个内嵌在历史本身中的概念。正如科塞

---

① Niklas Olsen, *History in the Plural: An Introduction to the Work of Reinhart Koselleck*, New York and London, Berghahn, 2012, p. 143.
② Reinhart Koselleck, "Representation, Event, and Structure", in Reinhart Koselleck, *Futures Past: On the Semantics of Historical Time*, trans. Keith Tribe, New York, Columbia University Press, 2004, p. 107.

勒克所指出的："如果历史时间这个概念具有特定的意义，那么它就与社会和政治行动，与具体的行动中的人和遭受苦难的人以及他们的机构和组织密切相关。"①

虽然科塞勒克并没有给出历史时间一个确切的定义，但从其多篇涉及这一问题的论文中，我们可以看出科塞勒克所谓的历史时间就是指过去与未来之间的变动关系。科塞勒克在其文集《过去之未来：历史时间的语义学》中指出，文集中的文章都"指向了那些明确地或含蓄地阐述时间的历史经验的文本。更确切地说，这些文本……都与一个既定的过去和一个既定的未来的关系有关……（这些文本所提供的）所有证据都是为了回答如下问题：在一种具体的情况下，经验是如何与过去达成一致；而被投射到未来的期待、希望或预测，又是如何被语言所描述的？这些论文不断地在询问：在一个既定的当下，过去与未来的时间维度是如何发生关系的？这一询问涉及这样一个假设，即在区分过去与未来时，或者在区分（人类学意义上的）经验和期待时，有可能把握像历史时间这样的东西"②。

而在论证过去与现在之间变动的关系时，科塞勒克主要借助了以下两个重要的概念，即经验空间（Erfahrungsraum，Space of Experience）和期待视域（Erwartungshorizont，Horizon of Expectation）。科塞勒克认为，经验空间是记忆的场所，留存着人类社会所有的往事，它指向过去；而期待视域则指向未来，只能被预测不能被体验。人们所处的现在，就是过去与未来或者经验与期待的连接点。因此，没有脱离经验的期待，也没有无关期待的经验。在历史的每一个阶段，不同的经验空间造就了不同的期待视域，而不同的期待视域由反作用于不同的经验空间。在科塞勒克看来，历史时间就产生于经验空间和期待视域之间的张力，通过考察这种张力变化过程，人们就能从结构上理

---

① Reinhart Koselleck, "Author's Preface", in Reinhart Koselleck, *Futures Past: On the Semantics of Historical Time*, p. 2.

② Reinhart Koselleck, "Author's Preface", in Reinhart Koselleck, *Futures Past: On the Semantics of Historical Time*, p. 3.

解历史时间的真正内涵。科塞勒克指出:"为了生活而去协调过去与未来的冲动,完全是人类的天性。具体来说,一方面,每个人、每个群体都有一个与人的行动相关的经验空间,过去的事物在这里得以呈现或被记住;另一方面,人们的行动也总是以特定的期待视域为参照。"①

在现代之前,人类生活的每个阶段都与之前的阶段没有发生断裂,人类的经验空间处于连续性的状态之中。人们通常认为,从过去的经验中就可以找到应对未来的方法和范例,因此人们对于未来并没有什么期待。尽管基督教以"末日审判"的观念带来了一种指向未来的时间观念,但人们除了期待末日外,并没有更多的世俗事物值得展望。但是18世纪以降,尤其是进入科塞勒克所谓的"鞍型期"(Sattelzeit)以来,人们关于过去和未来的观念发生了巨大的转变。首先,未来开始变得开放和具有多种可能性,而不只是那种基督教神学所宣扬的末日。其次,人类社会的飞速发展,尤其是革命,打碎了过去的经验空间。那些曾经被认为是永恒的经验,很快被新的和现实的经验所取代。与此同时,一种进步的和指向未来的历史观念出现了,它承诺了诸多美好的事物,相信人类社会会朝着更好的方向发展。由此,对于未来的期待在不断增长,经验空间和期待视域开始发生分离,并在18—19世纪之交生了明显的断裂,一种全新的、开放的未来观出现了。②

历史时间即诞生于经验空间与期待视域的断裂,它将历史时间化(temporalization),也就是说让历史或者过去拥有了一种未来。历史时间与人们在日常生活中体验到的时间一样,具备既定的方向和速度,但历史时间的方向可以随着"过去"与"未来"之间的张力发生扭

---

① Reinhart Koselleck, "Time and History", in Reinhart Koselleck, *The Practice of Conceptual History: Timing History, Spacing Concepts*, trans. Todd Samuel Presner and others, Bloomington: Stanford University Press, 2002, p. 111.
② Reinhart Koselleck, "'Space of Experience' and 'Horizon of Expectation': Two Historical Categories", in Reinhart Koselleck, *Future Past: On the Semantics of Historical Time*, pp. 255–277.

转，其速度也可以随着社会进程的发展"加速"或"减慢"。因此，在科塞勒克看来，历史时间又是多层次的、复数的和不匀质的。不同时代有不同的历史时间，同一时代也可能存在多种历史时间。"不同时代的同时代性"，抑或与之相反的"同时代的不同时代性"都是历史时间的特点，历史因而就处在这样一个多种时间共存的状态当中。

借助"经验空间""期待视域""时间层次"（Zeitschichten）等概念，科塞勒克提出并发展了一种多层次的历史时间理论。它以一种复杂的、异质的和多层结构的时间观念，取代了传统的线性的、单一的和同质的时间意识，是一种高度灵活的动态的时间理论。科塞勒克的历史时间理论最初并没有引起人们的足够重视，但直到其主要的著作被翻译成英文后，才在西方学术界产生巨大反响。他所提出的一些概念和分析框架，成为历史研究尤其是当代史研究中不可或缺的借鉴方法。比如，法国当代著名历史学家弗朗索瓦·阿尔托格，就是以科塞勒克关于前现代和现代时间经验的思考为基础，进一步将它们表述为不同形式的历史性体制，并揭示了历史时间在当下的转变。

三 历史性体制的转变：弗朗索瓦·阿尔托格

如果说科塞勒克借助历史时间的观念探讨了过去与未来的关系，那么法国历史学家弗朗索瓦·阿尔托格（François Hartog）通过创造性地提出"历史性体制"（Regimes of Historicity）这一概念，试图厘清过去、现在和未来这三种时间向度的关系。历史性体制这一概念的提出最早是在1983年，其时阿尔托格用它描述一种历史形态，尚未具有历史时间的含义。后来，受科塞勒克"经验空间"和"期待视域"等概念的影响，历史性的体制开始被用以思考过去、现在与未来之间的关系。所谓的历史性的体制，指的是人们生活于其中且服从于它的强大的时间秩序。阿托尔格曾这样界定历史性体制："从狭义上看，它是一个社会探索并反思其过去的方式；从广义上看，它指的是每个社会在其时间结构和观念中采用的自我意识的方式。"① 由此看来，历史性体制也不是单一的，它首先是历时性的，随着社会的发展而变化；同时它也受到地点的制约，在不同的空间里有着不同的表现形式。具体说来，一个社会在其发展的过程中，会经历不同的历史性体制；而不同的社会，也会因发展的阶段不一样而处在不同的历史性的体制中。

阿尔托格认为，历史性体制大致可以分为以下三种。第一，古代的历史性体制。古代的历史性体制，是人类对于时间秩序的最初的思考，它与科塞勒克所说的"经验空间"相对应。反映在历史时间意识上，它是一种以过去为导向的思维模式。也就是说，过去被认为是一种稳固和不变的时间体验，它为后来者源源不断地提供可资借鉴的经验。人们只需从过去的经验中，即可获得解决当下问题的方法。古代的历史性体制在时间上涵盖了西方的古代和中世纪两个时期。《旧约·传道书》中的一段话，可以清楚地反映这种历史性体制："已有的事，后必再有；已行的事，后必再行。日光之下，并无新事。岂有一件事人能指着说，这是新的。哪知，在我们以前的世代，早已有了。"② 这种事物发展的不变性与实用主义历史观的结合，催生出西塞罗的"历史乃生活之师"（Historie magistre vita）著名论断，它强调了过去与现在在经验空间上的连续性。③ 在西方的中世纪时期，对过去的记述通常以一种"范例史"的方式呈现给当时的人，以备读者仿效和借鉴，避免重犯历史上的错误。由于过去为现在提供了一个合理的样板，告诉人们何以行事，如何对他们所处的时代做出评判，因此在中世纪人的眼中，过去的呈现是真切和实在的，是触手可及的，

---

① François Hartog, *Regimes of Historicity: Presentism and Experiences of Time*, trans. Saskia Brown, New York: Columbia University Press, 2015, p. 9.
② 参见《旧新约全书·传道书》，旧约第十二章，香港圣经会1955年版，第897页。
③ 西塞罗的这句话出自《论演说家》，参见 Cicero, *De oratore*, II, 36。中译文可参见[古罗马]西塞罗《论演说家》，王焕生译，中国政法大学出版社2003年版，第227页。

过去与现在之间并没有发生分离。①

第二，现代的历史性体制。现代的历史性体制发端于1789年的法国大革命，这一西方历史上具有划时代意义的事件导致了过去与现在的分离，让人们产生了一种以未来为导向的时间意识。在这种历史性体制中，过去的经验失去了作为典范的价值，它变得一无是处，不再能为人们提供当下的借鉴。人们转而将目光转向了未来，逐渐形成了科塞勒克所说的"期待视域"，即寄希望用未来启示当下，解释过去。阿尔托格将现代的历史性体制的时间范围限定在1789年至1989年之间，也就是从法国大革命到柏林墙的倒塌。② 不过，这种划分方式并不是绝对的，因为一种历史性的体制从确立到稳定，再从强盛走向崩溃，都要经历很长的时间。新旧历史性体制的转换，也不是一蹴而就的，中间很可能存在叠加时期。阿尔托格曾以法国大革命时期的保守派贵族文人夏多布里昂（François - René de Chateaubriand, 1768—1848）为例，分析了处于新旧两种历史性体制之间的矛盾和断裂感。在阿尔托格看来，夏多布里昂数十年来一直在重写和改写他的自传《墓畔回忆录》，其原因就在于作者试图让自身去适应不断变化着的时间体制。阿尔托格对此的评论是："四十多年的时间里，夏多布里昂一直在写作和重写回忆录，他将这种时间的断裂，这种新旧历史性体制之间无法弥合的距离，视作自己写作的现实原则和享乐原则。"③

第三，当下的历史性体制。当下的历史性体制出现在现代的历史性体制之后，亦即1989年之后。其时，冷战的世界格局已经消失，相对平衡的国际秩序出现了裂缝，现代性所允诺的美好未来并没有如期而至。人们发现，不仅过去的经验没有了价值，对于未来的期待也

---

① Matthew Innes, "Introduction: Using the Past, Interpreting the Present, Influencing the Future", in Yitzhak Hen, Matthew Innes, eds., *The Uses of the Past in the Early Middle Ages*, Cambridge: Cambridge University Press, 2000, p. 1.
② François Hartog, *Regimes of Historicity: Presentism and Experiences of Time*, p. 106.
③ François Hartog, *Regimes of Historicity: Presentism and Experiences of Time*, p. 88.

显得有些不切实际。在人们对于未来无所期待的同时，当下（the present）这一时间范畴开始快速兴起，很快主导了人们的对于时间的意识和感知。与此同时，社会比以往任何时候都在加速发展，它创造出一个急速膨胀的当下。阿尔托格曾作过一个形象的比喻，认为在当下的历史性体制中，时间在被极大地压缩，一分半钟的话题可以涵盖三十年的历史。① 这种当下的历史性体制又被阿尔托格称作"当下主义"（presentism），亦即当下取代了过去和未来，成为人们行动的唯一的参照系，它就是人们今天的时间经验。② 而在当下主义的氛围中，人们对过去和未来都不再感兴趣，只专注于当下。

纵观阿尔托格的三种历史性体制，其中当下的历史性体制是对科塞勒克历史时间理论的发展，也最具原创性。不仅如此，当下的历史性体制也深刻地概括了现今的社会状况。如果说古代的历史性体制对应的是前现代、现代的历史性体制对应的是现代的话，那么当下的历史性体制对应的应当是后现代。尽管阿尔托格并没有明确指出，当下的历史性体制或者当下主义，其实就是后现代主义的翻版，但是从其所描述的社会现象和人们的时间体验中，我们还是能够清楚地感知当下的历史性体制的后现代特征。比如，在当下的历史性体制中，时间的体验是即时性的和飞速发展的，一切事物都处于转瞬即逝的状态中，似乎再没有永恒的价值。人们对于知识的理解以及人们的历史意识，都呈现出典型的碎片化特征。虽然阿尔托格准确地指出了当下的历史性体制的特征，但并没有指明这一时间体制最终要走向何方，又最终会被何种历史性体制所取代。正如大多数后现代主义者钟情于批判现代主义但却无意建构一种替代的现代性一样，阿尔托格并没有为如何解决当下的历史性体制的弊端提供一个可行的办法。我们可以说阿尔托格的历史性体制理论是开放的，但在这种开放性中，历史依然没有未来。

---

① François Hartog, *Regimes of Historicity: Presentism and Experiences of Time*, p. 113.
② François Hartog, *Regimes of Historicity: Presentism and Experiences of Time*, p. 18.

结　语

在现代的历史观念中，时间在本质上是单一和线性的，对历史的分期、对历史事件或历史人物的评判，以及对历史发展的预测，基本上都是在线性的时间架构里完成的。然而，随着布罗代尔对时间的多重层次的揭示，单一的和线性的时间观念受到了挑战。历史学家一方面将不同的时间层次应用到不同的历史现象中，一方面开始将时间作为历史研究的重要对象。受布罗代尔三种时段理论的启发，科塞勒克提出了自己对于历史时间的理解。在科塞勒克看来，历史时间的本质是探讨过去与未来的关系，以及这种关系背后所体现出来的时间意识和历史意识。因此，"经验空间"与"期待视域"从重合到分离的过程，不仅意味着以过去为导向的历史意识向以未来为导向的历史意识的转变，也构成了人类历史从前现代向现代演进的基本线索。而到了阿尔托格那里，"经验空间"与"期待视域"的关系被转化成不同的"历史性体制"演变和发展，并最终导致了"当下主义"这一新的时间意识的出现。

综合科塞勒克与阿尔托格的历史时间理论，我们可以清楚地划分出三种不同的时间意识和历史意识。首先，以过去为导向的时间意识，它代表了前现代的历史意识；其次，以未来为导向的时间意识，它对应着现代的历史意识；最后，以当下为导向的时间意识，它意味着一种后现代的历史意识。当前，从时间意识或时间经验上来看，人们正面临着一种过于强大的当下主义，它让人们既不关注过去，也不关注未来，一切只以当下的价值来衡量。与此同时，一种力图重新回到过去的时间意识或历史意识也在悄然出现，近年来全球范围内兴起的民粹主义便是一个明显的例子。民粹主义排斥全球化，强调民族利益，期望回到过去，回到一个国家力量最强大的时期。我们从特朗普在 2016 年竞选时所用的口号"让美国再次强大"（Make America Great Again），以及英国的脱欧运动（Brexit）中可以一窥其端倪。这种情况的出现不是偶然的，它在某种程度上是对当下主义的反动，尽管采取了一种极端的方式。其结果有可能是，贸易和思想的壁垒被重新树立起来，有形和无形的边界再次成为人们交往的障碍。平坦的世界将变得沟壑丛生。

　　当前，我们既要超越当下主义，也要避免重新回到过去。在某种意义上，现代的历史性体制依然有其价值和效用。因为只有以未来为坐标，人类的历史才会有一个确定的方向感，历史学家才得以在这种以未来为导向的时间框架中，去有效地思考重大的议题，进而解除那些困扰人类已久的不确定性。当然，对于现代的历史性体制的重建，需要我们同时考量过去、当下和未来这三种时间向度，并在三者之间达成一种微妙的平衡，而不是以某种时间向度为重。因为只有如此，人们才能兼顾经验（过去）、期待（未来）和利益（当下）的合理性，从而使人类通向未来之路——在某种意义上，也是创造历史的过程——更具开放性和多样性。而这一点，或许正是历史时间对于实践中的历史学家的最大价值。

第十章

"人类世"与后人类的历史观

张旭鹏

"人类世"（Anthropocene）概念最初由地质学家和地层学家提出，他们希望借助这个既生动又实用的概念，来论证人类活动对地球所造成的深刻变化，进而说明地球已经进入一个新的地质时期。不过，这一概念至今尚存争议。国际地层委员会对把"人类世"认定为一个地质新时代依然持谨慎态度，地质学家也不确定标示着全新世与人类世地层界线的"金钉子"（Golden Spike）应位于何处，包括历史学家在内的诸多学者仍在为人类世发端于何时而争论不休。但是，一个不容忽视的事实是，人类世这一概念，以及我们已经生活在人类世的观念，正在被越来越多的知识分子和普通公众所接受，由人类世所引发的讨论与争议、预期与展望也越来越多地出现在从学术期刊到社交网络的众多媒体上。人们有理由相信，即便人类世不能成为一个地质新时代，但这一概念的出现也足以说明，人类和地球正经历着一个与以往截然不同的时期。不仅如此，伴随着人类世概念的传播和人们对它的接受，近年来对人类世的研究开始注重探讨人类世的社会意蕴及人文内涵。历史学家也因此参与到人类世的讨论中，认为这一概念有助于产生一种超越人类历史局限的新的历史观念。而这一新的历史观念将推动人们重新思考历史研究中的时间和空间概念，摒弃历史叙事中人类中心主义的倾向，看到非人类因素在历史研究中的重要性。

第十章 "人类世"与后人类的历史观

一 什么是人类世？

所谓的"人类世"（Anthropocene），可以大致理解为这样一个时期：在这个时期中，人类作为一种地质力量在持续不断地改变着地球，并对之施以不可逆转的影响。或者，用一种更加具体也更为专业的表述来说，人类世是"人类活动作为主要的外部地质营力对地表形态、地球环境和地球生态系统产生重大影响，使地球系统演化改变原有速率，地球系统演化进入自然与人类共同影响地球未来的地质历史新阶段"[①]。一般认为，人类对地球地质、气候、生态和环境产生的影响主要体现在以下四个方面：第一，地质沉积率的改变。人类的农业活动和建筑工程，极大地加快了地球表面的侵蚀和风化速度，由人类引发的风化率比自然风化率高出一个数量级。第二，碳循环的波动和气温变化。工业化时代以来，地球大气中的二氧化碳含量，比工业化时代之前高出三分之一，是近 1000 万年以来的最高值。二氧化碳的排放导致气温，特别是最近二十年的气温上升，已达到 6000 万年以来的最高温度。第三，生物的变化。有证据表明，人类与很多动物和植物的灭绝有着直接或间接的关系，物种的灭绝和生物数量的下降，已经从陆地蔓延到了海洋。人类导致的生物种群的变化速度堪与冰河期来临时相提并论。第四，海洋的变化。20 世纪以来，全球海平面已经上升了 10—20 厘米，预计未来 100—200 年内海平面将上升至少 1 米。与此同时，海水正经历着过去 3 亿年来速度最快的酸化过程，众多海洋生物将面临生存威胁。

就人类活动给地球带来的改变而言，这很可能是地球有史以来，第一次出现一种单一物种给地球带来如此巨大影响的时代。或许正是出于这一原因，"人类世"这一概念才应运而生。其实，至少从 18 世

---

① 刘宝珺、杨仁超、魏久传等：《地球历史新阶段：人类世》，《山东科技大学学报》（自然科学版）2018 年第 1 期。

纪晚期开始,一些博物学家和地质学家就已经注意到人类的介入对地球产生的潜在影响。早在1778年,法国博物学家布封(Georges-Louis Leclerc,Comte de Buffon,1707—1788)就曾指出,人类的时代将成为地球的第七个亦即最后一个时代。不过,布封的这一划分显然与《圣经》中的七日创世神话相吻合,表明他尚未摆脱自然神论的影响。1854年,威尔士地质学家和神学教授托马斯·詹金(Thomas Jenkyn)在其所讲授的地质课上提出,若以未来的化石记录回看现在,当今可以被称作"人类时代","所有近期的岩石,或许都可以被称作灵生(Anthropozoic)石"。而到了1873年,意大利神学家和地质学家安东尼奥·斯托帕尼(Antonio Stoppani,1824—1891)便明确将人类所生活的时代称之为"灵生代"(Anthropozoic era)。在美国,类似的观念也在发展。1863年,美国地质学教授詹姆斯·德怀特·达纳(James Dwight Dana,1813—1895)在其撰写的风行一时的《地质学手册》中,将"精神的世界和人类的时代"称为地质学上最年轻的时期。[1]

由此可见,对人类因素在地球发展或地质演变中的重要性的思考,在"人类世"这一概念出现之前,就已经有了一个较为系统和完备的知识积累。正是在这一基础上,俄国地质学家、地层学家和古生物学家亚历克西·巴甫洛夫(Aleksei Pavlov,1854—1929)于1922年首次提出了"人类世"的概念,把当时人类所处的时代称作"由人类活动所产生的系统或人类世"的一部分。[2] 不过,通常认为,诺贝尔化学奖得主荷兰大气化学家保罗·克鲁岑(Paul J. Crutzen)和美国古生态学家尤金·斯特默(Eugene F. Stoermer)2000年在《国际地球圈·生物圈计划研究通讯》上联合发表的《人类世》一文,才是"人类世"这一概念在当今社会得以流行,并被人们所关注和接

---

[1] Simon L. Lewis and Mark A. Maslin,"Defining the Anthropocene",*Nature*,Vol. 519(12 March,2015),p. 172.
[2] Andrew Barry and Mark Maslin,"The Politics of the Anthropocene: A Dialogue",*Geo: Geography and Environment*,Vol. 3,Issue 2(2016),p. 5.

受的开始。

  两位作者在这篇文章中指出，从18世纪后半期开始，人类活动对地球的影响变得愈发明显。根据冰芯记录，自那时起大气中数种温室气体，特别二氧化碳和甲烷的浓度开始不断增加。两人据此把人类世的起始年代定为1784年，即瓦特发明蒸汽机那一年。而大致从这一年开始，因燃烧化石燃料造成的大气中二氧化碳含量的增加，在地球上大多数湖泊沉积物中都留下了明显的地层标志。克鲁岑和斯特默强调，除非发生重大灾祸，如火山爆发、传染病、核战争、行星撞击等，人类作为一个重要的地质营力将存在数千年甚至数百万年之久。[①]2002年，克鲁岑在《自然》杂志上发表《人类的地质学》一文，基本重申了上述观点，此文的发表加速了科学界和公众对"人类世"概念的接受。[②]

二 人类世的社会意涵

  作为一个地质学或地层学概念，"人类世"在21世纪的再次出现和流行，主要与自然科学家对它的倡导和讨论有关。不过，由于"人类世"这一概念的很多核心议题都指向了当今的气候、环境和生态问题，它也引起了普通公众以及人文与社会科学学者的关注。2007年，保罗·克鲁岑联合美国化学家、澳大利亚国立大学气候变迁研究所所长威尔·史蒂芬（Will Steffen）教授以及美国乔治敦大学环境史教授约翰·麦克尼尔（John R. McNeill）在《人类环境杂志》上发表《人类世：人类将压倒大自然的威力吗？》一文。与之前有关人类世的文章多从气候或生态变化层面，如二氧化碳在大气中浓度的增加来展开论述不同的是，这篇文章将视角转向了人类的生产和生活活动。三位作者不仅考察了人类生产和生活活动的历史变化，而且还探讨了这些

[①] Paul J. Crutzen and Eugene F. Stoermer, "The Anthropocene", *IGBP* (International Geossphere-Biosphere Programme) *Newsletter*, No. 41 (May, 2000), pp. 17–18.

[②] Paul J. Crutzen, "Geology of Mankind", *Nature*, Vol. 415 (3 January, 2002), p. 23.

变化与不同历史时期人类所取得的科学技术成就的关系，以及人类生产方式的改变对生产和生活活动的影响，试图借此从一个更具历史维度的综合视角来阐述人类活动给地球所带来的影响。诚如三位作者指出的，他们在这篇文章中要着力解决的一个重要问题就是探明"改变人类社会与大自然间关系并导致对地球系统产生加速影响的社会经济、文化、政治及技术发展是什么"①?

这篇论文的历史维度还表现在它并不满足于对人类世起始时间的讨论，而是尝试对人类世进行历史分期。可能是考虑到以瓦特发明蒸汽机这一具体的历史事件作为人类世这样的地质时代的开端有些欠妥，三位作者将人类世的起始时间设定在1800年亦即19世纪的开端这一更能代表工业化大发展，同时也更具普遍意义的年代。人类世据此被划分为三个阶段：第一，工业化时代（约1800—1945）。在这一阶段，全球范围内矿物燃料的使用给地球系统带来了巨大的影响。第二，大加速时代（1945—约2015）。在这一阶段，人类对地球生态系统的改变比以往任何时候都更加快速和广泛。第三，地球系统的管理者时代（约2015— ）。在这一阶段，人类在作为一种重要的地质作用力的同时，也开始思考并制定地球生命支持系统可持续性发展的方法和政策。② 在这一人类世三阶段的划分中，前两个阶段基本已经成为历史或者现实，唯有第三个阶段，因其面向未来，故而也是开放性和建设性的。身处这一阶段的人类，不仅要面对和应对人类世的种种危机，更要成为地球的管理者，甚至自我的管理者。这就要求人类不能仅从科学和技术层面，更要从哲学反思和人文关怀的高度重塑人类世时代的价值观念和伦理道德。因此，人类世的核心议题就不能只是一个与地质年代、温室气体的浓度有关的自然科学问题，而且还应是

---

① Will Steffen, Paul J. Crutzen and John R. McNeill, "The Anthropocene: Are Humans Now Overwhelming the Great Forces of Nature?", *AMBIO: A Journal of the Human Environment*, Vol. 36, No. 8 (December, 2007), p. 614.

② Will Steffen, Paul J. Crutzen and John R. McNeill, "The Anthropocene: Are Humans Now Overwhelming the Great Forces of Nature?", *AMBIO: A Journal of the Human Environment*, Vol. 36, No. 8 (December, 2007), pp. 616-620.

一个综合了自然科学、信息技术,同时包括政治、经济、文化和历史等诸多学科在内的,体现了人类总体智慧的大问题。

在三位作者看来,尽管在人类世的第三阶段,人类作为一种对地球产生破坏性作用的消极力量会持续下去,但另一方面,科学、技术、文化和政治上的新变化也为人类成为理性的管理者提供了契机。这具体表现在:首先,对人类和环境系统的研究和理解在快速发展,其中最具革新性发展是跨学科研究的应用;其次,互联网作为一种全球性的自我管理系统拥有巨大的力量;再次,社会趋于更加自由和开放,对独立媒体形成足够的支持;最后,民主政治体制不断成长,强化了公民社会的作用。① 由此可以看出,不论是作为一个概念还是作为一个地球历史的新阶段,人类世也被赋予了更多的社会内涵。

2011 年,保罗·克鲁岑、威尔·斯蒂芬、约翰·麦克尼尔与日内瓦高级国际关系与发展研究学院暨日内瓦大学教授雅克·格林瓦尔德(Jacques Grinevald)在著名的《皇家学会哲学会刊》合作发表论文《从概念和历史的角度看人类世》。这篇论文可以看作是自然科学家(保罗·克鲁岑、威尔·斯蒂芬)、社会科学家(雅克·格林瓦尔德)与人文科学家(约翰·麦克尼尔)就人类世问题发表的一份共同宣言。四位作者明确指出:地球正在走出当前的地质时代全新世而迈向新的地质时代人类世;人类作为一种全球性的、堪比自然力的地质力量,要为这一新的地质时代的到来负主要责任。② 鉴于人类世这一概念及其主要议题已经为人所熟知,文章不再像以往那样从环境科学的角度来论证地球大气的变化,相反,整篇文章几乎都是在进行某种历史反思。比如,对人类世概念前身的考察、对人与环境之关系的回顾、对人类世前两个阶段的总结,以及对建立一个更有效的全球治

---

① Will Steffen, Paul J. Crutzen and John R. McNeill, "The Anthropocene: Are Humans Now Overwhelming the Great Forces of Nature?", *AMBIO: A Journal of the Human Environment*, Vol. 36, No. 8 (December, 2007), p. 619.

② Will Steffen, Jacques Grinevald, Paul Crutzen and John McNeill, "The Anthropocene: Conceptual and Historical Perspectives", *Philosophical Transactions of the Royal Society*, Vol. 369, Issue 1938 (13 March, 2011), p. 843.

理体制的展望。在四位作者看来,人类世问题虽然是一个环境或生态问题,但它同时也是一个社会问题,一个在根源上涉及人的信仰与价值观念的问题。为此,四位作者重点谈到了人类世概念的社会意蕴(societal implications)。在四位作者看来,虽然接受人类世这一概念,有利于人们去解决人类世的种种危机。但在现实中,对这一概念的接受还存在着一些障碍。原因在于,人们对于进步主义的盲信,对于人类中心主义的执念,从代表了现代性的"大加速"时代一直延续下来,这使一些进步主义者和科学至上主义者并不会认真对待当前的危机或者对之抱一种侥幸态度。更为严重的是,一些人,比如气候变化怀疑论者,当他们的固有观念和信仰体系受到冲击时,他们往往会出现一种所谓的"认知失调"(cognitive dissonance),即不但不尝试改变自己的错误信念,反而罔顾事实地要去改变他人的观念。① 这些涉及人类世社会意蕴的问题,恐怕才是最终解决人类世问题的关键。

三 人类世与后人类的历史观

自然科学家与社会科学家、人文科学家的通力合作,使得人类世这一概念已经超越了地层学和地质学的范畴,吸引着众多人文社会科学家参与其中,对人类世展开更为综合的研究。2014 年创刊的《人类世评论》(The Anthropocene Review)就体现了这种理念,即通过统合地球科学、环境科学、材料科学、社会科学和人文科学的方法,赋予人类世研究更多的跨学科特点。与之类似,近年来新兴的"环境人文科学研究"(studies in environmental humanities)则希望将诸如文化研究、文学研究、人类学、历史学、哲学等人文学科对环境问题和生态危机的思考与关注,与自然科学和社会科学的相关研究结合起来,进而凸显人类世问题的"社会"内涵。当然,这里并不是说自然科

---

① Will Steffen, Jacques Grinevald, Paul Crutzen and John McNeill, "The Anthropocene: Conceptual and Historical Perspectives", *Philosophical Transactions of the Royal Society*, Vol. 369, Issue 1938 (13 March, 2011), pp. 861 - 862.

学家和社会科学家并不讨论人类世涉及的社会问题，而是说他们更多地将"社会"当作一种可以准确和及时监控的"系统"。与之不同的是，人文科学家的参与，会带来一种别样的重估地球重要性的方式，即从更为多元的角度去理解科学的"真理"和社会的变迁，而这被认为是在人类世时代展望未来所必要的和不可或缺的。①

就历史学而言，最早对人类世做出深刻反思的是印度裔的美国历史学家迪佩什·查克拉巴蒂（Dipesh Chakrabarty）。2009 年，查克拉巴蒂在《批评探询》（*Critical Inquiry*）上发表了著名的《历史的气候：四个命题》一文。这篇文章针对人类世时代气候变暖这一严峻问题，提出了四个命题，其中最为核心的命题是："从人类活动的角度去解释气候的变化，意味着由来已久的人文主义者对自然史和人类史区分的失效。"② 自人类拥有历史以来，人始终是历史的主体。对历史的研究如果离开了人这一主体，而只剩下非人类或者冷冰冰的数据的话，将毫无意义。20 世纪 50 年代，人们对计量史学的批评就认为，计量史学的一个问题就在于过于依赖能够提供客观结果的计量方法，以此来弥补印象主义式的历史描述的不足，但这很有可能带来一种"反事实"（counter-factual）的效应。③ 晚近对于大历史的批评也认为，大历史将人的历史从自然的历史中剥离出来，进而使人在万物的框架中显得过于渺小，宛如在真空中一般。④ 因此，一些历史学家对于在时间和空间尺度上过于宏大的历史持怀疑态度，他们认为只有在人的尺度上，历史学家才能利用"思想和情感想象的工具"，才能去理解"在特定文化的丰富背景中由特定的心灵所产生的证据"，才

---

① Noel Castree, "The Anthropocene and the Environmental Humanities: Extending the Conversation", *Environmental Humanities*, Vol. 5, Issue1 (May, 2014), p. 255.

② Dipesh Chakrabarty, "The Climate of History: Four Theses", *Critical Inquiry*, Vol. 35, No. 2 (Winter, 2009), p. 201.

③ Michael Bentley, *Modern Historiography: An Introduction*, London and New York, Routledge, 1999, p. 133.

④ Bruce Mazlish, "Big History, Little Critique", *Historically Speaking*, Johns Hopkins University Press, Vol. 6, No. 5 (May/June, 2005), p. 43.

能做出"政治和伦理上的判断"①。

这样一来,在传统的历史观念中,自然的历史要么与人的历史相分离,要么从属于人的历史,成为人类不断攀升的故事的背景。查克拉巴蒂指出,这种情况的改变发生在1949年费尔南·布罗代尔(Fernand Braudel,1902—1985)《菲利普二世时代的地中海和地中海世界》一书出版之后。在这本开创性的著作中,环境或者自然不再是人类历史沉默的、消极的背景,而是对人类活动进行了积极的塑造。这一趋向到了20世纪70年代,随着阿尔弗雷德·克罗斯比(Alfred W. Crosby)等环境史学家的推动,有了进一步发展,人类由此开始被认为是自然环境的一部分。在这里,正如自然科学家们力图展现人类世这一概念的"社会意蕴",进而将人类世问题放在社会维度上加以考察一样,查克拉巴蒂同样强调,历史学家应当打破人在历史叙事中的中心位置,将人的历史与自然的历史结合起来。为此,查克拉巴蒂提出了两种关于人类的历史,一种是有文字记载的人类的历史,大约有4000年的时间跨度,这是一种人类占据主体位置的历史,也是历史学家通常所研究的历史。一种是人类的深度历史(deep history),它超出了有文字记载的历史,时间跨度长达数万年,人类在其中只是地球上众多生命形式中的一种,人类历史也只是地球上生命历史的一部分。②

因此,只有将人类的历史置于深度历史的语境中,人们才有可能对人类世这一概念做出客观的理解,进而对人类未来做出负责任的规划。在这一意义上,人类世概念对人类作为一种地质力量的强调,并不是要说人类因为具有了堪比自然力的改变地球的力量,而成为一个特殊的物种,可以凌驾于地球其他物种甚至自然之上。相反,人类世

---

① Julia Adeney Thomas, "History and Biology in the Anthropocene: Problems of Scale, Problems of Value", *American Historical Review*, Vol. 119, Issue 5 (December, 2014), p. 1592.

② Dipesh Chakrabarty, "The Climate of History: Four Theses", *Critical Inquiry*, Vol. 35, No. 2 (Winter, 2009), pp. 204–205, 212–213.

概念其实是想表达一种不确定性和危机意识，是要强调人类与其他物种以及自然环境之间休戚与共的关系。这种对人类历史的超越，最终是为了人类未来的福祉，去建构一种可持续性发展的新模式。正如美国生物学家爱德华·威尔逊（Edward O. Wilson）所言："我们需要这种时间跨度更长的视野……不仅仅是为了理解我们人类这一物种，也是为了更坚定地保障其未来。"①

这种对人类历史的超越，在某种程度上，也意味着一种后人类的历史观念的出现。与通常的历史观念亦即现代主义的历史观念相比，后人类的历史观念可以促使我们对以下三方面的内容做出新的理解和反思。第一，重新思考历史研究中时间和空间的概念。时间和空间是历史研究的基本要素，但其尺度在本质上是由人这一历史的行动者所决定的。在古代和中世纪，时间和空间的范围往往不会超出人在一天之内所行走的范围，即人从日出到日落所能达到的最远的物理距离，它通常以人类的居所为中心向四周延展。近代早期以来，随着新航路的开辟以及新世界的发现，历史研究的时间和空间跨度得到了质的提升。从空间上来看，它在理论上可以覆盖整个地球的表面，从时间上来看，它意味着一种布罗代尔意义上的"长时段"（longue durée），即所谓的地理时间的出现。② 20 世纪 80 年代以来兴起的世界史和全球史基本上就是在这样的时空框架内展开叙事。进入 21 世纪以来，大历史的异军突起，则将历史研究的时间跨度拓展到地球诞生之时，即 138 亿年之前。与大历史类似，人类世概念的提出，同样是将人类历史的时间维度融合于地球历史的时间维度之中，从而让人类历史与地球历史或自然历史形成一种真正的对话。

第二，对历史叙事中人类中心主义观念的摒弃。人类中心主义在过往的史学撰述中有两种表现。一种是人类在历史叙事中占据不可动

---

① Edward O. Wilson, *In Search of Nature*, Washington, D. C.: Island Press, 1996, p. x.
② 关于布罗代尔的"长时段"理论，参见 Fernand Braudel, "History and the Social Sciences: The Longue Durée", trans. Immanuel Wallerstein, *Review*, Vol. 32, No. 2 (2009), pp. 171 – 203。

摇的中心位置,是历史研究中的绝对主体。与人类相比,地球、自然与其他物种只是人类历史的背景,甚至是作为人类的他者而出现的。另一方面,人类中心主义还意味着人类可以正当且合理地对其他物种进行支配,或者对地球环境以及生物多样性肆意破坏,这一现象在以人文主义、进步主义和理性主义为核心的现代性历史叙事中被赋予一种理所当然的合法性。近年来,历史研究中对于人类中心主义开始有了深刻的认识和反省。人类不再被看作是特殊的一类,而是被视为地球上诸多物种中的一种,失去了其固有的优势和绝对的特权。[1] 曾经被人类历史所压抑和掩盖的动物的历史开始复现,对动物权利的呼吁和关注也成为学者们研究的一个重点。[2] 因此,在人类世的叙事中,人类尽管是作为一种地质力量而出现,但由于人类对地球环境和生态造成的危害同样威胁到人类自身的存在,因而人类并不能独善其身或具有某种超越性,而是与其他物种一样,受制于所有生物共同的赖以生存的物质基础。就这一点而言,人类与其他物种确实没有不同。

第三,对历史过程中非人类(non-human)因素的重视。广义上的非人类指的是人类之外的其他物质存在,既包括无生命的物体——比如像岩石、河流、矿物,以及自然环境;也包括有生命的其他物种,比如动物和植物。狭义上的非人类特指动物。长期以来,在人类对其历史进程的描述中,非人类的能动性并没有得到足够的展现。而与此同时,自达尔文提出物种进化理论以来,人们逐渐认识到,人类这一生物学意义上的物种,与其他非人类的物种一样,都要遵循同样的自然选择和进化规律。相比于某些物种,人类在进化中并没有展现出特别的优势,尤其是在对环境的适应中,甚至不像有些物种那样发展出更胜一筹的技能。一些历史学家进而指出,人类世时代

---

[1] Bryan L. Moore, *Ecological Literature and the Critique of Anthropocentrism*, Cham: Palgrave Macmillan, 2017.

[2] 比如近来动物史和动物研究的出现,相关的代表作可参见 Hilda Kean, *Animal Rights: Political and Social Change in Britain since 1800*, London: Reaktion Books, 1998; David Perkins, *Romanticism and Animal Rights*, Cambridge, Cambridge University Press, 2007; Rob Boddice, ed., *Anthropocentrism: Humans, Animals, Environments*, Leiden, Brill, 2011。

第十章 "人类世"与后人类的历史观

或许为打破非人类被置于人类之下的"存在之链"提供了契机，从而使前者能够展现其应有的意义和价值。① 更有一些学者认为，人类世时代，地球环境和人类之外的生物对人类这一气候力量或地质力量所产生的反作用，已经不再以人类的意志为转移，这说明非人类的影响已经直接作用到人类自身之上甚至对人类的历史进程产生了重要后果。人类因而也参与到了非人类转向之中。②

历史思维总是时代的产物。自历史学产生之日起，人类的历史思维总是围绕着人而展开的，历史也因而被称为一种"人学"。当然，在各个文明所产生的历史思维中，都有着对于人与自然、人与其他物种之关系的思考。只是历史思维的这一部分内容，始终被人的内容所压制。尤其是工业化以来，历史思维中非人类因素的缺乏，导致人类历史的发展是以损害环境和物种的多样性为代价的。人类世时代——不论它是否真的能成为地球历史的一个新时代，气候、环境和生态都因人类本身而发生了巨大的改变，它让人类愈发认识到，必须以一种新的历史思维去反思人类的过去、审视人类的现在，以及合理地规划人类的未来。当然，这样做的目的，并不是因为人类有什么特殊性，而是因为人类与地球、与其他物种一样，都面临着共同的命运。

---

① Joyce E. Chaplin, "Can the Nonhuman Speak?: Breaking the Chain of Being in the Anthropocene", *Journal of the History of Ideas*, Vol. 78, No. 4 (October, 2017), pp. 509 – 529. 关于"存在之链"，可参见 Arthur O. Lovejoy, *The Great Chain of Being: A Study of the History of an Idea*, Cambridge and London, Harvard University Press, 2001。

② Richard Grusin, ed., *The Nonhuman Turn*, Minneapolis: University of Minnesota Press, 2015, p. vii.

第十一章

证据的界说
——以字典释义为中心的历史语义学分析
余 伟[*]

"证据"一词在日常生活与学术研究中被频繁使用,证据概念也是学术研究的焦点之一。西方学界围绕证据问题进行了诸多讨论,国内研究多集中在法学领域,基本上侧重把证据与外在物体、客观事实、因果逻辑链联在一起来讨论。证据常常被定义为事实或根据,但仅仅"证据法学界还有'材料说'、'原因说'、'结果说'、'方法说'、'反映说'、'信息说'、'广义狭义说'、'统一说'等各种各样的观点"[①]。"证据是什么"依然众说纷纭。

无疑,证据首先可被界定为一个语词。它在言语行为中,以声音的形式呈现,而在间接交流时,则以文字形式呈现。按照索绪尔的看法,"我们一般只通过文字来认识语言"[②],而且"词的书写形象使人突出地感到它是永恒的和稳固的,比语音更适宜于经久地构成语言的

---

[*] 余伟:福建师范大学社会历史学院副教授、硕士生导师。研究方向为西方史学哲学、西方史学理论与史学史、知识论、证据科学、西方思想文化史。先后主持博士后科学基金、福建省社科重大项目、国家社科基金项目等,译有《史学理论手册》《新旧历史学》《史学原论》等。

[①] 何家弘:《虚拟的真实:证据学讲堂录》,中国人民公安大学出版社2009年版,第26页。

[②] [瑞士]索绪尔:《普通语言学教程》,高名凯译,商务印书馆1999年版,第47页。

统一性"①。作为语词的证据，显然可以作为进一步探究的前提性共识。人们很早就出于澄清语词释义的需要而开始对语词进行汇编，形成字典与词典。字典与词典中的定义具有较广的普适性。通常，字典与词典规定了某一语词的含义，那么任何与之不相符合的写法与用法都是错误的，必须予以纠正，从而确保语词正确发挥交流功能。

有鉴于此，我们将尝试从历史语义学②角度，在分析证据之字典普通定义的基础上，探究"证据是什么"这一概念问题。逻辑上，字先于词出现。要探究"证据"概念，显然我们必须同时探究证据与"证""据"。由于我们的出发点是证据的普适定义，则专门的学科辞典将不在我们讨论范围之内。

一 汉语字典中的"证据"及其历史语义

高使用频率的"证据"一词，在坊间任何一本字典或词典中都会涉及。由于证据在现代汉语中是个词，我们将从权威性的《现代汉语词典》出发。

证据作为一个词，在辞书中并非作为主条目。在1996年《现代汉语词典》修订本（第3版）中，证据一词被置于证字之下，意为

---

① ［瑞士］索绪尔：《普通语言学教程》，第51页。
② 历史语义学通俗地说就是从历史变迁过程的角度，对语词的意义进行分析研究。在西方，当前主要以概念史著称，自20世纪60年代西方学界"语言学转向"以来逐步兴起，其主导思想认为概念以语言形式表现，不仅是社会历史文化的产物，而且又反作用于社会历史过程，德国科泽勒克和英国斯金纳堪为两大代表，他们特别关注社会转型时期的概念。国内冯天瑜先生《"封建"考论》出版以来，历史语义学成为学界一个热点，冯天瑜先生并提出"历史文化语义学"。应该说，这些研究的重点都是历史，希望通过语言分析来探究历史。对此类研究的一个批评就是过于关注历史本身，而忽略了概念本身，很容易出现以想象之情境作为历史情境，并且以历史上出现的定义来约束当前实际使用之定义的问题。对本文而言，历史语义学作为一种分析方法，产生语义的历史文化更多的是一种背景而非认识对象，而我们的研究目的是概念本身，希望通过经验性的历史认识透视抽象性的概念本身，从而能确立概念界定的一个标准。

"能够证明某事物的真实性的有关事实或材料"①。从该条释义中，我们可以看出，证据被化约为事实或材料，而且是被用来证明某事物之真实性的。证据与事实或材料、证明活动紧密相关，那么按照这里的定义，我们为了实现证明之目的，有意识地采纳有关的事实或材料，将之运用于证明活动时，那些事实或材料就成为证据。如果有关事实或材料没有用于证明活动，那么相关证据就不存在了。由之，我们可以判断，证据必须被纳入证明活动中，只有在证明活动中才有证据，构成证据的基本要素是事实或材料，证据的功能指向是求真。特别地，由于事实是"事情的真实情况"②，证据潜在地必须为真。《现代汉语词典》的解释，是当前最普通、最广为接受的证据定义。

不过，正如索绪尔所指出的，我们若是只看到词的某种意义，并不能精确理解这个词，必须把该词与其相反或相近的词放在一起来理解，"我们要借助于在它之外的东西才能真正确定它的内容"③。《现代汉语词典》已经把证据与证明、事实或材料联系在了一起。而在该词典中，我们可以看到类似的词语：证词、证婚、证件、证明、证人、证实、证书、证物、证言、证验、证章；凭证、字据、论据、票据。它们可以基本区分为两类，作为证明活动所需的人或事物（名词）和具体的证明活动用语（动词）。这里，证明一词较为特殊，它兼具动词与名词的功能。在同一本词典中，证明被定义为"用可靠的材料来表明或断定人或事物的真实性"和"证明书或证明信"④。这里的证或据类的词语，所指向的都是表明某种真实性、确定某种真实情况的产物。证据与证明，分别从名词与动词两方面，涵盖了其他相关语词。

而1973年出版的《现代汉语词典》试用本，代表了大约半个世

---

① 中国社会科学院语言研究所词典编辑室：《现代汉语词典》修订本（第3版），商务印书馆1996年版，第1605页。
② 《现代汉语词典》修订本（第3版），1153页。
③ ［瑞士］索绪尔：《普通语言学教程》，第161页。
④ 《现代汉语词典》修订本（第3版），第1605页。

纪前的认知。其间证据被定义为"甲事物能证明乙事物的真实性，甲就是乙的证据"①，证与据的意义没有变化，但证据的定义却与修订本不同，并非常见的种加属差的方式，反而是类似于模拟的某处情境。证据被定义为某种看得见的事物，与修订本相比，事物作为"客观存在的物体或现象"②，材料作为相关证明活动所需的事物或事实，两者所指并无太大差别。

若把证据一词分开，可以发现，"证"字具有多重意义，但其第二义即为"证据"③，而"据"字除了占据、依凭的意思之外，还有着"可以用作证明的事物"④的意思。"据"本身作为事物，是看得见摸得着的。鉴于同书中材料的一个定义就是"提供著作内容的事物"和"可供参考的事实"⑤，因而"据"在证明活动中就是材料或事实。特别地，此义所附例词中赫然有着"证据"一词。综合来看，在现代汉语中，构成证据一词的两个字意义相同，因而它是一个并列式复合名词。证据就是证或据。

若是证据一词的意思可以被认为是证和据的并列使用，那么我们更有必要单独查看这两个字。广泛应用的《新华字典》第9版中，"证"被解释为"用人物、事实来表明或断定"和"凭据，帮助断定事理或情况的东西"⑥，"据"则被释作凭依、依仗、占据之外，尚有着"可以用作证明的事物，凭证"⑦。这样的解释与《现代汉语词典》并无二致，1971年《新华字典》修订重排本和1954年人民教育出版社出版的《新华字典》，其含义都没有变化。⑧

---

① 中国科学院语言研究所词典编辑室：《现代汉语词典》试用本，商务印书馆1973年版，第1316页。
② 《现代汉语词典》修订本（第3版），第1153页。
③ 《现代汉语词典》修订本（第3版），第1605页。
④ 《现代汉语词典》修订本（第3版），第685页。
⑤ 《现代汉语词典》修订本（第3版），第114页。
⑥ 中国社会科学院语言研究所：《新华字典》（大字本），商务印书馆2000年版，第633页。
⑦ 《新华字典》（大字本），第254页。
⑧ 新华辞书社：《新华字典》，人民教育出版社1954年版，第510页。

更具权威性与涵盖性的《汉语大词典》与《汉语大字典》，按照历史演变的具体情况，区分了证据与證據。不考虑汉字简化因素，严格地从语形上来说，在文字改革之前，只有"證據"一词，没有"证据"一词（若无特别需要，本文中一般只使用"证据"字样。）这两部辞书分别罗列"证"与"證"，"据"与"據"，彼此意思有所区分，由之使得证据一词的意义扩大化，这不同于《现代汉语词典》为代表的一般辞书。在《汉语大词典》中，证据被解释为"1、证明事实的根据；2、证明，考证；3、法律用语，据以认定案件的材料"①，这里与《现代汉语词典》中的释义一致的地方，是都认为证据是参与证明活动的、以事实为根本目标。但证据的首义却被定义为根据。根据可以被解释为根本的依据，那么"据"自然就是构成词汇的语义成分，而"据"字在《汉语大字典》中释义与上述中型辞书一致，无论"据"与"據"字，两者均有着依据之定义②。上文提到的中型辞书中"证"与"据"字的释义都包含着证据，那么证据又可被单独分列为"证"与"据"字。

尽管我们按照字典的释义，在生活中一般不会用错证据一词，但在字典或词典中，无论证据如何被定义，其在逻辑上显然都逃不脱循环重复定义的嫌疑。从术语之精确性与证据之本质的角度来看，似乎并不能澄清证据定义。特别地，《汉语大字典》中证据一词意义的扩大，还体现在证据被定义为证明、考证，这把证据从名词扩展到了动词，从外在事物变成了人的行为。而其被定义为法律用语，则表明证据这个词所属的特定专业领域，或者说该领域更依赖于证据。

现代汉语中证据一词的定义方式提醒我们要深入思考证据一词的合理界定，循此思路，我们继续考察汉语证据一词的历史变迁。

证据一词，其成词的历史并不短，在此之前单独的"证"与"据"字也有着较为久远的发展过程。证据两个字合在一起，明确表

---

① 罗竹风主编：《汉语大词典》第 11 卷，汉语大词典出版社 1993 年版，第 432 页。
② 汉语大字典编辑委员会：《汉语大字典》，四川辞书出版社 1986 年版，第 1967 页。

第十一章 证据的界说

达某种意思，成为一个词，大致可考为出现于两晋时代。东晋葛洪（283—363）在4世纪初叶所著的《抱朴子·弭讼》中写道："若有变悔而证据明者，女氏父母兄弟，皆加刑罪。"① 证据一词在此出现的意思就是用来证明的东西，与后世的意义并无差别。此后，南北朝时期，南朝宋刘义庆（403—444）在《世说新语·赏誉》中也用到了证据一词，他写道："既至，天锡见其风神清令，言话如流，陈说古今，无不贯悉，又谙人物氏族，中来皆有证据。"② 这里的证据是后世的名词意义，而与此同时，南朝宋范晔（398—445）所著《后汉书·独行列传第七十一·缪肜》中有言"时县令被章见考，吏皆畏惧自诬，而肜独证据其事，掠考苦毒"③，此文中的证据却有着动词的属性，其义相当于证明。这些材料表明，证据成词后，其意义就与现代汉语中意义接近，但独有动词用法是现代汉语所不具备的。不过，在现代汉语中有着"证明"一词取代证据之动词意义，只保留证据一词的名词性。

而"证明"一词的成词历史比证据还要早。东汉班固（32—92）在《汉书·儒林传第五十八·孟喜》中写道："同门梁丘贺疏通证明之"④，这里的证明就是把事情辨明清楚，区别真伪的意思。王逸（89—158）在《楚辞章句·离骚经》中写道屈原"复作九章，援天引圣，以自证明，终不见省"⑤，这里的证明也是有着分清事情真假的意义。这是作动词用的证明，迄至晚明，凌濛初在《二刻拍案惊奇》卷十三中却有着"今有烦先生做个证明，待下官尽数追取出来"⑥ 的字语，这又是作名词的意思了。

---

① 葛洪：《抱朴子外篇》卷二十三《弭讼》，中华书局2013年版，第485页。
② 刘义庆：《世说新语·赏誉第八》，中华书局2011年版，第482—483页。
③ 范晔：《后汉书》卷八十一《独行列传第七十一·缪肜》，中华书局1965年版，第2686页。
④ 班固：《汉书》卷八十八《儒林传第五十八·孟喜》，中华书局1962年版，第3599页。
⑤ 王逸：《楚辞章句疏正·离骚经第一》，上海古籍出版社2007年版，第9页。
⑥ 凌濛初：《二刻拍案惊奇》卷十三，中华书局2014年版，第234页。

上篇　基于整体的观念阐释

综合证据与证明的情况，在古代汉语中这两个词都可用作动词和名词，比现代汉语有着更多的灵活性，但其意义却没有什么特别的变化。随着语体和历史的变迁，在现代汉语中，这两个词基本上固定了其分属的名词和动词的词性。

若把证据二字分开，探究其古代汉语中证据的语义成分。目前在甲骨文中尚未发现有"证"和"据"这两个字。"证据"一词，繁体字写作"證據"，小篆写作" "。学者们所认可的已知最早的"证"字实物，考古发现于湖北荆门的包山二号战国楚墓中（ ）。"证"字的流传，根据学者们的研究，"证"与"證"在宋代以前"本不同音，也不同义……'證'是验证，'证'是劝谏"。元代以后两字变成同音，"明代开始以'证'通'證'"①。许慎在《说文解字》中释"证"字为"谏也"，即劝谏、纠正的意思；"證"字则训作"告也"，即告发、检举之意。② 分析字义，"证"与"證"都与言语有关，前者要以一套说辞来恢复正确的情况，后者则是主动告发，说出真相，"告发是向上一级机构进行举报的行为，而告发之言，又是记录在案"③。此外，依据《故训汇纂》中历代训诂研究所得，"證"字与"徵""症"同源，因而还有着验证、征兆的意思④。王力认为，"典籍中常以'證'训'徵'，或同训'驗'"⑤。"据"与"據"，《说文解字》道"据，戟挶也"，"據，杖持也"⑥，前者是一种手不能屈伸的病，但有时可假借为"據"字，后者则依然同现代汉语中同一字的意义差不多，有依靠、依凭的意思。但"据"与"據"，从汉字之象形特征来看，似乎都有着不可变更、不可再退的

---

① 王力：《王力古汉语字典》，中华书局2003年版，第1267页。
② 许慎：《说文解字·言部》，中华书局2018年版，第488页。
③ 李土生：《土生说字·春》，中央文献出版社2009年版，第1257页。
④ 宗邦福、陈世铙、萧海波：《故训汇纂》，商务印书馆2003年版，第2149页。
⑤ 前引《王力古汉语字典》，第1298页。
⑥ 许慎：《说文解字·言部》，第2531页。

意思，手不能伸缩则是成为固定的样子，无法改变；杖持则是支持、支撑之意，保证一切维持着平衡状态。这样来看，"据"与"據"，若是同源，则本意都应该有确定的、固着的、不可变更的意思。

　　从上述语词历史变迁中，我们会看到古代汉语中的"证"与"据"字，有着其本身的独有意义；从作为证据一词的语义成分来看，"證"字的告发本意，表明"證"更多的是作为人的一种主观活动，告发的前提是自己相信所告发之事的正确性，从而达成告发之目的。这接近于后世的证明。包山楚简中关于"證"字的一段相关文字①，大意是说因为一桩官司，为了指证某人杀了人，需要一批人举行盟证的仪式，然后听取并接受这些人的说辞。从这段材料中，我们会发现与"证据"相关的字很早就出现在了司法这一专门领域中。楚简中所用的词叫"盟证"，即发誓作证、指证之意，与许慎所解释的告发之意相比，这个词更多表现出以外在的神灵为担保，以一种仪式或程序来确保所言的真实性。我们今天已经很难完全复原当时的盟证场景，但直到近代，汉语中还有着类似的词语，比如证盟、证盟师一词，但意义更多的是向神佛许愿、盟誓、证人等，也可作为证据的同义词。② 而在传世文献中，春秋时代，《论语·子路》中有言"吾党有直躬者，其父攘羊，而子证之"③，若是这段文字系《论语》结集之初既有的，那这个传世文献中的证字比包山楚简在年代上还要上行许多年。值得注意的是，这里的证字依然出现于司法领域。证据概念很有可能最早就是出现于司法领域，其主要功能就是要评判、确定真相。从文献来看，证据很可能最早就是一种旨在求真以行事的证明活动，其确保获得真相的手段靠的是外在神灵主导下的一定的程序。在包山楚简中，盟证依然是向着神灵发誓，然后才进入到人事活动。尽管盟证行为受人主观自由支配，但盟证的合法性仍旧依赖于外在神灵。

---

　　① 湖北省荆沙铁路考古队：《包山楚简》，文物出版社1991年版，第26页。
　　② 许少峰：《近代汉语大词典》，中华书局2008年版，第2383页。
　　③ 《论语·子路》，中华书局2009年版，第137页。

综合对"证据"一词的古今释义考查，我们可以认为作为语词的证据，自成词之日始，其普通意义在汉语中是非常稳定的。然而，证据一词从语义成分的渊源来看，单纯地指作外在的东西是不够的，它以获得真相为目标，与人的活动紧密结合，最初就是指一整套外在证明程序下的活动，其主要的和最初的应用领域可能就是司法领域。在今天，"证"更多地被用为动词，表示人的活动；"据"更多地当作名词，表示可依靠的事物。两者的结合赋予了证据作为活动与事物的双重含义。尽管现代汉语把"证据"与"证明"作了区分，但"证据"在历史中与"证明"是最为接近的一对概念。若是考虑到文字改革，把"证""證"统一为"证"字，那么，今日的字典对证据一词的定义是有限的，剥离了"证据"的动词属性，单纯地指称外部实在，但因文字改革造成的"证""證"合而为一，仍然潜在地包含了以言语进行规劝、说服，而非仅仅求真的意思了。"證"字与"徵""症"同源，更潜在地赋予了证据作为某种情况之表征、表现与迹象的意思，那么证据暗指着其本身就是欲证明之情况的一部分。字典与词典中证据的普通定义远远没有揭示出证据一词的历史文化内涵。

由于证据在古今中外是被普遍应用的，以下我们将分析英语等相关词典定义来比照考察证据。

二 西文词典中的"证据"及其词源

我们最常用的外语是英语，与汉语对应的英文词汇，习惯上我们依然会借重外语词典。常见的双语词典把中文词汇一词与相关西文词汇一一对照起来，隐含的前提是不同语言的语词像方程式一般，彼此对等，意味着同一个东西。英语在这类字典中，所处的位置其实类似于汉语的释义。比方说，某本汉英辞典中就把证据对应着英语中的 evidence、proof、testimony、witness 等词，证明则对应着相应的动词形式的 prove、testify、demonstrate 等词和名词形式的 certification、identification 的等词。① 从这些词汇中，我们可以看出相关的对应原则是一对多。不过，对应的诸多英语词汇本身是有所区别的。比方说，testimony 是证词，witness 是目击证人等等。从术语的单义性和精确性来说，这类英语词汇翻译成中文统一用证据一词，都不精确。在英汉对译中，证据被灵活地翻译为相应的适合不同情境中的英语词汇。尽管在词义的解释中，人们力图做到精确对应，但所有的汉英对照字典中，还是在证据条目下，罗列了这些词汇，这使得它们在此类辞典中丧失了语词使用时所具有的那种具体情境与灵活性。字典在循环定义之外，又出现了新问题。但若是把证据之汉语词汇作为一个语族，证据之英语词汇作为一个词族，两者之间做比较，相对来说方便得多，这可以被认为是一对一，但这种一不是一个词，而是一个词族，并且这种对应也许不是那么精确的。

从实际经验来看，在汉英词语对照中，evidence 倒是普遍首先被翻译为证据一词，相对来说该词与汉语证据一词被结合在一起的情况是较为频繁的。

备受好评的《英汉大词典》中，对 evidence 一词的解释首先给予的解释是"根据；证明"，这与汉语中证明之根据的定义没有差别。该书将 evidence 区分为名词与动词。名词中第二义为"【律】证据；证词，证言；证人；物证"，第三义则是"迹象，痕迹"②。这样的解释认为它是可以找到的，无论是证物证言，还是迹象痕迹，都是看得见的事物，侧重于从外延来解释 evidence 一词。作为动词，evidence 其意义主要是证明。上文中，我们梳理了汉语证据一词的定义，并从文字同源与变迁的角度，指出了证据一词因语形变化和历史渊源所具有的那些潜在的意义。从《英汉大词典》的 evidence 释义来看，这个词的中文基本上涵括了汉语证据一词的现代意思，并且和《汉语大词典》一样，也特别标明其专属法律领域。以外延实指的方式界定 evi-

---

① 吴光华：《汉字英释大辞典》，上海交通大学出版社 2002 年版，第 1379 页。
② 陆谷孙：《英汉大词典》，上海译文出版社 2001 年版，第 595 页。

dence，方便了人们在实践中具体使用这个词。总体来说，evidence 一词，在通晓中英文字的人士心中，是基本对应于汉语证据一词的。从实际的交流活动来看，这样的界定也是合宜和实用的。不过，在这本词典中，与汉语证据一词不同的是，evidence 的动词首义却是"显示；表明"，而且名词第四义是"清楚、明显"。汉语中，并没有特别突出这个意思，从求真旨趣来看，证据作动词，可以等同于证明，证明若是求得真相，自然有着把事情搞清楚的意思。但明显之义，在英文中明确提出，这是英文 evidence 一词的重要特点。evidence 的形容词形式则分为两个词，evident（明显的）和 evidential（作为证据的）。

如果说通过这类中小型辞书，可以知道在当今时代，evidence 等词的主要意义。那么若是要更深入地查考 evidence 一词的渊源，我们则需要用到权威的《牛津英语词典》（*Oxford English Dictionary*，通称 OED），OED 与《汉语大字典》《汉语大辞典》一样，罗列的是古往今来关于 evidence 等词的所有意义，是我们探究证据之英语表达变迁的最主要工具。诚如威廉斯（Raymond Williams）与燕卜荪（William Empson）所一致认为的，"对于词义之探讨，我所能做的是就是几乎完全倚赖这一个呈现在眼前的庄严物品"①。《牛津英语词典》囊括了自 1150 年以来所见之于文献的英语词汇，除了详尽地阐释词汇的意义之外，还特别注重词汇在不同时间与地域所发生的变化。

"辞典编纂家依靠统计来决定词条的设立或义项的排序"②，《英汉大词典》和其他词典的词项意义排列一般都是这样。但 OED 不同，其原名是《新英语词典》（年代顺序版）（*New English Dictionary on Historical Principle*，故又称 NED），表明这类词典系按照历史编年顺序排列，"对收录的词作详尽的历史描述，即从形体、含义、用法等角

---

① ［英］雷蒙·威廉斯:《关键词:文化与社会的词汇》，刘建基译，生活·读书·新知三联书店 2005 年版，第 10 页。
② 姚小平:《西方语言学史》，外语教学与研究出版社 2011 年版，第 25 页。

度，全面揭示各词的起源、历史演变和现状"①，它不以确定词义为主，而是以描述该词在历史中演变为主。

在《牛津英语词典》中，学者们研究认为 evidence 首义为 "The quality or condition of being evident; clearness, evidentness"（明显的性质或状态；清楚明白；明显）。这是英文中 evidence 一词的最初的意思，仅仅指一种无须思考，一目了然地显现情况。相近的释义还解作实际的呈现（在场）、展示。此外，它还有着所显露出的事物以及专门的法律术语之义。从历史引文来看，在现存英语文献中，1300 年，evidence 被首次写下，被用来意指着 "An appearance from which inferences may be drawn; an indication, mark, sign, token, trace. Also to take evidence: to prognosticate. to bear, give evidence"（可由之推出结论的某种表象；一种指示、标识、记号、标记、痕迹等意思）。这种看得见的情况，在最初的使用情境中，被落实为一种符号、征兆。在 1391 年，乔叟（Chaucer）写道 "I have perceived well by certeyne evidences theire ability to lerne sciences"（我已经从某些迹象感知到了他们习得科学的能力）。而在 1665 年，奥卡斯（Boyle Occas）所言 "Certain Truths, that have in them so much of native Light or Evidence‥it cannot be hidden"②（某些真理，在它们中有着许多天然的光芒或证据……它不会被遮蔽）。这些引文显示出 evidence 一词的本义仅仅是那看得见的明显情况，即所欲得知之情况的看得见的那部分，并与真理紧密相关。从初始义来看，它并不涉及某类程序化的证明活动，这与中文十分不同。换言之，evidence 本指一目了然。在该词最初使用的时候，它还有着例证、事例、担负证明的东西的意思，这些意义依赖于看见之义。evidence 用作法律用语，是从 14 世纪中叶开始的，在其法律用语这一大的义项中，evidence 就是证人、证言、证物，即法律调查所给出的、用来确定争议之事实或观点的信息。

---

① 李荫华：《英语词典初探》，商务印书馆 1985 年版，第 78 页。
② Edmund Weiner & John Simpson, (eds.), *Oxford English Dictionary* (*second edition on CD – ROM*), Oxford University Press, 2005..

此外，和中文证据一词一样，evidence 的释义中大量地与 proof（证明）等词交织在一起。proof 有着繁多的司法意义，也可以指称证人。当然，proof 同样可以用来表示证明的行为，而非上述证明活动的结果。特别地，proof 还可以用来指"The fact, condition, or quality of proving good, turning out well, or producing good results; thriving; good condition, good quality; goodness, substance"①（证明或可得出良好结果的事实、情况或性质），这表明 proof 也被认为是外在的事实。Proof 还可以作为形容词，表示不可入的，这暗地里赋予了名词意义一种坚实、确凿的性质。另有相关的 Witness 一词，现在通常解释为目击证人，但其首义"Knowledge, understanding, wisdom"（知识、理智、智慧），与其他词汇截然不同的。如果 witness 最初是知识，那么这种知识是一种亲自看到所得的知识。这是一种亲知的知识，当其写下来的时候，就成了 testimony，而亲知的主体只能是这在场的人，从而它也就有了证人的意思。②

基本可以判断，英语中 evidence 为代表的证据诸词，以及更多应用 evidence 的词组，构成一个庞大的证据词族。而且除了这些类似词汇之外，英语的特点还决定了有着更多应用 evidence 的词组。比如在现代英语中，有许多形容词可以与 evidence 构成词组，比如有 circumstantial evidence（间接证据、情况证据）、conclusive evidence（确证）、demonstrative evidence（确凿证据）、direct evidence（直接证据）、documentary evidence（书面证据）、external evidence（外来的证据）、hearsay evidence（传闻证据）、internal evidence（内在的证据）、King's or Queen's evidence（对同犯不利的证据）、material evidence（物证）、moral evidence（符合普遍经验的当然证据）、presumptive evidence（指定证据）、self evidence（自明的、明显的证据）。

---

① Edmund Weiner & John Simpson, (eds.), *Oxford English Dictionary* (second edition on CD - ROM).

② Eric Partirdge, *Origins – A Short Etymological Dictionary of Modern English*, London & New York: Routledge, 1966, p. 3810.

而从词源上来看，vide 是构成 evidence 意义的重要成分。vide 是拉丁文，意思是看见，这是 evidence 获得明显性之意义的根本要素，evidence 源自后期拉丁语 ēvidentia，意为明朗、明确、明显，在修辞学中指清楚易懂的叙述。① 根据西方学者研究所得，"是西塞罗（Marcus Tullius Cicero，公元前 106—前 43）第一次引入了 evidentia 这个术语，这一拉丁语译自希腊语 εναγεια，意思是显见的性质（the quality of being evident）"②。proof 则源出后期拉丁语 prōbo，意为试验、体验、证实、证明，也与 probātiō 有关。probātiō 有着试验、尝试、检验和证据、论证、证明的意思，这些意思与 prōbo 类似，它更有着真理的能见性的特别含义③。这个含义直接挑明了求真的旨趣，并表达了探究的必然成功信念，更是把证据提升到真理之看得见的那一部分，证据隐然就是真理。而在《牛津拉丁语词典》中，prōbo 一词的所有英文释义，都与赞同、认可有关，它表示一种赞同他人的观点，这种赞同是正式的，而且是对他人的认可，是好的，但这种观点需要先被验证，而验证的结果预先就被认为是真的。④

回溯到相应的希腊词 εναγεια。在《希英大词典》中，εναγεια 的首义就是"clearness, distinctness, vividness"（清晰明显鲜明的性质），在此义项下细分开来，它在哲学上是"clear and distinct perception"（清楚明白地感知），在修辞学上是"vivid description"（生动地描述）；其次，意为"clear view"（清晰观点）；第三，"self-evidence"（自明性）。⑤

从拉丁语与希腊语的词源释义来看，evidence 在希腊罗马时代的

---

① 谢大任：《拉丁语汉语词典》，商务印书馆 1988 年版，第 200 页。
② ［美］David A. Schum：《关于证据科学的思考》，王进喜译，《证据科学》2009 年第 1 期。
③ 吴金瑞：《拉丁语汉语词典》，光启出版社 1970 年版，第 1111、440 页。
④ B. G. W. Glare, *Oxford Latin Dictionary*, Oxford: Oxford University Press, 1968, p. 1465.
⑤ Henry George Liddell and Robert Scott, *A Greek - English Lexicon*, Oxford: Clarendon Press, 1996, p. 626.

本义都是明显的，显而易见的，与视觉有关，讲究对心灵和感官的明显性。而且都特别强调语言本身的那种动人的有效性，这种语言层面的内涵，比汉语更强调说服之意。在《希英大词典》中，自明性的定义，远远使得 evidence 摆脱了英文等现代欧洲语言中动辄把 evidence 牵扯进证明活动中的意思。在希腊文中，evidence 作为感知，与人的身体密切相关，这种感知既是对外在世界的，也是面向内在心灵的。其内涵是异常丰富的。

在古希腊语中，evidence 并不承担着后世证据的主要意义。希腊人有着自己的证据词汇。学者们通常把ἀποδείκνυμι对应翻译为中文证明、论证，其直白的意思是指出、显出、表明，把潜藏的东西大白于天下。① 证据相关的古希腊词义突出了亲见、并且见证者本身就成为所见证之事的证据，典型的就是殉道者见证了并证明了神的伟大。不考虑希腊词的变形与音调，ἀποδείκνυμι被界定本义为"point out, display, make known, whether by deed or word"（通过事例或言语而指出、展示、使人知晓）。这是一种典型的认知表达活动，它借助外在看得见的事物和听得见的言语来表达内在的认识，因而这个词还被认为是"show forth, exhibit something of one's own"（展示属于某人所拥有的东西），凸显了证据的公开性与可表达性。由之，这个词从活动本身变成了活动的所得，即被认为表现了"ordain a thing or person to be"（规定某事或某人所是）的种种信息，这些信息是关于某情况的准确展示，而所有涉及的事实则被规整地提呈并解释。μαρτυρέω一词本义指"bear witness to or in favour of another, confirm what he says"（给出目证或者赞成支持别的目证，坚信他所说的），是在人的活动中用到并感知到的；其次意思是"to be in aspect with"（与事物有着表面联系的）。这表明希腊人认为证据是相关事物的一部分，而且是看得见的那部分。引申开来，这个词就有着赞赏和证词的意思，显然

---

① 罗念生、水建馥：《古希腊语汉语词典》，商务印书馆 2004 年版，第 97、523、150 页。

证据必须是一致认可的。μαρτύριον是证词、证明之意，但在大词典中很强调它与十诫的关系，它特指刻有十诫的板（the tables of the Decalogue）①，如此一来，这个词汇的证据尽管是言辞，但却是神圣的，是神启示的。证据具有神圣性、真理性。

三 比较视域中的"证据"定义反思

对中文与英文中的"证据"一词进行一个历史语义的考察之后，很自然地，在我们心中都会有一个比较的意识。对于比较的理论前提，我们在这里可不去讨论。在生活中和学术研究中，比较是一个不言而喻可以进行并且已经在进行着的活动。上述历史语义学的考察中，在某种程度上，已在进行比较，即对历史进程中同一概念词汇前后不同语义的比较。特别地，在考察英文证据定义时，研究入手的汉英字典本身就是比较的产物。

首先，证据概念的定义在中西语境中较为稳定，尽管证据有着诸多历史含义，但在现代社会中基本上没有什么特别突兀的变化。它们在基本义上，与中文证据的意义并不相同，前者是一种明显的状态，是看得见的，在这种状态中，所见到的无论内心反省的还是外在感知的事物，都是人们共同认可的，它是证明活动的基础；后者最初就是一种仪式化、程式化的活动，仪式后的所得才能是可以共同认可的，是证明活动中的要素，与人的言语密切相关。英文 evidence 等词还明确有着表象、迹象的意思，这也是与汉语略有不同的。但随着历史的演变，中文与英文的证据概念，不约而同地向外在事物靠拢。只有在证据概念之外延的领域内，或者说证据外化为具体的人、事、物上的时候，中英的证据概念才得以基本（绝非完全）吻合，但内涵也还是有所差异。不过，evidence 和证据，都是以获得真知、真相为旨趣，真（truth）是一个主导着证据概念的关键词。

---

① Henry George Liddell and Robert Scott, *A Greek – English Lexicon*, p. 195, 1082.

其次，中西证据一词都与司法密切相关，其本身（无论是什么）都是真理看得见的部分。法律是裁判、评定，做出结论的地方，民事诉讼的重要原则就是平息纠纷，显然，证据的出现与使用就是要把问题搞清楚。于是，证据一词的由来这个问题就自然而然地出现了。现今所见的"证据"字样及其释义，并没有合理解释"证据"二字的由来，换言之，为什么在某个时代要发明"证据"这个词呢？在汉语中，迄今没有发现东周之前有类似证据字样的文字，是没有还是没有留存下来呢？说没有是难以想象的。语言的基础是语音而不是文字，口头语言必定先于书面文字。"每一个时期的词义演变，在进入书写纪录之前，必定早已在日常生活语言里发生过了。"[①] 殷商甲骨文已经是相当成熟的文字。那么春秋战国时期及此后证据字样更多地使用与留存，极有可能表明此时遇到了新情况，需要人发挥主动性以确保或获得某种真实情况。我们今天知道东周以前，社会是比较稳定的，占卜与祭祀等宗教活动较为突出，"国之大事，在祀与戎"[②]。尽管人世纷争不断，尤其是商周易代有"革命"之说，但都没有带来对超自然力量的怀疑，神灵始终是主宰人的根本性力量。从商王占卜活动来看，人之行动的依据在于天，焚烧甲骨所得的裂纹征兆，就是上天给予的可靠指示，甲骨的征兆本身就是真的，这不容怀疑，不需要再去证明其真实性。天与人的沟通还是比较顺畅的，人从来没有怀疑过这种沟通的有效性。这应该就是社会生活中的证据，它就活生生地呈现在人们的生活中。因而当信仰本身动摇后，人事因素上升，证据一词就必须被发明出来。一切需要人来进行裁决的地方，都有着证据概念的存在。由之，证据不仅具有认知的意义，更有着社会伦理的意义。

而从历史语义考察可以看出，中西证据在历史中都兼指行为与事物，其词汇在动词属性与名词属性中变化，在漫长的演进中却都力图

---

① ［英］雷蒙·威廉斯：《关键词：文化与社会的词汇》，第 12 页。
② 《左传》，中华书局 2012 年版，第 974 页。

统一于外在的事物。中西证据最大的区别在于，汉语证据在本义上更多的是一种证明活动，而西方语境中 evidence 更多的是清楚明白的性质、情况、境界。但正如汉语证明一词，从字面上看就有着使之明白、清楚的意思，西文中各种证据词汇也并非没有活动之意。但是，值得注意的是，双方都或隐或显地有着言语的说服之义。比如，从拉丁文 contestation 来看，其义可以被翻译为"口供，供词；证据，证明；当着证人面讲述的口供"，这样的释义表明这个词依然和希腊语一样注重亲知，但在流传中，这个词又有了"论点，主张，见解"以及"坚决的请求，哀求，恳求"①的意思，而这些意思关注于信念的表达与效果，丧失了求真的旨趣，削弱了真的力量而谋求言辞的说服力，这就只注重修辞层面了。从这种字义上的变化，可以想见在古希腊历史学家修昔底德会强调亲见，而罗马的西塞罗则以演说著称于世并成为拉丁语 evidentia 一词的最初使用者，就不是偶然的了。因为在后者那里，看见不重要，让你相信看见了的才是重要的。

此外，证据成为语词，就在人们的社会生活中发挥着重要的作用。在不同的情境中，人们会用到不同的证据词汇。不同的语言中证据概念并非只限于单一词汇，而是构成庞杂的语义场，彼此交织在一起。依循我们的历史语义考察路径，我们可以看出，在语言对译中，不是单纯的一对一，而是不同词族之间的对译，两边的一都是多的集合。这种多，不仅仅是单一的词组、短语，而且有的还是诸多词组、短语构成的小集合。一有时候也是一种多。证据概念在任何一种语言中都有多重含义，尽管人们常识上一般只明确意识到其中最重要或最常见的意义，但并不代表在语境中，人们只传达出单一意义。而且，一种语言所表达的证据概念，在进入到另一种语言中时，会被强制性外化为另一种语言的单一词汇，从而此种语言中立体的、丰富的语义内涵常常会被平面化、单一化地理解。若是我们多关注些英语以外的欧洲语言，这种情况就更加明显了。在法语中，évidence 依然以明显

---

① 吴金瑞：《拉丁语汉语词典》，第131页。

性为首义，尽管它具有类似汉语证据的意思，但更多用在日常生活中。我们对这个法文词汇多只关注与明显有关的词义。相关地，prevue 在法语字典中被明确界定为证据，并在司法领域中被普遍使用，而 prevue 特别地有着修辞学上的意思，即论证、引证。① 尽管汉语中证据潜藏着说服、劝告之义，但按照一般看法，论证并非证明，证明追求确定性的真，而论证只是讨论或然性的真。在德语中，类似英语 evidence 的词是 Evidenz，意思就是显著、明显。这依然符合西方语言以明显性为证据之主要特点。但德语 Nachweis、Beweis 等证据用词却源自 weisen（指点、指示），一个古老的日耳曼语词，名词则是 Weise（方式、方法）。② weisen 有点类似于英语的 to show（展示给人看），Weise 还有着路标、指示牌的意思，因而德语证据一词在使用中更多的是偏向于证明的方法，其特点在于强调动作与程序，靠着这种动作可以通达目标。这一点倒是接近于汉语"证"字古老的盟证之义了。从词源上来看，weisen 有着指示的意思，表明德语中证据词汇意思是一种获得真知的媒介、符号。而这些转换为汉语都隐而不彰了。

经验性判断只是让我们对历史上的主要证据定义有所认识，并且正如我们在上文中所指出的，此类定义还有着循环论证等问题，不能解决我们关于证据概念的界定问题，也不符合现代学术研究对术语的精确性要求。历史语义学的考察不能只满足于经验认识，必须在此基础上进入到对概念本身的反思。

四 "证据"定义的理论反思

概念是人类认识之网上的扭结，在形式逻辑中是通过推理得出结论的第一步。对于一个概念来说，最重要的就是给它下个定义，明确它是什么，从而使得推理可以进行下去。亚里士多德说，"定义乃是

---

① 张寅德：《新法汉词典》，上海译文出版社 2002 年版，第 385、801 页。
② Walshe, *A Concise German Etymological Dictionary*, London & New York: Routledge &Kegan Paul LTD., 1951, p. 247.

揭示事物本质的短语"①。因而，一个概念，以语词的形式呈现出来，则其定义的语义内涵必须能够抓住概念的本质。有鉴于逻辑推理作为求真的过程，必须从真到真，否则无法得出真知，同时作为逻辑推理之起点的概念也不可能有两种本质。因而，某一概念的真正定义只能是唯一的。证据概念原则上也必须有唯一定义。

我们所讨论的各种字典与词典尽管罗列了诸多义项，以此来表明该语词的语义丰富性，但在每一义项中，对于证据一词都采用了一句话或者短语的形式来界定它。我们因了种种原因而对这些定义有着天然的信任感。但仅就证据这个词来看，在实际生活中，字典与词典的解释并非定于一尊，依然有着种种争议。显然，字典与词典中的定义，一旦进入实际工作层面，并非被无条件地完全施用，从概念界定的角度来看，那类定义并没有真正把握证据的本质。

我们已经分析判定字典与词典中定义的一个问题是循环定义。从相关字典的释义可以看出，把证据释为证或据，然后把证或据释为证据，是同语反复。通过描述证据的相关外延，把证据直接解释为证人、证物、证言等具体的事物，以大家看得到的情况来解释证据一词，并不能应对现实中可见情况时时在变而且众人所见情况并非相同的问题，那么这种描述又如何能够实现把握概念本质的任务呢？再而，采用严格的属加种差的方法，这种方法，按照亚里士多德的说法，"必须把被定义者置于种中，然后再加上属差；因为在定义的若干构成要素中，种最被认为是揭示被定义者本质的"②，从而证据是有某某属性的事物这种定义，自然就可以分析为某某属性和事实这两部分，但随之带来的问题是，本定义中的属（事实）依然要被定义，从而不断定义更高一级的类、属、种，最终会面临着"对于最大的类就不能有属加种差的定义"③的困境。如果根本性的最大的类没有明

---

① ［古希腊］亚里士多德：《论题篇》，徐开来译，《亚里士多德全集》第 1 卷，中国人民大学出版社 1990 年版，第 357 页。
② ［古希腊］亚里士多德：《论题篇》，第 471 页。
③ 金岳霖：《形式逻辑》，人民出版社 1979 年版，第 47 页。

晰是什么，那么此后的属加种差其合法性也必然面临着可疑。可最大的类恰恰是没法定义的，因而字典与词典中的定义，很多并非本质性的证据概念定义，对于其中无法定义的问题，只能归结于日常生活经验赋予的"想当然"的必然性。

　　字典与词典中证据的定义问题，并非专属于"证据"一词，或者唯有字典与词典独享。相反，这种定义问题是普遍存在的。事实上，这样的问题在字典与词典的编纂者们那里，也是清楚明白的。《牛津英语词典》等大部头的辞书，按照历史主义的原则编纂，不再语词释义强制性地规定为某几项，而是根据历史变迁的实际情况罗列义项，重在描述这个词而非规定这个词。所谓的首义，在规范性词典中是最主要的意义，但在历史性词典中则仅仅是它最先写下时候的意义。最重要的，这种历史性词典把该词当初的各种使用情况直接引注，让我们看到它当时是如何被使用的。换言之，单纯地给定词语的意思并没有多少用处，唯有在丰富的例证中才能理解无法精确化的释义。很多规范性的词典，有鉴于无法精确定义，也都以组词、例句等方式力图具体地谈论相关词汇的意义。这实际上表明把握本质的定义是难以做到的，字典与词典无法把握概念，只能对历史上所出现的情况忠实地加以描述，或者以例句的形式表现其意义。

　　不过，在埃柯（Echo）看来，字典与词典最大的问题在于它们是一个封闭的体系。"所谓词典，其模式可以看作是像结晶一样地完成了的意义空间。"① 换言之，字典与词典总是设定了有限的义项，一旦词典完成，原则上不可更改，所有的意思被固定并作为标杆。而我们一旦参照词典，潜意识里就被词典的释义所束缚，可完全照搬词典的解释却未必符合实际情况。尽管历史性词典罗列了历史上的各种证据使用的意义与情况，但历史性词典无法预料到所有的情境，从而也就无法给出所有的证据释义。事实上，这个任务也是不可能完成的。

---

① ［日］篠原资明：《埃柯：符号的时空——现代思想的冒险家们》，徐明岳、俞宜国译，河北教育出版社2001年版，第88页。

第十一章　证据的界说

　　由之，我们似乎可以判断所有力图一劳永逸地解决证据定义的做法，是不可能实现的。情境变化无穷，证据也随情境而变化，证据定义问题也必然是一个历史性的过程，对证据的认识亦是如此。更重要的，如果只有在具体的情境中通过使用证据才能真正理解证据概念，那么证据定义的问题必然转化为在某某情境中，什么可以成为证据，证据如何被使用的问题。我们似乎可以断言：证据的本质要向证据的用法去寻得，证据的意义在于其使用。这种对证据的看法与20世纪晚近以来西方日常语言学派的观点很接近。但这样一来，似乎字典与词典可以从我们的生活消失了，因为它无法给我们一个准确的定义。可事实上，它们确实在生活中还发挥着不小的作用，我们离不开它们。

　　证据概念与证据语词是不同的。"证据"这个词的意义并不一定是证据概念的真正的或完全的意义。从形式逻辑来看，"概念既和事物有关，又和语词有关，我们要揭示一个概念的内涵，就既可以从揭示事物的特有属性方面进行，也可以从揭示语词的意义方面进行"。如果我们要在证据之使用中理解证据概念，那么我们探究证据之意义的方法依然是要围绕证据这个词。我们在一开始就把证据界定一个语词。作为一个语词，"证据"是属于语言系统内的，语言就是一套符号系统，证据自然也就成为一个符号，不过，是一种语词形式的符号。作为一个符号，它表达着我们的思想，并指称着外在的事物。作为一个符号，人们既可以在符号系统中纯粹依照符号演算规则使用它，而不考虑它的意义，也可以将其作为工具，在言与行中表达着自己的思想，以收到相应的效果。作为一个语词符号的证据，并非证据概念本身。因而，字典与词典中的证据定义，不能被理解为证据概念的真实定义，而只能被认为是语词定义。"语词定义就是规定或说明语词的意义的定义。"① 它起的主要功能就是让我们明白这个词在语言系统中是什么意思，从而帮助我们去理解这个词所代表的概念的本

---

① 金岳霖：《形式逻辑》，第44、48页。

质意义。它作为符号，代表着这个概念，但其实际只是指示着这个概念。证据是概念，"证据"是语词符号。因而，上文中字典与词典的问题，如果只是语词定义自然无妨，但很多时候，人们总是不经意地以真实定义（揭示事物之本质属性的定义）方式去界定证据概念，这就必然造成各种误解。

  由之，证据的定义要区分为语词定义与真实定义。作为一个语词，对其定义是可行的，这种定义只是把证据这个词与相关的事物联系起来，激发我们思考与行动，并不能揭示证据这个概念的本质。"既然语词定义的被定义项是表示一个语词的自身，而定义项是表示事物的某种属性或具有某种属性的事物，那么定义联项就应当是语词与事物间的一种关系，具体地说，就是'表示'这种关系。"① 比方说，"证据是证明的根据"这种说法，以真实定义的面目出现自然容易引发争议，无助于解决问题，但若是从语词定义角度理解，以"证据表示证明的根据"这种定义方式，把证明与证据联系在一起，从而引发人们在具体的证明活动中探究并应用证据概念，显然是实用可行的。

  有鉴于证据概念要在使用中方可认识，相应地"证据"作为一个语词符号，必然出现在证据概念使用的任何情境中。作为语词符号的证据，从我们对之历史考察来看，其本身也有着历史的变易性，并非完全的一成不变。在历史场景中，我们会见到证据、见证、证人、证言等等我们所谓的证据词族，然而在漫长的历史中，我们逐渐把这些不同的语词符号统一称作证据。这样，证据这个词，作为符号，不仅可以表征思想，代表着证据概念，而且在符号系统中，还可以用来代表其他相关符号，其他相关符号自然也可以代表着证据这个词，彼此之间可以替换，从而使得在不同情境中出现的证据符号是多样的。

  由于证据概念必须在证据活动中才能被完整认识。而从形式上来看，证据概念只有以符号的形式外化出现，才能参与到证据活动中。

---

① 金岳霖：《形式逻辑》，第49页。

人们在进行证据活动的时候，把心中所拥有的证据观念赋予这个符号，从而生成证据意义，指称某种实际的事物为证据概念的承载物。但无论是符号、观念还是事物，都只是从某个侧面表现的证据概念。在情境中，人们的证据思想、证据符号与可能的证据承载物，三者因为人的活动而得以勾连在一起的时候，证据概念方才得以完整呈现。

更而由于证据依赖于人的活动，从而人对证据概念的认知程度无疑将限定着证据概念的呈现程度。人作为历史性的存在者，每个人、每个群体对事物的认知程度都是不同的，而且这种程度的差异随着人的认知结构和时空的转化而变化。因而，在每一处情境中，证据的表现会因人而异。证据概念在证据活动中以符号指向着外物与观念，却又依赖于相关人士的认知程度与结构。证据概念可以说是认知结构与外物或符号的结合体，人的认知结构是证据概念的必要部分。证据是属人的证据。

第十二章

学科共识、认知美德和学者角色
——化解当代历史知识客观性问题的新思路

顾晓伟*

在西方史学思想传统中,历史能否作为一种知识形式一直争论不断,古希腊的柏拉图就坚持建立在几何学基础之上的永恒理念才能称之为"知识"(episteme),而流动不居的历史只能称之为"意见"(doxa),只具有实用的价值。"自西方哲学诞生以来,或者至少从柏拉图攻击诡辩家和普罗泰戈拉所谓的相对主义开始,就一直伴随着客观主义者与相对主义者之间的论争。"① 自近代历史学作为一门崭新的学科登上欧洲历史的舞台,并成为大学建制的一部分,一旦自足的史学实践上升到自为的史学理论,进入哲学论辩的场域,也自然会面对类似的问题,遭受着历史怀疑论的各种诘问。犹如电脑系统需要打各种补丁,以应对各种病毒的侵扰,历史学科体系也正是在应对各式各样的历史怀疑论的挑战中辩护和丰富自身的合法性内涵。正如沃尔什所总结的那样,"在批判的历史哲学中既是最重要的而又是最棘手

---

* 顾晓伟:历史学博士,中山大学历史学系副教授。主要研究领域为现当代西方史学理论、西方史学史。在《历史研究》《史学理论研究》《史学月刊》《史学史研究》等刊物上发表论文多篇,主持国家社科基金后期资助项目。

① Richard J. Bernstein, *Beyond Objectivism and Relativism: Science, Hermeneutics, and Praxis*, Philadelphia: University of Pennsylvania Press, p. 7.

的那个主题,即历史的客观性问题"①。历史知识的客观性问题,不仅关涉史学理论的核心议题,而且影响史学实践的具体运作。

特别是在后现代主义的挑战下,在史学实践的定向上,如果我们将历史学定义为一种文学创作,那么近代以来形成的学科规划将要面对巨大的调整,甚至于说应该将历史学科归入文学学科。然而,尽管历史学科自诞生以来,就不断地重新定向和调整,尤其是受后现代主义的影响,历史学也开始强调叙事,讲故事,从研究技能的训练转向了写作能力的培养,但这并非意味着历史学科的消亡,历史学仍然是当今众多学科大家族中的一员。现代主义史学与后现代主义史学之间的论争,在史学理论的层面上就表现在,"一方面,许多后现代主义者倡导一种嬉戏的虚无主义,他们谴责传统的客观性观念,认为它不仅在理智上站不住脚,而且对自由也是有害的,在这种情况下,他们拥护一种对真理采取'怎么都行'的态度。他们提议我们放弃这个客观性的观念。另一方面,后现代主义的反对者坚持传统的客观性观念是对抗令人反感的相对主义和非理性主义文化(甚至可能是社会混乱)的唯一屏障。他们使我们忽视了传统客观性概念中明显存在的问题。"② 在这一时代语境下,如何应对和化解历史客观主义者与历史相对主义者之间的对垒和矛盾,以及如何重新定向历史学,不仅是一个理论问题,而且是一个实践问题。

通过细致地分析和综合地考察当代西方史学理论的最新进展,

---

① [英]沃尔什:《历史哲学导论》,何兆武、张文杰译,北京大学出版社2008年版,第91页。国内相关研究可参见张文杰《现代西方历史哲学中有关历史客观性问题的认识》,《世界历史》1984年第2期;马雪萍《论历史认识的客观性与主观性的关系》,《陕西师范大学学报》(哲学社会科学版)1988年第2期;周建漳《历史认识的客观性问题反思》,《哲学研究》2000年第11期;彭刚《相对主义、叙事主义与历史学客观性问题》,《清华大学学报》(哲学社会科学版)2008年第6期;涂纪亮《历史知识的客观性问题》,《哲学研究》2009年第8期;董立河《西方史学理论上的历史客观性问题》,《史学史研究》2015年第4期;顾晓伟《试析曼德尔鲍姆对历史相对主义的驳论——基于历史知识客观性问题》,《历史研究》2016年第2期。

② Mark Bevir, *The Logic of the History of Ideas*, Cambridge: Cambridge University Press, 1999, pp. 79–80.

我们可以看到，当代新实用主义历史哲学尝试就此问题给出一个新的解决方案，他们认为历史知识的客观性与主观性是可区分但不可分离的整体，在横向结构上，历史知识的客观性是"自我、他者与世界"共在的语义三角，在纵向历程上，历史知识的客观性也是一个不断辩证发展的过程。由此，在社会认识论或史学社会学的视野下，在自我与他者所组成的学术共同体之中，历史知识的客观性就具有了规范性的含义。历史研究是一项集体事业，历史知识作为一种公共性知识，历史知识的客观性就是历史学家共同体所签订的"真之契约"，这也就是说，历史知识的客观性是历史学家共同体不断协商和试错出来的学科共识，同时需要史家的认知美德和学者角色提供担保。

一

一般而言，客观性（objectivity）是客体（object）的属性和特征，与主观性（subjectivity）相对立。在汉语世界，"客观"这个词是由"客"和"观"两个字构成。"客"这个字，《说文解字》解释为"客，寄也。"段注："字从各，异词也。故自此托彼曰客。引申之曰宾客。"《汉语大辞典》解释为"外来的（人），与'主'相对。""观"这个字，《说文解字》解释为："谛视也。从见雚声。"《汉语大辞典》解释为："看，察看，观看。"如果将这两个字合在一起，就是"外在地看"。在汉语传统中，这两个字很少连在一起用，西学东渐之后，人们才用"客观"这个词来翻译"objective"这个词，而且"客观性"这个词也是从西语的构词结构中引申出来的。《汉语大辞典》对"客观"一词的解释是："1）在意识之外，不依赖主观意识而存在的……2）按照事物的本来面目去考察，不加个人偏见的。"《牛津英语词典》对"objectivity"的解释是："客体的性质和特征；（后来的用法）特别是指一种不受个人感情或意见而考虑和表达事实、信息等的能力；不偏不倚（impartiality）；超然（detachment）。"① 这一解释基本上可以跟汉语传统的语义衔接起来，"外在地看"就等同于"客观"，"客—观"的结果便是客体的"客观性"。

《牛津英语词典》的释义提示我们，"objectivity"一词主要是哲学上的用语，其中"objective"这个词还有"光学"（Optics）上的含义："望远镜、复合显微镜等中离被观察物体最近的物镜或物镜组合。"② 由此可知，哲学上的客观性观念源自自然科学上的"观察"（observe），比如说，我们通过光学仪器对于太阳这个客体（object）进行观察，从而测量出地球到太阳的距离，在这个观察过程中，认知主体（subject）一直处于消极的地位，并不会影响太阳这个客体的属性。严格来说，"客观性"应该翻译为"客体性"，因为观察是客观中立的，并不会影响客体的性质。

基于自然科学的经验和标准，近代哲学主要探讨了人类心灵作为主体和自然世界作为客体之间的关系，并形成了经验论与唯理论之间的对立和争执。经验论者认为人类的心灵相当于一块白板，认知主体能够镜像地反映客体的性质，休谟进而总结出人类知识的两种形式：一种是基于分析和推理的数学知识，另一种是基于综合和观察的事实知识。然而，唯理论者则认为人类具有一种天赋的观念，认知主体能够积极地参与客体的建构，康德甚至认为所有的知识都是先天综合而来的，都是主观建构出来的，而真正的客体是不可知的。由此可见，虽然他们都试图奠定自然科学的基础，从而总结出一套普遍的方法论，并将其应用于其他知识领域，但是，他们在主体与客体之间的关系上却得出截然对立的立场，经验论者或实在论者坚持认为认知主体是一个消极的要素，只有主体的要素降到"零度"，客体的本来面目才能显现出来，由此才能保证知识的客观性。唯理论者或观念论者坚持认为认知主体是一个积极的要素，而且，主体与客体是不可分的，客观性往往就等同于主体

---

① https://www.lexico.com/en/definition/objectivity
② https://www.lexico.com/en/definition/objective

的普遍有效性或主体间性（intersubjectivity）。

　　针对客观主义与相对主义的对立，美国的新实用主义哲学家则尝试为我们重新理解客观性的观念开辟出一条新的路径。上述提到，近代哲学意义上的客观性观念，可以说源自自然科学中的两种不同的真理：一个是基于形式逻辑所获得的不依赖于事实的分析命题，另一个是基于观察和实验所获得的以事实为根据的综合命题。蒯因深入批判了分析与综合的二分，从而提出一种实用主义的整体论，"我们关于外在世界的陈述不是个别的而是仅仅作为一个整体来面对感觉经验的法庭的……我们所谓的知识或信念的整体，从地理和历史的最偶然的事件到原子物理学甚至纯数学或逻辑的最深刻的规律，是一个人工织造物。它只是沿着边缘同经验紧密接触。"① 以往经验论者基于当时自然科学的成就而认为，外间世界对我们感官的刺激，在我们的心灵中形成了给定的原始印象或"感觉与料"（sense-data），而以感觉印象为基础的陈述就是事实。由此，外在的观察所获得的事实是自然科学大厦的地基，事实的陈述要与外间世界相符合，我们关于这个世界的知识才能获得客观性。然而，现代自然科学的发展却告诉我们，比如说，量子理论中的"质子""中子"并不是源自我们感官的原始印象，而是理论建构的结果，而且，有意识的观察者在一定程度上创造了他正在观察的客体。基于现代自然科学的经验和标准，蒯因认为知识作为"信念之网"，是一个"人工织造物"，我们关于经验的陈述并不能单独地证实或证伪理论，只要保证理论的简单性和实用性，我们所谓的知识或信念的整体就可以说是客观的。如此看来，蒯因似乎会遁入相对主义的陷阱之中，但作为一位没有教条的经验论者，蒯因很快就自觉地打了一块补丁，拒绝了任何意识哲学或观念论的路数，重新回到了自然主义认识论的立场。针对"观察句"（observation sentence）的客观性问题，蒯因从实用主义的立场做出了回答："观察句

---

① ［美］蒯因：《从逻辑的观点看》，江天骥等译，上海译文出版社1987年版，第38—40页。

第十二章 学科共识、认知美德和学者角色

就是当给出相同的伴随刺激时,该语言的全体说话者都会给出同样地决断的句子。以否定的方式表述这一点,观察句就是对于语言共同体内过去经验方面的差异不敏感的句子。"① 由此观之,蒯因不再将观察看作绝对中立或客观的,这必然造成主观与客观之间二元对立的困境,而是尝试将抽象的主体转换成一个由自我与他者组成的共同体,由此形成一个由自我、他者和客体共在的语义三角。首先,观察句保留了一个外间客体的刺激,其次,观察句还需要语言共同体的一致同意,再者,在共同体内部的标准仅仅是实用的,即对话的简洁性和流畅性。

唐纳德·戴维森作为蒯因的学生,对"语义三角"给出了更为明确和细致的刻画。在《第二人称》一文中,戴维森指出:"只有在两组(或更多的)相似反应(或许可以说思想方式)的相互作用中才能识别铃声和桌子,要具有桌子和铃声的概念就要去识别一个三角形的存在,在这个三角形的一端是一个人自己,第二个端点是另一个类似于自己的生物,第三个端点是一个对象(桌子或铃声),这个对象位于一个公共的空间中。"② 由此可见,戴维森借助于"三角测量"这个类比,旨在揭示自我、他者与世界之间的互相关系。同样是借助于实用主义的资源,戴维森认为自我与他者不是哲学上主体间的抽象概念,而是要落实到社会互动的层面,并由共享世界中的对象对他们引起相似的反应,由此才能确立我们对于外间世界的知识。这也就是说,三角缺一不可,这个"语义三角"共同构成了知识的客观性。在《理性动物》一文中,戴维森进一步提出:"我们的客观性概念是另一类三角架构的结果,它要求两个生物。其中每一个生物都与一个对象相互作用,只有通过语言在生物之间建立起的基本联系,才能给每一个生物以事物客观存在方式的概念。事实上,只有他们共享一个

---

① [美]蒯因:《本体论的相对性及其他论文》,涂纪亮、陈波主编《蒯因著作集》第 2 卷,中国人民大学出版社 2007 年版,第 66 页。

② Donald Davidson, "The Second Person", in Donald Davidson, *Subjective, Intersubjective, Objective*, Oxford: Oxford University Press, 2001, pp. 120 – 121.

真概念，才能使下述判断有意义：他们有信念，他们能够在公共世界中为对象安排一个位置。"① 这也就是说，在这个"三角架构"中，存在着两类关系，一个是自我与他者之间的交往关系，两者之间构成了人与人之间的合理性，而且这个合理性具有社会的特征；另一个是交往着的人们与世界之间的关系，两者之间构成了人与世界之间的因果性。在戴维森看来，我们所谓知识的客观性就是由人与人之间的社会合理性与人与世界之间的物理因果性共同构成的，由此，我们关于知识的客观性观念，既不能像逻辑实证主义者那样，试图将合理性还原到因果性，把人当作物来看，也不能像观念论者那样，试图将因果性消解掉，把物当作人看来。为了应对相对主义的挑战，戴维森在对合理性进行辩护的过程中，将他的客观性观念附加了一种规范性的要素，"如果言说者是可解释的，将意义（meaning）与意见（opinion）区分开来的过程就引入了两个可以运用的关键性原则：融贯原则和符合原则。融贯原则促使解释者在言说者的思想中发现某种程度的逻辑一致性；符合原则使得解释者采取言说者与他（解释者）在类似的情况下有对世界做出相似反应的特征。这两个原则可以（并且已经）被称为宽容原则：一个原则赋予言说者些许的逻辑真理，另一个原则赋予他某种程度的解释者关于这个世界的真信念。"② 由是观之，原来作为客观性观念的真理符合论和真理融贯论，现在都变成了一种社会规范意义上的"宽容原则"（the principle of charity）。

继蒯因批判分析与综合的二分之后，希拉里·普特南进一步批判了事实与价值的二分。按照传统经验论者休谟的观点，事实与价值是明确区分的，只有事实是价值无涉的，才能保证事实陈述是客观中立的，然而，价值的判断因人而异，也就无所谓客观而言。在《理性、真理和历史》一书中，普特南系统论证了事实是负载价值的（value-laden）

---

① Donald Davidson, "Rational Animals", in Donald Davidson, *Subjective, Intersubjective, Objective*, p. 105.

② Donald Davidson, "Three Varieties of Knowledge", in Donald Davidson, *Subjective, Intersubjective, Objective*, p. 211.

的观点,旨在打破各种二分法对于思想的束缚,"试图阐明一种将客观论和主观论的成分融为一体的真理观……我们无需宣称真理只是某种时代精神,或者真理只是某种'格式塔转换',或者真理只是某种意识形态,便可拒绝朴素的真理'摹本'说……用以判断什么是事实的唯一标准就是什么能合理地加以接受……根据这个观点,可以有价值事实存在"。普特南以"猫在草垫上"这个简单的事实陈述为例,认为其中蕴涵了某种价值体系的承诺。我们之所以有"猫"这个范畴,是因为我们认定世界划分为动物与非动物是有意义的,我们才能区分"猫"和"草垫"的差别;我们之所以有"草垫"这个范畴,是因为我们认定非动物划分为人造物与非人造物是有意义的;我们之所以有"在……之上"的范畴,是因为我们对空间关系有兴趣。这些范畴"都是由特定的文化所提供的,其出现和普遍存在揭示了有关该文化以及差不多每一文化的价值和兴趣的某些方面。"[1] 在《事实与价值二分法的崩溃》一书中,普特南认为,过去半个世纪的科学哲学的历史很大程度上是试图逃避这个问题的历史,并进一步阐述了"事实知识预设价值知识"的实用主义观点。[2] 我们可以看到,普特南之所以坚决反对事实与价值的严格区分,从而认为事实与价值是相互纠缠的,乃是因为这种二分的结果把价值完全排除在理性讨论之外,正是这种二分造成了相对主义。在破除了事实与价值二分的界限之后,"客观性"跟"融贯性""精确性""实用性"一样,自然都成为一种认知价值。值得注意一点的是,普特南之所以提出"内在实在论"的观点,在于他既反对形而上学的实在论,同时也反对相对主义,"反对形而上学的真的'符合论'与把真或合理的可接受当作主观的,根本不是一回事……相对主义者未能看到的是,某种客观的'公正'(rightness)

---

[1] [美]希拉里·普特南:《理性、真理和历史》,童世骏、李光程译,上海译文出版社 2015 年版,第 2、223 页。

[2] 在这里,普特南引用了古典实用主义者杜威的一个说法:"实用主义观点的许多优点中的一个优点就是它把这个伦理问题等同于经验中的客观成分与主观成分之间的关系这个普遍问题,而不是让伦理问题躲在它自身的一个小角落里。"[美]希拉里·普特南:《事实与价值二分法的崩溃》,应奇译,东方出版社 2006 年版,第 182 页。

的存在，是思想的一个前提"①。针对事实与价值的二分及其所产生的效应，普特南提出："解决的办法既不是放弃理性讨论这个观念，也不是寻求一个阿基米德支点，一种外在于所有的语境和问题情境的'绝对观念'，而是——正如杜威在他的漫长的一生中教导的——合作地、民主地而且首先是可错地探究、讨论和试验。"②

在此思路下，我们可以说，当代西方的知识论也发生了"德性的转向"（the virtue turn），试图将认识论与伦理学统一起来，让"真理"（truth）插上"真诚"（honest）的翅膀。我们知道，"德性"是伦理学的一个范畴，源自亚里士多德的实践科学，人的实践是以善为导向的行为，而人的独特的能力和品质是理性，当理性指导人的行为时，理性便成为德性。德性知识论（Virtue Epistemology）是借用亚里士多德的"德性"概念来解释规范性认识的产物，类似于当德性导向美好生活时，就是一种道德美德（moral virtues），比如善和正义，而当德性导向认知世界时，就是一种认知美德（epistemic virtues），比如真理和客观性。在此意义上，德性知识论就将传统上"知识是确证的真信念"转换为"知识是产生于认知美德的真信念"，这也就是说，德性知识论将主体的认知能力和品质界定为一种"认知美德"，作为获取真理和客观性的能力和品质。③ 在德性知识论的研究史上，"自从索萨（Ernest Sosa）开创性的论文《木筏与金字塔》（The Raft and The Pyramid, 1980）和扎泽博斯基（Linda Zagzebski）的《心灵的美德》（Virtues of The Mind, 1996）以来，认识论者对知识、辩护、理解和其他认识论状态的规范性方面越来越感兴趣。"④ 一般而言，

---

① ［美］希拉里·普特南：《理性、真理和历史》，第138—140页。
② ［美］希拉里·普特南：《事实与价值二分法的崩溃》，第54页。
③ 参见陈嘉明《知识与确证：当代知识论引论》，上海人民出版社2003年版，第280—296页。
④ Abrol Fairweather ed., *Virtue Epistemology Naturalized: Bridges between Virtue Epistemology and Philosophy of Science*, Springer, 2014, p.1. 德性知识论在人文学科领域的讨论，可参阅 Jeroen van Dongen, Herman Paul eds., *Epistemic Virtues in the Sciences and the Humanities*, Springer, 2017。

第十二章　学科共识、认知美德和学者角色

存在两种德性知识论，一种是以认知能力（cognitive abilities）为基础的德性知识论，在这种观点下，认知美德就是一个人所获真理、避免错误的内在能力；另一种是以人格特征（personality traits）为基础的德性知识论，在这种观点下，认知美德则是一个人的性格特征和气质。①

总而言之，与后期维特根斯坦转向"语言的意义在于使用"类似，以蒯因、戴维森和普特南为代表的科学哲学家，他们大多是在分析哲学的背景中成长起来的，在应对客观主义与相对主义的论争过程中，他们正是在借助于美国本土的实用主义的资源，尝试为知识的客观性问题开辟了一条新的路径。

二

历史学作为一门崭新的学科，在近代才真正登上欧洲的舞台。我们知道，自文艺复兴以来，欧洲兴起了收集和整理古代文献的热潮，作为职业的历史学家的"前身"都是语文学家，文献学家，或者说古物收藏家（antiquarian），他们怀着极大的热情到图书馆、档案馆和博物馆中去寻找历史真相的"圣杯"。作为近代史学之父的兰克，于1824年出版了《拉丁与日耳曼民族史（1494—1514）》，一举成名，随后进入柏林大学。兰克在此书的"序言"中就倡导历史学家应该要到档案馆里广泛阅读一手资料，由此才能发现历史的真相。此书还有一个附录，名为《近代史家批判》，本书显示了兰克超强的文献考证功力，他非常细致地考辨了各种文献的来源，对近代西方史家——比如马基雅维利、奎恰尔迪尼等人的史著所运用的史料如数家珍，所以他能够轻易地批判这些史家的著作，在哪里运用了何种材料，在哪里抄袭了哪些前辈的著作，在哪里进行了自己的创作和虚构。兰克以

---

① 参见米建国《两种德性知识论：知识的本质、价值与怀疑论》，《世界哲学》2014年第5期。

他亲身的示范，让历史学作为一门学科确立起来了，历史学家所获得成就和声誉，相应地能够与自然科学领域的伽利略、牛顿相媲美。特别来说，随着现代学术分工的细化，历史学作为现代大学建制的一部分，从业余的活动变成了一项职业工作，作为"人生导师的历史"也变成了"求真务实的历史学"。

虽然兰克没有从哲学的层面专门讨论历史知识的客观性问题，但他在《拉丁与日耳曼民族史》一书的序言中高举"如实地叙述其本来面目"（Wie es eigentlich gewesen）的宣言。由此，兰克史学也就被普遍地称之为客观主义史学，"人们认为兰克的客观性理想（Objektivitätsideal）是实证主义的。这就是说，受到兰克客观性理想约束的历史学应该摆脱以往深刻影响历史思考的各种规范性因素，在历史思考具体集体性的展示和教育等文化作用的时候更要回避。"① 紧接着，兰克的学生德罗伊森就在《历史知识理论》一书中对此提出反对意见，"解除一切民族性的束缚，一切党派、阶层的观点和枷锁，解开一切因信仰而生的窒碍，离开偏见与激情；走向真理与美德，免于热情渴望，无愤怒也无冲力，让它建立一个永恒的作品。我敬谢这种太监式的客观（Objektivität）；如果历史中的无偏党性（Unparteilichkeit）与真理，存在于这种观察事物的方式之中，那么最好的史家正是最劣等的，而最劣等的史家也正是最好的……客观的无所偏党，如瓦克斯姆在他史学理论中所推荐的，是不合人性的；人性实在是有所偏党。"② 恰恰由于兰克没有从哲学的层面来详细阐述他的历史知识的客观性观念，所以就为后来的史学理论家或历史哲学家留下了极大的解释空间。我们知道，在面对采取自然科学的方式研究历

---

① ［德］耶尔恩·吕森、［德］斯特凡·约尔丹：《编者导言》，载［德］兰克《近代史家批判》，孙立新译，北京大学出版社2016年版，第21页。关于兰克史学是何种意义上的客观主义史学，某种意义上取决于我们如何理解历史知识的客观性观念。仅就"如实地叙述其本来面目"可以对应到经验论的"真之符合论"来说，人们很自然地会联想到实证主义。

② ［德］德罗伊森：《历史知识理论》，胡昌智译，北京大学出版社2006年版，第96页。

史还是采用精神科学的方式研究历史这个时代问题时，德罗伊森写作此书的动机和目的主要是批判以巴克尔为代表实证主义史学，从而积极地倡导一种观念论的历史主义史学，由此开启了经验论和观念论这两个哲学传统关于历史知识的客观性的不同看法。① 随着哲学家介入历史知识何以可能的认识论问题或历史知识性质的方法论问题，开始从哲学的层面来讨论历史知识的客观性问题，就使得这个问题变得更加复杂化。从 19 世纪末开始，大陆传统的新康德主义和新黑格尔主义历史哲学家，主要从观念论的立场批判客观主义是不可能实现的，绝对的客观性恰恰就相当于"圆的方"，是一个悖论。然而，英美世界的分析派历史哲学家主要从实在论的立场认为，批判的历史哲学是一种相对主义，只要依照自然科学的方法论原则，历史知识的客观性就是可以实现的。"正是这种以为凭着绝对的客观主义便可以得史学绝对之真的绝对主义的主张，引出了它的对立物——相对主义的史学理论。"②

20 世纪 70 年代，后现代主义史学理论的代表人物海登·怀特在《元史学：十九世纪欧洲的历史想像》一书中，再次重启了历史学是一门科学还是艺术的论争，从语言的层面剖析了 19 世纪的著名历史学家的著作，认为他们并不是在追求历史知识的客观性，而是在进行一种文学式的创作。在怀特看来，19 世纪所谓的历史学的科学化只是历史学家自我设定的一个幻象而已，因为像兰克这样的历史学家在表现历史成果的时候，他们所使用的语言仍然是一种日常有教养的自然语言，而非自然科学意义上的人工语言。既然是一种自然语言，那么就跟小说所使用的语言没有本质上的产别，由此，他认为历史学本

---

① 德罗伊森认为反省才是历史研究的前提，历史研究工作的起点是提出历史问题，而不是实证主义所认为的收集材料。"Heuristik 是以求知者本身所关切的现象及求知者本身的价值意义系统为出发点展开的一系列寻找研究材料的工作。它是与理解（Verstehen）的方法不可分的一个方法学概念：两者都是把求知者的主体性（Subjektivität）带入知识追求过程中，而绝不是把主体性与知识的追求划分界线的方法。"参见［德］德罗伊森《历史知识理论》，第 57 页。

② 刘家和：《史苑学步：史学与理论探研》，北京大学出版社 2019 年版，第 218 页。

质上就是一种诗学。怀特总结说："选择某种有关历史的看法而非选择另一种，最终的根据是美学的或道德的，而非认识论的。"① 虽然怀特主要是反对分析的历史哲学家的逻辑客观主义，但无疑也强化了他的修辞相对主义，因为他将认识论上的客观性与美学的或道德上的主观性简单地对立起来，认为除此之外没有其他的选择。"自从《元史学》出版以来，怀特的相对主义为反对者所诟病。如果没有一个真实的方式来表现一段特定的历史时期，如果历史'现实'只不过是缺乏本体论为基础的想象性建构，那么，历史学家无论选择哪种方式表现过去，都应是正当的。若真的如此，那么，如何区分'历史'与明目张胆的修正主义、政府宣传、否认大屠杀等等主张？"② 由此可见，历史实在论者"完全排斥主观并不足以达到纯客观，相反却使史学的客观也无所依托"。而历史相对主义者认为："史学既离不开主观，其内容也就无所谓客观之真。"其结果便是"他们和他们所反对的客观主义的史学家犯了一个同样的错误，就是同样地把主观与真简单地对立起来了"③。

为了应对后现代主义史学理论所带来的历史相对主义的挑战，当代西方的史学理论家也遵从新实用主义哲学家的思路，尝试重建历史知识的客观性。④ 阿兰·梅吉尔总结出客观性的四种含义：（1）绝对的客观性（absolute objectivity）；（2）学科的客观性（disciplinary objectivity）；（3）辩证的客观性（dialectical objectivity）；（4）程序的客观性（procedural objectivity）。绝对的客观性可以说是上述实在论者坚持的一种朴素的"摹本"说，一种"上帝视角"，一种"本然的观点"（view from nowhere）。希拉里·普特南称之为"形而上学的实在

---

① ［美］海登·怀特：《元史学：十九世纪欧洲的历史想像》，陈新译，译林出版社2004年版，第4页。
② ［美］海登·怀特：《叙事的虚构性：有关历史、文学和理论的论文（1957—2007）》，马丽莉等译，南京大学出版社2019年版，第21—22页。
③ 刘家和：《史苑学步：史学与理论探研》，第218页。
④ 相关讨论可参见顾晓伟《后分析历史哲学与历史知识客观性的重建——当代西方史学理论的一个新趋向》，《中国社会科学评价》2017年第4期。

第十二章　学科共识、认知美德和学者角色

论"，"根据这种观点，世界是由不依赖于心灵之对象的某种确定的总和构成的，对'世界的存在方式'，只有一个真实的、全面的描述。真理不外乎在语词或思想符号与外部事物和事物集之间的某种符合关系"①。辩证的客观性作为绝对客观性的反题，往往是观念论者持有的一种"构造"说，强调主体与客体的辩证关系，或者说一种"主体间性"。在梅吉尔看来，学科的客观性就是"以特定研究群体成员之间的共识（consensus）作为客观性的标准"，而程序的客观性"旨在实践一种公共（impersonal）的探究或实施方法"②。以库恩的《科学革命的结构》为例，梅吉尔认为，如果人们在持有绝对客观性的观念的前提下，必然会认为库恩所阐明的立场只能表现为一种文化相对主义。然而，库恩的"范式"理论所要阐明的恰恰是一种学科的客观性，"范式将'成熟的科学共同体'的成员聚集在一起，提供了一个支持客观性主张的上诉法院：不是绝对的上诉法院，而是一个在特定时间为特定共同体服务的上诉法院"③。由此，梅吉尔正是借助于实用主义的资源，认为在绝对的客观主义及其反题——相对主义之外，我们还有一个学科的客观性可供选择。在《观念史的逻辑》一书中，马克·贝维尔也借鉴了蒯因、戴维森和普特南等逻辑实用主义者的资源，专章讨论了历史知识的"客观性"问题，他认为："我们必须把客观性定义为一种基于理智德性（intellectual virtues）的人

---

① ［美］希拉里·普特南：《理性、真理和历史》，第55页。
② Allan Megill, "Four Senses of Objectivity", in Allan Megill ed., *Rethinking Objectivity*, Durham: Duke University Press, 1994, p.1. 另参见［美］阿兰·梅吉尔《历史知识与历史谬误：当代史学实践导论》，黄红霞等译，北京大学出版社2019年版。值得一提的是，也有学者从历史性的角度来考察"客观性"的变迁，并提出五种竞争性的客观性概念："对自然的真实"（truth-to-nature）、"机械的客观性"（mechanical objectivity）、"结构的客观性"（structural objectivity）、"练就的判断"（trained judgment）、"表现"（presentation）。参见 lorraine Daston, Peter Galison, *Objectivity*, New York: Zone Books, 2007；阿克斯特尔（Guy Axtell）则进一步拓展了梅吉尔提出的"辩证的客观性"这一概念的内涵，参见 Guy Axtell, "The Dialectics of Objectivity", *Journal of the Philosophy of History* 6 (2012), pp.339–368.
③ Allan Megill, "Four Senses of Objectivity", in Allan Megill ed., *Rethinking Objectivity*, p.7.

类实践。当人们争论竞争对手理论的优劣时，他们从事的是一种人类实践，这种实践受定义了理智真诚（intellectual honesty）标准的经验规则的支配……逻辑学是对推理的规范性说明。"① 这也就是说，历史知识的客观性不再是传统哲学上所认为的那样，只有在消除主体的前提下，客体的属性和特征才能显现出来，贝维尔让历史知识的客观性转变成人类实践的一种认知美德，主体只有在具有这种认知能力的前提下，才能获得客观性的知识。"客观性不是出于一种方法，也不是对纯粹事实的检验，而是源自与竞争对手理论的比较。历史学家通过将他们的理论与他们对手的理论进行比较，以准确性、全面性、一致性、进步性、丰富性和开放性的标准，来证成他们的理论是正确的。"② 在贝维尔看来，客观性同准确性、一致性、开放性等术语一样，都是一种规范性的标准，是赋予主体卓越能力的一种认知价值。

回到史学实践层面来说，历史学家往往不加反思地持有一种朴素的实在论，而这种客观性的直觉又进一步得到哲学上绝对客观性的观念的强化和加持，由此造成历史实在论与历史相对主义的对垒和争执。绝对的客观性观念不仅没有触及历史知识的特殊性问题，而且遮蔽了作为一个学科的历史学的真正内涵。然而，通过新实用主义历史哲学家所阐述的"学科的客观性"，可以帮助我们更好地澄清职业历史学家的工作。

历史学作为一门学科，历史研究就是一项集体性的公共事业，历史知识的客观性往往可以看作是历史学家共同体所签订的"真之契约"，这也就是说，历史知识的客观性是历史学家共同体不断协商和试错出来的一种"学科共识"。"历史书写不同于宣传的东西是一种学科的家法（disciplinary code）和一套认识价值，使得历史学是一门

---

① Mark Bevir, *The Logic of the History of Ideas*, pp. 100 – 101. 另见 Mark Bevir, "Objectivity in History", *History and Theory*, Vol. 33, No. 3（Oct., 1994）, pp. 328 – 344.

② Mark Bevir, *The Logic of the History of Ideas*, p. 104.

真之追求的科学。"① 兰克作为近代史学之父，他通过到档案馆中查找第一手文献，考辨史料，并写出了比以往的学者更为可靠的、更为精确的历史著作，他的史学实践及其方法就在职业历史学家共同体之间形成了一种学科共识，并不断地得到传承。在此意义上，他提出"如实直书"的口号，并不是要首先假定一个客观的过去，然后历史学家做出的叙述要跟这个过去相符合，而是更多地与当时历史小说的不精确性和哲学的普遍性相比较而言，历史学家要到档案馆中考辨出精确的、具体的历史细节，以此来突显历史学的学科自主性和合法性。由此而言，兰克的"客观性理想"只不过是一种学科规范和认知美德而已，"对于言说真理，做到诚实和勇敢就已足够"②。"用实用主义术语来说，历史学家的真之意图并不是基于史家与实在的直接关系，而是以不同的方式调和达成的，也就是说，真之意图以诸如研究方法、认知价值和认知美德等学科共识为根基。'真之约定'的可靠性和可验性，主要依靠我们称之为规范性的客观性观念来获得。"③ 在此，我们就不必像历史相对主义者在持有一种绝对的客观性的前提下，从反题的意义上认定"如实直书"只是一个"高尚的梦想"，我们应该在学科的客观性的意义上，认定"如实直书"是一种实实在在的认知美德。"尽管这一理想可能无法实现，——谁又能够声称自己是完全公正或完全客观的呢？——但它是一个定向的目标。它关注历史学家的研究，并为衡量他们的成就提供一个标准。因此，为了被认为是'客观的'，历史学家不需要达到不可触及的东西，而只需要在他们的同行认为足够的程度上实践客观性的美德。历史学家的'所作所为'，无论是在档案馆中，还是在写字台上，都是在这种规范性

---

① Tor Egil Førland, *Values, Objectivity, and Explanation in Historiography*, London: Routledge, 2017, p. 92.
② [德] 兰克：《论普遍历史》，载刘小枫编《从普遍历史到历史主义》，谭立铸、王师等译，华夏出版社2017年版，第185页。
③ Marek Tamm, "Truth, Objectivity and Evidence in History Writing", *Journal of the Philosophy of History* 8 (2014), p. 278. 中译文参见 [爱沙尼亚] 马瑞克·塔姆《历史书写中的真理、客观性和证据》，顾晓伟译，《天津社会科学》2018年第4期。

理念指导下的道德表现。"①

近年来,荷兰的史学理论家赫尔曼·保罗（Herman Paul）就积极地尝试借用德性知识论的资源来讨论历史知识的客观性问题。"德性语言在当代历史哲学中的重新出现,并不是源于20世纪历史哲学的无知,更不是源于对19世纪道德话语的怀旧,而是源于叙事主义范畴的不足。如果我们把注意力从历史学家的著作转移到历史学家的行为（doings）上,我们需要一个以美德和技能来阐述的人格概念（concept of persona）。"② 我们知道,叙事主义历史哲学将历史知识看成是一个产品,关注于文本和话语,从而忽略了历史学家的生产过程及其行事的活动（performances）。在保罗看来,历史学家在整个生产过程中扮演着一种学者角色,以追求历史知识的客观性作为其认知美德。借助于德性语言的词汇表,我们可以重新理解19世纪历史学职业化进程中那些方法论手册和研究指南的内涵,其中"客观公正""细致精确""小心考证""大胆假设""满怀热忱""勤奋耐心"等词汇恰恰是描述历史学家的认知能力和人格特征,是对历史学家的规范性要求。要想成为一名好的历史学者,就要在具体的研究工作中训练和履行这些认知美德。③ 对于职业历史学家来说,历史知识的客观性就变得很容易理解,"客观的"就像"公正的""小心的""谨慎的"等等这些形容词一样,客观的就意味着历史学家在研究过程中要小心谨慎、刻苦努力,"板凳要坐十年冷"就是达成客观性理想的一种道德表现,客观性的也就是意味着历史学家要在写作过程中符合学科的规范和家法,"文章不写一句空"同样也是达成客观性理想的一种认知美德。除此之外,客观性就没有大多哲学上的重负,就只剩下了一些历史学家的行为操守和规范。在此意义上,保罗就将"历史知

---

① Herman Paul, "Performing History: How Historical Scholarship is Shaped by Epistemic Virtues", *History and Theory* 50 (February 2011), pp. 17 – 18.

② Herman Paul, "What is a Scholarly Personae? Ten Theses on Virtues, Skills, and Desires", *History and Theory* 53 (2014), p. 352.

③ Herman Paul, "Distance and Self – Distanciation: Intellectual Virtue and Historical Method around 1900", *History and Theory*, Vol. 50, No. 4 (Dec., 2011), pp. 104 – 116.

识的客观性"这个认识论的问题转化为"成为一名好的历史学家"这样一个伦理学的问题,重点刻画了"学者角色"(scholarly personae)这个概念。

我们知道,"角色"(personae)一词也常常翻译成"人格",原来是指演员在舞台上戴的面具(masks),现在主要是指社会中角色身份的标识。由此,保罗将"学者角色"界定为理想类型化的学术人格的模范(models of scholarly selfhood),即"在学术研究中拥有那些至关重要的能力、态度、气质"[1]。在历史学科中,"学者角色"这一概念表现着历史学家的专业角色身份(professional role identities),在历史学科的共同体中,职业团体形成并制定了历史学者应当具备哪些品质和气质的学科共识,后来的历史学者追随着理想类型化的模范,也就形成了历史学家这一专业角色的认同。关于如何树立学术人格的模范,保罗引用了美国历史协会(AHA)的"专业行为准则声明"加以阐述:"专业历史学家和其他人的区别是什么呢?这一职业的成员是由一群历史学者组成的,他们集体从事研究工作,并将历史解释为一种有纪律的学术实践……历史学者应该正直地实践他们的技艺。他们应该尊重历史记录。他们应该记录他们的来源。他们应该承认自己对其他学者的工作负有责任。他们应该尊重和欢迎不同的观点,即使在他们争论的时候,他们也应该接受批评。"[2] 比如说,我们之所以将兰克称之为"近代史学之父",就在于他在档案研究和指导学生过程中所体现的"公正""精确""谨慎"的品格和气质,这种良好的学术人格就成为历史知识客观性的标识,犹如明星之于"粉丝",兰克就为后来的历史学者树立了一个榜样和模范作用。

值得一提的是,赫尔曼·保罗所提出的"认知美德"和"学者角色",主要是应对叙事主义所带来了相对主义的挑战。一方面,与

---

[1] Herman Paul, "What is a Scholarly Personae? Ten Theses on Virtues, Skills, and Desires", *History and Theory* 53 (2014), p. 353.

[2] 参见 Herman Paul, *Key Issues in Historical Theory*, New York: Routledge, 2015, p. 144.

怀特的《元史学》将认识论与道德对立起来不同，保罗的"认知美德"这个概念则试图将认识论与道德统一起来。在认知美德的层级中，对于19世纪的"档案历史学家"来说，不仅包括研究中世纪史所需要的"公正""精确""谨慎"这些善目（goods），而且包括"成本效益"（cost-efficiency）、"民族自豪感"（national pride）、"职业晋升"（career advancement）等善目。然而，对于20世纪的"女权历史学家"而言，不仅包括研究妇女史所需要的"公正""精确""谨慎"这些善目，而且包括"道德补偿"（moral restitution）、"学术认可"（academic recognition）、"消除对妇女的压迫"（eradication of women's oppression）等善目。① 另一方面，与库恩在《科学革命的结构》中提出的"范式"类似，保罗提出的"学者角色"也是不断变化的，比如说，在古典史学阶段，"希罗多德""司马迁"等古典史家在一段时间内就为后来的史家群体树立了理想类型的模范，到了现代史学阶段，"兰克""布罗代尔""傅斯年""郭沫若"等现代历史学家在一段时间内为后来的历史学家共同体提供了追随和效仿的榜样。但是，库恩的范式"通常是指那些公认的科学成就，它们在一段时间里为实践共同体提出典型的问题和解答"②。保罗的"学者角色"则是理想类型化的学术人格的模范。如果说范式聚焦在"科学成就"上，那么学者角色则落脚在"学术人格"上，它是对怎样成为一名卓越的历史学家所提出的规范性要求。因此，以人格特征为基础的学者角色就为历史学家共同体提供了主体层面的"模范"作用。

三

通过历史的和分层次地讨论客观性的观念，我们可以看到，后现

---

① Herman Paul, "What is a Scholarly Personae? Ten Theses on Virtues, Skills, and Desires", *History and Theory* 53 （2014）, p. 364.
② ［美］托马斯·库恩：《科学革命的结构》，金吾伦、胡新和译，北京大学出版社2003年版，第4页。

第十二章 学科共识、认知美德和学者角色

代主义史学理论对于历史知识的客观性的挑战,实际上只是拒绝了绝对的客观性的观念,我们仍然能够在学科的客观性的观念下,来辩护历史学作为一门学科的合法性和正当性。

首先,如果将历史实在论看作是"正题",历史相对主义看作是"反题",那么,当代西方史学理论的新进展就可以看作是一个"合题"。借助于新实用主义的资源,他们尝试将主观性与客观性统一起来。由此,历史知识的客观性观念不再是历史实在论的"绝对客观性",而是历史学家共同体在史学实践中形成的"学科客观性"。

其次,借助于实用主义的资源,他们尝试将认识论与伦理学统一起来,由此将认识论上的客观性问题转化为一个伦理学问题,历史知识的客观性就具有了规范性的内涵,这也就是说,"学科共识"同时需要"认知美德"和"学者角色"提供担保。我们知道,认识论所研究的对象是一种目的在于获取知识和发现真理的认识行为,也就是朝向一个目标而活动的例证,这些都是伦理学的概念。伦理学所研究的行为也是某种认识,是建立在什么是对的或错的知识的基础之上的行为,而知识则是认识论的概念。由此,事实与价值也就不再对立,而是互为一体。"史学作为知识系统来说,其内容为过去的实际,其目的在于求真;而史学作为价值系统来说,其功能在于为今人的实际服务,其目的在于求善。"刘家和先生从中西史学理论的比较出发,进而借用中国传统思想中的体用论,详尽阐述了史学的体与用的关系:"史学之体在于其为真,而史学之用则在于为善","史学之求真与史学之致用互为充分必要条件","如果说,真为史学之体,用为史学之用,那么现在也可以说,史学可以即用见体,即体见用,即用即体,体用不二"①。由此可见,在化解历史知识客观性的问题上,刘家和先生的这个解决方式,与新实用主义历史哲学的新思路,可谓殊途而同归,一致而百虑。

复次,借助于实用主义的资源,他们也尝试将理论与实践统一起

---

① 刘家和:《史苑学步:史学与理论探研》,第 224—226 页。

来。对于实践要素的强化，他们自然会认为，不仅史学理论是一种社会活动，而且史学实践同样是一种社会活动，在这个意义上，他们就将传统的哲学认识论转换成了一种社会认识论或知识社会学。如此来看的话，库恩的"范式"理论实际上就是一种科学社会学，从而将科学哲学和科学史统一起来。对于史学理论与史学史这个学科来说，我们也可以将"学科的客观性"看作是一个史学社会学的范畴，由此将史学理论和史学史统一起来。

最后，更为重要的是，当代西方史学理论化解历史知识客观性问题的新思路，不仅为作为一个学科的历史学奠定了合法性和正当性的基础，而且为我们重新理解和阐释19世纪西方史学的职业化实践开拓了新的视野，特别是在中西史学理论的比较视野下，对于重新理解和阐释中国传统史学中"良史之才"的规范性内涵，同样提供了新的认知框架。

下 篇

基于个案的理解

第十三章

论历史陈述之"真"的界定
—— 验证曼德尔鲍姆的一个观点

张耕华

在历史著述中,所谓历史陈述①有"单个史事的陈述",也有"陈述与陈述相组合而成的叙事",它们涉及的问题不尽相同,需要分开讨论。在此我们只讨论前一类陈述,这是为了对应和延续美国学者曼德尔鲍姆在《历史知识问题》②第六章的研讨。在第六章中,曼德尔鲍姆用"恺撒跨过鲁比孔河"为例来论证他的"符合论",笔者也用这个案例来复核验证曼德尔鲍姆的观点,看看它是否与史学实际相吻合?进而在这个基础上,看看是否该有更深入的追究?符合论是否还要有重要的补充?

一 历史陈述的"符合论"释析

在史学理论的语境中,关于陈述之"真"的界定,有两种思路:一种是在陈述与史事的关系上认定"真",另一种是在人们的普遍认

---

① 当我们写下(或读到)"这是一把椅子",头脑中不必联想"椅子"的读音,就可以明白书写者所指称的对象;当我们说出(或听到)"这是一把椅子",头脑也不必联想"椅子"的字形,就可以明白说话者所指称的对象。两者的情况稍有不同,但本文不做区分,而以书面的历史陈述为讨论对象,探讨历史陈述之"真"的界定问题。
② [美]莫里斯·曼德尔鲍姆:《历史知识问题——对相对主义的答复》,涂纪亮译,北京大学出版社2012年版。按,正文统一简称《历史知识问题》。

可上来认定它的"真"①。曼德尔鲍姆是赞成历史符合论的,他在《历史知识问题》第六章中,以批评相对主义为引线,论证了历史符合论的合理性和可靠性。他在进入具体的论证之前,先以"事实判断和价值判断"为题,对论证的对象、范围——也即符合论在历史学中适用的对象、范围做了限定。他说:

> （陈述）是一个具体的、明确的、直接提出的、有意义的单位,这个单位指示某件事情,告诉我们某件事情,并且声称它是真的。……我们现在必须把判断与陈述区别开。判断通常被定义为对命题所做的肯定或否定。
>
> 从陈述与判断的这种区分中能够清楚地看出,对一部历史著作的理解就在于理解这部著作所做的那些陈述,而没有主要包含对其作者所做的判断的理解。一部历史著作的真实性就在于它所做的陈述的真实性,而不在于作者事实上以这些或那些根据为依据做出判断这个事实。②

在这段论述中,曼德尔鲍姆用"人类社会是许多项研究的主题"（这是陈述）和"帕累托主张人类社会是许多项研究的主题"（这是判断）两个句子来显示两者的区别。就这两个句子来看,曼德尔鲍姆所说的"判断",类似于"意见",比通常我们所说的"价值判断"的范围稍宽些。换言之,按照曼德尔鲍姆的观点,符合论只适宜于解读历史著述中史事的陈述,甚至还不能包括那些表达个人意见的历史

---

① 这种观点或称为"主体间性",参见陈新《西方历史叙述学》第四章第三节,中国社会科学出版社2005年版。为了行文上的方便,本文以"普遍认可""一致同意"之类的词语来表达。关于这个概念术语的使用,学界也有不同意见,有赞同的（如朱音弦、徐丽燕《主体间性·客观性·历史认识的客观性》,《鸡西大学学报》2008年第4期）,也有反对的（如俞吾金《"主体间性"是一个似是而非的概念》,《华东师范大学学报》2002年第7期）,本文暂不讨论。
② ［美］莫里斯·曼德尔鲍姆:《历史知识问题——对相对主义的答复》,第126、127页。

第十三章　论历史陈述之"真"的界定

陈述，它只是"叙述某件事情。它是一个具体的、明确的、直接提出的、有意义的单位，这个单位指示某件事情，告诉我们某件事情，并且声称它是真的"。也正是在这个范围里，他强调历史认识"至少可能局部地实现关于客观知识的理想"①，而不至于陷入相对主义的错误。虽然历史著述中的陈述与评判尤其是带有意见色彩的陈述往往不易做出泾渭分明的划界②，但曼德尔鲍姆所限定的范围还是可以分辨的，也可以就此范围做点讨论。所以，笔者同意并遵循曼德尔鲍姆的划分，把下文的讨论限定在这类历史陈述，即选择一些只是"叙述某件事情"的案例来分析讨论。

除适用对象、范围之外，曼德尔鲍姆又对历史符合论本身做了两点澄清。第一，那种把符合看作"相似"或"模本"的看法是错误的，符合不是"相似"或"模本"。他说：

> 陈述不是那些事实的"模本"。"恺撒跨过鲁比孔河"这个陈述，或者"歌德不欣赏帕斯图姆教堂"这个陈述，与这两个陈述所叙述的事实并不"相似"。如果我们说这些陈述"符合于"这些事实，那么在每个场合下我们并不是指这些陈述本身与这些事实相似。就此而言，真理符合论并不是真理相似论或者真理模本论。③

关于陈述与对象的"符合"不是"相似"或"模本"（下文换称"模仿"），学界已有讨论。金岳霖先生在《知识论》中批评过"照相

---

① ［美］莫里斯·曼德尔鲍姆：《历史知识问题——对相对主义的答复》，第 123 页。
② 许多看似只"叙述某件事情"的陈述，实在掺入了很浓厚的价值判断。比如朱熹所撰的《通鉴纲目》，寓褒贬于陈述之中，他的历史陈述都用一种特定的书法：如写"某官某人卒"，是专叙好官某某死了；如写成"某人卒"，是专叙坏人某某死了；写作"某官某罢"，是专叙某人不配作这个官；写成"罢某官某"，那是专叙某人配作这个官。"伏诛"，专叙某人该死。"杀"，专叙某人不该死。诸如此类，均是陈述与评价的掺和。
③ ［美］莫里斯·曼德尔鲍姆：《历史知识问题——对相对主义的答复》，第 128—129 页。

式的符合"①，说陈述之"真"不是"照相式"的"符合"，似比曼德尔鲍姆不是"相似"或"模仿"的说法更周全些。第二，曼德尔鲍姆认为把"符合"看作"全部特征的等同"也是错误的。他指出，相对主义的"谬误在于它试图把我们关于某个对象可以说已获得的知识与那个对象的全部特征等同起来"②。相对主义者的谬误是否在于他们持"全部特征的等同"观，本文不做讨论，但不该用"全部特征的等同"（下文简称"全部等同"）的尺度来要求、衡量符合论，这也是正确的意见。这两点澄清笔者都能接受，虽然第一点还须做些补充（见下文的讨论）。那么，曼德尔鲍姆所肯定的陈述与史实的"符合"究竟是什么呢？他说：

> 当我们说一个陈述之所以是真实的是由于它符合事实时，我们所意指的其实是这个陈述所表述的那种存在于这个陈述中各个词之间的关系也存在于这些词所表现的那些实际对象之间。③

他强调符合论并"没有任何神秘之处"，比如"恺撒跨过鲁比孔河"：

> "恺撒"一词体现了真实的恺撒，"鲁比孔河"一词（在这个语境中）体现了一条真实的河，"跨过"一词体现了一个属于某种类型的、已完成的实际动作。如果这个陈述所表达的关系在事实上的确存在于它所涉及的各个对象之间，如果它所陈述的动作的确实际地完成了，那么"恺撒跨过鲁比孔河"这个陈述便是真的。真理符合论的含义就是如此，别无其他：一个已做出的陈

---

① 金岳霖：《知识论》，商务印书馆1996年版，第910—912页。
② [美] 莫里斯·曼德尔鲍姆：《历史知识问题——对相对主义的答复》，第61页。为了方便行文，笔者把它简称为"全部等同"。至于相对主义者是否持"全部等同"的观点以及这个观点本身，本文不做讨论。
③ [美] 莫里斯·曼德尔鲍姆：《历史知识问题——对相对主义的答复》，第129页。

第十三章 论历史陈述之"真"的界定

述"符合于"它声称的事实。①

如上所述,在符合论的研讨中,对于"符合"两字有过"相似""模仿""全部等同"等不同的解读。曼德尔鲍姆对"符合"两字的解读是什么呢?就上段引文来看,他使用了"体现"(symbolize)一词,并强调陈述中的词语与对象的一一对应。那么,曼德尔鲍姆所说的"符合",就是陈述所用的词语一一对应地"体现"了对象。为了讨论的方便,笔者把曼德尔鲍姆的解读称为符合论中"对应体现说"(或简称"体现说")。"对应体现说"的"对应"容易理解:"恺撒"对应那个人,"跨过"对应于过河时"已完成的实际动作",鲁比孔河对应那条河。那么"symbolize"是什么呢?② 曼德尔鲍姆没有展开说明。他只是说:"只要我们记住陈述是用语言表达的,而语言的特性就在于语言指示某些非语言的实体,那么上述看法就没有任何神秘之处。"这里,他讲到了语言,又使用了"指示"(refer to)一词③。一边是语言文字,另一边是非语言文字的实体,两种性质不同的东西,如何能有效地达到"体现"或"指示"两者的"符合"关系呢?笔者很期待曼德尔鲍姆能进一步说明以语言构成的陈述是如何"symbolize"那些非语言的实体,但他没有。他认为关于"符合论"的解读到这一步已经够清楚了——"真理符合论的含义就是如此,别无其他",它"没有任何神秘之处",进一步的深究实属多余。在西语世界,"以声示意"及其"对应模式"的象征义十分明显④,用"symbolize"一词或许已经表达了"象征,作为……的象征"的含义。但

---

① [美]莫里斯·曼德尔鲍姆:《历史知识问题——对相对主义的答复》,第129页。
② 原文是:The word "crossed" symbolizes a certain real type of action done. Maurice H. Mandelbaum, *The Problem of Historical Knowledge: An Answer to Relativism*, New York: Liveright Publishing Corporation, 1938, p.186.
③ 原文是:There is no mystery here, so long as we remember that statements are couched in language and that statements of language to refer to non-linguistic entities. Maurice H. Mandelbaum, *The Problem of Historical Knowledge: An Answer to Relativism*, New York: Liveright Publishing Corporation, 1938, p.186.。中文译为"指示",也有"指代"的含义。
④ 参见李幼蒸《历史符号学》,广西师范大学出版社2003年版,第107页。

在《历史知识问题》的第六章，未见曼德尔鲍姆在语言文字的象征义上讨论陈述与对象的符合问题。陈述是用语言的，那语言何以能"symbolize"非语言的实体且与它相符合呢？这是笔者极想弄明白的问题。曼德尔鲍姆使用了"symbolize"一词，又不在"象征义"上讨论陈述与对象的"符合"问题，这大约是中文译者将"symbolize"译为"体现"，而不是紧扣字面意译为"象征"的原因。然而在中文语境中，如果不对"体现"（或"指示"）一词做进一步的解读，而仅仅停留在"体现"上，那么顺着"恺撒跨过鲁比孔河"的案例去做一一对应的复核，不仅不能领会这句陈述怎么"体现"且符合对象，反而感觉到"符合说"在这里"落空"了。

二 历史陈述的"外部景观"与"内部思想"

"恺撒跨过鲁比孔河"，曼德尔鲍姆的原文是：Caesar crossed the Rubicon①。要验证这个陈述的"真"，先需要确定我们是要验证的这句陈述的字面义？还是它的借代义？因为按其字面义，这句陈述指称的对象只是"恺撒（个人）跨过鲁比孔河"；如果按照其借代义，这句陈述指称的对象是"恺撒率领士兵们跨过鲁比孔河"。这需要分开验证。曼德尔鲍姆强调："'跨过'一词体现了一个属于某种类型的、已完成的实际动作"，那么我们就来看看"跨过"这个词语是如何"体现"那个"已完成的实际动作"的。

先看字面义："恺撒（个人）跨过鲁比孔河。"

关于鲁比孔河，有学者提到，"虽然我们不知道鲁比孔河的具体位置，但是，我们通常认为那就是乌索河"②。这当然只是推测。较为主流，且谨严的意见如《剑桥古代史》（第二版）的观点是："我

---

① Maurice H. Mandelbaum, *The Problem of Historical Knowledge: An Answer to Relativism*, New York: Liveright Publishing Corporation, 1938, p.186.
② 参见［美］西蒙·亚当斯《古罗马揭秘》，卫平、崔丽云译，明天出版社2011年版，第29页。

第十三章 论历史陈述之"真"的界定

们并不知道鲁比孔河的确切位置,我们也不能够确定恺撒是否是在 1 月 10 日渡过了鲁比孔河。"①撇开具体日期不论。既然连鲁比孔河的确切位置都不能考实,当然也就谈不上对这条河流的宽窄深浅等情况的认知了。要知道,没有关于鲁比孔河宽窄深浅等情况的历史信息,我们便无从讨论"跨过"一词是否如曼德尔鲍姆所说的"体现了一个属于某种类型的、已完成的实际动作"。这不是要按照"相似""模仿"或"全部等同"之类的要求或尺度来验证它,而是我们无法认定:陈述所用的"跨过"一词与恺撒在当时所做的实际动作是否有着如曼德尔鲍姆所肯定的对应"体现"关系。据记载,恺撒赴鲁比孔河时的交通工具是马车,中途似乎也没有弃车换马,但用马车来"跨"河,似乎不太可能,大约"跨"河之际,改用了马匹。但这也是推测,我们不知道恺撒究竟是用什么交通工具过河的②。如果河流很窄,骑马确实可以一跃而过,使用"跨过"一词,可谓恰如其分;如果河流很浅,骑马冲驰而过,使用"跨过"一词,似不如用"涉水急驰"更能"符合"实际?如果河流很宽很深,那就需要架桥过河,使用"跨过",不如说是从桥上快马而过③。然而,我们既不知

---

① 本节关于"恺撒跨过鲁比孔河"的史实与资料,曾请教于陈恒、康凯先生,尤其是康凯先生不仅提供资料,还翻译了部分著述,在此表示感谢。但如有理解和使用上的错误,自是笔者的责任。《剑桥古代史》中此段史事是由已故英国罗马史专家伊丽莎白·罗森撰写的,引文由康凯先生翻译提供。

② 据《希腊罗马名人传》中《恺撒传》第 32 节所载:"他(恺撒)自己登上一辆租来的马车,最初朝着另一个方向行进,不久以后转向阿里米隆急驰,当他来到分隔山内高卢和意大利其余地区的鲁比孔河,心中的思潮汹涌不能自己,即将面临危险的局势,想到为了完成计划必须经历的冒险犯难,难免为之迟疑不安。他减低马车行进的速度,然后下令在路边暂停。"据同书《庞培传》第 60 节所记:"对着他身边的人用希腊语叫道:'听天由命,孤注一掷!'接着策马领军昂然而过。"[古希腊]普鲁塔克:《希腊罗马名人传》,张竹明译,商务印书馆 2000 年版。

③ 有些史书都说当时是架桥过河的,如[美]苏珊·怀斯·鲍尔《世界的故事——古代史:从最早的游牧民族到最后一位罗马皇帝》,左品译,山西人民出版社 2014 年版,第 255—256 页;苏力《还原 16 个著名的古战场》,北京工业大学出版社 2014 年版,第 95—96 页。但这两种都是通俗读物,而早期的史书如《希腊罗马名人传》《罗马十二帝王传》以及阿庇安的《罗马史》、恺撒的《内战记》(就"恺撒跨过鲁比孔河"而言,这几部史书可以称为原始资料)都没有"架桥"的记载,恐怕也不确实。

道鲁比孔河的宽窄深浅，也不知道恺撒过河时究竟做了哪种"类型的、已完成的实际动作"，如何能够验证这个陈述是"真"？如何能验证"'跨过'一词体现了一个属于某种类型的、已完成的实际动作"？

再看借代义："恺撒率领士兵们跨过鲁比孔河"。

据《希腊罗马名人传》的记载，恺撒此行带领了"300 骑兵和 5000 名步卒"①。他们是怎么过河的呢？鲁比孔河是否有足够的窄，不仅可以让 300 名骑兵纵马越过，而且也可以让 5000 名步卒也一跃而过？或者鲁比孔河是否也是足够的浅，不仅可以让 300 名骑兵"涉水"奔驰，也可以让 5000 名步卒徒步蹚着过河呢？我们无法确定这 5300 多名将士究竟是以何种类型、完成了何种"实际动作"？如果这一切在史料上都是空白，那么我们只能重复上面的讨论。为了使研讨能深入和充分，我们在这里必须有临时性的假设——假定我们知道当时的情境：依据记载，我们知道鲁比孔河不算太宽、河水也不算太深，虽不能跃马而过，但可以蹚水过河。300 名骑兵是骑在马上涉水过河的（水及马腹，不能奔驰），5000 名步卒是没在齐腰的河水艰难地蹚过河（当然也可以有其他假设）。于是，我们就看到了至少存在着属于两种或多种"类型的、已完成的实际动作"。史事如同为我们所"目睹"，我们如何来验证这句陈述与实际上发生的这么多"类型的、已完成的实际动作"之间的对应"体现"关系呢？我们当然不用"相似""模仿"或"全部等同"等尺度来衡量它，但"跨过"一词为什么能对应并"体现"这么多"类型的、已完成的实际动作"呢？

以上都是把"恺撒跨过鲁比孔河"视为史事的"外部景观"来分析，史事除了有"外部景观"，还有"内部思想"，这也是历史陈述的对象。"恺撒跨过鲁比孔河"使用的"跨过"一词，带有修辞学上的隐喻效果，颇能表现恺撒孤注一掷、义无反顾的"内部思想"，

---

① ［古希腊］普鲁塔克：《希腊罗马名人传》，第 1296 页。

第十三章 论历史陈述之"真"的界定

倘若改成"渡过""蹚过""涉水过河"之类的词语,则不能表达这一层"内部思想"。恺撒过河时的孤注一掷、义无反顾,这是史实。但倘若恺撒能活过来,他一定不喜欢、不赞成"跨过"之类的词语,因为这样的用词,遮蔽了他当时存在着另一种"内部思想"——恺撒后来多次强调,他当时还有另一种真心情。读他自撰的《内战记》可知,

他极力想说明的是:"跨过鲁比孔河"是他"极不情愿的事情"。他在《内战记》一开头就急切地解释内战爆发的原因,向人们详细地阐述了执政官的无理和庞培对元老院的操纵,认为这次战争完全是庞培派出于私欲而强加给他的。他允诺于公元前49年1月交出8个军团和外高卢的统治权,只保留两个军团和伊利里亚、内高卢的统治权,同时致函元老院建议庞培同时解除行省统辖权和军权。当这一提案遭到否决后,他才非常不情愿地渡过了鲁比孔河。显然,"恺撒跨过鲁比孔河"只"体现""内部思想"的一个侧面,而遮蔽了另一个侧面。

或说"跨过"一词,并非对应于什么"实际动作",只是表示恺撒过了河。也有的说"跨过"一词,并不对应于过河的"实际动作",而是对应于恺撒"越过界限"。按当时法律规定:恺撒不得领兵越出他所派驻的行省,"越过界限"等于向罗马元老院宣战。这就是把包含了那么多样的"实际动作"且如此复杂多面的史事,简化成一句单称的陈述。所以,历史陈述正如李凯尔特所说,与"实际对象"相比"认识总是一种简化"[1]。但这样的"浓缩""简化"或"省略"何以不妨碍大家对它的肯定(都肯定它"符合"对象)呢?我们当然不是要用"相似""全部等同"之类的尺度来衡量它,但明明陈述与史实间存在着很多明显的"浓缩""简化"或"省略",我们为何还一致肯定它是"符合"史实的"真"呢?

---

[1] [德]李凯尔特:《文化科学和自然科学》,涂纪亮译,商务印书馆2000年版,第30页。

下篇　基于个案的理解

三　陈述语言的"记号示义"功能

　　就曼德尔鲍姆的论证而言，以"恺撒跨过鲁比孔河"为案例来解读陈述与对象的符合关系似乎并不恰当，因为对象本身有太多的未知数，恺撒与士兵们过河的"实际动作"只能靠推理、想象或猜测了。选用这样的案例，我们如何能复核陈述与对象的符合、对应和"体现"（或"指示"）呢？再说"跨过"一词，本义是"抬起一条腿，迈步使身体前行"，如"跨过门槛""跨过水沟"等等。说"恺撒跨过鲁比孔河"，显然带有一点夸张和修饰性（除非鲁比孔河只有一步之宽），并非历史陈述所强调的写实。当然，历史陈述中使用夸张的、带有修饰性的词语也比比皆是。那么，讨论陈述与对象的符合问题，能否选用陈述中较为写实的案例？我想起了"拿破仑死于1821年5月5日"的案例。

　　"拿破仑死于1821年5月5日"，这是确凿无误的史实，这个历史陈述也未见有人提出过异议。因为史事确凿，因为符合史实，这句陈述也往往见之于理论论证时的案例。比如，有学者认为历史认识的绝对性只存在于两种情况：一种是作为人类历史认识无限发展的承继系列的只能逐步接近的方向，另一种是某些关于具体史实的单称判断[1]。也有学者认为，这些认识在科学的进一步发展中也不可能被推翻，它反映了确凿无疑的个别事实，也可以称它们为永恒真理[2]。前者所指的就是像"拿破仑死于1821年5月5日"这样的单称判断，后者则直接引用了"拿破仑死于1821年5月5日"为例。那么，我们不妨就用这个案例来看看，符合论的"对应体现说"能否在此类历史陈述的检验中获得证明，况且它就是曼德尔鲍姆所限定的"叙述

---

[1] 赵轶峰：《历史认识的相对性》，《历史研究》1988年第1期。
[2] 齐振海：《认识论新论》，上海人民出版社1988年版，第366页。

第十三章 论历史陈述之"真"的界定

某件事情""告诉我们某件事情"之类陈述。

如果我们想要复核"拿破仑死于 1821 年 5 月 5 日"这一陈述是否符合史实,那么,首先要辨析的是"死亡"一词的含义,即对"死亡"做一个界定。一个人进入到怎样的状况才可以算是"死亡"呢?这在今天有好几种界定法,但它们似乎都不太能令人满意:"呼吸停止"说,但因抢救之后"缓过气"来的事例不在少数;"心脏停止跳动"说,但经过抢救,也有好多人又重新恢复了心跳;有一种叫"脑死亡"说,认为只有"脑死亡"才算是真正的"死亡",但"脑死亡"者的心脏仍在跳动,医学上称之为"植物人",并不能径直宣布他已死亡。如此我们就要探究,说"拿破仑死于 1821 年 5 月 5 日",究竟是按"呼吸停止"说、"心脏停止跳动"说,还是按照"脑死亡"说所下的断言?因为不同的界定,自有不同的时间节点,当有不同的相对应、相符合的史实。还有一种说法:死亡是一个过程,有些甚至是一个很缓慢的过程。如按"死亡是过程"的界定法去描述某人的"死亡"史实,那么它只能表述为"拿破仑从 1821 年 5 月 5 日的某个时辰开始一直死亡到 5 日或 6 日的某个时辰"。这样的陈述是否就符合了史实之"真"呢?如果这才是陈述之"真",那么历史如何能够书写呢?以这样的方式书写的历史又如何让人卒读?

当然,上述情况在实际的历史写作中是不会出现的,因为我们对"什么才算死亡"有约定俗成的说法,没人会推究拿破仑究竟是死于"呼吸停止""心脏停止跳动了",还是"脑死亡"了。然而,这也让我们看到事情的另一面:当大家都认可"拿破仑死于 1821 年 5 月 5 日"时,实际上在使用了一种简捷有效但难免有些粗暴的方法来化解了这里的难题。与现实本身相比,认识总是一种简化。关于拿破仑的死亡,大家使用了一致公认的概念术语去陈述它,至于它是否真的"符合"和"体现"了史实,实在无法验证。这是否说明所谓的符合式的"体现",实在是人们"一致认可"的简便语呢!

"恺撒跨过鲁比孔河"虽然不太合适曼德尔鲍姆的论证,但就本文的讨论而言,它还是一个典型的案例,因为它可以用来展现"一致认可"的几种情况。

第一种是陈述上的"就虚避实",这就是"恺撒跨过鲁比孔河"的字面义。如上所述,我们既不知道鲁比孔河的宽窄深浅,也不知道恺撒过河时究竟做了哪种"类型的、已完成的实际动作"。但是,恺撒肯定是过河了。那么我们该用什么词来对应这个"实际动作"呢?是用"跨过"?还是用"渡过"?其实都可以。在这种情况下(即不知道究竟做了什么实际动作),我们需要寻找的不是哪一个语词更贴近、更符合"实际动作",而是需要寻找一个大家认可的词汇用来"表征"这个史实。按曼德尔鲍姆的原文:the word "crossed" symbolizes a certain real type of action done,其中"symbolizes"一词,中文译为"体现"是很恰当。如上所述,"symbolize"一词的本义是"象征,作为……的象征",或是"用象征表示,用符号表示"。"跨过"一词,作为一个文字记号是用来"表征"恺撒当时做过的"属于某种类型的、已完成的实际动作"。由于我们不知道恺撒在过河时做了"某种类型的、已完成的实际动作"(自然是做了,否则过不了河),语词的选用应该是"就虚避实"——我们的陈述不能坐实——为求其实反而会失实。我们应该选择使用一个能获得大家"一致认可"的记号,便能获得"符合""对应""体现"史事实际的效果。此时,我们该明了:所谓的"符合"便是使用了一个大家都认可、大家都这么使用的文字记号(跨过)来"表征"恺撒的那个"某种类型的、已完成的实际动作"——不是它"符合"对象而说它是"符合",而是大家一致同意而说这样的陈述就算是"符合"。

第二种是陈述上的"一概而论",这就是"恺撒跨过鲁比孔河"的借代义。"恺撒率领士兵们跨过鲁比孔河",我们仍然需要假设:鲁比孔河不算太宽、河水也不算太深,恺撒手下的300名骑兵是骑在马上渡过河的(水及马腹,不能奔驰),至于那5000名步卒是在齐腰的河水中艰难地蹚过河。在这里,陈述的对象至少包括了属于两种或多种"类型的、已完成的实际动作",但陈述必须是一句话。这时候,动词的选择,宁可抽象,不能具体——抽象能囊括更多的史实,

第十三章 论历史陈述之"真"的界定

具体则不能有所周全。要做到这一点,只能是"一概而论",但它与"实际行动"相比,总是有所简化有所省略。当然,这样的"简化"和"省略"也都是大家一致认可、一致同意的。于是,大家认同通常习用的"跨过"一词来"表征""恺撒率领士兵们跨过鲁比孔河"这个史实,并一致认为这样的"表征"就是"符合"了"实际"。——这同样表明:不是因为它"体现"了"实际动作"而说它符合,而是我们大家都一致同意做这样的"简化"和"省略",一致同意并认为使用"跨过"来"表征"这么多个"实际动作"的陈述就算是"符合"。

第三种是陈述上的"以偏概全",这就是"恺撒跨过鲁比孔河"的"内部思想"。恺撒渡河时的"内部思想",至少有两个侧面。如果让恺撒自述,他会说:"我到了河边,稍作停留,先是有所犹豫,接着下定决心、破釜沉舟。"这才是他渡河时的"内部思想"!为什么后人撰史,只写他下定决心、"义无反顾"的一面(当然是史实),不写他犹豫再三、"极不情愿"的一面(至少他极力想表现得"极不情愿",这也是史实)?陈述为"恺撒跨过鲁比孔河","表征"了前一种史实,遮蔽了后一种史实,但这样的陈述向来也是大家一致认可的。单个历史的陈述,只能"以偏概全",它只能保留一部分而遮蔽另一部分。如果每一句陈述都力求全面,那就变陈述为叙事了。

总之,恺撒与他的士兵们毕竟是过了河![1] 至于他们究竟是如何

---

[1] 所有的讨论都不是要否认"恺撒跨过鲁比孔河"这个史实。许多对相对主义或后现代主义的批评,都以此点来立论,比如问:"能够面对殷墟那个巨大的遗址说'殷商'与'夏'一样不存在么?能够面对二十四史的记载说历史上的王朝是虚构的么?"用这样的设问来讨论此类问题,其实是无的放矢,也未聚焦于问题的要害。海登·怀特曾说"过去的事件、人物、结构和过程可以看作是人文和社会科学中任何或全部学科的研究客体",我的讨论"并不意味着过去的事件、人物、制度和过程从未真正存在过"([美]海登·怀特:《后现代历史叙事学》,陈永国、张万娟译,中国社会科学出版社2003年版,第293、302页)。詹金斯在有关的讨论中也一再说明:"在后现代主义者的论证中,没有任何一位——班奈、安克斯密特、怀特、罗蒂、德里达、甚至鲍德里亚——曾否认过去或现在的物质性存在。"([英]基思·詹金斯:《论"历史是什么"——从卡尔和艾尔顿到罗蒂和怀特》,江政宽译,商务印书馆2007年版,第20页)这当然也在于一些学者陈述他们的观点时,往往是言过其实,用词不当,造成了许多误解。

· 245 ·

过的河，大家都觉得不必计较。无论是英语的"crossed"，还是中文的"跨过"①，都是程度不同地以"简捷有效但难免有些粗暴简化"的方式来陈述对象：有时是"就虚避实"，因为我们不知道"实"；有时只能是"一概而论"，因为我们要囊括太多的"实"；有时是"以偏概全"，因为我们无法顾及各个侧面的"实"。所以，所谓达到了"符合"，其实也就是大家"一致同意、一致认可"的简便的表达。"恺撒跨过鲁比孔河"之"真"，表面上强调的是陈述"体现"或"符合"那个"实际行动"，实质上端赖大家对文字记号及其用法的一致同意和一致认可。符合论者认为：陈述之"真"，是因为陈述"符合"它所指称的对象，这个"符合"是一一对应的"体现"。但我们也可以说，不是因为它"符合"对象而说它是"符合"，而是因为大家都认为它"符合"才说它是"符合"。"恺撒跨过鲁比孔河"也好，"拿破仑死于1821年5月5日"也好，是什么使得大家会"意见一致"地认为这就是"符合"了对象呢？如前文所述，曼德尔鲍姆在讨论符合论时，使用了"symbolize"一词，但他确实没有顺着"symbolize"的"象征"义对"符合"背后的支撑物做进一步的解读。历史学者刘凯认为，"symbolize"一词译为"表示、代表"更能达意，也更加明白易懂②。与"体现"一词相比，译为"表示、代表"确实能更好地传达"symbolize"一词的"记号示义"的含义。如果按照"记号示义"的思路来追究，那么所谓"一致认可"，就是"跨过""死亡"之类的词语用法上的"一致认可"，就是"记号示义"的"一致认可"。这样，由语言构成的陈述是如何"symbolize"那些非语言的实体，且大家一致认定这样的陈述是"符合"之"真"的"神秘之处"就显示出来了。

---

① Maurice H. Mandelbaum, *The Problem of Historical Knowledge: An Answer to Relativism*, New York: Liveright Publishing Corporation, 1938, p. 186.
② 刘凯君任教于浙江省台州市新桥中学，笔者在写作中，曾与其讨论过"symbolize"一词的译法，受益颇多，特此感谢。

四 配景论与记号示义 "一致认可"的达成

如果上述分析不误，那么这里就一定存在着这样的情况：某一词语的"记号示义"能够在怎样的范围内获得"一致认可"，那么由它构成的陈述就能在这个范围内被人肯定为陈述之"真"。这就有点像沃尔什的配景论。沃尔什主张：

> 历史学（至少就理想而言）乃是一组确定的真理，对于不管什么人都是成立的。这一点在我看来，既是真的，又不是真的。一个历史学家所引证的事实如果确切可信的话，就在任何意义上都不是他个人的所有物，倒不如说每一个有理智的人如果进行调查的话，都必定要同意的那种东西。法国革命爆发于1789年，并非对于与英国人相对立的法国人才是真实的，或者对于那些拥护法国革命的人才是真实的，而对那些厌恶它的人就不真实了；它只不过是一桩事实，无论我们喜欢不喜欢它。①

沃尔什也是肯定陈述中的"爆发于1789年"能获得大家的一致认可，而不是"法国革命"，因为某一史事是否该称之为"革命"，较明显地带有一种意见的表达，不是曼德尔鲍姆所想讨论的历史陈述。其实，"爆发于1789年"或"死于1821年"这类陈述之所以能获得普遍的认可和接受，还在于大家使用了共同一致的纪年方式。如果纪年方式不同，对同一时间点也会有不同的陈述，也会出现像配景论所说那样只能形成相对于不同陈述者而言的陈述之"真"。比如有关秦朝的灭亡年代，我们现在能看到四种不同的陈述：

---

① ［英］沃尔什：《历史哲学导论》，何兆武、张文杰译，社会科学文献出版社1991年版，第181页。

下篇　基于个案的理解

　　A，子婴元年十月，刘邦入咸阳，子婴投降。① ——这是秦人的陈述。秦人按照秦历来陈述：二世三年七月，赵高逼杀二世；八月，赵高立子婴。二世三年到九月底为止，十月为岁首，已是子婴元年。

　　B，汉王元年十月，刘邦入咸阳，子婴投降。② ——这是汉人的陈述。初时，汉人仍沿用秦历纪之岁首（武帝以前），即二世三年到九月底为止，十月为岁首，此即汉王元年。

　　C，公元前207年十月，刘邦入咸阳，子婴投降。——这是今人的陈述之一。即全按公元纪年来陈述：二世三年即公元前207年，七月至十月的史事，都列在前207年内。

　　D，公元前206年十月，刘邦入咸阳，子婴投降。③ ——这是今人的另一种陈述。即以公元纪年又兼顾古人岁首的换算方法来陈述：二世三年是前207年，十月为岁首，则算在前206年（此十月，不能写成一月或正月）。

　　同一个时间点之所以有四种不同的陈述，那是因为有四种不同的年代"记号"方式，且每一种都能达到他们心目中符合式的"对应体现"的要求。在这里，不仅秦人、汉人的纪年不同，今人使用的方法也不统一④。如果能说服所有的人都使用同一种"记号"方式（纪年方法），那么以上四种陈述就能统一成诸如"拿破仑死于1821年5月5日"那样的陈述，并被普遍一致地认可为"符合"史实的陈述之"真"。否则，所谓的"符合"和"对应体现"，只能"符合"或

---

① 陈致平：《中华通史》第2册，贵州教育出版社2013年版，第65页。
② 司马光：《资治通鉴·汉纪一》卷第九。
③ 《中国历史纪年表》，上海人民出版社1976年版，第42页；《秦汉史》，中国大百科全书出版社1986年版，第225页。
④ 如果历史书写的纪年，只写到年而不写月，那么，有关秦朝灭亡的年代，就有公元前207年（瞿林东、叶小兵主编：《义务教育教科书·中国历史·七年级上册》，人民教育出版社2017年版，第49、99页）和公元前206年（苏智良主编：《九年义务教育课本 中国历史 七年级》，华东师范大学出版社2006年版，第50、173页）两种写法，粗一看相差一年，还以为是误写了。

第十三章 论历史陈述之"真"的界定

"对应体现"于各自心目中的史实（时间位置），只能是属于各自认可的陈述之"真"，虽然陈述所指向的是同一个时间点位。沃尔什在讨论"真"的问题时，把历史陈述分为"法国革命爆发于1789年"与"法国革命对于法国人和非法国人是不是同样的一回事"两类，他认为前者是可以达到普遍的认可与接受，后者的情况有所不同。他说：

> 马克思主义对十九世纪政治史的解说，将只对马克思主义者才是有效的；自由主义的解说则只对自由主义者才是有效的，如此等等。但是，这并不妨碍马克思主义者或者自由主义者以一种可以称之为客观的姿态来写历史；那就是说，来试图在他们给定的前提假设之内构造出一种确实是对他们所承认的全部证据都做到了公平对待的叙述。于是就会有马克思主义的相对客观的和相对主观的叙述和以自由主义的观点而写出的相对客观的和相对主观的历史著作。①

这就是沃尔什对历史叙述之"真"所做的配景论的解读。由于前者以"法国革命爆发于1789年"为例，后者以"法国革命对于法国人和非法国人是不是同样的一回事"为例，笔者一直认为沃尔什的配景论主要对针对后一类历史陈述②，而不是前一类历史陈述。然而，就上文"秦朝灭亡的年代"的案例来看，即便像"某某发生于1789年"之类的单个历史陈述，同样也适宜用配景论来解读——因纪年方式的不同，它们只能是属于"符合"或"对应体现"各自心目中的史实的陈述之"真"。总之，一个陈述能否获得大家认可接受，并被称为陈述之"真"，端赖陈述者们是否使用了大家一致认可和接受的"记号示义"。由此我们就可以说，符合论的"神秘之处"就在于

---

① ［英］沃尔什：《历史哲学导论》，第181页。
② 参见拙文《从怀疑论、配景论说到历史学Ⅱ的普遍性问题》，《史学理论研究》1999年第1期。现在看来，此文的这种理解不确切。

"一致认可"的"记号示义"。

五 "活的历史"还是"死的历史"?

如前所述，曼德尔鲍姆曾强调，符合论不是把陈述与事实的"符合"看作"相似"或"模仿"，这就今日已经充分记号化的文字来看，陈述用的词语已不太有"形""声"上的"模仿"和"相似"的痕迹①。但就以象形为特色的汉文字而言（古代埃及、赫梯、苏美尔及古印度都曾创设和使用过象形文字），在它的创设之初，文字的建构却是在"形""声"上追求与对象的"模仿"和"相似"。在现代汉语中，指称"因脚的运动而使身体前行"（下文简称"身体前进"）的动作或状态，除了上文讨论到的"跨"字，还有"行""走""奔""跑"等。其中"走"字，在甲骨文中写作"𠀁"，表示人在疾走时双臂摇摆的样子，就是一个"以形示意"的象形字。金文的"走"字，增加了一个表示脚趾的"止"，写成"𧺆"（小篆也是如此），两形会意，强调人之大步疾行的动作或状态。在甲骨、金文中，像"走"那样，在其造字之初着力于"模仿""相似"于对象的文字极多，如"日""月""山""川"等皆是。在那个年代，大家确是因为其"模仿""相似"而使用它，因"模仿""相似"而说它"符合"对象，陈述之"真"确有"模仿""相似"的含义。后来，"走"字逐渐记号化②，其象形的痕迹及"以形示义"的功用越来越少，但它与对象（疾趋）的"记号示义"关系已由约定俗成的一致同意，稳固成文字记号运用上的规定。文字记号化之后，陈述与对象之"符合"是靠大家一致认可、接受并使用的"记号示义"作为支撑物来实现的。

在甲骨、金文和隶书盛行的年代，"走"的"疾趋"义一直为大

---

① 这也是相对而言，就汉字而言，今天使用的文字仍有不少保留着"相似"或"模仿"的印记，这是汉语的特色，否则就不成为汉语了。

② 一般认为，自隶书流行之后，"走"字逐渐记号化。

家认可、接受并使用，这持续了数千年，到了 14 世纪左右，"走"字的"疾趋"义逐渐被"跑"字所替代，仅剩下"行走"义沿用到现代①。《孟子·梁惠王上》有一句"弃甲曳兵而走"。如果孟子、梁惠王都活到明代，那么他们也要与时俱进，看到"弃甲曳兵"而"疾趋"的士兵，只能弃用"走"而改用"跑"字来指称他们。"走"字被"跑"字所排挤，并非它不能"以形示意"，相反，在甲骨、金文的年代，它的"以形示义"沿用了数千年；也不是它不能发挥"记号示义"的作用，更不是它（记号）所表之义不能为大家接受、使用。相反，在隶书盛行之后，它的"记号示义"也沿用了数千年。然而，即使"走"的"疾趋"义沿用了数千年，即尽管有数千年的约定俗成，"走"字与"疾趋"动作的对应符合，仍会被人弃用，仍会被其他文字记号所代替或更换②。所谓弃用，就是"走"字原先一直认可的与"疾趋"行动的"符合"关系，被认为不"符合"而丢弃不用。由此可见，陈述所用的文字记号是由人创设书写的，记号所示的含义也是由人赋予，且约定俗成的，那么记号与对象的"符合"关系当然是由人来判断、来认定。

就人"走"的动作或状态而言，他不能如同机器人那样严格规范、整齐划一，而是各有不同；"走"字的实际运用也自然有差异。这就带来了以语言文字来表达的陈述与非语言实体间的关系的不确定性。古代的"走"字，相当于现代的"跑"字。古人称人的"身体前行"有"徐行曰步""疾行曰趋"和"疾趋曰走"三类，即用"步""趋""走"三个词来分别指称"身体前进"动作或状态的徐缓快慢。仍以《孟子·梁惠王上》的"弃甲曳兵而走"为例，孟子云：

---

① 对于"疾趋"的行动或状态，我们今天不知道古人何以要弃用"走"而改用"跑"，但有关的研究已经可以揭示由"走"到"跑"有一个逐渐演变的过程以及其中一些重要的变化节点。参见蒋绍愚《从｛走｝到｛跑｝的历史更替》，载《汉语词汇语法史论文续集》，商务印书馆 2012 年版。

② 此类词语极多，如"经济"，古人专门用来陈述"经世济民，治理国家"之事，现在则泛指社会的物质生产、流通和交换等活动。

下篇　基于个案的理解

　　王好战，请以战喻。填然鼓之，兵刃既接，弃甲曳兵而走。或百步而后止，或五十步而后止。以五十步笑百步，则何如？曰：不可，直不百步耳，是亦走也。

　　孟子看到"弃甲曳兵"而"疾趋"的士兵，便用"走"字来指称它，梁惠王也赞同使用"走"字。这是当时大多数人一致认可的——大家都这样理解、也这样使用，所以"弃甲曳兵而走"就是"符合"对象的陈述。然而，史实（即"弃甲曳兵而走"的动作或状态）的存在，并不能保证大家都有一样的陈述，况且史实之间也确实是有差异的。如果让"五十步者"（及其支持者们）自己来陈述，他或许会说："我这是小跑了五十步，按大家遣词造句的惯例该是用'趋'，'疾行曰趋'啊！所以只能陈述为'弃甲曳兵而趋'；他（百步者）奔跑了一百步，才是真正的'弃甲曳兵而走'。"我们推测，这两个丢兵弃甲逃跑的士兵，其"身体前行"的动作一定是有差异的，否则也不会是一个逃了五十步，一个逃了一百步。然而，对孟子、梁惠王来说，"五十步"是"走"，"一百步"也是"走"，逃跑的本质是一样的，程度上的差别可以忽略不计，陈述上可以一概而述；对于"五十步者"而言，动作或状态上的差异不可混为一谈，他要强调这里的差异，从表面上看，这是他嘲笑"一百步者"的依据；从根本上说，就他或他的同伙以及支持者们看来，把"疾行"之"趋"和"疾趋"之"走"混为一谈、一概而述，不仅不符合当时他所完成的动作实际，而且这样的陈述有损于他的"声誉"，加重了他所犯之"罪行"。一方面是人的"身体前行"动作或状态是多样且有差异，另一方面记号含义的体会使用虽不能说是随心所欲，却也是因人因时而异。那么，是"趋"字还是"走"字更接近史实呢？这不仅要看实际完成的动作或状态，也要看陈述者的立场、目的、意图以及陈述者与史实的关系。今天，谁也不会再去分辨何者"符合"何者不太"符合"，也不会声援"五十步者"而对孟子的陈述加以纠正，因为它只是一件"死的历史"。

第十三章　论历史陈述之"真"的界定

什么是"死的历史"？但凡陈述"简化"了史实，大家却普遍认可，或者认为可以将就着说而不必深究，这都是"死的历史"。比如"恺撒跨过鲁比孔河""拿破仑死于1821年5月5日""弃甲曳兵而走"都是。我们还可以用前文提到的关于秦朝灭亡的年代做点说明。关于秦朝的下限年代，通常的陈述是：公元前207年（或206年）十月，刘邦入咸阳，子婴投降。按《史记·秦始皇本纪》所载："八月……二世自杀。阎乐归报赵高，赵高乃悉召诸大臣公子，告以诛二世之状。曰：'秦故王国，始皇君天下，故称帝。今六国复自立，秦地益小，乃以空名为帝，不可。宜为王如故，便。'立二世之兄子公子婴为秦王。"如《史记》所载为实，那秦朝的灭亡当在子婴为秦王的八月（子婴但称秦王，不称秦三世）。子婴不称帝而"为王如故"，那等于宣布秦朝已经结束，何以还要让它苟且四十余天，直到"十月，子婴向刘邦投降"才宣布秦朝的结束呢？就史实本身而言，陈述在"八月"似乎比"十月"更接近史实实际。而这样的陈述之所以无人表示疑义，还是因为它已经是"死的历史"。

与之相反的，便是"活的历史"①。但凡陈述上有差异的，或对如何陈述才算"符合"对象之类的问题上争论不休的，那一定是牵涉了"活的历史"。比如，1840年中英间的那场战争，是陈述为"鸦片战争"还是"五口通商之役"？晚清的闭关自守，是陈述为"一种自杀政策"还是"一种自卫政策"？哥伦布达到美洲，是陈述为"发现美洲"还是"侵入美洲"？诸如此类陈述上的差异、分歧甚至对立，在历史著述中比比皆是。此类争论，表面上似乎在竞争哪一种陈述更"符合"史实实际，实质上是陈述的立场、目的、意图及其隐藏在背后的各种联系甚至现实的利害关系各不相同。

---

①　关于本文"死的历史"与"活的历史"的说法，大致与克罗齐的说法相当。这当然都不是固定不变的，某个"死的历史"，由于现实生活中的某种需要而激活成"活的历史"；某个"活的历史"也会因大家一时的"意见一致"而成为"死的历史"。

下篇　基于个案的理解

六　符合论与融贯论之分歧与互补

　　如此说来，那么有关"真"的界定，能否抛开"符合论"，只用"一致认可"呢？也不能。因为离开了外在的对象及其关系，而径直地宣称"真"就是大家意见一致，这与我们的常识大悖。在日常的交流中，当我们说"真"或这是"真"的时候，这个"真"是指什么，通常无须说明而彼此明白。比如，同学聚会，同桌甲见到我便说："大三那个学年，你还真考了个'中'。"（下文简称 a 句）那时，考试分"优、良、中、及格、不及格"五等，恢复高考时的学生学习都很努力，视"中"以下的等级为耻，我是班上的学习委员，考试得"中"，大家都笑话我，自己也颇觉"丢脸"。然四十年后，时过境迁，心态复归平静，见同学提及往事，我便笑着说："真是！真是！（下文简称 b 句）你的记性真好！"（下文简称 c 句）同桌乙也说"真是！真是！（下文简称 d 句）是有这么一回事！（下文简称 e 句）"在这些话语中，a、b 句中的"真"，表示那件史实的确实发生，指史实的"真"；虽然它也带有"我记得"那种含义，但言说的重心是肯定史实的确实发生。c、e 句中的"真"，指记忆的"真"，即通常所说的历史认识之"真"（历史记忆与历史认识自不可相提并论，但此处不加讨论，暂且混为一谈）；虽然它也有"那事确实发生"的含义，但言说的重心是在肯定记忆的不误。而 d 句的"真"，既可指史实的"真"，也可指记忆的"真"，即使混淆，也不会引起误解。之所以如此，那是因为说话双方语境是一样的，所使用的概念术语也是大家通用的，更重要的是，它已经是"死的历史"。这时，我们肯定陈述之"真"，那也就肯定了史实之"真"；而某个陈述之所以称之为"真"，那是因为它"符合"史实。这就是"真"的符合论。如果你在这时，想对同学论说"真"还有"一致认可"论，说"真"其实只是我们的一致认可、一致同意，他们就会感到不可理解，甚至怀疑这么说的目的，是要想否认那个"考试得中"的史实。从上文文

第十三章 论历史陈述之"真"的界定

字初创时的情况看,"真"的"符合论"已经有非常悠久的历史,它根深蒂固,已经深深地融化在我们生活的每一件事中。倘若每一件事都做"一致认可"论的解读,我们的日常生活岂不大乱!这就是金岳霖先生所说的:"常识中的真最为基本,也最为重要","常识虽可以为我们所批评,然而它不能为我们所完全推翻。"① 对历史陈述的讨论,不管如何深入、如何创新,总不能与常识相悖,它"依然建筑在日常的知识上面"②。

其实,上文的讨论都是按符合论的逻辑展开的,离开了符合论,我们几乎无从讨论。这更加说明符合论的立场是"与生俱来"且根深蒂固,不可能放弃③。沃尔什曾说:

> 我们不可能实现符合论的全盘纲领,因为我们不可能考察过去,看看它是什么样子;但是我们对它的重建却并不因此就是随意的。历史思维是受着对证据必须做到公正这一需要所支配的;虽说这并不是以某些人想要使我们相信的那种方式被固定下来的,然而却也不是由历史学家所制造出来的。它里面有着某种"过硬"的东西,那是辩驳不倒而必须老老实实加以接受的。无疑地正是这种成分,才引导符合论的拥护者们试图去发现那种能与之对独立的已知事实的陈述相一致的对历史真实性的检验标准。这个计划是一个注定要失败的计划,然而却始终都存在一种持久不断的诱惑,使人要进行这种计划。④

在这里,沃尔什有点左右为难:一方面要肯定有一种"过硬"的东西,那是辩驳不倒而必须老老实实加以接受的,这可以作为符合论

---

① 金岳霖:《知识论》,第907页。
② 金岳霖:《知识论》,第952页。
③ 金岳霖先生认为:"我们在无形中常常是以符合与否为真假的;有时即令我们主张别的学说,骨子里我们依然忘不了符合。"金岳霖:《知识论》,第907页。
④ [英]沃尔什:《历史哲学导论》,第89页。

下篇　基于个案的理解

的合理基础；另一方面他又看到无法落实史实与认识的互相比较，进行符合与否的检验是一个注定要失败的计划。其实，沃尔什的左右为难，还是想在符合论与融贯论之间做"二选一"的抉择，抑或把符合论与融贯论视为两种对立观点所带来的为难。如果我们不做"二选一"，不是把它们视为两种对立的观点，此种为难似乎并不存在。

　　按笔者的理解，任何一个单个的历史陈述，都可以做符合论的解读，同时也都可以做"一致认可"论的解读，它们只是深浅层次上的不同，这里并不存在矛盾，也不存在谁对谁错，更不能说深层的解读一定比浅层的解读更好，反之也一样。至于需要做浅层的还是深层的解读，全看我们实际的需要。像"恺撒跨过鲁比孔河""拿破仑死于1821年5月5日"之类的陈述，如同我们日常生活中的语言交流一样，我们只需在符合论的层面上对它们进行解读就可以了，而不必再做深入的辨析。如果你一再要辨析"拿破仑死于1821年5月5日"只是我们的一致认可、一致同意，大家就会感到不可理解，甚至怀疑这样的说法，难道是要想否认"拿破仑已死"的史实？这里只需要做浅层次的解读即可。一旦遇到我们的历史陈述发生差异、产生分歧时，或是对原有的陈述产生怀疑时，我们就需要深入一步，就需要用"一致认可"说来检视这里的原因：它们有的来自陈述者对对象观察的错误或偏差，有的是陈述者使用的词语（记号）不恰当或不确切，还有的是陈述者的立场、目的、意图有差异。当然，这些原因往往是混杂或兼而有之的。比如，陈述中国早期社会，说"早期的政治领袖、常设的公职人员，往往兼有军事首长的身份"。早期的"政治领袖"可以"兼有军事首长的身份"，但"公职人员"就不能说"往往兼有军事首长"了，不如陈述为"早期的首领往往兼有军事首长的身份"为好。这主要是陈述者对对象观察的不确所造成，因为对对象观察的不确，陈述时所选用的词语就不会确切。又如，将孔子的话"殷于夏礼，所损益，可知也。周因于殷礼，所损益，可知也"，陈述成"商朝继承了夏朝制度而稍有变化，周朝又继承商朝制度而略有调整"，陈述中的"稍有变化""略有调整"不甚贴切，不如陈述为

第十三章 论历史陈述之"真"的界定

"所废除的,所增加的,是可以知道的"就很确切精当了。① 孔子的话具在,并非隐晦难解,错误还是由于陈述者使用的词语不当所造成。再如,葡萄牙人何时租得澳门为根据地?学界便有两种不同的陈述,这是因为史实本身(租借澳门)是一个缓慢而连续的变化过程,我们的陈述却不得不将连续的东西加以割断,将变化的过程划分出前后的节点,这就导致了理解与陈述上的差异。至于像"南京大屠杀"事件,在日本教科书中就有不同于我们的陈述,从表面上看它似乎是来自对对象的不同观察、是对词语选择用法的不同方式,实质上是陈述者的立场、目的和意图的不同造成的。

有些历史陈述之所以不能获得普遍接受或认可,或许是史料上、技术上的原因,或许是思想观念的原因,更深层的就是人们利益关系上的差异、矛盾乃至冲突——表面上看是历史陈述的差异,实质上对现实的态度、现实的利益上矛盾冲突。就此而言,只有当人们的共同利益在一定的社会生活和实践中成为现实时,与这种社会实际相适宜的历史陈述才能够获得更为广泛的普遍认同或共同接受。这时"符合论"可才用作唯一的、直接的解读。然而,人并非天然的利益一致的共同体,当他们的共同利益未能在一定的社会生活和实践中成为现实时,他们的历史陈述就难以达成一致,甚至存在着很大分歧和争论。这时,"主体间性"的理论就可以用来剖析他们的不一致及其深藏在背后的原因。如此说来,符合论与"主体间性"论正好可以从不同的侧面估量人们的历史认识,同时也可以估量人们共同利益及其社会实践所达到的程度或水平。今天没人想扭转"恺撒跨过鲁比孔河"的后果,也没有人对这件事表示抗议和愤慨②。故而大家可以平心静气地讨论"恺撒如何跨过鲁比孔河"。如果换成其他的史事陈述、尤

---

① 阎步克:《高中教材"古代中国政治制度"编写刍议》,《历史教学》(中学版) 2007 年第 3 期。

② 此处套用卡尔的话,原话是"今天并没有人真正希望扭转诺曼征服或者美国独立所产生的后果,也没有人想对这些事件表示激动地抗议。"参见[英]爱德华·霍列特·卡尔《历史是什么?》,吴存柱译,商务印书馆 1981 年版,第 105 页。

其是一些与当下有直接间接关联的历史陈述，或者是进入到"历史故事"的陈述，情况有大不相同了，有关的问题与麻烦也就更加棘手。

结　　语

因为没有关于鲁比孔河（宽窄深浅等情况）的历史信息，我们无法验证"恺撒跨过鲁比孔河跨过"这句历史陈述，是否如曼德尔鲍姆所肯定的，可用来论证历史陈述（符合）"体现了某种类型的、已完成的实际动作"。假如史事能够"目睹"（我们都在历史的现场），那么史事的实态一定是恺撒与他的士兵们（300骑兵和5000名步卒）以各种各样的方式（骑马、下马徒步、涉水）渡过了鲁比孔河。这么多人物、这么多"实际动作"，这么复杂多样的事态场景，用一句"恺撒跨过鲁比孔河"来陈述它，这表明历史陈述与实态史事相比，它总是一种"浓缩""简化"或"省略"。历史陈述是以语言文字组建的，它之所以能够用来指称实态的史事，且能达成"符合"的效果，既端赖语言文字有记号示义的功能，又全凭着语言文字所示之义（用法）能获得我们的一致认可，并遵从其义而使用。换言之，历史陈述与实态史事之"符合"是依靠大家一致认可、接受并使用的"记号示义"作为媒介物而实现的。某个概念术语的"记号示义"能够在怎样的范围内获得大家的一致认可，那么由它构成的历史陈述就能在这个范围内被我们肯定为"真"。由此，"恺撒跨过鲁比孔河跨过"之所以被认为是"符合"史实，实在是因为大家一致认可、一致遵从使用这个文字记号（跨过）来"表征"恺撒（及其士兵）"已完成的实际动作"的简便说法。借助"弃甲曳兵而走"的案例，以象形为特色的汉文字，其记号示义仍有在"形""声"上追求与对象的"模仿""相似"的痕迹。"走"字在甲骨、金文、隶书中的书写演变，以及由"走"到"跑"的含义变化说明，陈述所用的文字记号是由人创设书写的，记号所示的含义也是由人赋予的；其运用是约定俗成的大家遵从，但也会有因人因时的差异。使用上的差异，也就意味着记号与对象的"符合"关系也会因人因时而异。就史实与陈述者的关系而言，凡陈述"简化"了史实，大家却普遍认可，或者认为可以将就着说而不必深究，这都是"死的历史"；凡陈述上有差异，或对如何陈述才算"符合"对象之类的问题上争论不休的，那一定是牵涉了"活的历史"。前者只需要"符合论"的解释；后者则要深入到"融贯论"去剖析其原因。历史陈述上的差异、甚至对立，有些来自陈述者对史实观察的错误或偏差，有些是陈述者使用的词语（文字记号）不恰或不确，更多的在于陈述者的立场、目的、意图上的差异。前者可以通过学术共同体的磋商研讨而渐趋一致，而后者则超出了"记号示义"的范围，只能有待于社会本身的发展与进步。任何一个历史陈述，都可以做"符合论"与"融贯论"的解读，它们既不对立，也不矛盾。至于选择何者来做具体的解读，全看我们实际的需要。总之，符合论不可放弃，但应该有融贯论的补充。

第十四章

历史表现与历史书写的实验
——以《再思历史》杂志的相关讨论为中心
邓京力

对于传统史家而言，以他们所认定的重构形式来再现历史是其工作的根本目标。但对 20 世纪后期以来的多数史家而言，单纯的史实重构和复原过去已不能再满足他们的认识需求，从现代或后现代的高度建构一套更具现实价值的历史知识体系愈发成为当今史学范式的主体内容。众所周知，当代史家已然在他们拓展出的新领域，诸如新文化史、微观史、女性史与性别史、下层（庶民）研究、环境史、全球史等，尝试使用了文化人类学、文学、女性主义或性别分析、后殖民主义、生态学、现代化与全球化等跨学科的理论与方法，向世人展示着他们眼中不同于以往的历史画面。这其中有些史家着意对如何表现或书写历史进行了不断的革新，力求创造出与传统史学所不同的新形式，尽管他们并不能确信新形式必定完全优于传统，因为历史编纂学从本质上就是多方面矛盾的结合体。

一 问题的提出与动因

传统史家未能意识到对历史表现而言，文学形式不仅仅是一种外在的修饰，它还包含着自身的内容。这些也许正是隐匿在形式描写之中的动机、经验、背景等诸多相互纠葛的关系语境。形式在某种程度

第十四章　历史表现与历史书写的实验

上塑造着每个时代人们想要叙述或表现的历史。即使在档案中，也可能存在着各种"虚构的"层面，但这类"虚构的"修饰并不必然使叙事变得虚假①。它通过某些叙述的技巧来"编制"或"雕琢"所要讲述的故事，使其读来饶有兴味、栩栩如生或合情合理。可以说，最终呈现在我们面前的任何一个看起来真实可信、被加以阐释、具有意义的历史叙事，都需要对其语言、情节、结构、次序及其表征与功能进行创造性的选择②。因此，这也就是为何历史学家的工作远比书写真实的陈述要更复杂得多的原因所在③。

以往大部分历史学家所写作的专著和综合性论著多是以第三人称的形式，用明晰的因果意义，线性地叙述一个有起始关系的过去故事。正如海登·怀特在其著作中所指出的，这是源自19世纪小说的基本模式。但是，当前的世界已发生了巨大变化，历史学家需要尝试运用这个时代的新形式来表现历史。无论是在语言、图像、影视方面，都有可能突破19世纪讲故事的方式。视觉媒体本身在21世纪的信息传递上承担着相当重要的作用，也必定会增强人们对世界的感知力。同样重要的是，20世纪在视觉艺术领域所发生的连续性革命，诸如立体主义、建构主义、表现主义、超现实主义、抽象派、新浪潮运动、现代主义、后现代主义等都改变了人们观察、讲述、理解现实的方法。历史学家也是历史中的一部分，他们虽然希望可以站在时间之外做出评判，但是其自身亦受到文化潮流和新感知形式的影响。在近三十年中，历史表现革新的可能性，以及运用新叙事形式的观念游离于历史学专业的边界之上。尽管其实践性

---

①　Natalie Z. Davis, *Fiction in the Archives: Pardon Tales and Their Tellers in Sixteenth-Century France*, Stanford: Stanford University Press, 1987, pp. 4–5.

②　关于这类"虚构"的用法在历史叙述中的讨论可参见彭刚主编《后现代史学理论读本》，北京大学出版社2016年版，第5—11页；Lionel Gossman, "History and Literature: Reproduction or Signification", in Robert H. Canary and Henry Kozicki eds., *The Writing of History: Literary Form and Historical Understanding*, Madison: University of Wisconsin Press, 1978, pp. 3–39。

③　Frank Ankersmit, "Reply to Professor Zagorin", *History and Theory*, Vol. 29, No. 3 (Oct. 1990), pp. 275–296.

下篇 基于个案的理解

成果很少付梓,但我们仍可注意到其中诞生了某些历史表现和历史书写的新方法,暂可称之为"先锋性实验"。它们试图超越19世纪以来的叙事传统,尝试运用反映当代意识的新体裁书写历史。这主要表现为有的西方史家开始在一些历史题材的写作中使用第一人称或以历史人物的口吻来叙述过去;或采用诗歌、小说的语言,或利用连环画、塔罗占卜牌的形式进行历史叙事;还有以滑稽、神秘、混搭、幽默、微缩等形式表现过去①。

从总体来看,西方史学界进行历史表现与历史书写实验的主要动因来自于两个方面。其一,历史学家自身的不满足感。他们认为,以隔绝于过去、置身事外的第三者角度陈述过去,这似乎既让他们无法真正贴近过去的史事或沉浸于过去之中,又无力更直接地表达出他们对过去的自我选择、经历和声音。于是他们要么以历史中主人公的形象出现,使用第一人称(类似传记作家)讲述;要么以现在时而非过去时叙事,大量运用直接引语而非间接引语;或者利用自我反思模式,将主人公的陈述展现出其背后可能蕴含的审美的、政治的、道德的等多种选择。其二,理论上的动因,由怀特所开启的对历史叙事形式和历史表现理论的研究,造成了对历史写作传统的挑战。在20世纪后期出现了一系列"后主义"的批评理论,诸如后结构主义、后马克思主义、后女性主义、后殖民主义、后现代主义等等,在不同程度上影响到历史学。这些综合在一起似乎形成了对现代主义历史写作的认识论、叙事策略、真理诉求等原则的冲击与批判。

本文仅以《再思历史》(*Rethinking History*)杂志的相关讨论为中心初步思考这些新尝试在理论上的意义与价值。该杂志创刊于1997年,是后现代史学理论的主要学术阵地之一。初期的编委会成员包括

---

① 相关讨论可参见 Alun Munslow and Robert A. Rosenstone eds., *Experiments in Rethinking History*, New York and London: Routledge, 2004; Keith Jenkins, Sue Morgan and Alun Munslow ed., *Manifestos for History*, London & New York: Routledge, 2007 等。

凯斯·詹金斯（Keith Jenkins）[①]、艾伦·蒙斯洛（Allan Munslow）[②]和罗伯特·罗森斯通（Robert A. Rosenstone）[③]。从2003年第3期开始罗伯特退出编委会，大卫·哈兰（David Harlan）继任。相比于传统的《史学理论》杂志（History and Theory），《再思历史》不仅包含专题性学术论文，还有许多理论问题探讨的新方式，如圆桌对谈（Round Table）、思想交流（Exchanging Ideas）、小型讨论（Miniatures）、争鸣（controversies）、实验（Experiments）等板块。有关历史表现与历史书写的实验性研究也多集中发表于其间。

二 主体主动参与之下的历史表现方式

《再思历史》2001年第2期中第一次刊登了有关历史表现的实验性研究。这篇文章是乔纳森·沃克（Jonathan Walker）教授根据意大利作家伊塔洛·卡尔维诺（Italo Calvino）《命运交叉的城堡》一书所

[①] 凯斯·詹金斯（1943— ），当代英国著名史学理论家。曾任教于西苏萨克斯高等教育暨史学方法研究院，现任奇切斯特大学史学理论教授及研究生教育资格证书（PGCE）史学方法导师。致力于后现代主义史学观念的探讨及历史教育的发展。其著作被译为中文、日文、韩语、波兰语、土耳其语、葡萄牙语、希腊语、西班牙语等出版，这无疑使他成为当代被阅读最为广泛的西方史学理论家之一。詹金斯的主要史学理论著述包括 Re-thinking History（1991），republished in Routledge Classics, 2003（贾士蘅译：《历史的再思考》，麦田出版社1996年版）；On "What is History?"——From Carr and Elton to Rorty and White, London: Routledge, 1995（江政宽译：《论"历史是什么？"——从卡尔和艾尔顿到罗蒂和怀特》，商务印书馆2007年版）；The Postmodern History Reader, ed., London: Routledge, 1997；Why History? London: Routledge, 1999；Refiguring History, London: Routledge, 2002；The Nature of History Reader, co-edited with Prof. Alun Munslow, London: Routledge, 2004 等。

[②] 艾伦·蒙斯洛（1947-2019），英国历史学家和史学理论家，主要著作有 Deconstructing History, London, Routledge, 1997；Narrative and History, Palgrave Macmillan, 2007；The Future of History, Palgrave Macmillan, 2010；A History of History, New York, Routledge, 2012；Authoring the Past: Writing and Rethinking History, ed., Routledge, 2013 等。

[③] 罗伯特·罗森斯通，美国历史学家和影视史家，他的作品涉及历史、传记、回忆录、小说和电影。主要著作有 Crusade on the Left: The Lincoln Battalion in the Spanish Civil War, Pegasus, 1969；Romantic Revolutionary: A Biography of John Reed, Knopf, 1975；Mirror in the Shrine: American Encounters with Meiji Japan, Harvard, 1988；Revisioning History: Filmmakers and the Construction of the Past, Princeton University Press, 1994 等。

写的文章①。该书是一部由图画和文字组合的小说，作者运用塔罗牌来构建小说的叙事结构。故事讲述在中世纪某个不确定年代，一座森林中的孤堡里许多素不相识的过往旅人失去了说话能力，而塔罗牌成为他们交流的一种方式，他们按照每张牌上的图画讲述各自的冒险经历或趣闻轶事。由此，不同人物的故事和命运通过塔罗牌交织在一起。文章中，沃克重组了小说中的故事顺序，并自称该文是对小说的"拼贴"（pastiche）。他的立意是想借此说明，人们对"过去"的建构也可以如此。他提出，"当人们的意图不仅适用于重构事件，而且还要投射到他们未来的结果时，这种解释就会更复杂"。然而，沃克并不认为这种解释只是基于材料的，他明确反对海登·怀特所认为的"文本之外无他物"的说法。相反，他认为如是就会忽视掉人们自己处理和展示其经历本身，并把它们仅作为材料记录下来或写成故事，但正是在这一过程中他们创造或发现了自身独特的隐喻性真理。换言之，沃克怀疑怀特认识历史的标准还是否符合客观发生的事实，而他所要追求的恰恰是基于事实本身判断的真理；但历史学家不是要恪守过去，而是需面对未来；所谓的"意义"不仅仅是要遵照"事件"本身，而且还需要参与者和解释者加入其中。他甚至说，如果跳出传统学术话语之下的历史视角进入一个奇异或虚构的空间，我们也许能够清楚地说明在之前出现的世界里究竟发生了什么。因此，他认为虽然叙事和证据之间存在差距，但这并不是一种致命缺陷，相反我们可以把他们联系起来甚至更好地利用二者②。

2001年第3期的《再思历史》杂志还刊登过另一次"实验"，是由哈里特·海曼·阿隆索教授（Harriet Hyman Alonso）所写的一篇文章。文中以一种记述的笔法记录了一场"学术实验"。当时，阿隆索加入了一次有组织的学术会议，所有的参与者都展示他们所"实验或

---

① 该书中译本见［意］伊塔洛·卡尔维诺《命运交叉的城堡》（*Castle of Crossed Destinies*），张宓译，译林出版社2008年版。

② Jonathan Walker, "Antonio Foscarini in the City of Crossed Destines", *Rethinking History*, 2001, Vol. 5, No. 2, pp. 325 – 326.

叙述"的作品，然后分享交流各自的反应和意见。这个活动中，阿隆索回忆起之前和另一位历史学家詹姆斯·古德曼（James Goodman）有关叙述历史表现方式的一段经历。其时，阿隆索正受美国历史协会（American History Association，AHA）之邀参与一个学术小组论坛，而正值古德曼教授在附近任教，所以他希望邀请古德曼教授一起在会上进行一场有关叙述历史的小组论坛。古德曼厌恶传统的历史叙述形式，也厌恶所谓的"新叙述史"，因为任何历史（除非是那些充满术语的没人能看得懂的作品）都是叙述的。阿隆索也认为，"撰写叙述的历史是一项创造性工作，这和写诗是一样的"。因此，他们计划聚集一些在历史研究方面比较著名的学者和一些优秀的历史系学生，将自己的作品自陈自导自演地表现出来，并且邀请一些观众，这些观众甚至可以参与表演——这也是本次"实验"最具创新之处。此外，为防止这次活动再次演变成传统的学术讨论，他们规定每次表演不得超过五分钟，而且观众不得对所朗读内容有任何评论或者问题。他们将这次活动命名为"阅读过去：一场历史抨击"（Reading the Past：A History Slam），他们认为这是"一次不寻常的对话，因为没有理论讨论的形式——只有朗读"。事后，这项活动获得了很好的反响，很多观众和"表演者"都支持这种表现历史的方式。阿隆索和古德曼认为，通过这次活动他们能"辨识出优秀的学生作品，也能够看到一种新的历史叙事方式：'情节与历史的交织'"。一位参与者回应道："这好像坐在舒适屋子的壁炉旁边来听好故事和好历史。"古德曼认为，这不像诗歌评论会，我们并不投票选出最喜爱的作品，而是分享我们之间的友爱和友谊。有关这次活动的意义，阿隆索总结道："总的来说，历史学家应该把我们的研究成果和更广泛的大众分享，而不是把他们隐藏在理论术语和密密麻麻的数据之后。"①

  后现代史学理论的出现引发了对历史叙事形式的反思，单纯的记

---

① Harriet Hyman Alonso, "Slamming' at the AHA", *Rethinking History*, 2001, Vol. 5, No. 3, pp. 441-446.

叙和传统的评论及判定似乎不再能完全满足需要。上述实验反映出的重点是，在主体的积极主动参与之下，情节设置与内容已然完全交织在一起，历史表现似乎在逐步演变为一场新的历史表演，现实与过去之间也在一种新的时空中相交融合，所创造出的在场感、历史体验往往超出了传统意义上的主观性或虚构性。再有，我们看到高深的学理讨论也并不一定是历史研究成果展示的唯一方式，历史学家还可以用某些新的形式将他们的成果分享给更多的读者。当然，这其中有可能孕育着专业史学与公共史学对历史话语的某种共享之路。

三 影视史学与人物传记

作为《再思历史》杂志早期的主要编辑者之一，罗伯特·罗森斯通大力提倡影视史学。加之，近些年来的口述史和人物传记的大量涌现，也渐趋成为历史表现与历史书写的新形式。在后现代史学理论看来，这些原本被史家所质疑甚至否定的形式需要再度被珍视。

《再思历史》杂志 2000 年第 2 期中的文章大多是对同一部历史题材的影片《暴雨将至》（*Before the Rain*）在全球化与巴尔干半岛不同语境下的思考①。罗伯特认为，"历史和电影这个主题经常被定义在学术话语的边缘，因为在大多数情况下历史学家对于电影并不知道也不清楚如何处理"，虽然在小写历史的冲击下已经有很多叙事性历史作品出现（如《马丁·盖尔归来》等），并已经在专业历史教学中广泛使用，但"当我们企图探寻过去时，历史学家仍然很难将'电影'放在一个确切的位置上"。从罗伯特的观点可以看出，他认为过于严肃和学术性的历史研究形式并不利于历史学的发展，而通过不同方式的展现，很多历史中被忽视的部分可能从其他不同的角度被表现出

---

① 这部电影是 1994 年由米尔科·曼彻夫斯基执导的电影，它以巴尔干半岛的战争为背景，分为语言、面孔、图画三部分，讲述了东正教修士基卢、穆斯林少女莎美娜、居于英国马其顿籍摄影师亚历山大和有妇之夫安妮之间的故事，三段看似无关的片段到影片结尾处串联在一起，反映了战争、种族和宗教等多面问题。

来，因此"历史可以存在于电影之中"①。罗伯特等影视史家还提出，传统史学所倡导的"以史为鉴"依旧可以在历史影片中达到。在《暴雨将至》上映后不久，巴尔干半岛地区的局势仍持续动荡，直至2002年南联盟解体，该地区依旧是战争多发。这类题材的电影从人物出发，真实而充分地展现了当时当地人民饱受战争的影响，是一种完全不同于传统的历史表现形式。正如他在文章中所论："《暴雨将至》是一种新型的历史，它拍摄的不是过去而是很近的未来。这种历史的目标不是要解释过去已经发生了什么，而是要用可追溯的因素去见证和警醒可能发生的毁灭性未来。"②

传记也是近年所盛行的另一种历史表现形式。在2000—2005年期间《再思历史》杂志多次涉及以传记为主题的讨论。编者蒙洛斯指出，在语言学和叙事的转向之后，历史学和传记的联系至少有两个方面，"第一是内容（被证实的真实描述）和形式（表现）之间的联系，第二是主观和客观性质的区分"。他认为，一些脱离了传统经验主义的历史学家已经将传记作为一种"历史知识的创造形式"，传记作家和历史学家同样是依据事实与证据而写作的，唯一不同的是"他们将文字和事件以一种受人喜爱的方式联系在一起"③。此外，在后现代主义史家看来，既然历史作品中"意义"的加入在所难免，而传记作品又是作者对于特定历史事件、人物的意义表达，所以这是一种值得提倡的"重塑过去"的方式。例如，朱迪斯·P.津泽（Judith P. Zinsser）在她有关女侯爵（Du Chartelet）传记的文章中就集中阐释了这部传记"如何为历史学家提供新的方法论上的机遇"，说明"过去和现在是可以合理地交织在一起的"④。

---

① Robert A. Rosenstone, Editorial, *Rethinking History*, 2000, Vol. 4, No. 2, pp. 123 – 125.
② Robert A. Rosenstone, "A History of What Has Not Yet Happened", *Rethinking History*, 2000, Vol. 4, No. 2, pp. 183 – 192.
③ Alun Munslow, "History and Biography: An Editorial Comment", *Rethinking History*, 2003, Vol. 7, No. 1, pp. 1 – 2.
④ Judith P. Zinsser, "A Prologue for La Dame D'esprit—The Biography of the Marquise Du Chatelet", *Rethinking History*, 2003, Vol. 7, No. 1, pp. 13 – 22.

由此，影视史学和人物传记被作为历史表现与历史书写所提倡的新形式，其间渗透着后现代史学理论对历史学所进行的新思考。这似乎集中反映出，历史学家工作的焦点在逐渐从如何再现与解释历史转化为以何种形式和为何以这种形式来表现历史。也许这正是后现代史学理论为历史学所拓展出的一种新途径、新维度，当然这其中也可能蕴含着新的风险或陷阱，值得我们做进一步的思考。

四 实验背后的理论争议

事实上，上述有关历史表现与历史书写的实验是建立在相应的理论观点的基础之上的。也可以说，其间一直伴随着有关历史叙事理论与历史学性质问题的争议。

1997年，在赫尔辛基的一次学术会议上，德裔美国史家伊格尔斯便对海登·怀特的理论进行了剖析，怀特也对此进行了回应。这两篇文章在2000年同时被刊登在《再思历史》杂志上，后又多次被其他各国历史学术刊物翻译和转载，引起了国际史学界的很大反响①。在这场争论中，伊格尔斯认为后现代主义史学理论有它的合理之处。例如，它强调历史作品的叙事性，"叙述的一致性要求历史学家构建一个远远超越原始材料的故事"；历史和文学之间并非截然对立，如果没有作者的想象加入其中，历史研究将很难进行。然而，他认为怀特的错误在于"因为所有的历史记述包含虚构的因素，所以他们本质上是虚构的，可以不受真理的控制"②，而"选择一种历史观而非另

---

① Georg G. Iggers, "Historiography between Scholarship and Poetry: Reflections on Hayden White's Approach to Historiography", *Rethinking History*, Vol. 4, No. 3 (Dec 2000), pp. 373 - 390; Hayden White, "An Old Questions Raised Again: Is Historiography Art or Science?", *Rethinking History*, Vol. 4, No. 3 (Dec 2000), pp. 391 - 406.

② Georg G. Iggers, "Historiography between Scholarship and Poetry: Reflections on Hayden White's Approach to Historiography", *Rethinking History*, Vol. 4, No. 3 (Dec 2000), pp. 382 - 383.

一种的理由完全是美学的或道德的因素"①。怀特进而提出，历史"不仅是事实，也是意义的组成部分（constitutive）"，因此历史更多的是"文学性"和"诗性"，而非"科学性"，由此怀特宣称"历史在当今意义上不是，也永远不可能是一门科学"②。

伊格尔斯与海登·怀特的这场辩论正是现代主义与后现代主义史学理论的一次对话。可以看出，二者讨论的层面有所不同，伊格尔斯的质疑是从传统的逻辑分析层面出发，从历史学的角度分析文本、结构；而怀特更多是从文学形式、语言结构、形式主义的角度理解历史写作与历史作品。在伊格尔斯看来，历史学仍具有学术属性，由其所产生的历史话语也是可信的。但在怀特眼中，历史与文学之间有很多相似之处，若要求得超越文本的事实，必须将虚构成分剥离，但这在现有的历史写作中却是无法达到的。

在许多现代主义史家看来，后现代主义史学的"语言学转向"必将导致主观性泛滥，使得历史学丧失客观性标准。而对于历史主观性问题，后现代主义史学理论家安克斯密特发表过一篇名为《为历史主观性而辩》的文章。他提出，历史的主观性并非一种虚无的相对主义。在传统史学理论下，历史学家对政治和道德非常敏感，而"政治和道德的价值被理解成为一种真实的威胁"，历史的真实性和价值间极为紧密，"'真实性'决定了'价值'，但反过来不是这样，我们就无须像传统上所受的教导那样对价值感到恐惧，正相反，有可能证明的是，价值经常或者会经常成为一种有用的、甚至是不可或缺的指导，指引我们迈向历史真实性的艰难历程"③。詹金斯甚至认为"历史化的过去在文学层面是不可能真实、客观和公正的，这种历史化只会引起我们对'现在之前'（before now）的不停地解读"，"但是这

---

① ［美］海登·怀特：《元史学：十九世纪欧洲的历史想像》，陈新译，译林出版社 2004 年版，第 xii 页。

② Hayden White, "An Old Question Raised Again: Is Historiography Art or Science?", *Rethinking History*, 2000, Vol. 4, No. 3, pp. 391–406.

③ ［荷］弗兰克·安克斯密特：《为历史主观性而辩》，陈新译，《学术研究》2003 年第 3 期。

种封闭的解读不仅在逻辑上是不可能的,在理论上也是不能让人满意的"①。因此,历史作品所呈现出来的并非是历史原貌,而且并不存在绝对的"历史事实"。现代主义史学中所追求的再现历史在后现代主义史学理论看来,无论是在逻辑上还是文学意义上都是不可能的。

另外这里需要提及的是,《再思历史》杂志在 2005 年还同时刊登过芬兰的海基·萨利教授与弗兰克·安克斯密特有关历史叙事理论的争论性文章。萨利首先指出,安克斯密特用 "the past" 一词同时指代了 "过去实际发生的事情" 和 "历史学家对过去的构建" 两层含义。他认为,安克斯密特有关历史叙事的观点是站不住脚的,因为历史叙事和解释与 "过去" 之间是密切相关的,历史叙事可以真实地反映 "过去",历史与过去之间并不存在如安克斯密特所言的 "叙述实体"(narrative substance)。他反对安克斯密特所提出的,由于主观性的介入,历史解释就没有标准和对错之分了;历史学家能够获得历史知识,而非如安克斯密特所言,只能得到 "对过去的洞见"。总之萨利认为,只要按照历史研究的传统方式行进,历史学家就可以获得有关过去的知识②。

在回应中,安克斯密特认为他与萨利教授在基本的历史叙事的本质上并没有很大分歧,但是萨利教授有关 "真实"(truth)和 "指涉"(reference)的观点在逻辑上是不够充分的,已经不能满足史学理论发展到如今的需要。而对于所谓 "真实",他指出这并非是有关每件事的完美定义,而是从叙述的层面做到我们希望它们达到的程度。对于 "指涉",安克斯密特以法国大革命为例,指出这虽确有其事,但是我们对于它的认识却是多样的,而这些认识中包含了不同人的思考和看法,因此我们从未也不能探知历史的 "真实" 面貌。所以,我们对一段历史的描述只是与过去相关,而非确有所指。最后,

---

① Keith Jenkins, "On Disobedient Histories", *Rethinking History*, 2003, Vol. 7, No. 3, pp. 365 – 367.
② Heikki Saari, "On Ankersmit's Postmodernist Theory of the Historical Narritivity", *Rethinking History*, 2005, Vol. 9, No. 1, pp. 5 – 21.

安克斯密特总结道，他与萨利的分歧在于"对基本历史事件进行哲学层面的解释方法上"，以萨利为典型的现代史学家只是对历史事件尽心加以解释，却并未回答"如何得出这些解释"的，而后现代史学理论的出现正好弥补了现代史学在语言、研究方法和逻辑上的不足①。

五　结语

20世纪90年代以来，后现代史学理论的挑战引发历史学科自身进行了新一轮的反思、批判和自省。它促使历史学家可能从不同维度，着重于语言、逻辑、形式等层面，对现代史学重结论而轻过程、重本质而轻形式的某些缺陷进行多种补充或发展。

上述有关历史表现和历史书写的实验性研究，从理论到实践层面提出了创造新形式、展现新历史的问题与诉求。这其中蕴含着一种企图，即将史家工作的中心从再现历史推向表现历史。而在这种历史表现中，打破过去与现在、主体与客体、真实与虚构、形式与内容、语言与图像、自我与他者的界限，似乎也在成为一种有意为之的目标。其间，对历史叙事与历史学性质等理论问题的深入再思考又和历史表现的实验相辅相成。

然而，突出了历史表现的作用是否就意味着取消过去实体性的存在，将历史完全诉诸表现而已呢？显然，"实在"对于历史学家的工作来说是不可或缺的，任何历史表现至少理应是以实在性为基础的，这也可能就从根本上决定了某些表现比之于其他距离实在要更远些。本文讨论的这类历史表现与历史书写的实验性研究的学术价值究竟如何，他们又会为我们认识和理解过去及其与现在之间的关系做出了何种新的推进，还有待于未来的评判。

---

① Frank R. Ankersmit, "Reply to Professor Saari", *Rethinking History*, 2005, Vol. 9, No. 1, pp. 23 – 33.

第十五章

历史研究中的证据与证明
——自柯林武德以来的讨论

陈　新

历史是一种言说与表现，当它被呈现给读者时，不论它是记述、叙事、论述，都意图让读者相信，它是真实、可靠的。尤其，近代史学职业化以来的历史写作，更以真实作为标签，从而凸显了史家作为历史真实代言人的角色。当历史文本中蕴涵的主观性日益为人所知，原来那些被认为不存在史家主观意义表达的实录、记述，其中少不了一种表现策略的施展过程，它努力将历史表达为真，或者令历史看起来更真实。这个过程，也就是我们在日常生活中常常应用的证明过程。若是有人谈起，历史的本质在于求真，人们或许不会反驳。可是，真为何物，不同立场的人，却会给予不同的释读。然而，求真之中，"求"的过程，不论是求索还是发现，都离不开证据，这个过程的本质是借助证据来完成的证明。

证明是历史学家们无法回避的活动，是历史学实践中必不可少的环节。本文旨在探讨与这一环节相关的诸类问题。

一　证词、证据与问题

在讨论证据之前，我要特别说明一类涵盖在证据概念之下的类别——"证词"。在法官审案之中，证词非常重要。证词往往由证人

第十五章 历史研究中的证据与证明

提供，其成为证词的必要条件，便是证人必须曾经出现在其所言说事件的现场，是目睹者。在历史学中，我们会遇到历史现场当事人的大量追忆言说，可是，它们能不能被采用为证据，其中仍有很多疑问。这是因为，证词在证据系统中占有的独特位置。

证据之为证据，实际上有赖于证明人将它与那个被证明的问题，建立起相关性；也就是说，历史经验、历史文献要成为证据，必须要与研究者的问题相关，才获得作为证据的资格。它可以是器物、言论、图像等等，凡是我们能够证明问题的，都有被归入证据的可能。

法律上我们说到的证词，是言说者曾在场的见证。为什么它具有这种特殊的优先性？或许就是因为在人类的感官中，"看见"在感觉和思维构成的证明系统中具有优先性。有一句俗语，"眼见为实，耳听为虚"。耳听也可能是"实"，但这句俗语表明，"眼见"在一般人心目中，在经验的层次上，在确认信息真实性方面，占据了第一顺位。在西方历史文本里面，公元前8世纪左右的希腊作家赫西俄德曾写道："宙斯啊，请你往下界看看，侧耳听听，了解真情，伸张正义，使判断公正。"[①] "看看"或者说"眼见"，这是证词成立的一个特别条件。

在历史学当中，证词成为证据，还涉及证据采集系统的规则，以及对证人可信度的确认原则。我们可以看到一些国家的证人在法庭作证时，被要求将手放在《圣经》上，宣誓所述证词为真。这一行为并不能获得逻辑的或科学的确认，而是因为在那个法律体系中，人们通过历史中生成的规则同意了，将证词的保真度，诉诸信仰的系统，即表示证人对自己的言行，以神圣信仰来保证，并承担相应的法律责任。他可能说谎，但是一旦被查证，将有法律系统对其实施制裁，从而保障法律的严肃性。

柯林武德将证词泛化，界定为那些史家未经批判而接受的、来自

---

① ［古希腊］赫西俄德：《工作与时日》，张竹明、蒋平译，商务印书馆1991年版，第1页。

所谓权威者的言说。他曾经说:"当历史学家接受由另外的人对他所询问的某个问题给他提供的现成答案的时候,这个另外的人就被称为他的'权威';而由这样的一个权威所做出的、并为历史学家所接受的陈述,就被称为'证词'。只要一个历史学家接受一个权威的证词并且把它当作历史的真理,那么他就显然丧失了历史学家称号的荣誉;但是我们却没有别的名字用来称呼他。"① 柯林武德认为,史家必须自律,历史学是自律的学科。自律意味着,史家对于他获得的所有文献,必须通过批判再行使用,即使它们是那个所谓的证人提供的现场回忆和证词,也不例外。史家如果只是不假反思地接受文献,就不能称之为真正的史家,史家的作为,是要把证人或权威所说的内容,通过自己的判断和反思,转化成自己确证的内容,这才合乎一位史家的职业要求。

柯林武德认为,证词"绝不可能是历史知识,因为它绝不可能是科学知识。它不是科学知识,因为它不可能由于诉之于它所依靠的那种根据而得到证实。只要一有了这样的根据,情况就不再是一个证词的问题了。当证词被证据所加强的时候,我们之接受它就不再是接受证词本身了;它就肯定了基于证据的某种东西,那也就是历史知识"②。这是柯林武德关于证词和证据之间关系的表述。实际上,柯林武德在这里,也没有反思证人在现场的出现。他用的"证词"的概念,更多是指他人提供的文本所表述的内容。因为,如果我们对所有的证词追本溯源,追溯到史料的第一笔记载,就是我们所说的最早的原始文献资料,就必须涉及第一位该事件的言说者的曾经在场。

柯林武德还认为:"在科学历史学中,任何东西都是证据,都是用来作为证据的;而且没有一个人在他有机会使用它之前,就能知道有什么东西作为证据将会是有用的。"这也就涉及柯林武德的问答逻辑。某个东西对你是否有用,取决于它是否可以被纳入你的问题之

---

① [英]柯林武德:《历史的观念》,何兆武、张文杰、陈新译,北京大学出版社2010年版,第253页。
② [英]柯林武德:《历史的观念》,第254页。

中。柯林武德进一步说，在他所批判的那种剪刀加糨糊式的历史学中，"如果我们允许自己以证据这个名字来描述证词；那么就既有潜在的证据，又有现实的证据。有关一个主题的潜在的证据，就是现存有关它的一切陈述。现实的证据则是我们决定加以接受的那部分的陈述。但在科学历史学中，潜在的证据的观念消失了；或者，如果我们愿意用另外的话来说这同一个事实的话，则世界上的每一件事物对于无论任何一个主题都是潜在的证据。"①

按柯林武德的看法，这就意味着，除了我们传统上认为的史料可以充当证据，其他事物都可以作为我们的证据，只不过，它受制于你用什么样的方法将其调动起来，成为你的证据系统中的一个要素。就此，我曾经使用过一个例子来佐证柯林武德的这个看法。我曾以娜塔莉·戴维斯的《马丁·盖尔归来》为例，说明她在这部作品中，如何将自己当下日常生活中的一些原则，植入16世纪马丁·盖尔所处的历史情境中，用作证明其人其事之真伪的证据系统中的、暗含的前提性要素。②

柯林武德认为，真正的历史学家，即科学的历史学家"将认识到，每一次历史学家问一个问题，他之所以问它，都是因为他认为他能回答它；也就是说，他在自己的心灵中，对于他可能使用的证据，已经有一个初步的和尝试性的观念了：不是有关潜在的证据的一种明确的观念，而是有关现实的证据的一种不明确的观念。要提问你看不出有回答指望的问题，乃是科学上的大罪过，就正像是在政治上下达你认为不会被人服从的命令，或者是在宗教上祈求你认为上帝所不会给你的东西。问题和证据，在历史学中是互相关联的。任何事物都是能使你回答你的那个问题的证据，——即你现在正在问的问题的证据。"③ 这是柯林武德的睿智：既重视证据，又将问题引入，在问题与证据之间建立起相互牵制、相互依存的关联。这样，那种有能力提

---

① ［英］柯林武德：《历史的观念》，第276页。
② 陈新：《简论历史理性与历史叙事》，《学术研究》2012年第12期。
③ ［英］柯林武德：《历史的观念》，第277页。

下篇　基于个案的理解

出问题的"眼光",同时也是证据之筛的设计师、制造者和使用人,是他"创制"了证据。他用证据之筛,筛得有用的材料,使之转化为证据,同时也将这些证据,组织到了解决问题的过程中。

要对一个历史学问题做出解释,可能有许多层次。例如,要将纳粹大屠杀做特殊化的解释,使之与德意志民族的总体性格分离开,便可将大屠杀的发生,放在聚焦于希特勒的个体化解释系统之中。这需要对希特勒的心理、他儿童时期所受过的心理创伤等各种问题进行分析。如果要扩大德意志民族对于大屠杀承担的历史罪责,那就可以去分析德意志民族自18世纪末以来,其近代民族特征或性格的生成之中,历史主义是如何成为正统史学思想,并在构建德意志民族认同的过程中,同时也带来了20世纪的人道主义灾难。对于纳粹大屠杀的解释方案还可以有许许多多,不论是宏观的、中观的、微观的,还是共时性的、历时性的。对于史家而言,你要提出什么问题、解决什么问题,你才会选择什么级别的证据,或者建构何种复杂程度的证据系统。我在此不多加延伸,而只是想要说明,有关证词、证明与证明的问题,它们彼此之间的关系,以及它们与史家所处理的问题之间的关系,还需要我们更加重视,更多深思。

柯林武德是在证据与问题之间建立起联系的先行者之一。他提醒人们记住阿克顿勋爵的伟大教诲:"要研究问题,不要研究时代。"他批评"剪刀加糨糊的历史学家们全都是在研究时代;他们对于某类一定范围的事件收集了全部现存的证词,并枉然希望从其中会产生出某种东西来。科学历史学家则研究问题:他们提出问题,而且如果他们是好的历史学家,他们就会提出他们懂得他们做出回答的方式的那些问题","任何事物除了与某个确切的问题有关之外,就不是什么证据"[①]。

直到20世纪70年代,仍有不少史家认为,经过排列的史料会自己说话,而没有意识到,这种排列,隐含了史家在日常生活中被无意

[①] [英]柯林武德:《历史的观念》,第277页。

中植入的政治的、意识形态的、审美的倾向。1973年，海登·怀特的《元史学：十九世纪欧洲的历史想像》对此进行了系统的解释和论证，史家才开始普遍接受这一现实。事实上，历史学家提出问题时，多少已经知道该怎么去回答，那是一种预先构想的回答方向，往这个方向出发，并不会造成一种循环论证。一位史家带着问题进行研究和阐释的过程，同时也是历史成其为当代史的过程。

二 证据的时间性关联

英国历史哲学家沃尔什曾经写道：迈克尔·奥克肖特曾说"'如果要把历史学从虚无中拯救出来'，就必须用'证据迫使我们相信的事情'取代'实际发生的事情'。但是，要像奥克肖特那样说，'历史中的过去'不仅'依赖'于现在并随之'变化'，而且它实际上'就是现在'，这就太离谱了，至少我在写《历史哲学导论》的这一部分时是这样想的。在那时，要说历史证据现在必须呈现在我们眼前是一回事，而声称它与当前有关却是另一回事。很明显，真实的情况是，与历史学家涉及的证据相关的不是现在而是过去。如果那时要问，既然我们不能直接观察过去，我们怎样才可能接近过去呢？我当时给出的答案是，借助记忆做到这一点。记忆不是通过认识得来的知识种类，因为它的陈述统统由解释所支配；然而，它给了我们一种与过去的可靠的联系，这就像感觉给我们一种与外部现实的可靠联系一样。"[①]

这段引语，沃尔什发表于1977年。沃尔什在1951年出版了《历史哲学导论》。在其中，他认为历史叙事可以分成两类，分别指陈述客观历史事实的平淡叙事、存在着历史主观意图的意蕴叙事。历经20余年后，沃尔什对于客观历史的坚定认知已经有所动摇。此时，

---

① ［英］沃尔什：《再论历史中的真实性与事实》，陈新译，载陈新主编《当代西方历史哲学读本（1967—2002）》，复旦大学出版社2006年版，第125页。

下篇　基于个案的理解

他已经能够接受奥克肖特在20世纪30年代提出的那种"证据迫使我们相信的事"取代"实际发生的事情";但是,他对于"历史中的过去"随"现在"而变化,并且实质上"就是现在",还远远不能苟同。概括而言,此处涉及证据、历史、现在三者。沃尔什理解的奥克肖特,其历史认识逻辑是:现在左右证据,证据左右历史。这个以"现在"为核心的历史解释系统,沃尔什是断不能接受的。

由此,有关证据的时间性问题也跃然而出。历史学中的证据,是与现在相关,还是与过去相关?

沃尔什认为,证据与过去的记忆有关,而与现在的问题无关。沃尔什用作说明的"记忆",仍然是一种作为媒介的记忆,因而与过去有着直接的关联。倘若我们能够证明记忆是一种可能受到现实的影响而变形的东西,就像怀乡记忆和创伤记忆,从而对于记忆作为一种媒介的观点加以证伪[①],沃尔什的判断就难以成立了。

证据的时间性关联要落实到现在这个时间维度上。我们还可以借助于柯林武德的问题逻辑来建立这种关联,即证据与史家的问题相关。然而,这些问题乃是史家在"现在"融汇了他对于社会情境、学术情境等各类情境的理解后提出来的。为此,证据的时间性关联要锚定到现在。证据因为现在的问题而在证明的系统中,在史家当下的历史阐释之时成为证据。这样,接下来需要说明的,只在于史料与证据之间的区别。

史料是不是潜在的证据呢?克罗齐在他的《历史学的理论与实际》提到:"一切真历史都是当代史。"什么才算是真历史?就是与我们的现在相关,被我们纳入用来理解现在的,才能够成为真历史。那些没有进入我们现在的主观认知之中的史料从属于编年史。在克罗齐看来,编年史是死的历史,而真历史才是活的历史。纯粹的史料,或者克罗齐意义上的编年史,只有当它们与现在相关时,它们才成为

[①] 可参见陈新《历史认识:从现代到后现代》,北京大学出版社2010年版,第12—20页。该书第一章第二节"记忆与历史思维"对于记忆的媒介观进行了批评。

证据。沃尔什把证据与过去相关联而不是与现在相关联，恰恰是因为他无法理解记忆的唤醒与变化、重构，均是史家现在所为，证据是属于"现在"的问题的产儿。

三　证明的方法：问答逻辑

在简要说明了证据及其时间性关联之后。接下来，我们讨论证明及其方法将涉及两个方面。其一是柯林武德所系统阐述的问答逻辑；其二是推论和类比。虽然柯林武德在有关历史想象的讨论中谈到类比，但是他没有结合数学、科学思想进行阐明。

先谈问答逻辑。柯林武德在《历史的观念》一书的后论中举了一个例子："谁杀死了约翰·道埃？"他以这个例子作为我们如何证明凶手是谁的过程，并把它作为历史学的研究过程来阐释。他杜撰的这个故事，受到同时代克里斯蒂娜的侦探小说影响。在克里斯蒂娜的《罗杰疑案》中，凶手是小说的第一人称叙述者"我"。"我"一直参与侦探破案的过程，但最后发现凶手竟然是"我"。克里斯蒂娜生活的时代是一个实证的年代，那一时期还有福尔摩斯一类侦探小说。刑事侦探的方式和历史研究中的判断过程有其相似性。它们都要采用合乎理性的方式，并通过严格的逻辑来推导。柯林武德也受到了当时风靡一时的实证性逻辑推导的影响。

柯林武德引用了培根针对自然科学家所说的一句警语：自然科学家必须要"质问大自然"。其解释是"第一，科学家必须采取主动，为自己决定他想要知道什么，并在他自己的心灵中以问题的形式总结出这一点；第二，他必须找到迫使自然做出答案的手段，设计出各种刑罚，使她不能再保持缄默"[1]。这就是说，科学家先要预设，然后进行验证。预设即提出问题。在这一点上，柯林武德认为，历史学家在证明时，不能只是罗列编排事实，好像事例会自己说话，而是我们

---

[1]　［英］柯林武德：《历史的观念》，第265页。

下篇　基于个案的理解

要让事实说出我们想要它说的话。因此，我们要质问史料。

柯林武德在区分剪刀加糨糊的历史学和科学历史学时指出，"在剪刀加糨糊的历史学中，历史学家采取了一种前培根式哲学的立场。他对待他的权威们的态度……乃是一种毕恭毕敬的态度……甚至当他创立了历史批判，而他的权威们变成了单纯的资料时；这种态度在根本上也并没有变化。"① 柯林武德认为，我们不能像剪刀加糨糊的历史学家，把权威的话当信奉的东西，而要自己去分析、判断、反思、研究。你的判断不局限于哪个权威是好的，哪个是坏的，而是要把所有的问题都集中到自己这里，弄明白在手的史料或文献为什么会这样书写，需要你给出自己的回答。比如经文的辨伪，对历史学家来讲，不仅在于分辨真假，而在于为什么有人作伪而且如此作伪？为什么当时的人会相信这一伪作，真伪的问题又是基于什么依据而产生的？例如，2008年发现的"清华简"就涉及传世《尚书》经文真假的问题，专家所谓的清华简"价值难以估计"，其重要性，更在于它的发现意味着可以引发各类学理层面的当代讨论，其中就包括经文在被解读的过程中，其"真实性"与"有效性"问题的对峙。

柯林武德认为，剪刀加糨糊的做法"只不过是采用了把见证人分成为好人和坏人的那种手法。这一类人被取消了做出证词的资格；而另一类人则完全被当作老办法之下的那些权威们来看待"。科学的历史学家阅读史料事实上是以"一种培根式的精神"来阅读，而"剪刀加糨糊的历史学家则是以一种简单的接受性的精神来阅读他们，要找出他们都说了些什么。科学的历史学家在自己的心灵中带着问题去阅读他们；由于为自己决定了他想要从其中发生什么，他就采取了主动……科学的历史学家则在拷问他们，要从一段话里公然提炼出某种完全不同的东西来构成对他已经决定要询问的那个问题的答案"②。

毫无疑问，柯林武德赋予科学历史学家的一种特质乃是，他在内

---

① ［英］柯林武德：《历史的观念》，第265页。
② ［英］柯林武德：《历史的观念》，第266页。

心中能够产生问题，并带着问题来阅读史料。这些问题，恰是他内心中想要知道、想要解决的问题。于是，原来所有权威的解释，都要变成他用来解答这些问题的材料。用本文的写作充当实例，便是：我在此讨论的主题是证词、证据与证明，那么，本文的谋篇与结构想要说明什么问题？当我引用沃尔什、柯林武德的文字，他们是作为我的权威而存在吗？如果我只是归纳、陈述或者总结了他们有关证据和证明的观点，那我就属于柯林武德所说的剪刀加糨糊的历史学家；如果我是要成为他所说的科学的历史学家，那么，我的那个具有自主性的问题在哪里？因为我正是有了这个问题，才有能力将某些史料转变成证据。而这个问题正是本文题名所示，当代史学家对于证据与证明问题的理解欠缺与忽略，促成了我们在此将史家习以为常的"证据"概念与"证明"过程，纳入反思的领域中来重新认知。

这是柯林武德逻辑的一种应用。他在提示读者不要轻信权威时，同时也提示，要避免使自己成为当下读者的权威。这唯一的途径，便是视反思为问题产生的终极方式。柯林武德提醒我们，没有任何人有理由成为权威。科学的历史学家需要建立起自己的自觉性和自主性，也就是柯林武德所说的历史学家应该有的自律。这种自律的形成，也是自我反思习惯的确立过程。柯林武德要求读者做到研究的自律性时，我们有没有想过，同样是秉承学科的自律，你与我、与柯林武德、与其他历史学家的差异性又在哪里？唯有确立了差异性之后，我们才会获得一种独特的眼光，找到自己的立足点，进行独到的历史证明，而摆脱被称为剪刀加糨糊的历史学家的责备。

我们可以分析一下柯林武德通过问答逻辑方式进行的证明。他指出："（1）论证中的每一步都有赖于提出一个问题……（2）这些问题并不是一个人向另一个人提出的，期待着这第二个人由于回答它们而能开启第一个人的无知。它们像一切科学的问题一样，是由科学家向自己提出来的。"①

---

① ［英］柯林武德：《历史的观念》，第270页。

显然，不是说提问者提出问题，另一位答问者回答后，提问者接受，知识就更丰富了。恰如柯林武德指出，历史的功用是认识你自己，认识人类自己，这就意味着，所有的问题，其被提出和解答，都是为着史家或提问者认识自己或人类而展开。问题是关乎自己的问题，那么，回答便是一种自我证明，通过证明来认识自我、定位自我。

历史学家通过提问和回答这一证明过程，充分地施展了自己的自由意志。证明，是史家在理性地思虑之中，渐次展开的认知行动；就此而言，我们可以称之为历史理性的展开。柯林武德认为科学的历史学家理应是理性的，而且需要把这种理性运用到历史的情境中去阐释。历史证明的过程，乃是一种历史理性应用的过程，也是问答逻辑展开的过程。

四　证明的方法：推论与类比

除了问答逻辑之外，史学研究中的证明，人们熟知的，更多是由证据进行推论或推理。在推论这种普通运用的方法之外，类比是我们常常忽略的，至少也是更加模糊不清的方法。我过去在分析历史思维的时候，讨论过逻辑推论和历史想象。我认为，历史想象是一种演绎思维的展示，因为它运用日常生活中归纳的教条，然后把它施展在史料之上进行演绎、想象和类比。① 接下来的讨论，我将进一步探讨证明过程中所运用的方法，在逻辑的推论方式之外，更多涉及类比。

现在看来，逻辑推论与类比并不是截然分离的两类模式，它们有相互交错的环节。下面的讨论将围绕柯林武德谈到的推理、普罗斯特论及的类比证明、数学家波利亚所言的类比或合情推理、哲学家普特南讨论的类比推理来说明这一点。

柯林武德说："历史学就是一种科学，但却是一种特殊的科学。

---

① 陈新：《历史认识：从现代到后现代》，第24—36页。

第十五章 历史研究中的证据与证明

它是一种科学，其任务乃是要研究为我们的观察所达不到的那些事件，而且是要从推理来研究这些事件；它根据的是另外某种为我们观察所及的事物来论证它们，而这种事物，历史学家就称之为他所感兴趣的那些事件的'证据'"。① 以史家观察所及的事物为证据，来推理出那些观察不到的事件，柯林武德认为，这是历史学家存在的理由之一。史家通过向那些证据提问开始进入推理，确证历史。柯林武德说，"一个人之成为一个历史学家所凭借的知识，就是由他所支配的证据对于某些事件都证明了什么的知识"②。简言之，依赖于证据而进行的历史证明塑造了历史学家。

这个证明的过程和回答问题的过程是一致的。作为史家，我们需要考虑的是，我怎么可能提出这个问题？我提出这个问题肯定不只是和历史相关的，因为这个问题具有时间上的维度，它一定是一个与现实相关的问题。假如有史家认为这个问题只是历史的问题，那我们就只能是发现它，而不是提出它、创造它、发明它。

为什么这么多的历史文本中，我们看到史学大师的作品如此与众不同？那是因为他提出的问题不一样，考虑的视角不一样，因而回答的方式不一样，获得的结论自然也不一样。我并不是说，这个他人没有考虑到的问题，是史料中本来就有的；这个问题，恰恰是这个史家在自我身处的独特现实中，以自己的感受和认知所塑造出来的。柯林武德认为"历史学是某种有组织的或推理的知识"。借用了德文中 Wissenschaft（科学）作为系统的知识这一概念，在此，我们看到，柯林武德的"科学历史学"指的乃是一种有着系统知识的历史学。他与当代德国史学理论家吕森用的学科框架是接近的。因而，对柯林武德来说，历史学之成立，它有赖于推理，这便是一种证明。

我们所说的历史研究中运用的逻辑推论，实际上就是一个进行历史证明的过程。像柯林武德举了一个例子："我记得在上星期给某某

---

① ［英］柯林武德：《历史的观念》，第249页。
② ［英］柯林武德：《历史的观念》，第249页。

人写了一封信。"这是一个记忆陈述，不是历史陈述，除非该陈述具有证据支持。如果你拿出来了某某人的回信，并且这份回信还得告诉我们，回信人收到之前的来信，这个时候，因为有了证据，才使其成为一个更可信的历史陈述。当后现代主义史学理论谈论历史虚构与文学虚构时，历史虚构只是形式上的虚构，或者说叙事方式上的虚构，它并不是说要脱离证据，历史的内容是什么，需要有赖于证据作为基础。

历史学从来没有脱离证据，但不意味着"证据"的概念就不要反思。证据概念与问题的相关性，前文我们已经有所讨论。没有证据，历史学就不能称之为"相对"独立的学科。但是，我们的确也可以说，没有哪个学科就是独立的学科，要不然，何以说明那些促成20世纪70年代跨学科研究兴起的根本推动力。追求学科的独立性，这主要是18世纪近代科学思维的产物，到20世纪70年代之后，那些构成相对"独立学科"的边界，已经成为学术思想发展的阻碍而被突破。在这个突破之中，体现在史学理论中的问题，乃是传统意义上历史学科的实证性，或者证明的严谨性，已经不再仅止依赖于由史料出发的逻辑推理，而不得不同时借助于对于想象和类比的更为深刻的认知。

柯林武德认为，精确科学是演绎思维，例如几何学，先设定几何学公理，再在此基础上进行推导，做出各种证明。这种演绎思维是强制性的，我们首先承认了公理后，必然会推导出确定的结论。柯林武德继而认为，观察与实验的科学是归纳思维；但精确科学和实验科学都要通过"前提"证明结论。

在柯林武德看来，历史学不是精确科学，但它在证明过程中，少不了自身的"前提"。在历史学中，当人们论证结论的正确时，多半是用概率的方式，表达为或然性命题。柯林武德认为："当说它们'证明'某个结论时，它们所提供的并不是强制人们去接受它，而是

第十五章 历史研究中的证据与证明

允许人们去接受它；这就是'证明'这个词的完全合法的意义。"①可见，在历史学之中，证明不是强制性的，而是"允许"人们接受的。毫无疑问，柯林武德通过"允许"，也就道出了证明所得之结论的概然性本质。即使在日常生活中，我们也能知道，法律的断案常常是概然性的。例如，我们能够了解到，在严刑逼供之外，任何之前被人们认为是合理、合法的审判，后来也可能被证明有些是误判。这里提到的证据、证明，其中运用的归纳和演绎等推论证明的方法，读者可以通过柯林武德在《历史的观念》所用到的约翰·道埃的例子看到，从而明白历史研究的工作是如何进行推论的。

历史学不同于柯林武德所说的那种精确科学，它的证明方法，有自己的特点。还记得普罗斯特的话吗："历史学家的推理是通过与现在进行类比来进行的，他是把在大家日常社会经验中得到验证的解释模式转用于过去。"② 我们强调，要做一个好的历史学家，一定要善于观察生活，一定要善于在生活中理解各式各样的"原则"③ 和想当然的规则所形成的机制。当你对日常生活的观察有这样的敏感和反思之后，再去读史料，就能够从中看出它与我们要提出来回答的历史问题的关联。

很多史料，我们看不明白，或是因为我们对历史上史料所属的那些日常情境缺失了。但是我们也要知道，不同时代日常生活的结构、原则的变迁之缓慢，史家在自己的日常生活中发现的原则，或许就能帮助自己理解过去的历史文献，并阐释出其间的内容。普罗斯特用类比，把历史理解置于日常社会经验之归纳成果的基础之上，其中涉及的推论或推理，都是在进行证明。逻辑的推论就是证明，其中包含着类比。

---

① ［英］柯林武德：《历史的观念》，第252页。
② ［法］普罗斯特：《历史学十二讲》，王春华译，石保罗校，北京大学出版社2018年版，第163页。
③ 它们事实上首先是以归纳的方式而转变成了人们生活中的种种教条，进而转化成那种不假思索的"原则"。

下篇　基于个案的理解

我在讨论柯林武德论及的历史想象问题时，得出的结论是：历史想象可以被视为以现实的知识体系为原则的演绎思维，常识构成了现实中人们的知识体系。它既是人们接受、理解历史的框架，也是历史想象的边界。只要在这种理解的框架之内，现实就决定了历史想象同样具有的真实性。① 因为历史想象依托演绎思维，它的根基是对日常生活原则的理解。历史学家运用这样一种想象能力，是不是在做出证明？是不是一种类比？也就是说，以现实中的常识作为类比的一端，而以历史资料作为另一端？这里一端是现实，一端是史料，两相类比就得出我们的结论。

数学家波利亚正是在这个方向上给了我们说明。他把归纳推理和类比推理视为合情推理中的两种特殊形式。关于类比推理，他说："类比与进行思考的人的相似概念和意向有关。譬如你看到两个事物之间（或者，宁可说是两组事物之间）的某种相似性并有意地把这种相似归纳为明确的概念，就说你是在进行类比推理。"② 波利亚得出的合情推理模式是：

A 类似于 B
B 真
—————
A 便可靠

如果将波利亚的合情推理模式借用到历史学的证据与证明讨论中，B 便是现实或者日常生活中的那些原则。尽管 B 是人们从日常经验中归纳出的常识或原则，但它在我们的现实中被确认为真之后，进一步成为我们确认 A 作为证据便真、便可靠的前提。

类比与想象相近，在中国的传统观念中，它或可用"意象"一词

---

① 陈新：《历史认识：从现代到后现代》，第 24—36 页。
② ［美］波利亚：《数学与猜想：合情推理模式》，李志尧等译，科学出版社 2001 年版，第 28—29 页。

来表达。我们很难用精确的方式表达意象，但是常常感觉它可以得到理解。我们相信自己具有这种能力，它不是强制性逻辑的内容。好比统计概率、测不准原理，都说明人们无法得出绝对的、准确的结论，但是，这些认识需要纳入现有的科学框架中，由此，波利亚发展出有关类比的逻辑说明，它也是历史证明中运用的一种重要方法。

哲学家普特南在《实在论的多副面孔》中谈到类比。他先是对卡尔纳普有关类比的看法深具同感。卡尔纳普"认为在整个归纳逻辑领域中最难处理的问题是'给类比适当的权重'的问题"。为此，普特南倾向于接受柯林武德的做法。柯林武德在《自传》中谈到一个例子：古代凯尔特人所用的图案在罗马时期被认为是野蛮、邪恶的，当不列颠不再是罗马帝国的一部分后，装饰艺术中重现了古凯尔特人风格。既然它是邪恶的，我们又没有证据证明在罗马时期大家还在生产这样的东西，为什么当罗马不再是不列颠领主之后，这种方式又出现了呢？柯林武德的解释基于一个心理学假设：恰恰这些图案是禁忌，这个事实使得它们成为人们迷恋的对象。如一本书成禁书之后开始风靡。人们持续向他们的孩子们描述它们，从而使这种记忆保持生动的原因存在下来。这个东西不能证明，他用心理学做出的假设是利用了日常生活中的原则进行了类比的结果。

普特南用此例来说明类比，并称之为"类比归纳"。这个用词不同于波利亚。普特南认为，柯林武德提供了一种合理的解释。普特南之所以能够接受这一点，是因为"我归结于它的高度可能性不是建立于一个适当收集的'统计数据'整体的基础之上，而是建立在我对'人们如何工作'的移情作用的理解基础之上"。"实际上，所有的历史概括依赖于类比，更依赖于对'人们如何工作'的移情作用的理解。"① 普特南这是要说明，柯林武德的判断，来自于他对于日常生活中人们心理的认知，并认为其具有跨时代的共性而显得合理。

---

① ［美］希拉里·普特南：《实在论的多副面孔》，冯艳译，中国人民大学出版社2005年版，第64—65页。

下篇　基于个案的理解

　　我们很难在人文学科里做出精确的或者绝对的判断，然而，人们总是认为，数学或者逻辑看起来能够做到这一点。现在，当数学家或哲学家从逻辑的方面，关注到类比作为一种推论方式，并赋予它逻辑推论的称号时，类比在证明中起到的作用，就更容易得到普遍的接受。它一方面可以促成史家关注并反思逻辑与类比之间的传统关系；另一方面，也更为重要的方面，是唤醒每一位史家对于自己进行历史证明的过程中，类比方法的普遍存在引起重视，避免对于史学之精确性追求的盲目崇拜。

　　类比，犹如我们现在了解到的，"类似"于统计概率或心理学（移情）作用的方式，它在历史学研究中的运用，恰是历史证明不可或缺的方法。而通过我们对于问答、逻辑推论与类比方法的认知，我们也更容易明白，提问、证明，及其介入到证明过程之中的证据，已经是最大限度地与现实、特别是"现实中的史家"及"史家的现实"，它们彼此密不可分，且融为一体了。

第十六章

创伤、历史叙事与海登·怀特的伦理意识

赖国栋[*]

在过去的半个世纪,历史学家较多讨论语言、历史表现方式以及客观性问题。在这些讨论中,海登·怀特将文学中的叙事、想象、意识形态等引入到历史学界,其产生的影响尤其大。历史学界和文学界对怀特的关注,较多集中在他的叙事、历史主义和修辞理论,然而对他的理论所未明确的地方,尤其是在表现大屠杀上可能带来的问题着墨不多。[②] 正如美国思想史家康菲诺(Alon Confino)所说,"大屠杀的历史研究通常有别于表现界限的理论讨论",因此,将怀特的理论

---

[*] 赖国栋:厦门大学历史系副教授。主要研究领域为西方史学理论与史学史、欧洲思想史。在《光明日报》(理论版)、《史学理论研究》《学术研究》《史学史研究》等刊物上发表论文多篇,主持国家社科基金规划项目"20 世纪 70 年代以来法国史学的嬗变及其影响研究"。

[②] 有关海登·怀特对大屠杀的阐述,重要的研究文章包括陈新《"大屠杀"与历史表现》,《国外社会科学》2001 年第 5 期;林庆新《创伤叙事与"不及物写作"》,《国外文学》2008 年第 4 期;王霞《如何再现纳粹屠杀——海登·怀特的历史相对主义思想辨析》,《清华大学学报》(哲学社会科学版) 2012 年第 2 期;王霞《直面纳粹屠犹的理论维度——海登·怀特的"边界"与汉娜·阿伦特的"越界"》,《清华大学学报》(哲学社会科学版) 2015 年第 2 期;章朋《伦理转向中的海登·怀特——极限事件与文学再现》,《东吴学术》2017 年第 4 期。英文学界值得关注的论文包括 Robert Braun, "Holocaust and Problems of Historical Representation", *History and Theory*, Vol. 33, No. 2, 1994; Herman Paul, *Hayden White: The Historical Imagination*, Polity, 2011, pp. 119–150。这些论著大多没有谈到怀特及其批评者在身份认同上的焦虑。

与关于大屠杀的历史研究结合起来考虑，可能对深化历史学的讨论有所帮助。①

大屠杀（Holocaust）作为 20 世纪乃至人类历史上最极端的事件，挑战了我们理解历史的能力和方法。德国犹太裔思想家阿多诺在 1949 年提出"奥斯维辛之后写诗是野蛮的"，展示了语言既表现大屠杀，又无法充分表现它。② 怀特强调历史文本的文学特性，在语言和表现问题上呈现出与传统理解的断裂。荷兰史学理论家安克斯密特展现出与怀特类似的思考，着重讨论历史和事件的叙述方式。③ 美国文化史家林·亨特等担心怀特的理论为道德相对主义、否定大屠杀开辟道路。④

怀特的理论在欧美以及近三十年的中国产生了重要的影响。稍显例外的是，一些重要的法国史学家（如福柯）对怀特的讨论和引用较少，法国甚至还没有怀特代表作《元史学》的法文译本。⑤ 本文主要从法国历史学家对怀特的接受和回应出发，讨论怀特的相对主义在二战之后的历史写作中应有的地位以及面临的挑战。怀特的理论部分来自法国结构主义者列维—斯特劳斯、罗兰·巴特关于历史事实的论述。怀特将历史看成是情节化、言辞结构、表现和意识形态的产物，但没有侧重论述创伤在联结事件和表现上的基础性作用。记忆、回忆和叙述大屠杀这样的极端事件的动力在于创伤，而意识形态是记忆选择的框架。

---

① Alon Confino, "Narrative Form and Historical Sensation", *History and Theory*, Vol. 48, No. 3, 2009, p. 207.

② 阿多诺（Theodor W. Adorno）在 1949 年以后多次阐述这一观点。对此的解读，参考 Michael Rothberg, *Traumatic Realism*, University of Minnesota Press, 2000, pp. 34–56。

③ 彭刚:《从"叙事实体"到"历史经验"——由安克斯密特看当代西方史学理论的新趋向》,《历史研究》2009 年第 1 期。

④ ［美］林恩·亨特等:《历史的真相》, 刘北成、薛绚译, 中央编译出版社 1999 年版, 第 5—7 页。

⑤ 怀特及其著作在法国的缺位, 参考 Philippe Carrard, "Hayden White and/in France: Receptions, Translations, Questions", *Rethinking History*, Vol. 19, No. 1, 2018。

第十六章　创伤、历史叙事与海登·怀特的伦理意识

一　事实与事件

自19世纪历史学独立成为一门学科以来，历史学家对事实和事件形成了各不相同的看法。① 例如，历史学家将事实等同于真实，将虚构看作是理解真实或实在的障碍，而非理解真实或实在的一个维度。法国实证主义史家莫诺（Gabriel Monod）宣称："我们再也不想牵涉假设的近似推论、无用的体系和理论，它们看上去堂而皇之，其实是徒有其表的骗人的道德教训。要事实、事实、事实，本身内在就含有教育和哲理的事实。"② 在莫诺看来，源于拉丁文 *factum*（命运）的 fact（事实）意味着做过的事，它像自然科学中的原子那样确定无疑，等待历史学家去发现。历史学家强调收集事实，却忽视了也需要建立选择事实的标准。换言之，实证主义史家认为，历史学家在选择、评估和组织事实的过程中可以摒弃思想偏见或价值预设，从而获得客观的历史；事实将自动组成一个模式，揭示出它们的意义。同样被称为实证主义史家的朗格诺瓦和瑟诺博司提到，历史知识的对象包括物理事实、人的活动和心理事实，"它们任何一种都不是可直接观察到的，它们都是想象的。历史学家们——几乎他们所有人都无意识地觉得他们是在观察着种种实在——只是致力于各种意象"③。《史学原论》的作者们虽然坚称历史是一门科学，但已无意识地趋向表现论，展示了历史学家应运用想象，从意象中推知文献写作者和所研究对象的心灵。

到了20世纪中期，结构主义者明确主张历史事实是建构的，其代表人物是列维—斯特劳斯。他在《野性的思维》中首先谈到历史事

---

① 关于历史事实的三种研究取向，参考彭刚《历史事实与历史解释——20世纪西方史学理论视野下的考察》，《北京师范大学学报》（社会科学版）2010年第2期。
② 转引自［美］林恩·亨特等：《历史的真相》，第60页。
③ ［法］朗格诺瓦、瑟诺博司：《史学原论》，余伟译，大象出版社2010年版，第131页。

实是已经发生的事,接着认为任何一个历史片段都能被分解成"大量的个人的和心理的活动"。列维—斯特劳斯总结道:"历史事实并不比其他事实更具有给定的性质。正是历史学家或历史演变中的行动者借助抽象作用,并仿佛在一种必须进行无限回溯的威胁下,构成了它们。"① 这里不追溯列维—斯特劳斯关于"历史事实"的学术史讨论,而只谈三点。第一,他继承了法国社会学家涂尔干和亨利·列维—布留尔在这一问题上的看法,主张历史事实是社会所相信的事实而不是实在的事实,因此认为"君士坦丁的赠予"就是中世纪社会认为的事实而不是一种伪造。② 第二,列维—斯特劳斯明确了历史事实是一种心理事实,与自然的秩序有关。第三,否认历史是一门科学,因为它无法像自然科学那样可以寻找到一般规律。在列维—斯特劳斯这样的结构主义者看来,结构的目的在于对事实进行编码,以便提取或解码。这种看法隐含的前提是,个体所接触的事实都能够进入记忆且成为回忆、交流的对象,同时个体对事实的编码和历史学家对它的解码类似。但实际的情形可能并非如此。

1973 年,怀特重拾列维—斯特劳斯的建构论,指出历史事实是"必须经过再一次的重构,以作为言语结构的元素","出于某种特定的(明显的或隐含的)目的写成的"。这种看法可以追溯到他于 1966 年发表的《历史学的重负》一文,其中批驳了有关过去的某项陈述符合"原始事实"一说。怀特提到,"构成事实本身的东西,就是历史学家已经试图像艺术家那样,通过选择他借以组织世界、过去、现在和未来的隐喻来加以解决的问题"。作为一种思维方式,隐喻涉及双重编码,即在本体、喻体以及它们结合之后构成的新语境和意义中,隐喻涉及一种转移、变化,尤其是情感上的触动。在怀特看来,

---

① [法]列维—斯特劳斯:《野性的思维》,李幼蒸译,商务印书馆 1987 年版,第 294 页。

② 涂尔干谈论社会事实,认为它是远离个体自发行为的独立存在,因而社会学才是一门科学。具体论述参考 [法] 涂尔干:《社会学方法的准则》,狄玉明译,商务印书馆 1995 年版,第 33 页。Henri Lévy‑Bruhl, "Qu'est‑ce que le fait historique", *Revue de Synthèse Historique*, t. 42, 1926, pp. 53 – 59.

第十六章　创伤、历史叙事与海登·怀特的伦理意识

历史学家在编排史料的过程中，必须巧妙地运用隐喻，即"一种启发性规则，它自觉地从证据中消除某些数据"。怀特认定，历史学家的事实"与其说是被发现的，不如说是由研究者根据其眼前的现象所提的那些问题构建出来的"①。历史学家可以选择多种隐喻，因此就应该承认对历史事实的某种认知不是唯一正确的，而是有许多正确的观点。然而，这种看法并不会导致极端相对主义，因为"构成事实本身"中的"构成"意为"收集""组织"，而不是向壁虚构。

《历史学的重负》中援引现代艺术家和科学家的看法，从隐喻的角度阐释历史，对职业历史学家的写作和阅读带来了挑战。七年后，怀特提出，"事实以及对事实的形式解释和阐释构成了话语之明显的或字面的'表层'意义，而用来描述事实的比喻性语言则指向一种深层结构的意义"②。这里的"比喻"（figurative）在其他一些地方又被称作"转义"（tropic）。在1973年出版的《元史学》中，怀特细致地区分出转义的四种形式——隐喻、提喻、换喻和反讽。《元史学》开篇提到历史作品展现了"以叙事性散文话语为形式的一种言辞结构"，"历史处在诗歌与演说之间，这是因为它的形式是诗学的，它的内容却是实实在在的"③。在怀特看来，诗人根据自己的主题和目的自由地创造（invent）事实，演说家则是有选择地运用事实。怀特认为历史具有诗学的一面，消解了"如实直书"这种说法，强化了事实的呈现具有多种维度。

除了事实的建构特征，怀特还认为事实是一种特殊的事件，是言语和行动中的事件。换言之，事实既包含事件又包含对事件的叙述，甚至说主要是被叙述的事件。《元史学》谈到历史著述的一些类型，例如编年史和故事。由编年史转到故事，它的初始事件可以按照历史

---

① ［美］海登·怀特：《话语的转义》，董立河译，大象出版社2011年版，第61、50—51、47页。
② ［美］海登·怀特：《话语的转义》，第119页。
③ ［美］海登·怀特：《元史学：十九世纪欧洲的历史想像》，陈新译，译林出版社2004年版，第2、120页。

学家要解决的问题加以自由设定。怀特以英格兰国王爱德华三世挑战法国的王位为例,谈到历史学家可以讲一个有开头、中间和结尾的故事。例如,在法国王位继承战中,初始事件是"1321年6月3日,(查理四世)国王前往威斯敏斯特。在国王和那个最终将挑战其王权的人之间,开始了这次决定性的会晤"。终止事件是"1333年6月7日签订的《豪斯堡条约》给王国带来了和平。可是,这是一种不安定的和平,七年后,它在宗教冲突的火焰下燃烧殆尽"①。首先,"国王前往威斯敏斯特"是事实,也可以被称为事件。其次,这一事实或事件引导接下来的行为。在初始事件和终止事件之间,历史学家可以按照自己的意图给一组特定的事件编码。但历史学家在对事件加以因果解释上,并不是可以无限上溯或下延,也不是说历史中就存在一种目的论。例如,《豪斯堡条约》签订时,爱德华三世也不会料到1337年将爆发今天所称的"百年战争"。在《实践的过去》中,怀特否定了法国大革命的主要原因在于新教改革这种一般说法,因此提醒道:"不是前一事件主导了后来事件,或者后来的事件被认为是目的上一切朝着新教改革所引导的方向"②。怀特强调了历史进程中每一事件发生的偶然性,以及每一事实或事件既是原因又是结果。因此,事实、事件是行动的产物,是动态的,面向未来无限敞开。③

怀特借助心理学的说法,提出转义既是对原意的背离,又是"向另外一种意义、概念的偏离"④。深究起来,无论从事实还是事件上

---

① [美]海登·怀特:《元史学:十九世纪欧洲的历史想像》,第6—7页。
② Hayden White, *The Practical Past*, Northwestern University Press, 2014, p. 60. 怀特在他生前最后这部著作中,区分了自然事件和奇迹事件:所谓自然事件,包括雪崩、火山爆发、海啸、地震,而奇迹事件被认为是自然之外力量,例如神力的显现,因此不被认为是历史事实。
③ 法国史家费尔南·布罗代尔在倡导长时段时,认为事件、个人和政治如"潮汐在其强有力的运动中激起的波涛",属于短时段,不值得重视。[法]布罗代尔:《地中海与菲利普二世时代的地中海世界》,唐家龙等译,商务印书馆2013年版,第9页。怀特对布罗代尔的批评,见 Hayden White, "Foreword: Rancière's Revisionism", in Jacques Rancière, *The Names of History*, University of Minnesota Press, 1994, pp. vii – xix.
④ [美]海登·怀特:《话语的转义》,第2页。

第十六章 创伤、历史叙事与海登·怀特的伦理意识

看，原意（或者说字面意）和转义能够联结、互换，是因为创伤（trauma），让读者感受到创伤。trauma 在希腊文、拉丁文和英文中都是同一种写法，原意是指身体上的伤口，转义地指苦难、压抑、忧患等。创伤一词在 1870 年左右开始用于医学和精神病理学领域，在 20 世纪初期才用于精神文化领域。1920 年，犹太裔心理学家弗洛伊德没有在《超越快乐原则》中明确界定创伤，只是将它看作是情感方面的丧失和失败。[①] 怀特对创伤的定义虽然来自弗洛伊德，但从狭义上认为医学和物理学中存在本质的创伤事件，而在人文科学中，"创伤只是一种回应危机的特殊方式"[②]。从怀特主张"话语的转义"角度来说，本体、喻体以及它们结合之后构成的新语境与意义在同一性和差异性上存在紧张关系。怀特在同一性上做文章。实际上，过去的苦难、裂痕无法在当下得到填补、治愈便构成创伤。事实、事件和它们的表现之间的差距、差异可以被看作为创伤过程。

从创伤的角度讨论历史，是源于过去已经过去，它既无法回到当下又时时被历史学家或大众忆起，且只能通过语言、图像等形式建构出一幅相似的图景。一方面，可以将创伤纳入到对怀特所研究的对象的理解中。《元史学》中探讨的 19 世纪历史学家，无论是兰克、黑格尔、米什莱，还是托克维尔、马克思，都生活在民族国家崛起和战争频发的年代，而战争本来就是一种创伤。就怀特讨论的 20 世纪思想家克罗齐、福柯、保罗·利科而言，他们经历过一战或二战、阿尔及利亚战争等极端年代。另一方面，按照弗洛伊德的说法，强迫性重复也是一种创伤，因此怀特的文本是创伤的产物。弗洛伊德的《摩西与一神教》以 1938 年德国入侵奥地利为界分为两部分，所以该书的结

---

① 从创伤角度分析弗洛伊德《超越快乐原则》《摩西和一神教》，值得关注 Cathy Caruth, *Unclaimed Experience: Trauma, Narrative and History*, Johns Hopkins University Press, 1996。值得一提的是，刘知几在《史通·杂说上》梳理中国古代的历史著作，认为"自古述作，皆因患而起"，同样表达了创伤在历史书写中的重要性。见刘知几：《史通》，上海古籍出版社 2008 年版，第 338 页。

② Hayden White, *The Practical Past*, p. 62.

构和历史是以"创伤的压抑和重复形式"展现的。① 从 1966 年开始,怀特都在重复强调历史写作具有建构性或"历史的诗学"特征。就怀特自身来说,越南战争、资本主义等促使他"对反主流文化感兴趣"②。

二 作为叙事的历史

史学理论要处理一些基本的问题,例如证据(包括证词)、历史的时间结构、历史表现的可能性及其限度问题。对这些问题的回答涉及历史是一门科学还是艺术。《历史学的重负》一文中提到,因为科学和艺术都具有相似的建构特征,19 世纪历史学家所主张的那种"不偏不倚""价值中立"的历史已经遭到瓦解。一战前后,人文科学中出现了适应时代的立体主义、意识流等表现手法。大屠杀之后,历史表现的可能性尤其成为一个紧迫的问题。

《历史学的重负》中引述了一种说法,即"在 19 世纪是真实的东西,在 20 世纪就不再是真实的了"③。在怀特看来,一战以后,历史学家和小说家乃至整个知识界都可以对历史证据提出问题。《元史学》强调,历史是被发明的,而不是被发现的:"在史学家的工作中,'创造'也起部分作用……同一件事能充当许多不同历史故事中的一个种类不同的要素,这取决于它在其所属的那组事件的特定主题描述中被指定为什么角色。"④ 怀特没有清楚地解释被发明和被发现之间的关系。实证主义史家强调有一种"硬事实"等待人们去发现。在怀特看来,只有通过历史学家的拷问和编排,证据才会起作用。怀特从这一点出发,认为历史写作和小说写作在本质上类似,即要依赖

---

① Cathy Caruth, *Unclaimed Experience*, p. 20.
② 怀特口述了他的更多个人经历,参考 Cameron Vanderscoff, *Hayden White*: *Frontiers of Consciousness at UCSC*, Regional History Project, UCSC Library, 2013.
③ [美] 海登·怀特:《话语的转义》,第 40 页。
④ [美] 海登·怀特:《元史学:十九世纪欧洲的历史想像》,第 8 页。

第十六章　创伤、历史叙事与海登·怀特的伦理意识

于"创造"或情节构造。怀特将历史看成是叙事的，强调了语言的虚构、历史的被发明成分。这种看法使他受到攻击，尤其体现在表现大屠杀上，因为这种相对主义将会导致否认历史的真实性和特殊性，而另一些人认为历史证据中存在某种"诚实可信的"、抵制普遍化和抽象化的东西。

大屠杀作为20世纪最具创伤性的事件，在全世界范围内引起许多学者的讨论，是70年代以后的事。随着大屠杀幸存者步入晚年，他们开始回忆这一用"创伤"二字难以准确概括的事件。1979年，法国思想家让—弗朗索瓦·利奥塔提到，奥斯维辛之后，元叙事或宏大叙事中的理性基础遭到挑战，它动摇了启蒙运动以来那种朝前进步的解放叙事。在利奥塔看来，大屠杀之后，宏大叙事将不再重要，或者说历史将不再具有统一的意义，取而代之的是"微小叙事"或微观史。[①] 利奥塔将奥斯维辛隐喻成一场地震，因而是可以表现的。

与利奥塔的隐喻手法不同，怀特求助于反讽。在怀特看来，反讽关注的是表现能力的不充分，"在反讽关于人类的状况根本上是愚蠢的或荒谬的这种理解中，它意图造成一种文明自身处在'疯狂'之中的信念，并且针对那些寻求以科学抑或艺术的方式把握社会实在之本质的人，产生了一种保守而清高的蔑视"[②]。怀特对反讽的强调招致了许多批评，最重要的是认为怀特的相对主义可能使历史学家按照自己喜欢的方式表现大屠杀。

1982年，怀特发表《历史解释的政治》一文，回应大屠杀叙事中是否需要一种特殊表现形式。20世纪70年代末80年代初，民族主义的回潮和反犹太教的兴起使得一些历史学家认为不存在毒气室，或者认为大屠杀罹难者只有几万人。怀特认为，大屠杀否定者忠于"历

---

① [法]让—弗朗索瓦·利奥塔：《后现代状态》，车槿山译，生活·读书·新知三联书店1997年版，第2页。该书受魁北克州政府委托而作。作为加拿大唯一讲法语的省份，魁北克的官方格言是"Je me souviens"（我记得），表明了它在处理身份认同上的竞争性叙事。

② [美]海登·怀特：《元史学：十九世纪欧洲的历史想像》，第49页。

史方法",即从档案以及笔录或口述证据出发,严格按照历史学的要求和方法讨论,但最后走向修正主义。① 怀特以法国的古希腊史专家皮埃尔·维达尔—纳凯为讨论对象,认为区分历史解释中的谎言与错误非常困难。怀特在坚称历史实在性基础上,认为历史的实在性和历史解释的真实性并非同一回事。在1987年《记忆的谋杀》一文中,维达尔—纳凯与怀特持部分相同的立场,认为"历史话语是一个解释网络,如果'其他解释'能以更令人满意的方式解释事件的复杂性(或更恰切地说是事件的异质性),那么它就由'其他解释'代替"②。历史事件的复杂性或异质性使人们难以理解事件,但正是它的复杂性或异质性促使历史学家写作。"历史学家的写作既非中立也不是透明的。它根植于文学形式甚至修辞手法,而距离使人们易于发现这一点。"③ 怀特和维达尔—纳凯讨论的是记忆与客观性,以及确立事实和效用上的真实之间的平衡。怀特的看法是,历史在某种程度上由历史学家建构,并不是在肯定过去的相对性。在维达尔—纳凯看来,历史学家的书面文本和人类学家擅长的口头表述或体态表现,都是真实的要素。

1990年4月在美国洛杉矶召开的"纳粹主义与'最终解决':探索表现的界限"会议,是怀特专题讨论大屠杀问题的尝试。作为大屠杀幸存者和该会议的召集者,以色列历史学家索尔·弗里德兰德(Saul Friedländer)提到大屠杀是最极端的大规模犯罪案例,它"对历史相对主义的理论家提出质疑,迫使他们面对原本在抽象层面上易于处理的立场的推论"④。该会议并非针对怀特,但许多学者却将矛头指向他,认为他主张历史写作跟文学写作一样都依赖于情节化以及

---

① Hayden White, *The Content of the Form*, Johns Hopkins University Press, 1987, p. 76.
② Pierre Vidal-Naquet, *Assassins of Memory*, Columbia University Press, 1992, p. 97. 皮埃尔·维达尔—纳凯的父母于1944年6月在奥斯维辛被杀是他研究古希腊的同时关注大屠杀的动因之一。
③ Pierre Vidal-Naquet, *Assassins of Memory*, p. 110.
④ Saul Friedlander, "Introduction", in Saul Friedlander (ed.), *Probing the Limits of Representation: Nazism and the "Final Solution"*, Harvard University Press, 1992, p. 2.

第十六章　创伤、历史叙事与海登·怀特的伦理意识

历史学家可以选择自己的叙事策略、转义模式，可能导向否认大屠杀。怀特提交《历史的情节化和历史表现中关于真的问题》一文加以回应，其中仍坚称历史的相对化，即历史不可能与历史学家对它的讲述分离。就大屠杀的命名而言，有些用 Holocaust（大屠杀），有些用"最终解决"，有些用 Shoah（浩劫），然而它们都在比喻或想象的意义上得到使用，含义各不相同。怀特坦言，这种相对性在书写大屠杀时会遇到很多问题，例如，历史学家如果有权选择历史情节化的方式，那么它是否有其界限？或者能否将大屠杀与历史上的极度创伤事件比较？最根本的问题是，大屠杀"是否就像其他的历史事件那样，我们可以无限地阐释、而不可能最终决定它们的特定意义"？怀特提供了坚决否定的回答。怀特认为，确实有一些将历史加以情节化并赋予故事不同意义的方式，例如悲剧的、喜剧的、浪漫剧的、田园牧歌式的、闹剧的，但"就以喜剧的或者田园牧歌的模式来将第三帝国的事件情节化的情形而论，我们会有充分的理由去诉诸事实，以把它从对第三帝国的相互矛盾的叙事的清单上划去"。怀特修正了自己先前对历史表现的激进看法，认为像大屠杀这样的极端事件无法用喜剧或田园牧歌的方式加以表现。围绕大屠杀之后历史的真实和效用问题，怀特声称最有效的历史写作是"不及物写作"，即"否认存在于作者、文本、被书写之物、最终还有读者之间的距离"[①]。在这种写作中，作者所讲述的关于大屠杀的故事，就好像作者"曾亲身经历过的那样"。对怀特而言，这种历史写作的优势在于消解了主语与宾语、字面意与比喻意、事实与虚构之间的距离。

怀特没有否认大屠杀可以得到实在表现，但否认它能以19世纪实证主义者所坚持的方式得到表现。大屠杀确实改变了我们思考历史和实在的方式。在诸多史家看来，大屠杀的独特性不在于它的例外论，而在于它的过度，即抗拒情节化和解释。1996年，怀特在《现

[①] ［美］海登·怀特：《历史的情节化与历史表现中关于真的问题》，载彭刚主编《后现代史学理论读本》，北京大学出版社2016年版，第62、64、72页。

代主义事件》一文中强调基于人物、事件和传统情节化方式无法表现现代的实在,因为历史结构中出现的那些无法叙述的事件超出了人类的认知。在怀特看来,现代主义事件便是"大屠杀式的事件",包括两次世界大战、大萧条、核武器、人口爆炸、饥荒、种族灭绝等。怀特援引文学理论中的"形象完满模式"作为思考事件和历史表现的中介:"历史事件能够彼此相连,而连结的方式就像人物形象与其在叙事或诗歌中的完满相连。"① 所谓"形象完满模式"就是,一切实在、事件和观念都可以被看作是一种形象,它本身是完满的,也预示了即将被赋予的意义。无论西方古典史家还是基督教史家,他们都在这种模式之中,通过回溯因果关系将历史解释为一种发展或一个过程,即对于时间上先后出现的事物,先出现的事物是后出现事物的不完满形式。因此,包括大屠杀在内的现代主义事件作为现在的一部分,仍然即将成为要完成的东西,成为历史分析的对象。一方面,怀特认为,现代主义事件是历史的,也是叙事的,同时拓展了对意义的认知。另一方面,怀特既扩大又贬低了大屠杀的概念,将20世纪的极端事件当成"大屠杀式的",又将大屠杀与大萧条、人口爆炸等相提并论,弱化了大屠杀的灾难性和特殊性。

  怀特将叙事看成是历史表现的核心方式。然而,在被经验的生活和被叙述的历史之间存在裂痕,所以怀特对历史的看法产生了许多争议。怀特的主要反对者是意大利微观史家卡洛·金兹堡(Carlo Ginzburg)和美国哲学家贝瑞尔·朗(Berel Lang),他们认为怀特的相对主义可能走向大屠杀修正主义或否定论。金兹堡追溯了怀特思想的意大利来源,认为怀特的理论同样可能被坏人利用。在朗看来,以比喻或"想象"的方式建构历史叙事,对表现大屠杀来说都是不恰

---

① Hayden White, *Figural Realism: Studies in Mimesis Effect*, Johns Hopkins University Press, 1999, p. 89.

第十六章 创伤、历史叙事与海登·怀特的伦理意识

当的,因而只能以纯粹编年的方式表现大屠杀。① 这里不具体讨论金兹堡和朗的看法,只提一点,即金兹堡和朗的主张很大程度上与他们的犹太身份有关。

见证者的证词承载了创伤,制造了情感,展现了读者的关切。就大屠杀而言,见证者和表现者将20世纪最极端的事件分成两部分:一部分是无法用言语表达但又试图从转义的层面上论及大屠杀本身,另一部分是为沉默者说话的同时试图抵达大屠杀的核心,让读者感受到历史的灾难。怀特将想象引入历史,认为历史学家运用想象编排历史,读者在想象中体验历史。从这个意义上说,历史和小说都是"想象性叙事"。怀特将法国宗教史家德·塞尔托(Michel de Certeau)的"小说是历史的受压抑他者"当作自己的座右铭,认可历史和小说共享"创造"或"诗意"特征。② 无论在历史学还是小说中,读者都不是被动的或者消极的,甚至"意识的主动的和创造的方面是话语中最能够直接理解的方面,而且,在话语中,这些方面也受到可以表述的理解意图、目的或目标的引导"③。回到大屠杀,用叙事的手法讲述受害者的故事就是运用小说的方式,让读者感受到"好像"它发生在过去。怀特的理论并不是要否认大屠杀,而是提醒潜在的读者应注意作者写作的意图、目的或目标。因此,怀特一直强调,针对那些否定大屠杀的人,应该问的不是"它真实与否",而是"什么动机促使他们否定"。历史叙事转向了历史的伦理。④

---

① [意]卡洛·金兹堡:《只有一个证人》,陈栋译,载彭刚主编《后现代史学理论读本》,第91—110页。Berel Lang, "The Representation of Limits", in Saul Friedlander (ed.), *Probing the Limits of Representation*, pp. 315 – 316.

② Hayden White, *The Practical Past*, p. 8. 这种看法的进一步论述,见 Hayden White, "The History Fiction Divide", *Holocaust Studies*, Vol. 20, No. 1 – 2, 2014, pp. 17 – 34.

③ [美]海登·怀特:《话语的转义》,第24页。

④ "历史学之父"希罗多德提供了一种参照,他提到自己的研究"是为了保存人类的功业,使之不致由于年深日久而被人们遗忘"([古希腊]希罗多德:《历史》,王以铸译,商务印书馆1959年版,第1页)。

三 历史的伦理：现在与政治

实证主义史家主张对过去加以无利害研究、"为历史而研究历史"，而《历史学的重负》中提供的说法是，历史学家应该体现出对时代和现实的关怀。怀特说："当代历史学家必须确立对过去研究的价值，不是为过去自身的目的，而是为了提供观察现在的视角，以便帮助解决我们自己时代所特有的问题。"[1] 在怀特这样的后现代主义者看来，研究历史尤其应该立足于解决现在的问题，这是重新确立如何以及为何研究历史的基础。

如果说历史学是通过解释过去的痕迹而进行的，那么只有将痕迹变成现在的一部分才可能使它得到解释和理解。从现在的角度理解历史，就意味着历史不再是过去的或历史的，而是既属于过去又属于现在的。因为过去和现在的纠葛，历史学家思考过去的动机和方式成为怀特关注的重心。《元史学》中表现出从现在看过去的观点。例如，怀特用托克维尔说明他在研究美国时，更多在考虑当时的法国将可能面临何种局面，而在研究旧制度时，同样在参考他所处时代的动荡不安之后思考法国的可能走向。从19世纪欧洲的动荡历史看，"欧洲与美国比起来，是一部包含了一切真正的悲剧成分的戏剧"，因为欧洲文明处在割裂、分离中。[2] 这种创伤或悲剧是19世纪欧洲历史的主调，更是20世纪欧洲现实中的核心旋律。

怀特区分"历史的过去"和"实践的过去"，认为前者是职业历史学家认可的"真正的"（properly）过去，后者是与"受压抑的记忆、梦和欲望"相关，受现在影响。[3] 在怀特看来，现在是选择过去的依据。其实，可以从即时和延迟两个方面看现在。一般的看法是，时间分为过去、现在和将来，而现在是这一时间序列的中间环节。实

---

[1] ［美］海登·怀特：《话语的转义》，第44页。
[2] ［美］海登·怀特：《元史学：十九世纪欧洲的历史想像》，第286页。
[3] Hayden White, *The Practical Past*, p. 9.

第十六章 创伤、历史叙事与海登·怀特的伦理意识

际上,现在不断变化,当历史学家书写时,它就已经变成了过去。也就是说,现在在历史学家出现之前,由记忆转换成书写文本的过程中就已经出现了。换言之,口述证据和历史档案中都包含现在,有现在的意识、反思。

除了作为中间环节的现在,还有一种延迟的现在。所谓延迟的现在,是将现在当作一个并非"连续"的片段,供人们叙事、反思。法国历史哲学家保罗·利科在他的诸多著作中探索了历史与记忆、时间与叙事之间的关系。在利科看来,叙事的重要性在于操控时间,从而帮助人们理解"令人困惑的、未成形的,同时最极端的沉默的时间经验"①。沉默的时间经验,就是那些无法过去的过去仍然困扰着当下。利科将朝向情节化的时间和叙事落实到"现实世界"、行动和受难的世界。利科对叙事中的净化作用感兴趣,认为情节化激起的怜悯和恐惧发生在读者身上,从而导致这些情绪的净化。从历史文本的作者和读者两个角度看,书写一方面是为了记住过去,另一方面是服务于读者,即当文本产生效用时,读者的世界就被重新塑造了。同一个历史故事被不同的读者或不同时代的读者阅读、理解,是集体记忆的来源,所以延迟了故事发生时的现在。

利科在《记忆、历史、遗忘》中讨论记忆转向历史的动力时,花了一些篇幅肯定怀特的转义理论对讨论历史写作的贡献,同时又认为怀特"在其自身的话语中存在某种分裂"。一方面,怀特主张语言作为并不透明的媒介,是无法充分反映被假定的现实;另一方面,事件中那种极为可怕的东西无法用任何可能的表现模式加以展现。就记录大屠杀的文献而言,利科认为历史学家的重要性体现在"参与集体记忆的层面上,历史学家的任务就是记述集体记忆",在延迟的现在重述历史。见证人在记忆的基础上叙述历史,但历史作品又保存见证人的记忆乃至建构集体记忆。这种建构包含了见证者所处的现在,又蕴藏了历史学家所处的现在。利科最后提议,"应该积极探索其他表现

---

① Paul Ricoeur, *Time and Narrative* (*Vol. I*), University of Chicago Press, 1984, p. xi.

模式，如有可能，可以探索同非书籍的其他载体相关的表现方式，如戏剧、电影、造型艺术"①。

怀特在评述《记忆、历史、遗忘》时认为，利科讨论过去和现在的关系，更重要在于"培养一种具有教育功用的历史文化，它帮助塑造一个负责任行动的公民"②。对于利科作为一战遗孤的经历是否对他的保守思想产生了重要影响，怀特在这篇评述中显现出迟疑。实际上，利科于1940—1945年在德国集中营受监禁这段经历对他修正怀特的相对主义，强调根据证词的来源区分各种见证，例如幸存者的见证、旁观者的见证，存在重要影响。利科从记忆的角度将叙事放在集体文化的框架下思考，即集体文化决定了某些应"永志不忘"（never forget），另一些则应遗忘。怀特的话语模式将叙事当作一种言语表达形式，虽然也体现出现在的重要性，但没有完全平衡创伤记忆和现在关切之间的关系。也就是说，怀特只是从后一事件决定前一事件的意义角度上谈论延迟。

与从现在看过去相关的是，历史学家根据他所依赖的意识形态来写作历史，因此每一种历史叙事中都包含某种意识形态。美国史学史家彼得·诺维克揭示了怀特于1955年密歇根大学博士毕业并登上历史学讲坛前后，美国历史学家对传统客观性极度崇拜，他们"在贬低意识形态的同时赞美美国的经验主义，这成了战后让美国的史学思想回归到客观性旧规范去的力量之一"③。怀特一反主流的意见，说："事实上，每一种有关实在的历史记述中，确实都是显示出一种不可消解的意识形态成分。"④ 词源学上说，ideology（意识形态）可以指

---

① ［法］保罗·利科：《记忆、历史、遗忘》，李彦岑、陈颖译，华东师范大学出版社2018年版，第345—352页。深受怀特影响的波兰史学理论家埃娃·多曼斯卡也强调，历史叙事的危机证明了历史学"需要研究过去的不同方法和表现过去的不同形式"，它们显示历史学"适应不断变化的文化情境且回应新需求的能力"。见［波］埃娃·多曼斯卡《元叙述的危机：一项后殖民研究个案》，余伟译，《学术研究》2004年第5期。

② Hayden White, "Guilty of History? The Longue Durée of Paul Ricoeur", *History and Theory*, Vol. 46, No. 2, 2007, p. 247.

③ ［美］彼得·诺维克：《那高尚的梦想》，杨豫译，生活·读书·新知三联书店2009年版，第412页。

④ ［美］海登·怀特：《元史学：十九世纪欧洲的历史想像》，第27—28页。

第十六章　创伤、历史叙事与海登·怀特的伦理意识

一套概念或信仰系统，也可以指政治话语。怀特认为，意识形态是指一系列规定，它使我们在当前的社会实践范围内采取并执行一种立场，并声称其具有权威性。意识形态一方面使得历史学家对历史学的性质持不同意见，另一方面有利于他们以不同的方式构想实在。

怀特根据德国知识社会学家卡尔·曼海姆对20世纪政治的观察，按社会变迁的标准区分了19世纪的四种意识形态蕴涵：无政府主义、保守主义、激进主义和自由主义。怀特追随曼海姆，将意识形态和乌托邦看作是两种对待实在的方式，认为它们都有积极的作用。意识形态扮演着认识社会、保持认同的作用。因此，意识形态是对过去的象征性确认。乌托邦意为"没有的地方"，它超越现实，是一种积极的想象。乌托邦是对未来的开放，扮演着认知陌生化的作用。细究起来，意识形态和乌托邦是一体的两面，它们都与创伤有关。意识形态建构的重要内容便是理解创伤，理解那些"永志不忘"的历史。乌托邦与创伤相关，是因为它涉及现在的不可能性，又涉及未来。乌托邦应该看成是一种意识形态。因此，表现历史，既是表现即将被认识的历史，也是表达对未来的一种期待。

这种意识形态或者说"想象政治"非常重要，因为它约束、挑战个体记忆。《历史解释的政治》一文极佳地分析了历史学家如何可能从解释的政治转向政治的解释。所谓解释的政治，是指历史学家的政治观点影响到他的历史解释。所谓政治的解释，是指从政治的角度对历史加以解释。用传统的方式对过去加以客观研究可能导致历史的重复，即忽略解释的政治将可能导致像大屠杀这样的事件再度发生。怀特总结说："对过去自身的研究不如一个人根据某种目标、兴趣或目的研究过去的方式更能确保防止重复过去。"①

意识形态或"想象政治"是历史解释的框架和文本编码的语境。历史学家总是受伦理的引导。同样，对读者来说，历史的用途部分上关乎实用和政治，部分上关乎伦理。怀特在《历史中的解释》一文

---

① Hayden White, *The Content of the Form*, p. 82.

强调情节化是受"道德驱使的",同时"解释至少以三种方式进入到历史编纂学中:审美方式(叙事策略的选择),认识论方式(解释范式的选择)和伦理方式(意识形态含义之策略的选择)。"① 细探起来,历史学中的审美、认知和伦理三者是一体的,都受到意识形态的约束,同时又反映了意识形态。不过,应该指出,历史的伦理和记忆的伦理有所区别。记忆的伦理指的是如何处理过去,过去如何与社会的自我形象协调,以及传统文化如何接续。记忆的伦理强调让痛苦敞开以免遭遗忘,同时强调"不再"(never again)这一禁令。② 历史的伦理是历史学家作为评论者和作为公民、有伦理道德的人应该遵守的规范。作为评论者,历史学家应通过历史文献与那种遭扭曲的记忆对抗,即在遵守学科规范的前提下对事实和事件做出可理解、可交流的说明。作为公民、有伦理道德的人,历史学家应在参考他所处的时代和现实的前提下,就历史和现实之间的一致性或非一致性加以解释。就大屠杀而言,怀特从历史学的角度关注被表现的大屠杀文本中所含的情节化,而那些幸存者和具有犹太身份的历史学家从记忆的角度关注创伤的起源、受害者的性质及其与广大读者的关系。

具体到怀特自身,他的著作中也有一种实际的目标,那就是将历史叙事当作质疑资本主义意识形态、求得解放和人类幸福的方式。怀特在历史作品之外关注饥荒、贫困和不平等问题,体现了他与结构主义、存在主义、马克思主义的亲缘关系。③ 怀特很少承认自己是后现

---

① [美]海登·怀特:《话语的转义》,第80页。这里暂且不区分伦理(ethics)和道德(morality)。

② 以色列哲学家阿维夏伊·玛格利特谈到记忆的义务,认为它一方面在于与破坏道德根基的"绝对的恶"斗争,另一方面在于"对过去的重新认识以及对集体记忆的管理"。见[美]阿维夏伊·玛格利特《记忆的伦理》,贺海仁译,清华大学出版社2015年版,第73页。

③ 怀特对自己的意识形态尤其是马克思主义立场所作的阐发,见[美]海登·怀特、[波]埃娃·多曼斯卡、彭刚:《过去是一个神奇之地——海登·怀特访谈录》,《学术研究》2007年第8期,以及Cameron Vanderscoff, Hayden White: Frontiers of Consciousness at UCSC, pp. 1–32。又参考陈新《海登·怀特:后现代马克思主义的开拓者》,《中国社会科学报》2018年4月19日。

代主义者。怀特说,"反后现代主义的作者们都错了,他们说后现代主义者'反对'历史、客观性、规则、方法等等"①。怀特反对的只是那种认为能"如实直书"的历史学,意在让读者注意到历史作品中的伦理—政治蕴涵。

四　结论

在过去的半个世纪,海登·怀特从语言、想象等角度,讨论了历史学作品中所包含的情节编织、意识形态等,认为历史叙事是在比喻层面上对事实和事件加以表现和解释。怀特的理论关注历史的语言建构及其在认识论上带来的问题,而没有将历史看成是一种交流或代际传递形式。在交流或代际传递过程中,事实、事件和它们的表现之间的差距、差异可以被认为是创伤过程。创伤也是原意和转义能够联结、互换的前提。美国思想史家迈克尔·罗斯指出,创伤促使人们关注"回忆或纪念的责任",且激起人们的同情心。②

怀特是历史学中的相对主义者、方法论上的结构主义者和政治上的社会主义者。他试图解释历史事实和事件编织过程中存在的文学特征,从而理解历史叙事的多样模式及其包含的伦理—政治蕴涵。怀特的观点受到大屠杀幸存者和具有犹太身份的历史学家的批判,因为他们认为无法用多种情节化方式将大屠杀整合成一个连贯的叙事。怀特在承认大屠杀确实存在的基础上,修正了他之前的激进看法,认为历史叙事有它的边界,大屠杀不能以喜剧的模式加以展现,但仍不否定其中包含了情节化等文学要素。历史叙事关注的是过去,其中仍蕴涵了历史学家的审美趣味、解释策略和伦理立场。

20世纪80年代以来,创伤、记忆、回忆、距离、在场(pres-

---

① Hayden White, "Introduction: Historical Fiction, Fictional History, and Historical Reality", *Rethinking History*, Vol. 9, No. 2/3, 2005, p. 152.

② Michael Roth, *Memory, Trauma, and History*, Columbia University Press, 2012, p. 97.

ence）成了史学理论中的热门议题。① 怀特在主导"叙事转向"时也回应这些议题，还不时修正自己的观点。同时，西方史学理论家和研究大屠杀的历史学家在历史实在、历史证据和历史方法等问题上与怀特对话，拓展了对历史和历史学的认知。从这个意义上说，怀特和他的叙事理论、介入世界的方式仍然值得东西方学者进一步研究。

---

① 参见陈慧本《当前国内史学理论研究的若干前沿问题》，《学术研究》2017 年第 12 期。

第十七章

海登·怀特在《元史学》中混用 interpretation 与 explanation 的动机探究

吕和应[*]

海登·怀特是叙事主义历史哲学的引领者，其核心概念自然是"话语"（discourse）、"转义"（tropics）、"叙事"（narrative）或"表现"（representation）。既然如此，探讨怀特历史哲学中看起来不那么重要的 interpretation 和 explanation 这两个概念是否有必要呢？[①] 而且，怀特曾在访谈中质疑"诠释学"的合理性，直言"我对诠释学心存疑虑，因为我认为诠释学是形而上学最后的喘息"[②]。为此，似乎更不必探讨这两个与诠释学密切相关的概念了。

尽管如此，本文认为，探讨怀特历史哲学中 interpretation 和 explanation 这两个概念，特别是探讨二者混用问题并非完全没有价值。怀特曾在《元史学》中将代表"叙事"的最重要的三种模式即"情节化模式""论证模式"和"意识形态蕴涵模式"视为三种解释模式

---

[*] 吕和应：四川大学历史文化学院副教授。主要研究方向为外国史学理论与史学史、德国史和西方思想文化史。著有《德国现代史学探微》（合著），合编《外国史学理论与史学史新论》，译有《有限性的悲剧——狄尔泰的生命释义学》《人类文明史》（第六卷）等，主持国家社科基金项目"德国历史主义研究"。

[①] 在 2013 年的长篇访谈中，怀特大量论及"叙事"，而几乎没有论及 interpretation 和 explanation。参见 Hayden White and Cameron Vanderscoff, "Hayden White: Frontiers of Consciousness at UCSC", *Regional History Project University Library*, 2013.

[②] ［波］埃娃·多曼斯卡编：《邂逅：后现代主义之后的历史哲学》，彭刚译，北京大学出版社 2007 年版，第 43 页。

（mode of explanation）。借安克斯密特的概念来说，这三种模式就是三种"叙事性解释"（narrative interpretation）。① 由是观之，interpretation 和 explanation 内含于"叙事"概念，探讨这两个概念与探讨"叙事"概念息息相关。本文并不打算全面论述怀特历史哲学中 interpretation 和 explanation 这两个概念，而着重于分析他在《元史学》（尤其是其导论）中混用二者并在叙事层面偏好使用 explanation 的动机。

需要说明的是，本文所谓 interpretation 与 explanation 的混用，并不是指怀特在论著中同时使用了 interpretation 和 explanation 这两个概念，而是指怀特在《元史学》中正面阐发自己的叙事理论时不加区分地使用这两个概念。当他论及思想史，如论及兰克的"历史解释"、狄尔泰的"历史理性批判"和新康德主义时，他都会有意识区分 interpretation 与 explanation。此外，本文之所以探究怀特在《元史学》中混用 interpretation 与 explanation 并在叙事层面偏好使用 explanation 的动机，是因为从《历史中的解释》到《元史学》（特别是其导论），怀特对 interpretation 和 explanation 用法作了明显的修订。

一 怀特在《元史学》中混用 interpretation 与 explanation 何以成为一个问题

在英语语境中，interpretation 与 explanation 在特定的理论中是有区分的概念，但在未经言明的情况下，其区别其实并不明显。若再将这对硬性区分的概念置于中文语境中，其区别就更加模糊了。于是，当中译者看到西方历史哲学家在一篇文章、甚至一段或一句话中同时使用 interpretation 和 explanation 以及类似表述时，其内心可能是无比纠结的。尽管中译者绞尽脑汁，试图用"阐释"/"诠释"和"解释"/"说明"等在汉语中仅存在字面差别的词语来彰显 interpretation

---

① Frank Ankersmit, *History and Tropology: The Rise and Fall of Metaphor*, Berkeley and Los Angeles: University of California Press, 1994, p. 37.

第十七章 海登·怀特在《元史学》中混用 interpretation 与 explanation 的动机探究

与 explanation 的区别，但由于语境的差异，中译本读者未必能真正领会中译者的苦心孤诣。翻译上的这种困难，大致是两个因素使然：第一，这对概念并非源自汉语思维，中译本读者很难经由翻译领会其微弱的区别；第二，原作者本人经常混用这些概念，中译者也无法确定是否在翻译时要区别对待。有鉴于此，本文将尽量保留外文单词以示 interpretation 与 explanation 的可能区别，以免翻译之后造成行文混乱。

怀特是叙事主义历史哲学最重要的开创者，即便如此，他还是会沿用一些现成的概念，他沿用的 interpretation 和 explanation 就属于批判的或分析的历史哲学最核心的概念之一。在用法上，有时他会比较严格地区分 explanation 和 interpretation，但更常见的是他混用二者。

在英语学界，interpretation 与 explanation 常被不加区分地使用，而且 explanation 使用频率要远高于 interpretation。绍特韦尔（J. T. Shotwell）曾在《历史解释》一文中声称，历史学家不仅需要知道"发生了什么"，而且还需要解释"为什么发生"，绍特韦尔使用的"解释"一词，在文中有 interpretation 和 explanation 与之对应，对他来说，这两个概念可以互换，不存在根本的区别。① 威廉·德雷将柯林武德所谓的"重演"（re-enactment）视作一个"看透"的过程，也就是"理解"（understand）的过程，在措辞上，他使用 explanation 来阐述柯林武德的"重演论"②。不过，持相反意见者也并不鲜见，弗兰克尔就明确区分了 interpretation 与 explanation，前者意味着考察历史事件的意义或价值，而后者意味着考察某一历史事件与其他历史事件的关联或历史事件发生的原因，弗兰克尔的概念区分援引了德语中 Interpretation 与 Erklären（可译作 explanation）的区分。③ 较之弗兰克

---

① J. T. Shotwell, "The Interpretation of History", *The American Historical Review*, Vol. 18, No. 4, 1913, pp. 692–709.

② 德雷指出，柯林武德在《历史的观念》中很少使用 explanation 一词，而在其他论著中，柯林武德使用的 explanation 可与 understanding 一词互换。参见 William H. Dray, *History as Re-enactment: R. G. Collingwood's Idea of History*, Oxford, Clarendon Press, 1995, p. 35.

③ Charles Frankel, "Explanation and Interpretation in History", in Patrick Gardiner (ed.), *Theories of History*, New York: The Free Press, 1959, p. 409.

尔，比尔德（Charles A. Beard）的相关用法更加复杂。在 20 世纪二三十年代，比尔德及其女婿大量引介德国历史主义的争论，[①] 他显然熟悉德语中 Interpretation 与 Erklären 的区分，但当他自己使用 interpretation 与 explanation 时，却赋予了这对概念与德国历史主义截然不同的含义。在《那个崇高的梦想》一文中，比尔德先花了大量篇幅批评兰克及其在美国的代言人史密斯教授，接着在谈论其专著《美国宪法的经济解释》[②] 时辩称，虽然他在该书书名中使用了 interpretation 一词，但他是在 explanation 的意义上使用 interpretation 一词，他对美国宪法的解释并非终极解释和绝对真理，而只是一个观点而已。[③] 换言之，比尔德在使用 interpretation 一词时，已经剥离了它在德国历史主义中隐含的"终极解释和绝对真理"这层含义。

照英语学界的用法，不管怀特是区分 interpretation 与 explanation，还是混用二者，似乎都不足为奇。果真如此，那专门探究怀特混用 interpretation 与 explanation 的情况还有必要吗？

在阅读怀特的论著时，细心的读者可能会发现一个有趣的现象：出版于 1973 年的《元史学》导论与同一时期发表的《历史中的解释》一文，[④] 论题和内容高度雷同，甚至注释中的参考文献也大体一致，这种情况纯属巧合吗？下面三个表格可以显示其异同。

[①] Charles A. Beard, "Written History as an Act of Faith", *The American Historical Review*, Vol. 39, No. 2, 1934, pp. 219 – 231; Charles A. Beard and Alfred Vagts, "Currents of thought in Historiography", *The American Historical Review*, Vol. 42, No. 3, 1937, pp. 460 – 483.

[②] Charles A. Beard, "An Economic Interpretation of the Constitution of the United States", McMaster University Archive for the History of Economic Thought, edition 127, number beard 1913.

[③] Charles A. Beard, "That Noble Dream", *The American Historical Review*, Vol. 41, No. 1, 1935, p. 84.

[④] 参见 Hayden White, "Interpretation in History", *New Literary History*, Vol. 4, No. 2, 1973, pp. 281 – 314; Hayden White, "Interpretation in History", in *Tropics of Discourse: Essays in Cultural Criticism*, Baltimore: The Johns Hopkins Press, 1978, pp. 51 – 80. ［美］海登·怀特：《历史中的解释》，《话语的转义——文化批评文集》，董立河译，大象出版社 2011 年版，第 55—87 页。本文相关讨论以英文原文为准，中译本仅作参考。鉴于发表在《新文学史》杂志上的《历史中的解释》与收录于《话语的转义》一书中的《历史中的解释》几乎一模一样（极个别的修订是存在的，如某处加引号的"interpretation"被修订为不加引号的 interpretation），本文决定采用《话语的转义》中的版本。

第十七章 海登·怀特在《元史学》中混用 interpretation 与 explanation 的动机探究

表1 《元史学》导论与《历史中的解释》论题和引述学者对比

《元史学》导论		《历史中的解释》	
论题	引述学者	论题	引述学者
历史的诗学特征	列维—斯特劳斯、福柯、路易斯·明克、威廉·德雷、奥尔巴赫	解释（interpretation）对叙事的重要性	路易斯·明克、威廉·德雷、沃尔什、卡尔·洛维特、柯林武德、黑格尔、德罗伊森、尼采、克罗齐
历史著述理论	俄国形式主义	故事与情节	弗莱
情节化解释（explanation）	弗莱	解释（explanation）模式	佩珀
形式论证式解释（explanation）	佩珀	意识形态蕴涵模式	曼海姆
意识形态蕴涵式解释	曼海姆	比喻理论	雅各布森、肯尼斯·伯克
比喻理论	雅各布森、肯尼斯·伯克		

注：[美] 海登·怀特：《元史学：十九世纪欧洲的历史想像》，《导论》第 1—55 页；Hayden White, "Interpretation in History", *Tropics of Discourse: Essays in Cultural Criticism*, Baltimore, The Johns Hopkins Press, 1978, pp. 51–80.

表2 《元史学》导论与《历史中的解释》解释模式对比

《元史学》导论			《历史中的解释》		
三种解释效果（explanatory effect）			三种解释策略（interpretative strategy）		
情节化模式	论证模式	意识形态蕴涵模式	情节化模式	解释（Explanation）模式	意识形态蕴涵模式
罗曼司的	形式论的	无政府主义的	罗曼司	具象论的	无政府主义的
悲剧的	机械论的	激进主义的	喜剧	有机论的	保守主义的
喜剧的	有机论的	保守主义的	悲剧	机械论的	激进主义的
讽刺剧的	情境论的	自由主义的	讽刺剧	情境论的	自由主义的

注：[美] 海登·怀特：《元史学：十九世纪欧洲的历史想像》，《导论》第 1—55 页；Hayden White, "Interpretation in History", *Tropics of Discourse: Essays in Cultural Criticism*, Baltimore: The Johns Hopkins Press, 1978, pp. 51–80.

表3　《元史学》导论与《历史中的解释》历史哲学家、
历史学家及其对应的比喻理论对比

《元史学》导论				《历史中的解释》			
历史哲学家	比喻理论	历史学家	比喻理论	历史哲学家	比喻理论	历史学家	比喻理论
黑格尔	提喻	米什莱	隐喻	黑格尔	隐喻	米什莱	隐喻
马克思	转喻	兰克	提喻	德罗伊森	转喻	托克维尔	转喻
尼采	隐喻	托克维尔	转喻	尼采	提喻	兰克	提喻
克罗齐	反讽	布克哈特	反讽	克罗齐	反讽	布克哈特	反讽

注：[美] 海登·怀特：《元史学：十九世纪欧洲的历史想像》，《导论》第1—55页；Hayden White, "Interpretation in History", *Tropics of Discourse: Essays in Cultural Criticism*, Baltimore: The Johns Hopkins Press, 1978, pp. 51 – 80.

　　从上面三个表格来看，《历史中的解释》（尤其是该文后半部分）与《元史学》导论在论题和内容上高度雷同，可视为《元史学》另一个版本的导论。接下来的问题是：怀特为什么会在短时期内发表两篇如此雷同的文章呢？

　　从刊行时间来看，《元史学》导论最初出版于1973年11月，而《历史中的解释》发表于1973年初，其撰写时间应该在1972年冬季到来之前（考虑到出刊周期）。从参考文献引述来看，《元史学》导论引述的出版时间最晚的文献是怀特本人于1973年初在《历史与理论》上刊发的《解码福柯：地下笔记》，而《历史中的解释》引述的出版时间最晚的文献是出版于1970年的论文集《叙事性解释：理论与实践》。根据这两条证据初步判断，《历史中的解释》写作时间要早于《元史学》导论。《元史学》导论很可能是根据《历史中的解释》改写的。理由如下：首先，《元史学》导论对"情节化解释""形式论证式解释"和"意识形态蕴涵式解释"的论述条理更清晰；其次，怀特不大可能将自己在《元史学》中花了大量篇幅论述的马克思换成《历史中的解释》中作为重点论述但着墨并不多的德罗伊森，也不大可能将《元史学》中先论述兰克再论述托克维尔的顺序

第十七章　海登·怀特在《元史学》中混用 interpretation 与 explanation 的动机探究

（不只是导论，正文部分论述顺序就是如此）颠倒为先论述托克维尔再论述兰克；再次，怀特在《作为文学作品的历史文本》（1974）、《历史主义、历史与比喻的想像》（1975）和《事实表现的虚构》（1976）等发表于 1973 年之后的文章中，都引述了《元史学》或其导论。由此可见，如果《历史中的解释》称得上《元史学》导论的另一个版本，那么它也是早先的版本，作为定本的《元史学》导论才是他更认可的一套论述。

到此为止可以得到的结论是：《历史中的解释》的写作时间要早于《元史学》导论，其写作时间大致在 1970 年至 1972 年冬季到来之前，而《元史学》导论很可能是根据《历史中的解释》修订而成。如此一来，怀特在短时期内发表两篇高度雷同的文章就可以得到解释了。既然两篇文章是前后相继以及原本与修订本的关系，那么其差异性就更值得探究。

《元史学》导论对《历史中的解释》进行了诸多修订，除了上述表格中明确显示的多处修订之外，对本文而言，最重要的修订是，怀特放弃了 interpretation 与 explanation 之间比较严格的区分，他混用二者，并且在叙事层面偏好使用 explanation。

怀特在《历史中的解释》中概括说，explanation 和 interpretation 在传统史学理论中被对立起来，而在其所谓的元史学中，叙事的 explanation 和 interpretation 两个层次交织和混杂在一起。根据行文推断，在这里，explanation 是指与"科学历史学"和认识论对应的解释，即没有"虚构"成分的解释，而 interpretation 则是指包含"虚构"成分的解释，如包含情节编排和意识形态蕴涵的解释，它与审美和伦理有关。换个角度来看，interpretation 是对叙事所指向的整体的一种 explanation，interpretation 包含非经验性成分，无法完全证实或证伪，而 explanation 是经验性的，可以证实或证伪。总体上，怀特在《历史中的解释》中对这两个概念的界定是相对比较清楚的，但令人不解的是，到了《元史学》中，他放弃了 interpretation 与 explanation 之间比较严格的区分，转而混用二者，并且在叙事层面偏好使用 explanation。

· 315 ·

如表 2 所见，怀特在《历史中的解释》中论及的三种"解释策略"（interpretative strategy）与他在《元史学》导论中论及的三种"解释效果"（explanatory effect）所指相同，措辞稍有差别，前者以 interpretation 来表示"解释"之义，后者则以 explanation 来表示"解释"之义。如果细究，情况更复杂。在《历史中的解释》中论及"情节化解释"和"意识形态蕴涵式解释"，怀特使用 interpretation 来表示"解释"之义，而论及"形式论证式解释"，怀特则使用 explanation 来表示"解释"之义以示区别。在《元史学》导论中，三种解释模式都统一使用 explanation 来表示"解释"之义。通过检索发现，在《元史学》中，怀特依然在使用 interpretation，但 explanation 的使用频率远高于 interpretation。

在短时期内，怀特将《历史中的解释》中偏好使用的 interpretation 替换成 explanation（论及思想史上的 interpretation 概念除外），到底是无心之举还是有意为之呢？

怀特创作《元史学》是一个漫长而艰辛的思维过程。汉斯·凯尔纳是怀特的学生，他在 1993 年接受埃娃·多曼斯卡的访谈时就怀特撰写《元史学》的过程谈道，"怀特有 10 年或者 15 年沉浸于历史学的话语层面，并且很不顺利，然后他出版了《元史学》"[1]。从正式出版的《元史学》来看，其中涉及的各种理论和人物看似都是怀特精挑细选的结果，作为《元史学》导论早先的版本，《历史中的解释》见证了怀特构思《元史学》的推敲过程。譬如，《新文学史》曾在 1972 年初刊发了主题名为 interpretation I 的一期，又在 1973 年初刊发了主题名为 interpretation II 的一期，这一情况说明，怀特很可能在 1972 年初乃至更早就受邀撰写一篇讨论 interpretation 的文章了（或许是为了与约稿主题呼应，他才将自己的文章命名为"Interpretation in History"）。既然《历史中的解释》撰写于 1972 年冬季到来之前的一两年，就它与《元史学》在内容上的差异来看，怀特当时还未最终

---

[1] ［波］埃娃·多曼斯卡编：《邂逅：后现代主义之后的历史哲学》，第 61 页。

第十七章　海登·怀特在《元史学》中混用 interpretation 与 explanation 的动机探究

选定重点论述的人物，诚如上文所述，在《历史中的解释》中，怀特将德罗伊森与黑格尔、尼采和克罗齐并列为四大历史哲学家，而在《元史学》中，德罗伊森退居比较次要的位置（见《元史学》第七章"历史意识与历史哲学的复兴"），马克思取而代之。又如，在《历史中的解释》的尾注 29 中，怀特说，自己没有坚持佩珀关于世界假说的划分（形式论、有机论、机械论和情境论），而用"具象论"取代了"形式论"①，而在《元史学》导论中，怀特则沿袭了佩珀关于世界假说的划分。这些事例说明，怀特在创作《元史学》的过程中，其思想有过纠结和反复，在概念使用上做出更改也在情理之中。

另外，在叙事主义历史哲学中，比较严格地区分或混用 interpretation 与 explanation 的现象都比较常见，安克斯密特就是另一个例子。与怀特相比，来自欧陆并且更多借鉴了欧陆思想的安克斯密特在使用 interpretation 和 explanation 这两个概念时区分意识比较明确。在论及"叙事"问题时，安克斯密特偏好使用 interpretation，而怀特更偏好使用 explanation（本文仅就《元史学》而论）。从最早出版的《叙事逻辑》（1983）到新近出版的《历史表现中的意义、真理和指称》（2012），安克斯密特一直强调叙事主义历史哲学与历史主义之间的渊源关系，他在《叙事主义历史哲学的六条论纲》一文中清楚地道出了这层关系："叙事主义是历史主义的现代传人：两者都认识到，历史学家的任务根本上乃是解释性的（interpretive），也即在多样性中发现统一性。"② 安克斯密特借鉴了德国现代史学中"历史研究"（事关事实问题）与"历史书写"（事关解释问题）的区分，在他看来，explanation 更适用于"历史研究"层面（事关局部），interpretation 更适用于"历史书写"层面（事关整体）。即便在二者并用时，它们各自含义也是基本明确的。兹举一例。安克斯密特在《历史表现中的意

---

① Hayden White, "Interpretation in History", *Tropics of Discourse: Essays in Cultural Criticism*, Baltimore: The Johns Hopkins Press, 1978, p. 79.

② ［荷］安克斯密特：《叙事主义历史哲学的六条论纲》，彭刚译，载于彭刚主编《后现代史学理论读本》，北京大学出版社 2016 年版，第 144 页。

义、真理和指称》中提出:"interpretations are kinds of explanation"(翻译:interpretation 是 explanation 的一类),"interpretation shares with explanation the 'explanatory ideal' of leaving no part of reality unexplained and unaccounted for"(翻译:interpretation 与 explanation 共享了某种 explanatory 理想,即不让实在的任何部分得不到 explain 和论述)。此处安克斯密特强调了 interpretation 与 explanation 异中有同。当然,安克斯密特也有混用 interpretation 与 explanation 的时候。譬如,安克斯密特在《叙事逻辑》中同时使用了 narrative interpretation 和 narrative explanation 这两种表述(都可译作"叙事性解释")。①

以上两段论述似乎都有利于说明怀特从比较严格地区分 interpretation 与 explanation 到混用二者是无心之举。然而,在如此短时期内用截然不同的概念(interpretation 与 explanation 在《历史中的解释》中被比较严格地区分)来阐述相同的论题("叙事"的三种解释模式),若不是有意为之,多少让人不可思议。如果怀特无意在《元史学》导论中修正自己之前的观点,他完全可以沿袭《历史中的解释》中 interpretation 和 explanation 的用法,而无需在正式出版的《元史学》导论中大费周章做出如此多的调整和修订。怀特中后期使用 interpretation 和 explanation 的情况可以为这种判断提供佐证。

有一个现象值得注意,在怀特所有文章中,大量使用 interpretation 来表达叙事层面的解释的两篇文章,都是发表在文学类杂志上,其所属的栏目都直接与 interpretation 有关。如上文所述,《历史中的解释》发表在《新文学史》上,其所属的栏目是 Interpretation II。而属于怀特中后期作品的《普鲁斯特作品中的叙事、描述和比喻学》(1988,发表时题目为《解释的修辞学》)发表在《今日诗学》上,其所属的栏目是 The Rhetoric of Interpretation。在《普鲁斯特作品中的

---

① Hayden White, "Preface", *The Content of the Form*: *Narrative Discourse and Historical Representation*, Baltimore: The Johns Hopkins Press, 1987, p. xi; Frank Ankersmit, *Narrative Logic*: *A Semantic Analysis of the Historian's Language*, Hague: Nartinus Nijhoff Publishers, 1983, pp. 11, 232.

第十七章 海登·怀特在《元史学》中混用 interpretation 与 explanation 的动机探究

叙事、描述和比喻学》一文中，怀特既承认 interpretation 与 explanation 的联系（explanation 是 interpretation 的一种类型），[①] 又明确区分了二者，认为 interpretation 是"前解释的"（preexplanatory）。可在一年后发表的《历史解释中的形式主义和情境主义策略》（1989）一文中，怀特又主要使用 explanation 来表达叙事层面的形式主义和情境主义解释。[②] 这一情况说明，怀特在论著中大量使用 interpretation 来表达叙事层面的解释，并非完全出于自愿，文学杂志的约稿很大程度上增加了他使用 interpretation 而非 explanation 来表达叙事层面的解释的概率。一旦回到历史哲学领域的相关讨论，他使用 interpretation 的频率一下就降低了。参照上述例子，怀特调整《历史中的解释》中 interpretation 和 explanation 的用法，在《元史学》中混用二者并偏好使用 explanation 就不是孤立事件了。

如果这种解释言之成理，那么怀特有意识做出诸多修订，混用 interpretation 与 explanation 并且在叙事层面偏好使用，其动机究竟何在呢？

二 超越德国历史诠释学和英美学界的历史解释问题争论

在战后初期致力于发展历史哲学的西方学者，可援引的理论资源主要有两种，一是来自德国的历史哲学（思辨的历史哲学和批判的历史哲学以及德国现代史学思想），一是来自英语世界的历史哲学（分析的历史哲学以及英美现代史学思想），雷蒙·阿隆、马鲁和韦纳等法国学者就曾在本土史学思想的基础上综合这两种理论资源。在致力于撰写《元史学》的时期，怀特可直接援引的也主要是这两种理论

[①] 怀特在《实践的过去》中也有类似表述，参见 Hayden White, *The Practical Past*, Evanston: Northwestern University Press, 2014, p. 68.

[②] 参见 Hayden White, *Figural Realism: Studies in the Mimesis Effect*, Baltimore: The Johns Hopkins University Press, 1999, pp. 43-65, 126-127.

资源，但不管是在《历史的重负》中，还是在《历史中的解释》中，他都暗示自己要超越这两种传统。在《历史的重负》中，他批评历史学的费边策略，即历史学在社会科学家质疑其科学性时声称自己不是纯粹的科学，在文学艺术家质疑其艺术性时声称自己是一门准科学。① 在《历史中的解释》中，他评论说英语世界关于历史知识问题的讨论只能解决其认识论地位问题。在《元史学》导论中，怀特充分展现了自己的雄心抱负："本书是一部19世纪欧洲的历史意识史，它也是为当前有关历史知识问题的讨论而作"，"我自己对19世纪欧洲历史想象的深层结构所做的分析，意在为当前有关历史知识的性质和功能的争论提供一种新视角"②。

顺着怀特的提示，本文接着将从德国历史诠释学和战后英美学界的历史解释问题争论两个角度来诠释怀特混用 interpretation 与 explanation 并在叙事层面偏好使用 explanation 的理论意义。

怀特曾坦陈，是因为他发表了《历史的重负》，才有编辑约他撰写关于19世纪历史思想的专著，就此而论，撰写《元史学》算是机缘巧合。然而，他在《元史学》中重点论述的六位人物都直接或间接与德国传统有关却并非偶然。③ 怀特曾在访谈中毫不讳言，"我认为自己是从一种德国传统走下来的，康德、黑格尔、马克思、狄尔泰等人在我形成自己的哲学立场时产生了很大的影响"④，但同时他也表达了对发端于德国的现代诠释学的疑虑，在他看来，这种诠释学是"形而上学最后的喘息"。接纳现代诠释学的德国史学理论将 Interpretation 提升到了一个前所未有的理论高度，Verstehen（理解）或 Inter-

---

① ［美］海登·怀特：《历史的重负》，董立河译，载于彭刚主编《后现代史学理论读本》，第19页。
② ［美］海登·怀特：《元史学：十九世纪欧洲的历史想像》，第1—2页。
③ 怀特重点论述的八位人物当中，包含四位德国人、一位瑞士人、两位法国人、一位意大利人。其中，布克哈特虽是瑞士籍，但从属于19世纪德国史学的脉络，克罗齐虽为意大利人，但其思想的形成与19世纪德国史学密切相关。换言之，除了两位法国人，其他人都直接或间接与德国传统相关。
④ ［波］埃娃·多曼斯卡编：《邂逅：后现代主义之后的历史哲学》，第43页。

第十七章　海登·怀特在《元史学》中混用 interpretation 与 explanation 的动机探究

pretation 与 Erklären（explanation）的区分被视为历史学区别于其他学科（尤其是自然科学）最重要的理论基础。

现代史学理论的诞生以诠释学被引入史学理论为标志。将 Verstehen 和 Interpretation 概念系统地引入史学理论的早期代表是德罗伊森。德罗伊森提出，史学方法的本质是"通过研究的方式进行理解，也就是 Interpretation"①。在引入 Verstehen 和 Interpretation 这两个概念的同时，德罗伊森也引入了 Interpretation 与 Erklären 这对概念区分，在他看来，"历史研究不是 erklären，也就是说，不是从前事推论出后事或从规律中推论出现像，不会将被推论者视为必然的，视为纯粹的结果和发展"②。Interpretation 则是"赋予呈现在眼前的事物以意义"③。德罗伊森引入 Interpretation 与 Erklären 这对概念区分有其历史背景。在19世纪中叶，随着自然科学的强势发展，其范式也影响到了历史学。早在 1857/1858 年，即德罗伊森首次讲授"历史知识理论"时，他就已经明确指出，"历史研究不是 erklären（例如以推论的形式进行推导），而是 verstehen"④。英国文化史家巴克尔的《英国文化史》德译本（两卷本，分别于 1860 年和 1861 年出版）在德国思想界引起的轩然大波，进一步使德罗伊森强化了 Interpretation 与 Erklären 的区分。1863 年，德罗伊森发表《将历史学提升到一门科学的行列》，批评巴克尔为了"将历史学提升到一门科学的行列"而罔顾人的自由意志。⑤ 在德罗伊森之后，狄尔泰继承和发扬了诠释学的传统，在《精神科学导论》（1883）中，他将 Interpretation 泛化为整个精神科学的基本方法，强调 Verstehen 或 Interpretation 与 Erklären 分属于精神科学和自然科学。其实，早在 1862 年，年轻的狄尔泰就撰文批评巴克尔

---

① J. G. Droysen, *Historik*, Band I, Stuttgart – Bad Cannstatt: frommann – holzboog, 1977, S. 22.
② J. G. Droysen, *Historik*, Band I, S. 431.
③ J. G. Droysen, *Historik*, Band I, S. 163.
④ J. G. Droysen, *Historik*, Band I, S. 403.
⑤ 胡昌智：《译介朵伊森书评〈提升历史学成为一门科学〉》，《台湾大学历史学报》第 51 期，2013 年。本文对该文标题的翻译与胡昌智略有出入。

式的历史社会学不可能取代叙述史学。① 尽管新康德主义者不常使用 Interpretation 和 Erklären 等概念及其区分，但他们依然通过其他区分（如精神科学或文化科学与自然科学的区分，特殊与普遍的区分，价值有涉与价值无涉的区分），变相强化了 Interpretation 与 Erklären 的区分。

众所周知，英语中 interpretation 与 explanation 的概念区分起源于德语中 Verstehen 或 Interpretation 与 Erklären 的区分，可以说，英语中这对概念区分是移植德国现代诠释学的产物。怀特在《元史学》导论中，大面积以 explanation 取代 interpretation 并混用二者，其动机可能是为了规避德国现代诠释学隐含的规训立场，他在《历史中的解释》中使用复数的 interpretation，也是有意识强调叙事性解释是多元和开放的。怀特的思想在 20 世纪 80 年代经历了重要转变，在《历史解释的政治学：规训和去崇高化》一文中②，怀特公开质疑 interpretation（非 explanation）并探讨了任何历史解释都不可能是纯粹的解释，它们都是规训的政治，是对多元和开放的解释的压制。怀特彼时的解释观与他在 80 年代强调"崇高"而非"美"是一致的，在他那里，"美"意味着规训和去崇高化。怀特对 interpretation 的质疑并不代表他不再使用该词。2008 年，怀特在接受罗根（Erlend Rogne）的访谈时还提及《历史解释的政治学：规训和去崇高化》一文，在该访谈的结尾处，怀特意味深长地说，"interpretation 的目标是在面对现实时创造复杂性（perplexity）"③。就此而论，即便怀特在阐述自己的理论主张时继续使用 interpretation 一词，但他已清除了其规训意味。

---

① Wilhelm Dilthey, "History and Science (1862): On H. T. Buckle's History of Civilization in England", translated by Ramon J. Betanzos, Dilthey, *Hermeneutics and the Study of History*, edited, with an introduction by Rudolf A. Makkreel and Frithjof Rodi, New Jersey: Princeton University Press, 1996, p. 269.

② Hayden White, "The Politics of Historical Interpretation: Discipline and De‑Sublimation", *Critical Inquiry*, Vol. 9, No. 1, Septernber 1982, pp. 113–138.

③ Hayden White and Erlend Rogne, "The Aim of Interpretation Is to Create Perplexity in the Face of the Real: Hayden White in Conversation with Erlend Rogne", *History and Theory*, Vol. 48, No. 1, 2009, p. 74.

第十七章　海登·怀特在《元史学》中混用 interpretation 与 explanation 的动机探究

对德国现代诠释学而言，Verstehen 或 Interpretation 与 Erklären 这对概念区分是特殊历史时期的产物。由于德罗伊森和狄尔泰的观点影响甚大，人们常误以为它们之间的区分由来已久，但实际情况并非如此，这对概念在德罗伊森之前并无实质性差别。在德罗伊森的导师奥古斯特·伯克（August Boeckh）那里，Verstehen 或 Interpretation 与 Erklären 就是无区分的。伯克在《语文学相关诸学科的百科全书和方法论》的导论中指出，古典语文学家在研究古希腊的哲学、政治学、诗学、物理学等学科时，既不需要像柏拉图那样进行"思辨"（Speculation），也不需要像政治家那样付诸"行动"（Handeln）、像诗人那样从事"创作"（Produciren），更不需要像物理学那样追加"实验"（Experiment），他们只需要采取语文学的方法。伯克认为语文学的方法是 erkennen 或 Erkenntniss（认识），在其行文中，erkennen 可与 verstehen、erklären 和 wissen（认知）等概念互换，以区别于上述"思辨""行动""创作"和"实验"等概念。① 与此同时，我们也看到，在 Verstehen 或 Interpretation 与 Erklären 这对概念区分被引用和强调一个多世纪之后，其区分度在 20 世纪 80 年代之后随着历史主义的衰落而逐渐被侵蚀。② 况且，德语中 Verstehen 或 Interpretation 与 Erklären 这对概念区分在英语世界只产生了有限的影响，它被援引频率极低。因此，怀特在《元史学》中不再强调 interpretation 与 explanation 的概念区分，在叙事层面偏好使用 explanation 也是顺理成章的。

怀特在《元史学》导论中明确提出要介入当时的历史知识问题争论，而这场以历史解释（explanation）问题为核心的争论肇始于卡尔·亨佩尔 1942 年发表《普遍规律在历史中的作用》一文。

德裔美国哲学家亨佩尔是早年接受过德国哲学训练的逻辑经验主义者，他撰写《普遍规律在历史中的作用》，主旨是批评德国历史诠

---

① August Boeckh, *Encyklopädie und Methodologie der philologischen Wissenschaften*, Leipzig, B. G. Teubner, 1886, S. 10–11.
② ［德］斯特凡·约尔丹主编：《历史科学基本概念辞典》，孟钟捷译，北京大学出版社 2012 年版，第 62 页。

释学关于 Verstehen 或 Interpretation 与 Erklären 的区分以及新康德主义关于"文化科学"与自然科学的区分。与卡尔·波普尔一样,亨佩尔认为,普遍规律(＝普遍假设)不仅适用于自然科学,同样也适用于历史学,历史学家在解释历史事件时,通常预设了普遍规律。通过这种论证,亨佩尔否认历史学与自然科学存在根本的区别。或许是为了将历史学统一到自然科学模式下,亨佩尔一律使用 explanation 来表示各种类型的"解释"①。

受亨佩尔启发,战后英语学界发生了关于历史解释问题的争论,争论者几乎一致使用 explanation 一词来表示"解释"之义,② 即便这个概念包含的已不止于因果解释。这场争论已脱离亨佩尔当初撰写《普遍规律在历史中的作用》的语境,争论者关注的重点不再是德国语境下的精神科学或"文化科学"与自然科学的区分,也不再是德国历史诠释学中的历史主义特征,他们争论的焦点集中于一个核心问题:什么样的解释才算是真正的历史解释。

尽管亨佩尔提出的"覆盖律模式"得到一部分逻辑哲学家的支持,但那些受欧洲哲学影响或倾向于行为主义的哲学家提出了与之相反的"逻辑关联论证",而这种论证起源于柯林武德的"重演论"。事实上,柯林武德并未见证这场争论,但在此争论中,他要么被视为批判的靶子,要么被视为援引的对象。柯林武德启发了威廉·德雷等人,在德雷看来,柯林武德也提出了一种历史解释的标准,那就是:如果历史学家能够重演当事人的思想,那么他就对历史做出真正的解

---

① [美]卡尔·亨佩尔:《普遍规律在历史中的作用》,杜蒲、柳卸林译,载何兆武主编《历史理论与史学理论:近现代西方史学著作选》,商务印书馆 1999 年版,第 859—875 页。英文原文参见 Carl G. Hempel, "The Function of General Laws in History", in Patrick Gardiner (ed.), *Theories of History*, New York: Free Press, 1959, pp. 344-356.

② 参见加丁纳主编的《史学理论》中所收录的几篇重要论文。除了亨佩尔的《普遍规律在历史中的作用》,还包括 Morton White, "Historical Explanation"; Ernest Nagel, "Some Issues in the Logic of Historical Analysis"; W. B. Gallie, "Explanations in History and the Genetic Sciences"; William Dray, "'Explaining What' in History"; Alan Donagan, "Explanation in History"; Michael Scriven, "Truisms as the Grounds for Historical Explanations", Patrick Gardiner (ed.), *Theories of History*, pp. 344-475.

第十七章　海登·怀特在《元史学》中混用 interpretation 与 explanation 的动机探究

释。在柯林武德的基础上，德雷提出了"行为合理性解释"，他将人类行为分为"外部"和"内部"两个方面，在他看来，外部行为在一定程度上适用于因果解释，但要真正理解一个行为，则必须深入到内部行为。① 强调历史学家的工作重心不是"解释"（explanation）历史事件为什么会发生，而是"解释"历史事件是怎么发生的。此外，德雷还提到另一种解释（explanation），这种解释将部分联合成一个整体，如将 15 世纪意大利发生的一大批事件解释为"文艺复兴"，将 18 世纪末法国发生的一系列事件解释为"革命"。这是一种接近于德国历史诠释学中的 interpretation 的解释，难怪德雷认为可以用 interpretation 来表示这种"解释"②。

在怀特和安克斯密特大规模讨论历史叙事或表现问题前后，莫顿·怀特、阿瑟·丹托、路易斯·明克、加利（W. B. Gallie）和德雷等历史哲学家前赴后继从叙事的角度来探讨历史解释问题：一方面，上述学者都是分析的历史哲学家，他们较少借鉴欧陆思想资源，其相关探讨大多是历史解释问题的延续，核心问题是考察叙事所具有的解释力；另一方面，上述学者往往将 explanation 与叙事分别论述，③ 此举势必导致这些学者还是将叙事视为 explanation 的一种手段或完成。④

怀特直接论及历史解释问题争论的文字并不多，在《历史中的解释》中，他曾谈到历史解释问题争论中存在两种看似相左的取向：一种取向以亨佩尔为代表，这种取向认为历史解释是一种规律性的因果

---

① William Dray, *Laws and Explanation in History*, London: Oxford University Press, 1957, pp. 118–119.

② [美] 威廉·德雷：《历史哲学》，王炜、尚新建译，生活·读书·新知三联书店 1988 年版，第 39 页。

③ 以德雷为例。参见 William H. Dray, "Philosophy and History", in Michael Bentley (ed.), *Companion to Historiography*, New York: Routledge, 2006, pp. 746–764. 其中第二节为"历史解释"（historical explanation），第四节为"叙事的性质和角色"。另见 William H. Dray, *Philosophy of History* (Second Edition), NJ: Prentice Hall, Englewood Cliffs, 1993. 其中第二章为"解释与理解"（Explanation and Understanding），第五章为"叙事的性质和角色"。

④ 相关总结性的分析，参见 William H. Dray, *Philosophy of History* (Second Edition), pp. 91–95.

解释，另一种取向以路易斯·明克为代表，这种取向认为叙事可以帮助历史学家进行解释。这两种取向都不能令怀特满意，因为它们都认为历史解释（因果解释和叙事性解释）是纯粹认知性的，而非认知性因素（审美、伦理或意识形态）被忽略。[①] 安克斯密特在《叙事主义历史哲学的六条论纲》中指出，"当代哲学因其对于（叙事主义的）整体主义的排斥，而无法理解历史叙事"，"除了个别例外（沃尔什、海登·怀特和明克），当代历史哲学只关注到历史研究"[②]。安克斯密特持宽容的批评态度，他认为，在历史解释问题争论中能超越"历史研究"层面而关注到历史叙事问题已属不易，而怀特则提出了更"苛刻"的要求，他认为，即便像明克等学者那样关注到了历史叙事问题，如果仍然坚称历史叙事是科学的、可证实或证伪的，那么其观点就并未突破认识论的框架，他们只是将历史叙事从属于某种科学解释罢了。

依据怀特的评价，重新诠释怀特在《元史学》中混用 interpretation 与 explanation 并在叙事层面偏好使用 explanation 的动机，或许能获得一些全新的认识。既然怀特希望介入历史解释问题争论并乐于提供一种新视角，将他在《历史中的解释》更偏好使用的 interpretation 替换成英美学者更常用的 explanation，既能表达他真心参与历史解释问题争论的诚意，又能在同一概念下对照他们之间立场和观点的差异。当怀特在"情节化解释""形式论证式解释"和"意识形态蕴涵式解释"的意义上使用 explanation 一词时，就赋予了 explanation 这个概念如 interpretation 那样强调整体和非认知因素（审美、伦理或意识形态）的意味，这些因素正是历史解释问题争论的盲点。

总之，通过在《元史学》中混用 interpretation 与 explanation 这两个概念，怀特超越了德国历史诠释学，也超越了战后英美学界的历史

---

① Hayden White, "Interpretation in History", *Tropics of Discourse: Essays in Cultural Criticism*, pp. 54–55.

② ［荷］安克斯密特：《叙事主义历史哲学的六条论纲》，彭刚译，载于彭刚主编：《后现代史学理论读本》，第 144 页。

解释问题争论。怀特消解了德国历史诠释学中 interpretation 与 explanation 的对立，拉低了 interpretation 的理论高度，清除了 interpretation 隐含的规训意味，同时赋予了 explanation 某种整体性、非认知性。借助上述诠释，本文最终得到的结论是：从《历史中的解释》到《元史学》导论，怀特改变 interpretation 和 explanation 的用法，是有意为之的结果，此举将使其理论建构呈现出与众不同的意义。

第十八章

何谓"历史解释"?
——以"亨佩尔—德雷论战"为讨论中心
顾晓伟

历史学是一门科学,还是一门艺术?这是一个争论不休的古老话题。自近代学科确立以来,历史学同其他学科一样,要求对自己的学科性质和内涵进行正名。享有"近代史学之父"声誉的兰克在《拉丁与条顿民族史(1494—1535)》一书的前言中,就声称要与"写文学书那样的自由去发挥自己的材料"划清界限,史家应该到档案文献中去寻找"过去究竟是怎样的",其职责是"对事实进行精确地陈述"①。此后的职业历史学家大多接受了类似兰克申明的家法,却很少从去论证"历史学何以是如此的"。历史学在经历了19世纪末的危机和两次世界大战的洗礼之后,人们普遍地期望从认识论的层面去探讨历史学的学科性质及其客观性问题,而"亨佩尔—德雷论战"最集中地体现了二战间及战后英语世界关于这一问题的思考。今天,重新回顾亨佩尔与德雷的论争,在更广阔的分析哲学运动中探讨其发展脉络,有助于为我们澄清分析的历史哲学与叙述主义的历史哲学之间的关联提供新的思考路径。

---

① 何兆武主编:《历史理论与史学理论——近现代西方史学著作选》,商务印书馆1999年版,第222—224页。

第十八章 何谓"历史解释"?

一 历史解释中的因果性解释与亨佩尔的"覆盖律模式"

在日常生活世界中,人们经常会面对各种各样的现象,常常要对此做出描述(description)和解释(explanation)。面对如此多的繁复现象,哲学上有一个一般原则,认为"一切开始存在的东西必然有一个存在的原因"。近代英国大哲学家休谟则要进一步追问道,"为什么一个原因是必然的",也即是"我们为什么断言,那样特定的原因必然有那样特定的结果,我们为什么由这一个推到那一个的推断呢"①?休谟认为因果关系要求满足两个必要条件,一个是,被认为原因或结果的对象在时空上的接近关系;另一个是,原因(cause)在时间上先于结果(effect)的接续关系,但是,休谟认为原因与结果之间并没有必然的联系,并不是造物主的天赋观念,而是人类的主观心理联想形成的习惯性联结。这类知识来自于观察和经验,只能得出归纳的概然性知识。② 太阳为什么天天从东方升起也就不再是上帝的意志,而是人们每天都看到太阳升起的印象中获得的习惯(custom),也就不能必然地推论出太阳总是从东方升起来的。哥白尼通过长年的观察和计算,否证了托勒密的"地心说",精确证实了地球和其他行星围绕太阳运转的"日心说"。通过观察和实验这种方式,我们也就对各种现象进行了描述和解释,爱因斯坦曾简明地指出:"西方科学的发展是以两个伟大的成就为基础的,那就是:希腊哲学家发明的形式逻辑体系(在欧几里得几何学中),以及通过系统的实验发现有可能找出因果关系(在文艺复兴时期)。"③

参照近代历史学的发展,休谟对因果关系的分析也同样适用于历

---

① [英]休谟:《人性论:在精神科学中采用实验推理方法的一个尝试》上册,关文运译,商务印书馆1980年版,第95—99页。
② 参见周晓亮《休谟及其人性哲学》,社会科学文献出版社1996年版。
③ [美]《爱因斯坦文集》第一卷,徐良英等编译,商务印书馆1976年版,第574页。

史研究的一般原则，两者都分享着一段连续时间的"过程"（process）概念。例如，史家要探究恺撒为什么入侵不列颠，首先，史家要发现相关事件的所见过或所记忆的那些符号和文字，也即是史料和遗迹；其次，史家根据文献学和年代学等辅助学科和科学的程序来检验史料的可信度，以确立事实；最后，史家概括和归纳出事件之间的因果关系。

依循这一进路，随着自然科学的不断进步，卡尔·亨佩尔（Carl G. Hempel，1905—1997）在1942年发表的《普遍定律在历史学中的功能》一文，开宗明义地提出："在历史学和各门自然科学中，普遍定律具有非常相似的作用，它们成了历史研究的一个必不可少的工具，它们甚至构成了常被认为是与各门自然科学不同的具有社会科学特点的各种研究方法的共同基础。"① 普遍定律（general law）是由适当的调查发现（findings）来证实和否证的全称条件形式的陈述（statement），由于"定律"会不断地面对在实际经验中相关证据的挑战，这种普遍定律也始终只能是"普遍形式的假设"。由此，亨佩尔认为事件与事件之间的因果关系的科学解释包括：

（1）一组断言在特定时间和地点发生的事件 $C_1,\cdots,C_n$ 的陈述。

（2）一组普遍假设，如此：

$\begin{cases}\text{（a）这两组陈述都由经验证据充分而合理地确证。}\\ \text{（b）断言事件 E 发生的语句就能从这两组陈述中逻辑地推演出来。}\end{cases}$②

所以，对事件 E 的解释就是从解释项（Explanans）逻辑推演出被解释项（Explanandum），用"图式"（schema）表示就是③：

---

① Carl G. Hempel, "The Function of General Laws in History", *The Journal of Philosophy*, Vol. 39, No. 2 (Jan. 15, 1942), p. 35, 并被收录于 *Aspects of Scientific Explanation and Other Essays in the Philosophy of Science*, The Free Press, 1965。

② Carl G. Hempel, "The Function of General Laws in History", *The Journal of Philosophy*, Vol. 39, No. 2 (Jan. 15, 1942), p. 232.

③ Carl G. Hempel and Paul Oppenheim, "Studies in the Logic of Explanation", *Philosophy of Science*, Vol. 15, No. 2 (Apr., 1948), p. 138.

第十八章 何谓"历史解释"?

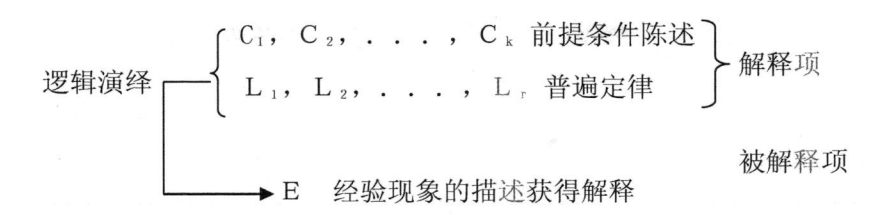

$$\text{逻辑演绎} \begin{cases} C_1, C_2, \ldots, C_k \text{ 前提条件陈述} \\ L_1, L_2, \ldots, L_r \text{ 普遍定律} \end{cases} \text{解释项}$$

$$\longrightarrow E \quad \text{经验现象的描述获得解释} \qquad \text{被解释项}$$

在对一个物理现象的解释中,亨佩尔举了一个例子来说明上述图式,比如,如何描述和解释一辆汽车的水箱经过一个寒冷的夜晚而破裂。(1) 的语句可以是下述初始条件和边界条件的陈述:车整夜都放在街上。由铁制水箱灌满了水,且水箱的盖子是拧紧的。夜间的温度从傍晚的 4℃ 下降到早晨的 -4℃,气压正常。水箱材料的破裂压力为某一数值。(2) 则包括如下一些经验规律:在标准大气压力下,水在 0℃ 开始结冰。在 0℃—4℃ 水的体积增大,并使水箱内压力随着温度的下降而增大;当水结冰时,压力再度增大。归根到底,这组陈述必须包括一组有关水压的变化是水的温度和体积的函数的数量规律。所以,从这两组陈述中,就能用逻辑推理推导出水箱在夜间破裂的结论,也就做出了所要考察的事件的解释。以此类推,历史学家在对特定时间和地点发生的事件的描述和解释同样要满足上述条件,"两者都只有依靠普遍概念才能说明它们的课题,历史学与物理学和化学一样,不多也不少,能够'把握'它的研究对象的'独特个体性'"[①]。例如,历史学家要解释第二次世界大战爆发的原因。首先,史家要给出 (1) 组陈述:美国华尔街股市崩盘;日本发动九一八事变;希特勒被任命为德国总理;德国入侵波兰,英法宣战;德国入侵苏联;日本袭击珍珠港,太平洋战争爆发;德国和日本相继无条件投降。这一段连续时间内的陈述要得到经验证据的证实。其次,史家要有 (2) 组陈述:"大萧条"的经济大危机席卷了整个资本主义世界;资本主义经济大危机对资本主义国家构成了沉重打击,法西斯势力崛

---

① Carl G. Hempel, *Aspects of Scientific Explanation and Other Essays in the Philosophy of Science*, p. 233.

起；随着帝国主义国家间经济、政治和军事发展不平衡的加剧，军事实力发展较快的德、意、日要求重新划分世界势力范围，使帝国主义之间的矛盾进一步激化。这一组陈述中，就包含了经济影响政治的普遍假设，而且确立经济与政治之间函数的数量规律要得到经验证据的证实，满足这些条件，那么史家就解释了第二次世界大战。最终结果是，我们不仅描述了第二次世界大战的过程，同时也根据普遍假设逻辑推导出第二次世界大战爆发的原因。

在经验科学的意义上，第二次世界大战爆发的原因就不能再按照上帝的"意志"或大自然隐蔽的"计划"等等目的论进行解释，"历史解释（Historical Explanation）的目的在于表明，所研究的事件不是'偶然的事'，而是鉴于某些先行条件或同时性条件而被预料到的。这种预料不是预言或占卜，而是建立在普遍定律的假设之上的理性的科学的预见"。在大多数史家看来，如此严格的限定条件是无法实现的，在解释第二次世界大战时，即使史家承认经济与政治之间有紧密的联系，也无法形成类似于水在零度就结冰那样的数量规律。亨佩尔也认为历史学与社会科学中的普遍假设只能是"解释概略"（explanation sketch），他之所以要提出严格的全称条件，在于"自然科学中普遍规律的主要功能是以通常被称为解释和预见（Prediction）的模型把事件联结起来"[①]。

在自然科学中，解释与预见具有对称性。解释就意味着预见，能够预见的解释才能称之为科学解释。我们无法想象天文学家会像诗人那样，只是描绘天上的繁星多么壮观，以此来抒发自己的情感，而不把预测行星的运动轨道作为它的首要职责。比如，根据牛顿力学，给定了某一物体的现在的位置和动量，我们就能预测它在将来的某一时刻的位置和动量，可以对它在过去某一时刻的位置和动量进行测算，同时也可以根据物体过去的状态对于它在现在的位置和动量做出科学

---

① Carl G. Hempel, *Aspects of Scientific Explanation and Other Essays in the Philosophy of Science*, pp. 235, 238, 232.

解释。

在近代历史学中，史家也常常把"恢复历史的本来面貌"作为自己的职责，但是，至今看来，史家从来没有设想过理论物理学那样的工作，成立理论历史学这样一门学科，或者换句话来说，设想通过制造一台时间机器回到过去，以此来恢复历史的本来面目。史家也常常会反驳，历史学虽然对时间和空间感兴趣，但是历史学研究的对象是人，是以人在时间和空间中的活动为对象，历史学是一门关于人类以及人类文明的学科，历史学不可能有自然科学意义上的预见，否则的话，我们无法安放人类的自由意志。可是，我们也看到，近代以来兴起的社会学、经济学、政治学以及人类学也都是以人及其行为作为研究对象，它们根据普遍假设和数量关系而发展成社会科学的各个分支。所以，在亨佩尔看来，历史学和自然科学一样，两者都是一门经验科学，都是以经验和观察为基础来研究时空中事件之间的因果关系，对此做出科学的解释，历史学中的"解释概略由或多或少模糊暗示规律和有关初始条件的部分组成，它需要进一步地'扩充'以便转变成完全成熟丰满的解释"[①]。

二 历史解释中的合理性解释与德雷的"合理行动原则"

作为英美世界重要的历史哲学家，威廉·德雷（William H. Dray, 1921 – 2009）则为自律的历史学进行辩护，与亨佩尔的"覆盖律模式"（The Covering Law Model）针锋相对，提出了"合理行动原则"（The Rationale of Actions）。亨佩尔认为经验科学就是回答"为什么"（Why）的问题，在德雷看来，历史学更多地要回答"怎么样"（How）的问题。在解释一个事件为什么发生的时候，我们要对事件

[①] Carl G. Hempel, *Aspects of Scientific Explanation and Other Essays in the Philosophy of Science*, pp. 237 – 239.

为什么不需要必然发生的假设提出反驳，而当我们解释一个事件怎样发生的时候，通过指出进一步的事实，就可以对事件不可能发生的假设提出反驳。所以，"为什么"的问题总是要论证它是必然的，而"怎么样"则是讲述实际发生的故事；而且，回答"怎么样"的问题要先于"为什么"的问题。[①] 例如，解说员在解说一场足球赛，首先介绍红蓝两队出场的队员，球员开球，比赛开始了，紧接着，后卫拦截了一次进攻，迅速把球传给中卫，中卫巧妙地盘球过了几个后卫，迅速地传给前锋，前锋接到传球，以迅雷不及掩耳之势踢向球门，球进了，红队领先……时间到了，最终红队2∶0胜利。在这一系列的解说过程中，解说员并不需要解释一位球员为什么把球传给了另一位球员，也不需要根据牛顿力学的定律去预见球踢出后会不会进球门。在这一复杂的情境中，球员时时刻刻面对着偶然发生的事情，要根据自己的信念和判断做出选择。况且，足球的最大魅力也恰好来自于人们很难做出预测，所以，一个事件接着一个事件并不总是因果的必然联结，而是通过可理解的方式或然联结在一起的，解说员和观众也能够依靠日常生活的经验和常识达成和谐一致，理解球场上发生的一切事情。

与此类似，我们随意翻开一本历史学著作的目录，都会看到大致可理解的有着开端和结尾的连续时间序列，如果再打开一本物理学著作与之对比，情况就会大为不同。这是因为历史学主要是以人类在社会中的活动为研究对象，它们往往来自于日常生活经验，人们阅读历史著作也主要是想从中扩展自己的经验，这的确与物理学纯粹研究自然现象有着重大的差别。如果是这样的话，历史学中的解释到底遵守什么样的特殊模式呢？

在1957年出版的《历史学中的规律与解释》一书中，德雷对覆盖律模式提出了系统性的批评。在覆盖律作为必要条件方面，历史学

[①] William Dray, "Explanatory Narrative in History", *The Philosophical Quarterly*, Vol. 4, No. 14（Jan., 1954）, pp. 15–27.

家解释的事件是唯一的事件，是不会重复的事件，这不同于逻辑学家所说的事件，"历史学家的解释，特别当他描述细节时，他对一个情境（situation）和事态（state of affairs）的描述是唯一的"。例如，公元前44年3月15日布鲁塔斯在罗马元老院刺死了恺撒。1914年6月28日加弗利洛·普林西普在萨拉热窝枪杀了奥国王储弗朗西斯·斐迪南夫妇。对这类事件的描述根本不需要使用规律，覆盖律不仅在逻辑上是人工的（artificial），而且在方法上也是误导的，牛顿对苹果落地的原因感兴趣，他会不断地观察苹果落地的情势，也可以通过实验的方式制造一个假的苹果让它落地，以此得出万有引力定律。但历史学家要对一棵树上的苹果进行描述时，并不会必然涉及万有引力，他可能会描述这个苹果红一点，那个苹果小一点，这个树上的苹果整体看起来像天上的繁星。在覆盖律作为充分条件方面。德雷承认历史学家有时会明确地指出他们研究的事件归入到某一规律或某些规律。但大部分史家并不会明确意识到他们运用了哪些规律。举例来看，一块窗户玻璃被石头打碎了，这里就存在两种解释。一种是，要严格测量出窗户玻璃的质地，再找出那一块石头，以及根据物理学的定律进行精确的计算和反复的实验，才能最终准确地解释玻璃被打碎的原因；另一种则是，我们也时常会在另外一种意义上寻找到解释，"当玻璃被石头打碎了，问玻璃为什么碎了，答案是：玻璃是易碎的"。第二种解释恰好是我们日常生活中经常碰到的一种解释。打开任意一本历史著作，随手翻开一页，都会看到"因为""所以""假如""那么"等等这种表示因果关系的"连词"。但是，这些连词都不会必然具有自然科学上的因果联系，而是我们日常使用中的"解释"，"覆盖律理论家使用的'解释'一词是一个技术性的术语，而且，就如这个术语经常规定的，是从日常使用这个术语中抽象出来的"[1]。通过对"解释"一词的考察，我们可以看到，自然科学意义上的解释是一个

---

[1] William Dray, *Laws and Explanation in History*, Oxford University Press, 1957, pp. 44–58, 77–78.

非常技术性的术语，而且是一个严格且窄化的语词，所以覆盖律就不能作为历史学家解释的充分条件。

在德雷看来，历史学家对解释的使用中包含更广阔的"实用主义面向"（pragmatic dimension），历史著作中出现的"因为"（causes）更多的是一个可理解的、合乎理性的"理由"（reasons），基于这种考虑，德雷提出了"合理行动原则"。自然事件可以在经验规律中获得解释，而历史学家要解释的则是"在历史叙述的过程中有重大意义的个体的行动"。覆盖律模式在这里是派不上用场的，这通常来自于这一信念："人类的行动（human actions）——至少我们称之为'自由'——是无论如何不能归之为规律的。"历史学家要想获得解释，不仅要像覆盖律模式那样得到外部的解释，而且历史学家还有一个强加给自己的本然任务，就是从内部理解人类的行动，"史家必须穿透到现象的后面，洞察到情境，同情地理解历史人物，想象地投射进对象的情境之中。他必须重新复活、重新设定、重新思考、重新经验这些他试图理解的希望、恐惧、计划、欲望、观点、意图等等"。所以，对人类行动的解释就包含两个层面，外部经验事实的因果解释和内部意识的合理解释，考虑到人类行动的自由意志，合理解释是不能还原到或替换为因果解释的。"当我们要寻求一个行动的解释，我们经常需要的是，重新构造出基于特定环境中行为人自己估算的手段去适应他选择的目的。解释一个行动，我们需要知道基于什么样的考虑，使得行为人确信他需要像他过去所做的那样而行动。"在一种情境下，类型 $C_1 \cdots C_n$ 的事情为 x，当我们说 A 做了 x 是因为 y，这里的 y 是 A 做 x 的理由。我们还会说，作为一名旁观者，我们知道事实 y，而且也知道 A 的目的和原则是什么，也即是不会惊讶 A 做了 x。因此，德雷认为，比之于覆盖律模式中"隐含的规律"（implicit law），我们应称之为"行动原则"（principle of action）更好。①

通过以上的分析，可以看出，德雷对覆盖律模式的反驳主要是基

---

① William Dray, *Laws and Explanation in History*, pp. 73 – 75, 118 – 122, 132 – 133.

第十八章 何谓"历史解释"？

于人类行动中的主体意识（self-conscious）不能够还原为自然科学的普遍规律，也不必还原到心理科学意义上的脑神经科学（Cognitive Neuroscience），更好的态度应是日常语言使用中的实用主义，这也更符合大多数历史学家实际工作中的态度。但是，我们也看到，德雷在反驳亨佩尔的论述中所依据的资源主要来自两个方面，一方面是参照英国观念论者柯林武德、奥克肖特的论述并为之辩护；另一方面是汲取分析哲学中牛津日常语言学派的观点。而这些恰好是亨佩尔激烈反对的，"19世纪末，史学界讨论得最热烈的一个论点是：历史学的性质和自然科学的不同，因而二者的解释方式也不同。沿着这个路数推论下去，就走入了二元论，把统一的世界分裂成两个截然对立的世界"[①]。亨佩尔提出的科学一元论就是要解决二元论所带来的自然科学与历史科学之间的分裂局面，始终认为科学解释的逻辑是普遍有效的一般形式。

亨佩尔承认德雷辩护的"移情理解法"（the method of empathic understanding）是历史学家经常运用的方法，但却认为它本身并不构成解释，说它是一种启发性的手段更为合适，经常是依靠"说服性的隐喻"（persuasive metaphors）得到的，"在历史学中，与经验科学的其他任何领域一样，对一个现象的解释在于把现象纳入普遍经验规律之下，解释的可靠性的标准不在于它是否诉诸我们的想象，并不在于它是根据有启发性的类比提出来的，或是使它显得似乎真实的其他方法——这一切在假的解释中可以存在——而唯一在于它是否依靠有关初始条件和普遍规律的被经验完全证实的假设"[②]。针对德雷提出的"合理行动模式"，亨佩尔也一定程度上修正了严格蕴涵的"演绎—法则模式"（the Deductive-Nomological Model），提出"归纳—统计模式"（the Inductive-statistical Model）和"演绎—统计模式"（the Deductive-statistical Model）作为补充。

[①] 何兆武：《历史理性批判论集》，清华大学出版社2001年版，第411页。
[②] Carl G. Hempel, "The Function of General Laws in History", *The Journal of Philosophy*, Vol. 39, No. 2 (Jan. 15, 1942), pp. 239-240.

不过，亨佩尔也针对德雷提出了反驳，认为提供一个事件的经验证据与解释一个事件是不同的。再者，提供 A 做了 x 是合理的理由并不能使得我们确信 A 事实上做了 x，如果要证实后一个信念，我们需要更进一步的解释假设：A 是理性的行为人和以此来确证在特定环境中行为人无论做什么都是合乎理性的。加上这个假设之后，行动的原则就可以还原到或替换为描述性的概括（descriptive generalization），这又可以恢复到解释的覆盖律模式，用图式来表达就是：（图式 R）①

  A 处于类型 C 的一个情境中
  A 是理性的行为人
  在类型 C 的一个情境中任何理性的行为人都会做 x
  所以 A 做了 x

德雷与亨佩尔的这场论争激起了更为广泛的讨论，他们对"历史解释"的分析在英美世界掀起了极大的反响，英国《心灵》（*Mind*）杂志和稍后在美国 1960 年创办的《历史与理论》（*History and Theory*）杂志发表了大量的讨论和论争。可以说，国际知名刊物《历史与理论》杂志就是在这场争论的直接刺激下于 1960 年创办的，也一定程度上规定了此后一段时间英美世界历史哲学发展的可能趋向。帕特里克·加登纳、莫顿·怀特、阿瑟·丹图、莫里斯·曼德尔鲍姆等历史哲学家倾向于亨佩尔的科学解释②，而沃尔什、艾伦·多纳根、加利、路易斯·明克等历史哲学家更多地站在德雷的立场为历史学作

---

① Carl G. Hempel, "Rational Action", *Proceedings and Addresses of the American Philosophical Association*, Vol. 35 (1961–1962), 3.1, pp. 11–13.
② 参见 Patrick L. Gardiner, *The Nature of Historical Explanation*, Oxford University Press, 1952; Morton White, *The Foundations of Historical Knowledge*, Harper & Row, 1965; Arthur C. Danto, *Analytical Philosophy of History*, Cambridge University Press, 1965; Maurice Mandelbaum, *The Anatomy of Historical Knowledge*, Johns Hopkins University Press, 1977.

为一门自律的学科辩护①。如果我们从历史哲学接下来的发展脉络来看,争论双方都不同程度上吸收和调和了对方的观点,他们之间的共同点远远大于他们的不同之处。② 他们把历史哲学的问题主要集中在"历史解释"上面,也更多体现出他们都认同历史学作为一门经验科学的首要性。自 1973 年《元史学》出版以来,叙述主义历史哲学家打破了这一调和状态,重新把历史学中的先验问题摆在了历史哲学的聚焦之处,"历史叙述"的问题成为历史哲学的首要性问题。

三 历史解释的整体论与戴维森的解决方案

亨佩尔与德雷的论战之所以获得如此多的讨论,也同样基于他们的论战涉及人类文明在不同时代都会面临的普遍性问题,在形而上学表现为决定论与自由意志的问题,在方法论上表现为科学解释与人文理解的问题,在哲学史上表现为经验论与唯理论的问题。

亨佩尔是维也纳学术圈的重要成员,是逻辑实证主义的重要代表,他提出的"覆盖律模式"是实证主义在 20 世纪的新的表现形式。这也使得我们看到,亨佩尔的经验科学的方法论统一化立场并不是在真空中构造出来的,而是与 20 世纪初英美世界广泛的分析哲学运动联系在一起的,他们都倾向于以自然科学和数理逻辑为标准,重新改造人类的一切知识。③ 分析哲学的开创者罗素就认为逻辑是哲学的本质,"黑格尔及其门徒以完全不同的方式扩大了逻辑的范围"是错误的,只有数理逻辑才是真正的哲学逻辑。④ 艾耶尔也要返回到休谟的

---

① 参见 W. B. Gallie, *Philosophy and the Historical Understanding*, Chatto and Windus, 1964; Louis O. Mink, *Historical Understanding*, edited by, Brian Fay, Eugene O. Golob, and Richard T. Vann, Cornell University Press, 1987.

② Howard Adelman, "Rational Explanation Reconsidered: Case Studies and the Hempel – Dray Model", *History and Theory*, Vol. 13, No. 3 (Oct., 1974), pp. 208 – 224.

③ 参见 [奥] 鲁道夫·哈勒《新实证主义——维也纳学圈哲学史导论》,韩林合译,商务印书馆 1998 年版。

④ [英] 罗素:《我们关于外间世界的知识:哲学上科学方法应用的一个领域》,陈启伟译,上海译文出版社 2006 年版,第 24—45 页。

立场，把一切真正的命题分为两类：逻辑和纯粹数学的分析命题和有关事实的经验可证实的命题。"一个句子，当且仅当它所表达的命题或者是分析的，或者是经验上可证实的，这个句子才是字面上有意义的。"① 以此标准，那些断言非经验的价值世界，人有不死的灵魂，或者有一个超验的上帝都是神秘主义的，没有意义的。赖尔也激烈批判了欧洲大陆自笛卡尔以来的心灵和身体两个实体的二元论，斥之为"官方的神话""机器中的幽灵"，他们认为在具有物理属性的身体中存在着不同属性的心灵，把心灵等同于私密的、默不出声的或内在的"场所"，而这种二元论是一种范畴错误，赖尔提出应通过逻辑的方式来研究人的行动。②

波普尔早在20世纪30年代发表的《研究逻辑》③一书中就提出了类似于亨佩尔的演绎模型，人们后来也合称为"波普尔—亨佩尔理论"（Popper – Hempel Theory）④。波普尔在《历史主义贫困论》一书中，从两个方面对传统的历史主义进行了激烈地批判。在方法论层面，历史主义反对自然主义，认为历史学是文化科学，不同于自然科学；而在历史观层面，历史主义拥护自然主义，认为历史的发展过程中有客观的历史规律。波普尔则是把历史主义的两个方面完全颠倒了过来，认为历史学在方法论上并没有不同于自然科学的特殊方法；但是，历史发展过程中并没有类似于自然科学意义的决定过去和未来的客观规律，并不存在有着整体发展目的那样的"空想工程学"，只能有经验上不断试错的"零碎工程学"⑤。

---

① ［英］艾耶尔：《语言、真理与逻辑》，尹大贻译，上海译文出版社2006年版，导言，第1—2页。
② ［英］赖尔：《心的概念》，徐大建译，商务印书馆1992年版，第21—49、400—414页。
③ 参见［英］波珀（Popper）《科学发现的逻辑》，查汝强、邱仁宗译，科学出版社1986年版。
④ Alan Donagan, "Historical Explanation: The Popper – Hempel Theory Reconsidered", *History and Theory*, Vol. 4, No. 1. (1964), pp. 3 – 26.
⑤ ［英］卡尔·波普尔：《历史主义贫困论》，何林等译，中国社会科学出版社1998年版，附录部分，第412—479页。

第十八章 何谓"历史解释"？

波普尔提出的解决方案虽然与亨佩尔稍有不同，但考虑到西方二战前后的历史实际，他们都不可避免地把矛头对准了盛行于德国的思辨的历史哲学，以及新康德主义在认识论上把自然和历史分成两截的历史哲学。① 这场非常时刻的哲学运动为英美世界的历史哲学提供了强大的动力，使得他们激烈地批判思辨的历史哲学，形成了独具特色的分析的历史哲学脉络。具体到史学史领域，战后慢慢形成的法国年鉴学派、英国马克思主义史学、美国社会科学史学派都不同程度从传统的观念史或政治史过渡到了新的社会史、制度史，采用了大量的数量分析和解释架构，也不同程度上呼应了"波普尔—亨佩尔理论"②。

如果我们参照后分析哲学的发展脉络，"历史解释"的问题就可以在不同于叙述主义历史哲学的另一条进路中获得解决。首先，后期维特根斯坦放弃了早期的语言与实在一一对应的图像论，提出语言的意义即使用的实用主义观点，为牛津日常语言学派对日常语言的正当性进行辩护提供动力支持。德雷的合理性解释也即是在日常语言的层面对历史学自主性的辩护。1951 年，蒯因发表《经验论的两个教条》一文，抓住了现代经验论的两个不言自明的前提假设：一为分析与综合的划界；二为还原论。而亨佩尔的覆盖律模式就分享着经验论的还原论教条，"相信每一个有意义的陈述之间都等值于某种以指称直接经验的名词为基础的逻辑构造"③。亨佩尔坚守的还原论立场是基于解释与预见的对称性和同构性，否则的话，解释就不可能是科学的必然的解释。而德雷的合理行动原则则是在非还原论的立场辩护人类行动的自由意志，由此，亨佩尔与德雷的论战就演化成了一场古老的形而上学的争论，也就是自由意志与决定论之间的争论。

其次，亨佩尔的覆盖律模式在科学哲学内部也遭受了批判，亨佩

---

① 参见 Maurice Mandelbaum, *The Problem of Historical Knowledge: An Answer to Relativism*, Liveright Publishing Corporation, 1938.
② 张广智等：《西方史学史》，复旦大学出版社 2018 年版，第 344—379 页。
③ [美] 蒯因：《从逻辑的观点看》，江天骥等译，上海译文出版社 1987 年版，第 19 页。

尔只是给出了科学解释的一般形式，但忽略了科学解释的内容，适合于科学解释的演绎—法则忽视了作为解释前提的普遍定律的发现，只能适合于已完成的科学。这不仅对自然科学的新发现没有任何帮助，而且也不能完全有效地解释科学史的实际情况。① 例如，牛顿的《自然哲学的数学原理》出版的时候，人们对牛顿的运动理论并不是用万有引力定律来理解的，而是把它看成纯粹数学的理论，莱布尼茨从不认为这个理论是令人满意的物理解释。科学解释成为普遍认可的普遍定律也同样是一个历史的过程，而且在科学共同体内部也会发生不同层面的争论，爱因斯坦在发现相对论的时候，也与另一位物理学家玻尔发生了激烈的争论，直到今天，相对论与量子力学之间的这场理论物理学内部的争论也没有最终的答案。托马斯·库恩就此提出科学解释的历史主义理论，一种基于社会认识的"范式"（paradigm）理论，"科学的历史可以桥接科学哲学与科学本身之间的鸿沟，可以成为他们提出问题，提供资料的源泉"。同时"在历史学中正是这种模糊的综合关系才真正负担起了连接各种事实的全部重担。如果历史学是解释性的，那不是因为历史叙事为一般规律所覆盖"②。

既然人类行动中的合理性解释不可还原到自然科学的因果性解释，但是两者处于怎样的关系？1963年，戴维森发表《行动、理由和原因》一文，就试图解决这一问题。一般认为，人的行动是自由的，我可以在教室里自由地走过去，也可以自由地走回来，完全依靠我的意向和欲望。戴维森认为，要对这些基于意向和意愿而做出的行动给出一个合乎理性的解释，就必须有一个理性动物的假设，"行动总是以与当事人的某种长期或短期的、独有或非独有的特征相融贯的形式显现出来，而那个当事人则以理性动物的角色出现"③。所以，

---

① 陈嘉明等：《科学解释和人文理解》，上海人民出版社2010年版，第86—105页。
② Thomas S. Kuhn, "The Relations between the History and the Philosophy of Science", *The Essential Tension*, The University of Chicago Press, 1977, pp. 13–18.
③ Donald Davidson, "Actions, Reasons, and Causes", *Essays on Actions and Events*, Oxford University Press, 1980, p. 8.

第十八章 何谓"历史解释"?

这些意向和愿望总是要通过身体的运动来实现。如果我说我在心里自由地想象在教室里来回走动，就没有一个外在的标准区分究竟是意愿还是幻觉之类的心理感受。维特根斯坦曾举过一个例子，当"我举起我的手臂"时，是我的手臂上去了。如果从我举起我的手臂这一事实中抽掉了我的手臂往上去了这一事实，那留下的是什么呢？这些运动感觉就是我的意愿吗？① 所以，戴维森坚持一种自然主义的、外在主义的标准，赞同亨佩尔的科学解释，认为合理性解释一类因果性解释，"行动的基本理由即是它的原因"，"合理化解释是一类因果解释"②。

但是，戴维森没有像亨佩尔那样把合理性解释还原到或替换为因果解释，在1970年发表的《心理事件》一文中，提出异态一元论（anomalous monism），试图在形而上学的层面解决身心二元论，主旨是：（1）所有心理事件都与物理事件有因果关系，一切事件都是物理的；（2）作为原因和结果而联系在一起的事件都纳入决定论的严格规律，哪里有因果关系，哪里就有规律；（3）不存在能据以预言心理事件和对之做出说明的决定论的严格定律，不存在把心理事件与物理事件联系起来的严格的心理—物理定律。③ 所以，戴维森对"历史解释"问题的解决方案是非常独特的，既不同于亨佩尔的因果性解释，又不同于德雷的合理性解释，而是把两者包含在一起的整体论（Holism）。在1982年发表的《理性动物》一文中，戴维森提出"三角架构"（triangulation）的隐喻来说明历史解释的整体论，"我们的客观性概念是另一类三角架构的结果，它要求两个生物。其中每一个生物都与一个对象相互作用，只有通过语言在生物之间建立起的基本联系，才能给每一个生物以事物客观存在方式的概念。事实上，只有

---

① ［奥］维特根斯坦：《哲学研究》，李步楼译，商务印书馆1996年版，第224页。
② Donald Davidson, "Actions, Reasons, and Causes", *Essays on Actions and Events*, Oxford Vniversity Press, 1980, pp. 3–4.
③ Donald Davidson, "Mental Events", *Essays on Actions and Events*, Oxford University Press, 1980, pp. 207–225. 另可参阅张志林《分析哲学中的意向性问题》，载《因果观念与休谟问题》，中国人民大学出版社2010年版，第292—297页。

他们共享一个真概念,才能使下述判断有意义:他们有信念,他们能够在公共世界中为对象安排一个位置"①。用图形表示就是:

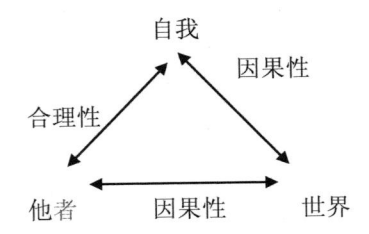

```
            自我
         ↗  ↘
     合理性   因果性
      ↙       ↘
    他者 ←因果性→ 世界
```

在上述的三角架构中,有着两类关系,一是人与人之间的交往关系,构成了合理性解释;另一个是交往着的人们与世界的共同因果关系,构成了因果性解释。在一个历史解释的整体论脉络中,并不存在合理性解释与因果性解释何者优先的问题,而是两者处于共在的三角架构中。戴维森提出的异态一元论有效地解决了"亨佩尔—德雷论战"的二元对立,既辩护了历史学作为一门经验科学的基础性地位,又承认了历史学作为一门自律的科学的重要性。可以有效地解决叙述主义历史哲学面临的客观性问题的挑战。诚如何兆武先生所言,"历史具有两重性。一方面它是自然世界的一部分,要受自然界的必然律所支配;另一方面它又是人的创造,是不受自然律所支配的。因此,历史学就包括有两个层次,第一个层次是对史实的认知,第二个层次是对第一个层次所认定的史实的理解和诠释。第一个层次属于自然世界,它是科学的;第二个层次属于人文世界,它是人文的"②。

---

① Donald Davidson, "Rational Animals", *Subjective, Intersubjective, Objective*, Oxford University Press, 2001, p. 105.
② 何兆武:《对历史学的若干反思》,载《历史理性批判文集》,清华大学出版2001年版,第3—4页。

第十九章

文明、经济与布罗代尔的现实情怀

赖国栋

近些年来,文明的观念在学术界与大众传媒中获得了较多关注,这主要是缘于亨廷顿的"文明冲突论"——从伊斯兰重新崛起的角度理解国际政治风云,认为未来的国际政治不再是民族国家而是文明之间的较量。然而,在20世纪初,有些历史学家例如斯宾格勒、汤因比早就讨论过文明概念及文明史的写法。斯宾格勒秉承德国传统,将文明(Zivilisation)和文化(Kultur)对立起来,认为文明代表唯物主义、工业化,而文化是价值和精神的表现,不应存在优劣之分。汤因比则言明了大写文明和复数文明之间的关系,从西方中心论的角度认为:"一些文明产生又消逝了,唯有大写的文明得以持续。"[①] 这些史家侧重于政治层面的表述,忽略了文明要素的丰富性。

到了20世纪中期,布罗代尔在《菲利普二世时代的地中海和地中海世界》(以下简称《地中海》)一书中形成了独特的文明观。1949年初,《地中海》问世,从它的第二部分"集体的命运和总体的趋势"里,我们可以看出他对结构的关注:他将经济体系、国家、社会、文明的历史纳入视野加以考察,认为它们比事件要慢。[②] 1959

---

① [英]汤因比:《文明经受着考验》,沈辉等译,浙江人民出版社1988年版,第22页。

② [法]布罗代尔:《菲利普二世时代的地中海和地中海世界》上卷,唐家龙等译,商务印书馆1996年版,第529页。

年，他在《文明史：过去解释现在》一文中批判了基佐、布克哈特、斯宾格勒、汤因比等史家的文明观之后，提出历史学应面对现实，而文明研究应打破学科分界。1963 年，他又出版了《文明史纲》，纵论东西方文明的变迁，从地理、社会、经济以及集体心态的角度将西方文明界定为趋于理性主义的，且因此摆脱了宗教生活的干扰。1967年，他在《15 至 18 世纪的物质文明、经济与资本主义》（以下简称《物质文明》）第一卷中，重拾 40 年代的想法，将文明界定为文化财富之间建立起来的秩序。1986 年，他在《法兰西的特性》中，将法兰西区分出次级文明、区域文明等，由此认识到地方知识的重要性。

学界已有的研究大多关注布罗代尔的长时段、资本主义，即便谈到他的文明观，也没有着重考虑布罗代尔与前贤存在"互动"的地方，更未触及他的时代处境和生活经历对历史书写的影响。[①] 本文侧重从文明与经济之关系的角度审视布罗代尔对文明的定义及其产生的意义，特别述及他忽略创伤事件、刻意遗忘穆斯林等的原因，指出他在 20 世纪 70 年代前后的观念差异受到了现实的促动。布罗代尔从跨学科和历史比较角度展示出的文明—经济分析，对深化布罗代尔的著述以及研究其他史家的写作路径有着方法论意义。

一　延续与断裂

布罗代尔较早关注到了文明问题。1937 年，布罗代尔借鉴了社会学家马塞尔·莫斯关于文明要素和形态的说法，将之运用到《地中海》。早在 1902 年，莫斯在《社会学年鉴》就开辟了"总体文明和

---

① 从经济的视角考察，可参阅刘经华《布罗代尔的资本主义新论述评》，《厦门大学学报》（哲学社会科学版）2001 年第 1 期。具体到文明观，尤其可参阅姜芃《布罗代尔文明理论的启示》，《江苏社会科学》2004 年第 1 期；张正明《布罗代尔对文明形态史观的批判》，《学术交流》2010 年 12 期。Peter Burke, "Civilizations and Frontiers: Anthropology of the Early Modern Mediterranean" (John Marino, ed., *Early Modern History and the Social Sciences*, Truman State University Press, 2002) 部分梳理了文明研究的学术史，但没考虑到被布罗代尔刻意遗忘的事件以及远东的例子。

第十九章 文明、经济与布罗代尔的现实情怀

文明的形态"专栏,从民族志的角度探讨文明的单复数问题。1913年,莫斯在《论文明概念》一文中主张,不存在"那种孤立的事实,而是一些复杂和相互依存的系统,它们没有被局限在一个特定的政治组织中,而是在时空中地方化了"。地中海文明和基督教文明一样,都是"某种伦理场所","潜在一些民族国家中,且每种民族文化都是特殊的"①。莫斯的文章不长,只有5页,也没有界定什么是文明,但他指出了一点:文明与政治组织不同,不同的政治组织,例如民族国家,可能为了自身目的运用某种文明。②布罗代尔在这一时期从地理的角度看文明:"山通常是远离文明的世界,而文明又是城市和低地的产物。山没有自己的文明史,它几乎始终处在缓慢传统中的巨大文明潮流之外。"③布罗代尔将文明与山、宗教联系起来加以考虑,认为文明无法像地理环境、宗教那样易于控制。这种表述揭示了文明不同于民族国家以及其他政治形态,因为后者存在"政治边界",而文明是没有边界或只存在象征边界的。布罗代尔和莫斯都认为文明不存在实质的边界,不同之处在于布罗代尔认为文明之外的人或族群是野蛮的,即将文明与野蛮对立起来。

一般认为,文明等同于进步,野蛮则是意味着未开化、蒙昧。1929年5月,亨利·贝尔召集历史学家费弗尔、社会学家莫斯等人探讨文明概念的历史,拒斥了文明即进步的观点。在《文明:语词与观念的转变》一文中,费弗尔回顾了"文明"一词的来龙去脉,其中还特别分析了18世纪启蒙思想家认为"文明"所包含的"进步"观念。费弗尔强调法国史中的创伤,认为"要建构法文中'文明'这个词的历史,实际上就意味着要重构法国人民从18世纪后半叶开

---

① Marcel Mauss et E. Durkheim, "Note sur la notion de civilization", *L'Année sociologique*, Vol. 12, 1913, pp. 46-50.
② 关于莫斯对文明的看法,详参王铭铭《在国族与世界之间:莫斯对文明与文明研究的构想》,《社会》2018年第4期。
③ [法]布罗代尔:《菲利普二世时代的地中海和地中海世界》上卷,第31页。

始至今，所取得与经历的所有革命中最深刻的阶段"①。在费弗尔看来，衡量文明的尺度和标准不在于看社会发展到什么程度，而在于通过正义和秩序来构造一个共同体或社会；进步概念部分上是与科学技术的发展联系在一起的，在18世纪才得以确立。他们都认为文明并非等于进步，因而也不是进步史观的代表。这种认识的形成与费弗尔、布罗代尔所处的社会情境是分不开的。1929年，第一次世界大战的余波未了，资本主义世界又发生了经济危机。在此情况下，费弗尔等学者讨论文明问题，是要回答法国文明在世界之中的位置及其向何处去。布罗代尔这时是要批评二战后人们对法国文明的失落情绪，所以文中多提"借鉴""抵制"，只有这样"文明的寿命"才会更长、更持久，才能走向"现代人文主义"②。在文明作为事实和文明作为价值之间，两位学者分属不同的立场：费弗尔强调文明作为一种价值，用来指某一人群的集体生活。

布罗代尔认为，文明首先是文化的各种特征和现象的总合，因而强调文明作为事实的一面。他的这种说法将文明抽象化，不再局限于科技、道德和宗教层次。他还尝试性地给文明下了一个"排除任何价值判断"的定义，即文明是个文化区域，有一个场所。这种表述承接了莫斯的提法，只是没有提及"伦理"的一面。从地理范畴上说，区域有自己的中心和核心、边界和边缘。文化区域中的那些文化特征"构成了文化一致性的最初标记"。其次，那些文化特征在文明之间相互输出、借鉴。这种不间断的交流，赋予文明以活力。然而，并不是每一次交流都能取得成功，因此文明之间存在相互"抵制"的情况。《物质文明》（第一卷）"中国的双重家具"一节，他举过一个例子：公元2—3世纪椅子传到中国，但到13世纪才得到广泛使用。这是因为接受椅子需要一套新家具，如高桌子，还有一种新的坐姿，即

---

① Lucien Febvre, Marcel Mauss et al., *Civilization: Le mot et l'idée*, La Renaissance du Livre, 1930, pp. 6–28.

② ［法］布罗代尔：《论历史》，刘北成、周立红译，北京大学出版社2008年版，第242页。

第十九章　文明、经济与布罗代尔的现实情怀

"一种新的生活艺术"。这些在日本就被盲目地拒绝了，因为"传统的文明忠于它们习惯的生活场景"①。在布罗代尔看来，西方文明兴盛的根本原因在于能利用各种文化的优势，从各个方向吸收营养，甚至向"已死的"文明借鉴，通过收受、借鉴和迁移，西方文明将各家之长融会贯通，这才使自身光芒四射，成为现代资本主义的中心。②这里讲的是文化的交流和渗透，有别于《地中海》以地理为基础来看待文明的缓慢变迁。

《文明史纲》虽然强调上述这一点，但还发展出作为"社会的""经济的""集体心态的"文明。社会与文明之间关系密切，城市的存在是文明区别于文化的外在指标。经济方面，物质和生态条件在决定文明的命运上起着重大作用。在集体心态上，宗教是文明中最重要的特征，且一直是文明的中心问题。在布罗代尔看来，只有在长时段中研究文明，才能发现在经济和社会中持续存在的珍贵遗产。因此，他将世界划分为非洲、远东、东南亚、伊斯兰、苏联和西方六大文明，与汤因比的26种文明划分区别开来。③

这里就涉及一种转变。例如，在1949年初版的《地中海》，他主要是规范长时段，侧重描写地理环境对塑造文明所产生的影响，因而带有地理决定论的色彩。在这一时期，他将文明界定为人类对待自然环境的态度，是利用、转变甚至添加自然资源。1959年，他又声称文明等同于历史，文明史等同于通史，同时将文明理解为复数的。④1967年，他在强调文明和文化之间的辩证关系时又说道："文明在成千上万种乍一看来互不相关、而实际上也是五花八门的文化财富之间……建立起联系或者说秩序。"因此，他游走于社会文明和经济文

---

①　[法]布罗代尔：《15至18世纪的物质文明、经济与资本主义》（第一卷），顾良、施康强译，生活·读书·新知三联书店1992年版，第335页。
②　[法]布罗代尔：《论历史》，第230页。
③　[法]布罗代尔：《文明史纲》，王明毅等译，广西师范大学出版社2003年版，第11页。
④　[法]布罗代尔：《资本主义论丛》，顾良、张慧君译，中央编译出版社1997年版，第123页。

明之间，并主张"后者与前者相辅相成，既干扰它，又在对立中说明它"①。需要注意的是，这种转变不存在矛盾之处，他强调文明的不同侧面，因为他试图区分大写的文明和复数文明。

文明研究有其独特的方法论，那就是跨学科和历史比较法。布罗代尔认为，文化和文明之间虽然存在紧张关系，对文明概念威胁较大的却还是人类学家和民族志学者对它的使用。② 因此，与其他学科研究者的对话成了布罗代尔展开文明论述的方式，例如与列维—斯特劳斯的对话。布罗代尔关注"无意识、日常生活、结构、深层"，但他从事的研究却是有意识的层面，属于"热社会"，斯特劳斯关注属于"冷社会"的原始人。在布罗代尔看来，结构则是"那些不受疾风暴雨的影响而长期存在的东西"，也就是理解历史的模式，或"几个互有联系的解释体系"。③ 结构是几乎静止不动的，受政治实体的制约。经济生活的某些方面，例如财产权和经济法规，则依赖于或局限于政治实体。说到这里，我们就明白布罗代尔着力的是模式，它将指导社会生活的物质和制度总体化了。其实，我们可以把列维—斯特劳斯和布罗代尔的差别看作人类学与历史学在研究方法上的差异。同时社会学在文明分析中也扮演着重要作用，提出了更一般的问题。④ 对于布罗代尔来说，社会学的魅力在于它那"总体化的"路径，关注人类行为及其之间的关系：社会学和历史学不可分割，是"一项整体的知识事业"。这里的社会学，首先指的是法国社会学家，其次是注重经济视角的德国社会学家，例如马克思、韦伯和桑巴特，而不是其他国家的社会学家。至于历史比较法，最不寻常的是，在1967年的《物

---

① [法]布罗代尔：《15至18世纪的物质文明、经济与资本主义》（第一卷），第667页。

② 姚介厚指出，布罗代尔与人类学家列维—斯特劳斯都在巴西圣保罗大学任教，"却不见他们有任何人际与思想交往的记载。可见布罗代尔在研究地中海史时，开初就和结构主义哲学没有思想渊源关系"（姚介厚、王逢振等：《国外文明理论研究》，福建教育出版社2010年版，第509页）。这种说法并不确切，因为他们的对话一直存在。

③ [法]布罗代尔：《资本主义论丛》，第161页。

④ Susan Friedman, *Marc Bloch*, *Sociology and Geography*, Cambridge University Press, 1996, pp. 39–54。

第十九章 文明、经济与布罗代尔的现实情怀

质文明》中，布罗代尔试图将欧洲文明、东亚和美洲文明的饮食、服饰、住房和家具的历史放在一起比较，转向了日常生活的历史，将文明复数化了，因而尤其认可文明的相对价值。

总之，文明既是历史学的研究对象，又是一种意识形态。对于前者，它需要"地理学、社会学、经济学和集体心理学"等社会科学的合作。[①] 对于后者，布罗代尔所说的文明至少包括了以下几个层次：文明是精神层面的文化，代表着高度的选择性；大写的文明是世界历史的最高形式，复数的文明是作为一种地方现象；"文明的进程"在微观层面，在人与人之间的互动中得到实现；文明受一系列特殊的价值主导，因此在社会现实中可能存在诸多的冲突，西方文明优于其他文明。

二 事件的选择

关于事件，不同的历史学家有不同的定义。例如，事件是发生的事实；事件是行动。这里将事件看成话语，是叙述的产物。作为话语，事件在一个相对长的时间段里展现社会和政治关系。

1572 年成了法国乃至欧洲史上具有转折性意义的一年，因为造成王国传统断裂的"圣巴托罗缪惨案"就发生在这一年。《地中海》中译本全书近 2000 页，却未提及这一惨案，尽管它发生在菲利普二世在位时的中期，且它对于法兰西来说是一件大事。既然如此，就得思考布罗代尔为什么没有重视这件惨案。是没有足够的历史记载支撑布罗代尔对"圣巴托罗缪惨案"的叙述吗？还是发生在 16 世纪的这场屠杀不够惨烈？这些并非布罗代尔不记载此惨案的原因。他在《法兰西的特性》中谈到了拒绝的原因，他"并不是要缩小宗教战争的影响"，而是就个人而言，"对这些内战深恶痛绝"[②]。布罗代尔是将

---

① ［法］布罗代尔：《文明史纲》，第 29 页。
② ［法］布罗代尔：《法兰西的特性：人与物》第 2 卷，顾良译，商务印书馆 1995 年版，第 147 页。这一点是受到了美国历史学家本尼迪克特·安德森的启发，见氏著《想象的共同体》，吴叡人译，上海人民出版社 2003 年版，第 235 页。

现在作为他的考察起点，在考量了整个地中海的过去和法兰西的现在的基础上，在考量了数以百万计的死亡之后，才更新为没有"圣巴托罗缪惨案"的地中海史。在布罗代尔看来，真正的死亡是那些可以化为缓慢变化甚至"几乎不动的"历史事件，而无关于当时的死亡率和死者的国籍。

为了服务于他的长时段，布罗代尔选择遗忘了"圣巴托罗缪惨案"，将能够服务于短时段的"惨案"忘记了。我们没有必要在这里指责布罗代尔忘记了事件，忘记了"惨案"，因为诺拉的"事件的回归"早已向我们表明"那些与结构有关并由结构促成、可引发创新的能指事件"在真正的现代历史科学中的重要性。① 事件并非像布罗代尔所说的那样，只是"海面上的浪花"。"圣巴托罗缪惨案"也不是所谓的"浪花"，而是使法兰西再次分崩离析的大事件。

遗忘、选择事件在建构民族的集体记忆中扮演着十分重要的作用。勒南就指出，"遗忘行为——我是说历史上的错误——在民族创建上起着重要作用，因此历史研究的推进对民族来说通常具有威胁。事实上，历史研究通常揭露了那些发生在政治体初创时期的暴力事件，即使它们的结果是有益的。"②

在勒南看来，有必要维护民族共同体，提倡共同记忆和共同生活的愿望。勒南在1882年3月11日巴黎大学的讲座《何谓民族？》中还提到："每一个法兰西公民都必须已经遗忘了圣巴托罗缪惨案，还有13世纪南方的屠杀事件。"③ 布罗代尔和勒南都试图遗忘"圣巴托罗缪惨案"，以构建法兰西的民族统一性。对现在来说，"要忘记"的出发点在于寻找一种新的认同。也就是说，这种试图忘记令人悲痛的死亡（包括暗杀、处决、战争和大屠杀等）都要求我们以现在为

---

① ［法］多斯：《碎片化的历史学》，马胜利译，北京大学出版社2008年版，第241页。

② Ernest Renan, *Qu'est-ce qu'une nation?* Le Mot et Le Reste, 2007, p.22.

③ Ernest Renan, *Qu'est-ce qu'une nation?* Le Mot et Le Reste, 2007, p.22: "Tout citoyen français doit avoir oublié la Saint-Barthélemy…". 注意，"必须已经遗忘了"这种斩钉截铁式的断语，从心理上表现得有些天真，因为它实则加强了我们对创伤事件的记忆。

第十九章 文明、经济与布罗代尔的现实情怀

中心,从不愿承认的阶段到情绪激动的阶段,最终抵达新的自我——世界阶段。勒南排除受害者和行刑者,是为了建构出他心中所设想的民族谱系,同时也是就普法战争战败后面临的阿尔萨斯问题而提出解决方案,从而维护法兰西文化记忆的基础。因此,勒南提到要遗忘"圣巴托罗缪惨案"和"13世纪南方的屠杀事件",而不提"1871年巴黎公社"。布罗代尔则强调民族特性应该以民族统一为条件,"坚持不懈地与其他民族对抗"从而完成民族团结才是值得关注的。反观布罗代尔和勒南抹杀法国史中的暴力记忆的做法,可谓崇尚二次暴力,也算是一种暴力行为。

以上谈论的是他对政治事件的选择。文明的某些要素无法与政治实体的边界取得同步发展,例如贸易、工具、科技、货币,它们与经济紧密相连。布罗代尔强调,小写的文明存在经济的维度,甚至经济成了文明的核心要素,另外一些要素则是宗教、语言、艺术和科学,它们超越了政治边界。在布罗代尔看来,文明—经济的核心在于"工作生活"。在《日常生活的结构》中,布罗代尔用了"物质文明"一词,指人类最基本的物质需要,它构成了更高层次的经济生活(例如财政金融和投机倒把)的基础。

因此,这里有必要从另一个角度,即经济尤其是资本主义的角度,讨论布罗代尔对事件的选择。布罗代尔在讨论文明与经济关系时试图向韦伯致敬。他认为韦伯的《新教伦理与资本主义精神》是一种"世界文明史",西方文明经历了理性化的过程,因而是其他文明的榜样。与韦伯强调政治、艺术和宗教的理性不同,布罗代尔将资本主义看作一种经济制度和文明,而非只是证实某种经济制度的意识形态。经济制度不一定有政治边界,但它有象征性的边界:"经济生活和资本主义比物质生活更加粗暴地把世界划分为发达地区和落后地区。"[①] 资本主义的诞生,必须具备一系列前提条件:领主制的废除;

---

① [法] 布罗代尔:《15至18世纪的物质文明、经济和资本主义》(第三卷),顾良、施康强译,生活·读书·新知三联书店1992年版,第117页。

土地经营被纳入商业网络；经营管理制；雇佣无产者作基础。他以东欧的"二期农奴制"为例，认为它是商业资本主义的变种，有利于东欧的发展。布罗代尔否认中国文明存在资本主义，是因为国家机器监视着一切，对"资本家"持敌对态度，而旅居南洋的华侨中存在某种殖民资本主义。在意识形态上，布罗代尔认为资本主义作为"社会主义的天然反义词"，是在20世纪初才出现的，是对马克思《资本论》的误解。值得注意的是，他关于物质文明与资本主义的论述到18世纪便戛然而止，原因很可能在于他在写《法兰西的特性》，更重要的可能是他认为资本主义是长时段的结构，又是复杂社会结构的组成部分，因此不提纽约在世界经济体系中的崛起。

布罗代尔探讨西方文明，尤其关注反市场是如何可能阻碍民主的施行的。倡导市场规律的资本主义不仅是一种经济现象，还是一种政治、法律和文化现象。文明世界和资本主义相互汇合，相互帮助，频繁、方便的经济交换有利于文化的统一，"文明本质上主张守旧和反对革新，因而对市场、资本和利润一般持否定态度"。① 有意思的是，文明的西方模式在世界范围内传播，例如政治中的民主观念，法律中的反垄断法和破产法，存在不同步的境地。因此，这里有必要区分西方文明和西方化（现代化引申出来的一个词）。在布罗代尔看来，自由、平等、正义、民主、世俗性、对话代表西方文明，而西方化是对西方社会生活方式的模仿、无意识接受。于是，西方文明的典型特征是它的结构"很难在各种文明之间进行交换：所有文明都把它们视为不可替代的价值"。② 单数形式的文明因此丧失了它的权威性，文明之间的交流、借鉴才是时代的潮流，从而将文明相对化了。

市民社会意味着抑制暴力和权力，法律在文明进程中扮演着中心的位置，因此法律文明和社会文明、经济文明一样重要。布罗代尔在书写文明史时，有选择地考虑历史事件，不讨论法律，例如他不考虑

---

① ［法］布罗代尔：《15至18世纪的物质文明、经济和资本主义》（第二卷），顾良、施康强译，生活·读书·新知三联书店1992年版，第614页。

② ［法］布罗代尔：《文明史纲》，第48页。

"大屠杀"的危机,不讨论市民法对近代早期民众的影响,不讨论美国史上的西进运动所带来的负面效应,因为复仇、正义不是他论述的重心。于是可以这样问:选择的不公正是否会带来解释的不公正?答案是否定的。选择是否公正在于是否坚持同一标准选择事件。我们在《法兰西的特性》中看到他排除了"圣巴托罗缪惨案",也排除了法国大革命,《文明史纲》中涉及中国的部分,也没有考虑宗族或家族在稳定地方社会中起到的作用。他坚持一种选择标准,以便在著作中将长时段观念一以贯之。在他看来,文明史的写作可以不考虑"创伤"。顺着这种思路,文明可以界定为一种文化秩序,它为行动者自身定位,且由经济、宗教、政治、艺术和科学五大要素组成。因此,研究文明,有必要应用比较和跨学科方法,坚持长时段的观念。

三 现实的关照

总体性是 20 世纪 40—60 年代学界辩论的重要主题。有学者指出,总体史"是布罗代尔史学思想最根本的特征,是其灵魂所在"。[①]在这种理论前提下,总体史是一个新颖的概念,但方便操作落实吗?法国大革命史专家弗朗索瓦·菲雷(François Furet)说:"总体史的观念是难以捉摸的……总体史只不过表达出要提供一种更完整的视野,一种更彻底的描述,一种更综合的解释……"[②] 美国思想史家阿兰·梅吉尔(Allan Megill)则指出:"布罗代尔的地中海总体画面根本就无法统一起来:最明显的是,他的三个时间层面(分别表现在该书的三个部分:经济文明、社会文明和政治文明)只是存在一些细微的关联而已。"[③]

如何处理这些批评?关键还是在对总体性或整体性问题的理解

---

① 陈新:《西方历史叙述学》,社会科学文献出版社 2005 年版,第 238 页。
② François Furet, *In the Workshop of History*, The University of Chicago Press, 1981, p. 6.
③ Allan Megill, *Historical Knowledge, Historical Error*, The University of Chicago Press, 2007, pp. 192–193.

上。约瑟夫·祁雅理说："一个结构就是把其中各个部分联系起来的整体或模式……它只能被理解为是从一部分与另一部分的关系中表现出来的。而它的整体性则是以把这些部分联系在一起的规律和原因为基础的。"① 这样看来，布罗代尔所谓的总体就在于对规律和原因的探讨上，建立在"底层结构""深层结构"上，而不是建立在对主题的包罗万象及对它们的概括上。因此，布罗代尔强调"总体结构（即文明）的类型"是不可通约的，是选择的结果，且与时代语境相连。②

美国史家汉斯·凯尔纳指出，布罗代尔的著作是现实的史学作品，又是审美现代主义的著作，体现"在形式或主题上，同时还是一种对自我质疑的表述以及对理解历史所惯用方法的讽刺的现代主义"③。要理解这种现代主义，先得从布罗代尔所反对的短时段入手。首先要把他的著述与他的过去经历联系起来。那么，应该注意的是布罗代尔在起草经典名作《地中海》时，正被关在德国高级战俘营。布罗代尔反对事件史，转而强调长时段，与他的这段经历分不开，因为他希望从长时段的理解中找到某种命运的出路。布罗代尔于1940年6月29日遭监禁，直至1945年5月2日才得到释放。他先是关在纳布里萨克，又被押至美因兹，由于主张高卢自主论，后来被转至吕贝克。布罗代尔所在的关押营，不仅有法国人，还有英国、波兰军官，他在这里与一些历史学家建立了友谊。④ 根据《日内瓦公约》，战俘在监狱中可以继续进行研究或教课。他自己在60年代承认："当我想到个人的时候，我总是很想看见他被囚禁在他自己勉强制造出来的命运里，被囚禁在一幅在他的前后构成了长期的无限的远景的风景

---

① ［法］约瑟夫·祁雅理：《二十世纪法国思潮》，吴永泉等译，商务印书馆1987年版，第186页。
② ［法］布罗代尔：《论历史》，第34页。
③ ［美］汉斯·凯尔纳：《语言和历史描写》，韩震译，大象出版社2010年版，第187页。
④ 布罗代尔于1984年对记者说："对我来说，吕贝克是一种解放。我与一些想法相同的年轻人在一起。他们都赞成戴高乐。"转引自 Pierre Daix, *Braudel*, Flammarion, 1995, p. 179。不过，布罗代尔的这种说法有点后见之明。

第十九章 文明、经济与布罗代尔的现实情怀

画中。"① 彼得·伯克也认识到这一点的重要性:"发人深省的是,布罗代尔不止一次使用了监狱的隐喻。在他的笔下,人类不仅是其自然环境的囚徒,而且是其心性框架的囚徒。"② 1972 年,布罗代尔再次强调:"监狱是一所好学校……假如没有这种监狱生涯,我肯定会写另外一本风格不同的书……对于我来说,甚至在今天,这些就是给任何历史景象以界限与形态的线条。"③ 从他反复强调的"监狱"隐喻中,我们发现他心头存在一种难解的忧郁、悲观情结,以至于后来他干脆承认自己持一种"悲观主义"的人生观。④

布罗代尔主张长时段与历史、命运相连,因此有必要了解他的怀旧情结(nostalgia)。怀旧是什么?怀旧是个体记忆者自身含有的一种有情感的记忆,是对过往记忆的一种美好回忆,同时也是对现代化进程所造成的心理"重负"的一种反应。从词源上说,nostalgia 是 nosteoo(安全地回家)与 algos(疼痛)这两个词素的结合。在 20 世纪,怀旧情结更多地用来形容心理上的疾病。后来,布罗代尔积极参与了吕西安·费弗尔创办的《二战史评论》,尤其是发起了关于集中营生活的集体调查,以回应这段战俘营的经历。⑤ 博伊姆认为,修复型的

---

① [法]布罗代尔:《菲利普二世时代的地中海和地中海世界》下卷,吴模信译,商务印书馆 1996 年版,第 984 页。

② [英]彼得·伯克:《法国史学革命:年鉴学派,1929—1989》,刘永华译,北京大学出版社 2006 年版,第 35 页。

③ Fernand Braudel, "Personal Testimony", *Journal of Modern History*, Vol. 44, No. 4, 1972, pp. 453 – 454. 他用英文写就的这篇文章后来回译成法语,改题为《我成为历史学家之路》("Ma formation d'historien"),收入 F. Braudel, *L'Histoire au quotidian*, Fallois, 2001。他的这种看法得到了他夫人的再次确认:"没有战俘的经历,他绝对不会写出一部同样的书",见 Paule Braudel, "Les origins intellectuelles de Fernand Braudel: un témoignage", *Annales ESC*, No. 1, 1992, p. 244。

④ 转见张芝联《从高卢到戴高乐》,生活·读书·新知三联书店 1988 年版,第 248 页。布罗代尔夫人也说:布罗代尔"不知疲倦地反复绘制同一画作。那么我就觉得,他是染上了一种他再也无法治愈的病了。"(Paule Braudel, "Les origins intellectuelles de Fernand Braudel: un témoignage", p. 244.)

⑤ 集体调查是年鉴学派早期的一项特色,表明他们试图融合人类学的方法。参考 Fernand Braudel, "La captivité devant l'histoire", *Revue d'histoire de la deuxième guerre mondiale*, No. 25, 1957, pp. 3 – 5.

怀旧唤起民族的过去和未来，反思型的怀旧则更关注个人的记忆。按照这种说法，布罗代尔更倾向于通过反思型的怀旧走向修复型的怀旧。①

在《地中海》第一版序言中，布罗代尔宣告了他的怀旧情结："我一往情深地爱着地中海。"② 在《法兰西的特性》中，他再次宣称了这种情感："在撰写本书的过程中，我或许还会表现出对她（法兰西）的偏爱。"③ 1968年五月风暴席卷法国甚至整个欧洲，法国史学界的风气也在运动之后有了转变。在这次运动中，布罗代尔辞去了《年鉴》杂志的主编职位，指责这次运动贬低传统的劳动观念和伦理价值。布罗代尔表现出对他在监狱、阿尔及利亚、巴西生涯和个人困苦命运的反应，是对他出生前几个世纪的历史时期怀有的一种渴望情感。他强烈地意识到腐朽的现在和16世纪地中海整体之间有反差，所以希望用自己的部分生活去重新体验地中海的过去——只不过这是一种永远无法达到的过去。④

布罗代尔描述伊斯兰教国家阿尔及利亚的篇幅达上百页，这些内容提供了理解文明的另一幅景象。他于1923年抵达阿尔及利亚，在那里开始了为期近十年的教学生涯。在此期间，他认真地研究了这个国家的人口、社会结构和经济资源，还构想出《地中海》的结构，一改从外交史的角度研究菲利普二世。他尤其关注阿尔及利亚作为法国殖民地的经济状况，倡导用法国文明的标准来改造它："基督教国

---

① ［美］斯维特兰娜·博伊姆：《怀旧的未来》，杨德友译，译林出版社2010年版，第55页。
② ［法］布罗代尔：《菲利普二世时代的地中海和地中海世界》上卷，第3页。原文是：J'ai passionate la Méditerranée。这里的一般现在时态，表明了他仍然热爱地中海的状态（译文略有改动）。
③ ［法］布罗代尔：《法兰西的特性：空间和历史》，顾良、张泽乾译，商务印书馆1994年版，第1页。
④ 最近的文章可以参考 John Marino, "The Exile and His Kingdom. The Reception of Braudel's 'Mediterranean'", *Journal of Modern History*, Vol. 76, No. 3, 2004, pp. 622–652。冒险者的故事存在流亡、出发—旅行—返乡三个仪式性阶段，只是最后的返乡阶段尤其艰难。

第十九章 文明、经济与布罗代尔的现实情怀

家的居民移居伊斯兰国家的事例也同样日益增多。这种流动具有补偿性质。像美洲一样平地崛起的阿尔及尔［阿尔及利亚首都］就是个移民城市。"① 1966年修订版的《地中海》，更直接地表达了他对阿尔及利亚的看法："北非不是在1962年3月'背叛了'，而是早在8世纪中叶，甚至可能在耶稣基督诞生以前，在东方的女儿迦太基建立时，就背叛了西方。"② 这里所说的1962年3月，是标志着法国对阿尔及利亚战争的结束，且法国在同年7月3日承认阿尔及利亚为一个独立国家。他抱着一种悲情承认伊斯兰教和民族特性在阿尔及利亚会产生冲突。布罗代尔支持法国在阿尔及利亚的殖民统治，似乎有悖于他在其他文章中主张的自由、民主。造成这种现象，主要是法兰西民族性在他身上起着重要作用，所以他试图强调法国的统一性。这种民族性在他看待巴西问题时要缓和得多。1935—1937年，布罗代尔自称在巴西度过了"一生中重要的时期"，任新建的圣保罗大学文明史教授。他后来在评价一部巴西史的著作时就说，巴伊亚州的小镇米纳斯远离城市，似乎存在"一种完全脱离了巴西文明正常结构的特殊种族主义"。③ 巴西不是法国的殖民地，因而他用"城市是文明的标志"来衡量其中存在的种族主义问题。可以说，他的两段海外经历重塑了他对法国或欧洲文明优越性的认识，是对个人过往的体认。

在古典时代，civilization 的词根 civitas（城市）和 polis（礼仪）是宗教概念，带有神性的含义。布罗代尔同样认为，宗教是"文明的心脏"，且是文明中最强有力的特征："宗教价值的确切位置是在一切文化的中心。"④ 在宗教方面，他研究了伊斯兰教、印度教，反感它们的宿命论：阿拉伯人在8—9世纪时没有令其臣民皈依伊斯兰教，"没有宗教皈依，创建了一个帝国和一个国家，但不是一个文明"。

---

① ［法］布罗代尔：《菲利普二世时代的地中海和地中海世界》上卷，第602页。
② ［法］布罗代尔：《菲利普二世时代的地中海和地中海世界》下卷，第167页。
③ ［法］布罗代尔：《论历史》，第194页。
④ ［法］布罗代尔：《15至18世纪的物质文明、经济和资本主义》（第三卷），第55页。

他同时用伊斯兰停滞或衰微的例子来抵抗自己的悲观主义，认可"蛮族是使伊斯兰世界免除来自亚洲和西方威胁的军事救星……他们通过与伊斯兰世界古国的交往多少迅速文明化了"。作为戴高乐主义者，他在1963年写下这些话时，估计想起了1941—1945年在集中营中面对纳粹分子，以及通过瑞士大使与吕西安·费弗尔通信问学的那些岁月。他在讨论美洲时，没有涉及印加文明、玛雅文明和阿兹特克文明，也没有涉及它们的宗教。这是因为他试图"从它（美洲）的种种特殊问题中，从它明显的进步方面进行观察"，所以多提种族和"难以根除的殖民地"问题。①

　　远东不存在上述问题，古代中国于是成为布罗代尔论述文明起源时宗教和社会互为支撑的重心："在中国，对祖先和自然神的崇拜可以追溯到至少公元前第一千纪……这些古老而生命力顽强的宗教体系是与同样顽固坚韧的社会结构——中国的家庭和社会等级制——联系在一起的。"②在宗教与城市的关系上，他将"儒教"看作是核心的价值观，而没有讨论道教和佛教、民间宗教对城市的影响，所以认为"中国大部分城市之间几乎没有差别"。③其实，在儒家思想成为主流价值观之前的春秋战国时代，因为"礼崩乐坏"，这时的城市在功能结构上体现了重商、重军事的特点，空间布局也一反以宫殿宗庙为核心的同心圆模式，出现了王城和成周这样的双子城格局。布罗代尔没有到过中国，他对中国的认识来源于马伯乐、白乐日、谢和耐，因而在认识上存在一些偏差。总之，布罗代尔对宗教的探讨，与他个人的基督教信仰分不开。

　　1987年，皮埃尔·诺拉出版了《自我史论集》（Essais d'ego-histoire），认为自我史是"一种新的文类"，开创了历史意识的新世纪，因为传统史家主张隐匿写作者本人，不偏不倚才是值得提倡的做

---

　　① ［法］布罗代尔：《文明史纲》，第104页。
　　② ［法］布罗代尔：《文明史纲》，第177页。
　　③ ［法］布罗代尔：《15至18世纪的物质文明、经济和资本主义》（第三卷），第602页。

法。2001年，诺拉在《自我史是否可能?》一文中指出，随着记忆问题的流行，历史学家已经超越学科边界，走入社会生活，"应该为自己创造历史"①。按照这种说法，布罗代尔就是这方面的先驱，将历史学家的主客体合二为一，参考他所处时代的残酷现实来选择研究对象。布罗代尔虽然排斥政治、事件，但从长时段的观点看，政治在他的写作和个人生活中总是占据核心位置。

四　结论

20世纪上半叶出现了诸多讨论文明史写作的著述。布罗代尔借鉴诸多史家的看法，将文明区分为经济文明、社会文明和宗教文明。他对文明观念的论述也存在一个转变过程：从最初强调地理环境，强调文明史与总体史的同义，转到侧重论述物质文明，再转到谈论区域文明——法兰西史。从此可以看出，文明一词早先具有的司法含义，也就是"法律文明"不在他考虑的范围内。这与作者所处的现实有关，即他的思考受制于他在监狱的生活经历，而他对事件的选择、刻意遗忘穆斯林等又是受到时代和个人信仰的影响。用长时段的观点看，② 这种认识也是可以得到合理解释的，那就是他意在向我们"解释现实"③。费弗尔讨论文明是对第一次世界大战以及1929年全球经济危机的反思，认为文明和野蛮是辩证的。在这一点上，布罗代尔与

---

① Pierre Nora, "L'ego – histoire est – elle possible?", *Historein*, Vol. 3, 2001, pp. 19 – 26. 历史写作中的"自传转向"近年来受到了热议，尤其参考 Richard Vinen, "The Poisoned Madeleine: The Autobiographical Turn in Historical Writing"(*Journal of Contemporary History*, Vol. 46, No. 3, 2012, pp. 531 – 554) 一文，涉及年鉴学派第三代对当代史的介入。

② 回归长时段成了史学界的热点，例如有些美国史家就说："只要观察近来的书目、会议、研究论丛，甚至课程纲要，就可以发现两个关键词不可忽略"，一个是地理的世界，另一个是"时间单元，即长时段"(Susan Gillman, "Oceans of Longue Durées", *PMLA*, Vol. 127, No. 2, 2012, p. 328)。

③ Fernand Braudel, "L'Histoire, mesure du monde", in F. Braudel, *Les Ambitions de l'histoire*, Fallois, 1997, p. 16. 这篇文章的对话对象是费伊 (Bernard Faÿ) 于1939年出版的同题著作，以表达在历史研究中做行动派、面向现实的决心。

年鉴学派第一代存在差异，因为他认为文明是永恒的，是文化的宿命。与同样论述文明—经济的韦伯相比，布罗代尔认为宗教和资本主义的发展不是同步的，资本主义的安全依赖于大写的文明。

布罗代尔认为，文明分析应该是比较的又是跨学科的。比较的，是因为对某个文明的认知只能在同其他文明的较量中获得。跨学科的，是因为文明史所探讨的话题分布在不同的学科中。从方法论上说，他开启了从社会科学的角度理解文明观念，并试图摆脱"价值中立"的实证主义范式，而且有感于当下的处境，用"以今度古"的方式提出问题，从中求得古今之辩证。他将文明看作一种重要的现象，力图将之理论化，暗示了一系列社会机制的有效性。

布罗代尔提出了长时段、"经济世界"等概念，将物质文明看做文明的普遍形态，且依此来度量所有文明，为区域史和总体史的辩证提供了示范。因此，分析文明与经济之间的关系，有必要了解经济学、地理学、社会学和集体心理学的相关知识。经济学的其他一些分支应成为参考的对象，例如经济史、经济心理学、经济人类学。同样，也应关注经济学相邻学科领域的研究，例如，专攻经济法的法律学者、专注政治经济学的政治学者的研究。文明的要素还包括语言、艺术和科学，它们超越了政治边界。因此，在全球化的时代讨论文明与经济的关系，尤其要将文明的其他要素纳入进来，注意不同学科之间的交叉、融合，全球史就顺应了这种趋势。1994年，《年鉴》杂志将副标题由"经济、文明、社会"改为"历史与社会科学"，也是反思布罗代尔文明史观的结果。研究布罗代尔这样的重要史家，有助于我们理解当下的全球史观。

第二十章

现代德国史学历史知识的认知建构及其诉求转向

范丁梁[*]

"历史学之科学化"是西方史学的一个核心问题。20世纪的绝大部分时间里,史学史和史学理论家们都热衷于探讨这一科学化进程的起点、过程和影响,其中形成的一个主流看法是:史学自18世纪至19世纪完成了由非科学向科学的转型。对于德国史学而言,这种转型是以"历史主义之胜利"为主线的,即历史主义全面取代启蒙史学(Aufklärungshistorie)的过程。学者们对这种转型的断裂性和彻底性看法不一[①],但大都承认,从启蒙史学到历史主义是一条越来越朝向"现代"的道路。20世纪70年代出现了科学哲学、语言哲学、知

---

[*] 范丁梁:华东师范大学历史学系讲师。主要研究方向为西方史学史、20世纪德国史。在《光明日报》(理论版)、《史学理论研究》《史学史研究》等刊物上发表论文多篇,合著《联邦德国史学研究》,译有《德意志人》《德国天才4:断裂与继承》等。主持国家社科基金青年项目"二战后联邦德国关于纳粹问题的历史研究与历史政策"。

[①] 强调断裂和变革的代表是吕森(Jörn Rüsen)及其追随者布朗克(Horst Walter Blanke),他们将这种转型定义为在历史观念、研究对象和研究方法上全面的"范式更替"。参见 Jörn Rüsen, *Historische Vernunft*: *Grundzüge einer Historik I*: *Die Grundlagen der Geschichtswissenschaft*, Göttingen, Vandenhoeck & Ruprecht, 1983; Horst Walter Blanke, *Historiographiegeschichte als Historik*, Stuttgart – Bad Cannstatt, frommann – holzboog, 1991. 而约尔丹(Stefan Jordan)则发现在这两个范式之间还存在一个"门槛期"(Schwellenzeit),它不是历史主义的前史,而是一个本身有独立史学理论的阶段。参见 Stefan Jordan, *Geschichtstheorie in der ersten Hälfte des 19. Jahrhunderts*: *Die Schwellenzeit zwischen Pragmatismus und Klassischen Historismus*, Frankfurt a. M., Campus Verlag, 1999.

识社会学和科学史之间的跨学科对话，尤其是科学知识社会学"强纲领"理论——即主张用社会学来对包括科学知识在内的一切知识进行成因说明——所带来的冲击，颠覆了人们的理性科学发展观；而史学理论的叙述转向则改变了人们对历史中的事实、真实、客观等概念的理解。在这两种学术发展趋势的影响下，对历史学之科学化的审视重新转向质疑该问题本身之有效性：倘若把史学史单纯描述成从非科学向科学转变的进步史，完全聚焦在科学性标准的形塑上，史学史是否会化约为当下学科形态的前史而遮蔽其他特性呢？对这一问题的追问，让史学家开始将"科学"视为一种历史性的形成，"启蒙史学""历史主义"各自内涵的统摄性并不足以覆盖史学发展之取向选择背后的逻辑支撑。本文试图通过勾勒18—20世纪德国史学家在思考史学特性时［他们发展起了一套归于"历史知识理论"（Historik）名下的话语体系］，对历史知识之建构性、目的性、功用性的认知变化，将其与"科学""研究""批判"等概念的历时性内涵相结合，来说明：现代德国史学之发展，与其说是经历了非科学向科学、前现代向现代之转型，毋宁说是在对历史知识之特性理解的基础上做出了反思和调整。

一 建构性的高扬与回落

早在18世纪晚期，德国历史学家就认识到：历史书写者在空间、时间和生活世界的立场是无法回避的，历史学家是历史的建构者。这种看法最早由克拉德努（Johann Martin Chladenius）提出。他是18世纪德国最重要的史学理论家之一。1752年，他出版了文集《历史科学的一般问题》（*Allgemeine Geschichtswissenschaft*），这个书名即已表明其处于修辞导向的传统史学（Historie）向科学导向的现代史学（Geschichtswissenschaft）转变的节点上。当时史学受到了从17世纪开始流行的历史怀疑主义的批判，后者宣称一切皆不可信，一切皆可怀疑。面对历史怀疑主义的质疑，克拉德努发现人们对"历史知识的特性"(Beschaffenheit der historischen Erkenntniß) 缺乏系统的认知，需要对其进行深入的研究和完整的解释①。

克拉德努认为：一种不偏不倚的历史叙述并不意味着叙述立场的消解，每一种叙述都受制于（直接或间接的）观察者各自的"视点"（Sehepunkt），包括他的社会状况、身份地位、情绪心态等；不偏不倚地叙述就是"竭尽所能地、问心无愧地"叙述，不蓄意地掩盖或扭曲所述之对象，但是因为这种叙述受制于经验和判断的相对性，所以过去本身无法在总体上再现出来，"历史的原型"（Urbild der Geschichte）在"叙述的生产"（Erzeugung der Erzählung）中发生了变化；史学之任务和意义就在于历史学家能够从、必须从、同时也被允许从自身视角出发来编排、勾勒、探究历史②。克拉德努主张对传承下来的"史学"（Historie）进行考问，考问之前的历史学家（Geschichtsschreiber）从什么视点出发进行叙述。

正是由于这种自反性的思考，使得克拉德努被视为现代史学的开路先锋，科泽勒克（Reinhart Koselleck）称其"补交了前现代史学的认识论"③。但是，作为一位同时在哲学、教会史和修辞学方面都有建树的神学家，克拉德努的诉求与其说是代表着一种要将史学建设成一门专业科学的雄心，毋宁说是反映了上述学科对史学的兴趣和理解。他的贡献在于把历史真相与对历史真相的认识区分开来，并在历史知识之历史化的基础上赋予史学以有效性。

克拉德努的视角论在18世纪下半叶得到了学界普遍接受。哥廷根学派的重要代表之一加特勒尔（Johann Christoph Gatterer）曾言：

---

① Johann Martin Chladenius, *Allgemeine Geschichtswissenschaft*: *Worinnen der Grund zu einer neuen Einsicht in allen Arten der Gelahrtheit gelegt wird*, Leipzig, Friedrich Lanckischens Erben, 1752, Vorrede.

② Johann Martin Chladenius, *Allgemeine Geschichtswissenschaft*: *Worinnen der Grund zu einer neuen Einsicht in allen Arten der Gelahrtheit gelegt wird*, 5. Kapitel, §. 11, 12; 6. Kapitel, §. 12, 33, 34.

③ Reinhart Koselleck, "Standortbindungen und Zeitlichkeit: Ein Beitrag zur historiographischen Erschließung der geschichtlichen Welt", in ders., *Vergangene Zukunft*: *Zur Semantik geschichtlicher Zeiten*, Frankfurt a. M., Suhrkamp, 1979, S. 176 – 207, hier S. 185.

下篇　基于个案的理解

"所有人都有他们自己的立场，都有他们自己的视角；对他们而言，这些立场和视角让一件事、一个情形、一个事物的某一面时而变得举足轻重，时而又变得无关紧要，时而甚至完全不为人知，并且因此根据截然不同的预期决定了他们对事件的选择。"① 他的同事，哥廷根学派的另一重要代表施洛策尔（August Ludwig von Schlözer）同样认为："对现在来说，一个事实有可能看上去极其微不足道；但是对历史本身或者对评论界来说，它迟早能够变得至关重要。"② 直至19世纪初，歌德仍在强调："世界史必须不时地被改写，在我们的时代对此大概已经毫无怀疑了"；"但这种必要性的产生绝对不是因为许多事件事后被发现了，而是因为有了新的视角，因为一个不断向前发展之时代中的人们被引导到了能够以一种新方式去俯瞰和评判过去的立场上"③。

　　视角论主导下对历史知识之选择性、建构性、历史性和主体性的强调，之所以能够在18世纪德语世界中流行开来，与这一时期"科学"（Wissenschaft）概念的日常语义关系密切相关。对历史学自我认知产生深刻影响的，并不是经验论与唯理论关于人类掌握知识之途径的激烈争执，而是居于社会主流的科学观。在近代早期德语的使用中，"科学"主要是指一种主观指涉、个体指涉之物；它是个人的"智识看法"，是一种技能或者能力，甚至更像是一种"美德"，因为它的获得要基于人在智力和心性上的特质（比如聪慧、明智、才思敏捷等）并且因此需要专门的传授。它不强调知识的学科分类，因此通

---

① Johann Christoph Gatterer, "Abhandlung vom Standort und Gesichtspunkt des Geschichtsschreiber oder der teutsche Livius", in ders. (Hg.), *Allgemeine historische Bibliothek*, Bd. 5, Halle, Johann Justinus Gebauer, 1768, S. 3 – 29, hier S. 6.

② August Ludwig von Schlözer, "Vorrede", in Abbé Mably, *Von der Art die Geschichte zu schreiben, oder über die historische Kunst*, Straßburg, Akademische Buchhandlung, 1784, S. 1 – 24, hier S. 15, Anm.

③ Johann Wolfgang von Goethe, "Zur Geschichte der Farbenlehre", in ders., *Sämmtliche Schriften*, Bd. 22, Wien, Anton Strauß, 1821, S. 231.

第二十章　现代德国史学历史知识的认知建构及其诉求转向

常以复数形式出现①。这种观念一直到 18 世纪晚期都是德国知识界的普遍认知。他们认为，科学是一种个人的能力和学识，它是不确定的。正因如此，历史叙述的视角论无损于历史学之科学性。

但是与此同时，科学概念本身却在悄悄发生变化，个体性特质越来越淡化。在 1811 年的《高地德语方言语法评论词典》和《德语词典》中，"科学"词条明确指出了三种用法：其一是人知晓某事的状态，其二是人所知晓之知识的整体，其三是作为普遍真理之总体出现的客观物，其中尤以第三种用法越来越流行②。相应地，科学地行事则变成"彻底地、连贯地、有序地、全然地行事，以至于人们能够从中获得一种尽可能澄明的、清晰的、确定的知识"，对此之追求亦即"科学性之精神"③。由此，19 世纪上半叶新的科学概念被贴上了以下几个标签：首先，科学是超个体的。它不再因个人的个性、能力和学识而异，而是普遍有效的知识。其次，科学是自治的。一门科学代表着该领域内所有可能之知识的总和，不同科学之间彼此区分。再次，科学是系统的。作为一个总体，它的各个部分处在一个整体的论证体系中。最后，科学来源于推导。科学不是直观的知识，它是被推导或者自我推导出来的，科学知识要凭借特定的方法而形成，并得到保障。以上这些特征，都无法在视角论的框架内得到认证，因此历史知识的建构性在 19 世纪逐渐式微。

---

① Wolfgang Hardtwig, "Die Verwissenschaftlichung der Geschichtsschreibung zwischen Aufklärung und Historismus", in ders., *Geschichtskultur und Wissenschaft*, München: dtv, 1990, S. 58 – 91; Waltraud Bumann, "Der Begriff der Wissenschaft im deutschen Sprach – und Denkraum", in Alwin Diemer (Hg.), *Der Wissenschaftsbegriff: Historische und systematische Untersuchungen*, Meisenheim a. G., Anton Hain, 1970, S. 64 – 75.

② Johann Christoph Adelung, *Grammatisch – Kritisches Wörterbuch der Hochdeutschen Mundart*, Bd. 4, Wien, Pichler, 1811, S. 1581f; Joachim Heinrich Campe, *Wörterbuch der deutschen Sprache*, Teil 5, Braunschweig, Schulbuchhandlung, 1811, S. 746 f.

③ Wilhelm Traugott Krug, *Allgemeines Handwörterbuch der philosophischen Wissenschaften, nebst ihrer Literatur und Geschichte*, Bd. 5, Abt. 2, Leipzig, Brockhaus, 1838, S. 467.

二 自为目的性的确立与科学研究方法论的建构

19世纪德语中的"科学"概念并没有把自然科学之科学性作为特征标签和统一标准,因此给德国史学通过转型获得现代科学性留下了空间。这种转型并不是对史学活动之本质的抽象概括,而是一种重塑。以兰克(Leopold von Ranke)为代表的历史知识之"客观化"是典型表现,但并不足以概括德国史学成为独立科学的全貌。德国史学为了获得现代社会语境中的科学认证,运用了复杂的策略。首先,它通过摆脱政治伦理说教性和知识从属性而确立"自为目的性",其次,建构一套独立的科学研究方法程序为其提供保障。

传统史学(Historie)通常被定义为"对过去发生之事的叙述"(narratio rei gestae)或者"关于发生之事的记载"(historia rerum gestarum)。这种叙述/记载本身就是对真相的真实报道,其重点在于历史之"流传"。传统史学遵循的方法是修辞五艺中的"搜集素材"(inventio)、"布局谋篇"(dispositio)和"文体风格"(elocutio)。这些活动概括起来就是"历史写作"(Geschichtsschreibung),其功用在于充当"生活之师"(historia magistra vitae)。这种强调"对过去发生之事的叙述"要具有道德训诫和政治教导功能的史学模式,就是修昔底德和波里比乌斯所倡导的修辞性实用主义。这种取向在文艺复兴的人文主义史学中得到进一步发展。

18世纪下半叶修辞性实用主义开始被历史学家(尤其是哥廷根学派所拒斥)。他们提出了一种新实用主义。新实用主义仍然承认史学之道德教化功能,但主张历史叙述要从显性的实用主义转向隐性的实用主义。1772年,施洛策尔在阐释他的普世史(Universalhistorie)时指出,历史学家的对象是所有有助于历史认识、政治行动、公民之历史政治意识教育的可靠的历史事实,但是历史学家在写作时要"不带推理,不带描写,不带说教式的审视。只有事实,不过是根据是否有用挑选出来的事实;而且事实要依次排列,以至于读者自身就会联

第二十章 现代德国史学历史知识的认知建构及其诉求转向

想到评判。普世史本身要避开实用主义这个雷区，但是它指导读者自己花力气变得实用主义。它只是搜集、整理和叙述"①。新实用主义认为，历史写作就是用因果链条对"过去发生之事"进行系统的编排叙述。其中有两个核心内容：一是因果联系，一是由此构建的系统。史学叙述"必须是一种连续的、有序的叙述"②。加特勒尔认为史学中的"实用"之物就是其他科学中称为"系统"之物③，"原因在前，结果在后，如此叙事的历史学家，就是实用主义的"④。历史写作要把事件的因果体系呈现出来，这就是历史知识之系统性和科学性所在。实用主义的这种转向，与人们对于历史功用看法的转变密切相关。科泽勒克认为，"历史乃生活之师"这一观念从1750年开始逐渐失去信众。因为其认知基础是相信过去与现在处在一个共同的"经验空间"（Erfahrungsraum），但近代以来急剧的社会变迁让这种共同的经验空间不复存在了。于是逐渐地不再有强调典范意义的历史（Historie），而只有强调事件本身的历史（Geschichte）⑤。就此而言，新实用主义恰恰是这种变化开始的第一环，它对历史知识之事实性的强调已经预示着19世纪德意志史学的转向。

新实用主义虽然力图让史学摆脱伦理说教性，但却并没有让史学摆脱其知识从属性。18世纪上半叶齐德勒（Johann Heinrich Zedler）

---

① August Ludwig Schlözer, *Vorstellung seiner Universal - Historie*, Bd. 1, Göttingen, Dieterich, 1772, S. 26.

② Georg Andreas Will, "Einleigung in die historische Gelahrtheit und die Methode, die Geschichte zu lehren und zu lernen", in Horst Walter Blanke und Dirk Fleischer (Hg.), *Theoretiker der deutschen Aufklärungshistorie*, Bd. 1, Stuttgart - Bad Cannstatt: frommann - holzboog, 1990, S. 313 - 349, hier S. 314.

③ Johann Christoph Gatterer, "Von der Evidenz in der Geschichtkunde", in Horst Walter Blanke und Dirk Fleischer (Hg.), *Theoretiker der deutschen Aufklärungshistorie*, Bd. 2, S. 466 - 477, hier S. 466.

④ Johann Christoph Gatterer, "Abhandlung vom Standort und Gesichtspunkt des Geschichtsschreiber oder der teutsche Livius", in ders. (Hg.), *Allgemeine historische Bibliothek*, Bd. 5, S. 5.

⑤ Reinhart Koselleck, "Historia Magistra Vitae: Über die Auflösung des Topos im Horizont neuzeitlich bewegter Geschichte", in ders., *Vergangene Zukunft: Zur Semantik geschichtlicher Zeiten*, S. 38 - 66, hier S. 47ff.

> 下篇　基于个案的理解

将知识分为两大类：一类是"来自理性之光"（aus dem Lichte der Vernunft）的认知，具有哲学性；另一类是"来自启示之光"（aus dem Lichte der Offenbarung）的认知，具有神学性。历史学（Historie）属于第一类知识①。历史学的任务和目的是发掘所有历史现象中的理性，用理性推导历史现象并为其说明理由。这种认为历史学要具有哲学性、理性和普遍性的看法，正是以伏尔泰和哥廷根学派为代表的大部分启蒙史家所倡导的观点。他们的基本共识是："历史中的实用主义完全不在于历史之有用性，而在于哲学精神之应用，这一精神试图以敏锐的眼光探索事件之驱动力，并将其清晰地呈现出来。"② 因此，新实用主义让历史学摆脱表面的"生活之师"角色，只是迈出了让历史学成为现代意义上独立之科学学科的第一步。在整个知识谱系中，历史知识还只是为了进入更高级之科系——主要是神学和法学——学习而作的人文准备，从属于"人文学"（Humaniora）③。历史学摆脱知识从属地位的任务，直至19世纪上半叶才完成。

到19世纪前叶，越来越多的人承认："历史要用实例为一种道德、一种政治或者一种哲学做出解释——这种受古往今来的实用主义者欢迎的定义被删除了。"④ 哥廷根学派的格维努斯（Georg Gottfried Gervinus）更明确地指出："假如还有人像赫尔德和康德那样，总是在历史中寻找一个目的、一个理想的顶点、人类的完美联合、社会的完美状态或者类似之物，那么我们可以说，他没有理解所有历史教训中

---

① Johann Heinrich Zedler u. a. （Hg.）, *Grosses vollständiges Universal – Lexicon Aller Wissenschafften und Künste*, Bd. 57, Halle und Leipzig: Verlegts Johann Heinrich Zedler, 1748, S. 1399 – 1517, hier S. 1401.

② D. Wilhelm August Rudloff, "Versuch einer pragmatischen Einleitung in die Geschichte und heutige Verfassung der teutschen Chur – und fürstlichen Häuser", in Johann Christoph Gatterer （Hg.）, *Allgemeine historische Bibliothek*, Bd. 7, S. 87 – 93, hier S. 89.

③ Wilhelm Giesebrecht, "Zur Charakteristik der heutigen Geschichtsschreibung in Deutschland", *Historische Zeitschrift*, 1858 （1）.

④ Friedrich Rühs, *Entwurf einer Propädeutik des historischen Studiums*, Berlin, Realschulbuchhandlung, 1811, S. 14.

第二十章 现代德国史学历史知识的认知建构及其诉求转向

的最基本之物。"① 1824 年，兰克发表了一段被后人不断引用的言论："人们曾赋予历史学（Historie）借鉴过去，教导当代，嘉惠未来的职责。眼下的这一尝试并不承担如此崇高的职责，它仅仅想要指明当时的情况究竟如何而已。"② "如实直书"成为史学科学化的一面旗帜，但这与其说是兰克为史学之客观性打出的标语，毋宁说是现代的 Geschichte 与传统的 Historie 划清界限的宣言。

伴随着史学之去功用化和去哲性化，其"自为目的"的特性得以确认，随之而来的是提供保障这一特性的手段。换言之，当"历史"的内涵从对过去发生之事的叙述、记载或报道，转向对过去发生之事尤其是其细节的调查（singularium rerum cognitio）时，需要建构一套不同于修辞技艺的历史技艺和方法。这就导致历史写作（Geschichtsschreibung）与历史研究（Geschichtsforschung）的相结合。

在启蒙史学中，"研究"与"写作""研究"与"科学"是两对分立无关的概念。虽然哥廷根学派的一大贡献在于承认史料考证、史料选编、大事年表勘定等工作的地位，并发展出相关的方法和技艺。但他们仍认为史学最重要的任务不是研究，而是写作，是表现（Darstellung）。他们用以称呼自己工作的词汇不是研究，而是论述（Abhandlung）、探讨（Untersuchung）或者思考（Betrachtung）。1820 年，被视为启蒙史学向历史主义过渡的关键人物瓦克斯穆特（Wilhelm Wachsmuth）在代表作《一种历史理论的构想》中将关于历史的理论分成两个部分："这个理论的第一部分将历史视为客观保有人类认识的一种原料，并且通过内化理性法则把这种原料整理成一种系统知识之总体。这包括，划定这种系统知识的范围，确定并且整理它的内容，指明它与其他人类知识之间的关系。也就是说，第一部分是科学形式之总体，历史通过嵌套这些形式而被形塑成一种科学的内容物，这一部分因此可以被称作历史科学理论（Theorie der Geschich-

---

① Georg Gottfried Gervinus, *Grundzüge der Historik*, Leipzig, Engelmann, 1837, S. 63.
② Leopold von Ranke, *Geschichten der romanischen und germanischen Völker von 1494 bis 1514*, Leipzig, Duncker & Humbolt, 1885, S. VII.

tswissenschaft)。这个理论的第二部分讲授主观地对待历史原料,历史原料如何通过研究被变成一种人类精神的所有物,变成一种主观之物,并且通过表现被作为带有自身特点的艺术作品而重现出来。这两种工作结合在一起就叫作历史艺术;这第二部分的名称就是历史艺术理论(Theorie der historischen Kunst)。"① 显然,在瓦克斯穆特看来,关于历史知识的理论包括"历史科学理论"和"历史艺术理论"两部分,人们通过内化理性法则把历史建构成历史科学,通过研究和表现把历史塑造为艺术作品。其中值得注意的是,一方面,研究与史学之科学性无关。"研究"一词在这里显然还不具备现代特征,它并不是指依据确定规则而进行的真理认识过程。对事实本身、对历史原料进行调查的研究活动完全是主观的,它虽然属于史学之要素,但并不负责建构史学之科学性。如果说"科学"是透过现象认识本质,那么"研究"则是形成对现象的条理性认识。另一方面,研究与历史写作割裂。"对原料之表现……是一种与研究截然不同、紧接在研究之后的工作"②。历史写作要反映研究之成果的思想并未成为人们的普遍意识。

随着历史主义的发展,历史写作与历史研究之间的割裂逐渐弥合。1857年,历史主义理论大家德罗伊森(Johann Gustav Droysen)将关于历史知识的理论分为"方法论"和"系统论"两个部分,历史研究与历史写作被统一在方法论的范畴下③。研究与科学紧密联系在一起,成为史学之科学论证方法的代名词;历史写作就是以不同的形式把研究结果呈现出来。

---

① Wilhelm Wachsmuth, *Entwurf einer Theorie der Geschichte*, S. 1.
② Wilhelm Wachsmuth, *Entwurf einer Theorie der Geschichte*, S. 119.
③ 德罗伊森后期将历史写作(或者说表现)独立成"体裁论"。但这种变化并不是基于历史研究与历史写作的分裂,而是为了强调历史写作之重要,他本人仍然认为历史研究的性质就决定了历史写作的方式(参见[德]德罗伊森《历史知识理论》,[德]耶尔恩·吕森、胡昌智选编,胡昌智译,北京大学出版社2006年版,第91页)。关于德罗伊森的史学理论,参见吕和应《德罗伊森〈历史知识理论纲要〉研究》,博士学位论文,复旦大学,2009年,其中关于"表现"理论的地位变化详见第104—121页;吕和应《德罗伊森时代的学科之争——兼论德国现代史学的诞生》,《历史研究》2015年第3期。

第二十章　现代德国史学历史知识的认知建构及其诉求转向

　　研究活动在史学中的地位不断提高，与历史学家将原始材料视为历史写作之首要基石，并且愿意从事档案工作密切相关。利用档案撰写的历史作品在 18 世纪仍然被认为是无用的、学究的，它们偏离了史学的古典范式。19 世纪初期，吕斯（Friedrich Rühs）还在警告他的同仁们要当心档案馆中"沉闷的空气"对健康的损害[①]。19 世纪 30 年代人们已经普遍认为历史学家应该"研究布满尘埃的档案"[②]。在此基础上，将研究视为对真理之探究的看法日益占据主导地位，围绕着"研究"开始形成一种专门的史学方法论，即一套历史思考的技艺。这套方法论最初以启迪（Heuristik）和批判/考证（Kritik）为核心[③]。所谓启迪是指寻找隐藏在材料中的"事实"，是非常个人化的，反映了研究者与研究对象之间的关系，并且受制于研究者自身的认知和能力。从史料中弄清事实后，需要确证这些事实，为此提出了批判的方法。"批判"是德国史学向研究型转向时的核心概念。虽然批判态度从古典史学起就属于史学传统的一部分，但 19 世纪德意志史学的批判方法首先是为了应对"法国人人道化的、政治化的方法及其伪哲学的思考"[④]。在德国史家看来，没有什么比"伏尔泰、兰盖（Linguet）及其盲从者所推荐的方法"更不具有批判性的了[⑤]。这种"现代"的批判概念在尼布尔（Barthold Georg Niebuhr）那里得到深化。尼布尔认为，对历史之批判"不是阐明那些只是引发负面看法的结果，而是阐明对这段历史之全部的探讨本身"[⑥]；"批判"和"预言"（Divination）是弥补史料之瑕疵、歪曲和不足的两大手段。通过强调历史思考之批判性，历史学家开始彻底否定启蒙史学和新实用主

---

① Friedrich Rühs, *Entwurf einer Propädeutik des historischen Studiums*, S. 235.
② Georg Gottfried Gervinus, *Grundzüge der Historik*, S. 92.
③ 在胡昌智翻译的《历史知识理论》中，这两个词分别被译为"问题之提出与材料收集"和"史料考证"。
④ Stefan Jordan, *Geschichtstheorie in der ersten Hälfte des 19. Jahrhunderts*, S. 93.
⑤ Friedrich Rühs, *Entwurf einer Propädeutik des historischen Studiums*, S. 245.
⑥ Barthold Georg Niebuhr, "Einleitung zu den Vorlesungen über Römische Geschichte", in ders., *Kleine historische und philologische Schriften: Erste Sammlung*, Bonn, Weber, 1828, S. 83–101, hier S. 87.

义。但在尼布尔看来，批判是一种"无法依据规则来传授的技艺"，只可以"受教于大师"①。其后的历史学家逐渐将"批判"发展成获取历史真相的史料考证法，以保障史学的科学性和客观性。史料考证的任务是"查验那些流传下来的内容，这些内容是我们对于过去以及现在之认识的基础，指明其中的错误，揭露谎言，并且就此尽可能形成确证可信的事实"②。至德罗伊森，它已是一种由"真实性考证"（Kritit der Echtheit）、"一致性考证"（Kritik des Früheren und Späteren）和"正确性考证"（Kritik des Richtigen）等不同层次所构成的、以大量辅助学科为依托的系统程序③。

19世纪中期，与历史相关的"科学"方法基本确立：以调查为目的，通过启迪和批判的研究手段，追求对历史事实本身的认识——这就是史学的基本科学性所在。至此，史学凭借"自为目的性"来建构立自身专业地位和科学地位的目标基本实现了。

需要注意的是，在这一史学科学方法论的形塑阶段，历史学家的主体建构性，也就是对历史的解释（Interpretation）和理解（Verstehen），虽然学者们更多的是将其视为语言学技艺，而不是历史研究中一个固有步骤，但他们都承认历史学需要"理解"，尽管它并不依附于一套方法程序。洪堡（Wilhelm von Humboldt）在《论史家的责任》中强调了史家之主体性和理解的重要，当然他并没有将"理解"作为一个史学专业的方法论术语来使用④。与"理解"这个强调过程的概念相比，德国史家在19世纪前期更喜欢用"领悟"（Verständnis）

---

① Barthold Georg Niebuhr, "Einleitung zu den Vorlesung über Römische Geschichte", in ders., *Kleine historische und philologische Schriften：Erste Sammlung*, S. 11.

② Hartwig Floto, "Ueber Historische Kritik", in Stefan Jordan (Hg.), Schwellenzeittexte. *Quellen zur deutschsprachigen Geschichtstheorie in der ersten Hälfte des 19. Jahrhunderts*, Waltrop, Hartmut Spenner, 1999, S. 247 – 251, hier S. 248.

③ Johann Gustav Droysen, "Grundriß der Historik", in ders., *Historik. Historische – kritische Ausgabe von Peter Leyh*. Bd. 1, Stuttgart – Bad Cannstatt, frommann – holzboog, 1977, S. 401f..

④ Wilhelm von Humboldt, "Ueber die Aufgabe des Geschichtsschreibers", in ders., *Gesammelte Werke*, Bd. 1, Berlin, Georg Reimer, 1841, S. 1 – 25.

这个强调结果的同源概念。史学要追求"对人类生活最内在之物的领悟",史学之科学性就在于它提供的是一种"领悟世界"的知识①。即使是兰克这样的事实论者,也承认"史学之职责不仅在于搜集事实并将其依次安排,而且在于对它们的领悟"②。1837年,格维努斯在其《历史知识理论之基本特征》中总结历史学家技艺时指出,历史学家"应该以纯粹的情感去感知意外背后的伟大奥秘","要有领悟的生理机能结构(Organe des Verständnisses)"③。由此可见,"领悟"是史学的基本意识,但其地位不在学科方法论或史学研究程序层面;不存在一套可以对领悟性知识进行严格逻辑鉴定的标准,它是自觉的、情感性的、直指结果的。在史学现代科学化的进程中,主体建构性从未消失,其地位回落是史学为获得科学认证所付出的代价。

三 科学性与功用性、客观性与主体性的消长

随着自洽的独立的现代科学学科地位的确立,德国史学开始转向对现实地位的诉求。如果说传统史学追求道德训诫和政治教导的功能,所强调的是历史自身的功用性,那么历史科学追求意义创设和现实导向的功能,所强调的则是史学与史学家的功用性。这导致史学界分裂为两个阵营,一方仍恪守史学之"自为目的性"而疏离现实,另一方则以史学的独立性为基础而强势介入现实,后者日益占据主流。霍伊瑟尔(Ludwig Häusser)将历史学家分为三个类型:第一种是"书房里的历史学家",他们作为学术专家专注于档案与考据;第

---

① Friedrich Wilhelm Tittmann, *Ueber Erkenntniß und Kunst in der Geschichte*, Dresden, Waltherschen Hofbuchhandlung, 1817, S. 57, 70.

② Leopold von Ranke, "Ueber die Verwandtschaft und den Unterschied der Historie und der Politik: Eine Rede zum Antritt der ordentlichen Professur an der Universität Berlin im Jahre 1836", in ders., *Sämmtliche Werke*, Bd. 24, Leipzig: Duncker & Humblot, 1872, S. 280 – 293, hier S. 284.

③ Georg Gottfried Gervinus, *Grundzüge der Historik*, S. 92 – 94.

下篇 基于个案的理解

二种是"沙龙里的历史学家",他们要么是不食人间烟火的文艺爱好者,要么是为自由主义、保守主义或者宗教势力服务的理论家;第三种是"生活中的历史学家",他们既带着专家的批判与考证精神进行历史书写,又以知识分子的身份向公共领域阐释历史对于现实的意义。霍伊瑟尔呼吁德国的历史学家们都做"生活中的历史学家"[①]。

这是三月革命前时代(Vormärz)成长起来的一代人所秉持的典型立场。1815 年,维也纳会议维持了德意志的政治分裂。1848 年至 1849 年,通过政治革命重塑德国的尝试失败了。这不仅动摇了他们的自由主义理想(包括温和自由主义和右翼自由主义),而且改变了他们历史思维中关于"过去、现在与未来之间关系的普遍想象"[②]。更具体地说,民族要变成国家,"一个"民族要变成"一个"国家,历史是在现代民主国家框架下扩展自由权利的;历史学家对历史的这种意义赋予失去了立足之地。他们逐渐将建立现代德意志民族国家的责任从市民阶层(Bürgertum)转移给普鲁士王国之手,这一派历史学家也因此被称为"普鲁士学派"。

普鲁士学派坚信科学尤其是历史科学是确保帝国内部统一的重要因素,其目标是在民族、国家与史学之间缔结合约。1856 年,聚贝尔在审视学科状况时描述道:"在我们的文献中有所地位的所有历史学家,都有他自己的色调;有人笃信宗教,有人是无神论者,有人是新教徒,有人是天主教徒,有人是自由主义者,有人是保守主义者,有来自各个党派的历史写作者,就是不再有客观的、无倾向性的、没有血肉的历史学家了。这是极其显著的一个进步!"[③] 历史知识的任务是要在一种人把自我塑造成个性化个体的"通人教化"(Bildung)中指明价值取向,历史学家自身必须有热切的希望与激情。德罗伊森

[①] Ludwig Häusser, "Die historische Literatur und das deutsche Publicum", in ders., *Gesammelte Schriften*, Bd.1, Berlin, Weidmann, 1869, S.4–17.

[②] Friedrich Jaeger, Jörn Rüsen, *Geschichte des Historismus. Eine Einführung*, München, C. H. Beck, 1992, S.87.

[③] Heinrich von Sybel, *Über den Stand der neueren deutschen Geschichtsschreibung*, S.7.

第二十章　现代德国史学历史知识的认知建构及其诉求转向

在反对"不怒不苦"（sine ira et studio）的历史工作标准时曾说："我想要自己看上去就呈现为我自身立场中的相对真理——比如我的祖国、我的宗教信仰、我的政治信仰、我的时代——允许我保有的样子，不多也不少……像瓦克斯穆特在其历史知识理论中所倡导的客观的不偏不倚，是不近人情的。人性其实就是必有偏向。"① 从这个意义上就很容易理解，他为什么他将史学方法论编排为"启迪—考证—解释"三部曲，为什么他把解释视为历史科学达到"研究性理解"（forschendes Verstehen）的关键，并以此强调历史知识的主体勾连与诠释特征，这种理论建构不单单是要为史学谋求更稳固的学科地位，也不仅仅是学科理论发展积累到一定程度后的系统反省，而且是要通过强调史学的意义创设功能，来为其谋求比其他所有人文社会科学都更高的现实地位。

在普鲁士学派的努力下，德国史学从一门为政治和道德伦理提供实例说教的支持性学科，正式变成了一门具有政治导向力、意义创设力和社会教化力的学科。他们塑造了历史学和历史学家的建构力量。他们将18世纪对历史知识之建构性的认识，从反对历史怀疑主义的辩护之词变成了提升自身地位的有力武器。之后，无论是支持者还是反对者，无论是讨论历史之"用途"还是"滥用"抑或史学之"益于人生"（Lebensdienlichkeit），都以承认史学之建构性为前提。

19世纪下半叶，反对普鲁士学派的声音开始出现，最初的批判者来自政治异见者。无论是在围绕如何评价德意志帝国之中世纪意大利政策而爆发的聚贝尔—菲克尔争论（Sybel – Ficker – Streit，1859—1862年），还是在围绕如何评价自由主义与德国统一之间的关系而爆发的特赖奇克—鲍姆加藤争论（Treitschke – Baumgarten – Kontroverse，1882—1883年），虽然焦点是现实旨趣是否应该主宰对历史之评价，历史书写到底在多大程度上可以具有意图性和倾向性，但是归根结

---

① Johann Gustav Droysen, "Historik. Rekonstruktion der ersten vollständigen Fassung der Vorlesungen", in ders., *Historik. Historische – kritische Ausgabe von Peter Leyh*. Bd. 1, S. 236.

底，其驱动力不是深化对历史知识之特性的认知，而是为了维护自身的政治认同。

现代德国史学学科自我认知的再次转向源于代际更替。19世纪80年代新一代的历史学家开始在俾斯麦帝国成长起来，这批人包括莱曼（Max Lehmann）、德尔布吕克（Hans Delbrück）、伦茨（Max Lenz）、马尔克斯（Erich Marcks）、拉赫法尔（Felix Rachfahl）、翁肯（Hermann Oncken）和汉普（Karl Hampe）等等。他们出生在19世纪中叶，对其产生决定性影响的集体经验，不是1848年革命的失败，而是德意志统一后俾斯麦的政策、帝国社会经济问题的爆发和民族自由主义思想的回归。在他们看来，"帝国必须建立，这之后才能重新唤醒实在性的意义，唤醒对现实包括对过去的正确审夺。这方面的功绩，俾斯麦比兰克大。只要民族还在为它最崇高的财富而斗争，客观的史学就必须后退避让；当赢得胜利时，它才走上前来。激情平复后，我们才能重新公正行事"①。他们要求改变学科的政治取向，重新与兰克式的客观主义结合在一起，被称为新兰克主义（Neorankeanismus）或兰克复兴浪潮（Rankerenaissance）。

这一重建学科客观性的转向在20世纪初仍然主宰着德国史学，它不断加固着兰克式的客观主义在学科史中的地位，直至第一次世界大战爆发。从某种意义上来说，第一次世界大战强烈地改变了德意志民族国家与历史科学之间的关系。笼罩在德国人头上的战争失败阴影，迫使许多德国历史学家离开学术研究和课堂教学的安全之地，而投身时代的政治和文化之争。此后的德国历史学家都把自己视为"本民族历史宝库的守护者"和"历史圣坛上圣火的守护者"②，重新主张历史书写的政治与社会职责，把国家命运当作伦理政治运动和历史编纂的中心。他们在第三帝国时期与纳粹政权的"合意"，很大程度

---

① Max Lenz, *Die großen Mächte: Ein Rückblick auf unser Jahrhundert*, Berlin, Paetel, 1900, S. 26.

② Bernd Faulenbach, *Ideologie des deutschen Weges: Die deutsche Geschichte in der Historiographie zwischen Kaiserreich und Nationalsozialismus*, München, C. H. Beck, 1980, S. 437 f.

上也与这种自我认知倾向和学科定位密切相关①。

20世纪五六十年代,史学在阻止"德国的浩劫"上的无能为力,以及社会科学、行为科学的渗透和影响,使德国史学遭遇了严重的学科合法性危机。在公共领域失去了话语阐释权,这场危机导致了20世纪70年代前期历史学科的大讨论②。

在德国史学的这场自我审视中,其核心问题有两个。第一个是关于历史知识的主体性。在此,18世纪德国史学中的建构主义传统复苏了。包姆嘉特纳(Hans Michael Baumgartner)指出,一直以来被称为"历史"的事物,其实是一种"意义构成物"(Sinngebilde);历史"既不是对发生之事复刻般的写照,亦不是加倍的再生产,而是对在时空上可确定之要素、进程、时间、情节的一种专门的、赋予价值和意义的建构性书写。感性的具体的人类生活世界是基础和原料,历史……以对其的构造为前提,但无论如何不会与其完全等同"③。沃尔夫冈·蒙森(Wolfgang J. Mommsen)也宣称:"我们不能再以此为出发点,即认为存在一种客观意义上的历史,或者历史的进程本身有一种客观的意义,只要对史料有足够的、深入的、不带前提的检视,就可以客观地掌握和阐明这种意义……在科学历史编纂学的有效射程

---

① 关于纳粹时期德国史学的具体状况,参见景德祥《纳粹时期的德国史学》,《山东社会科学》2008年第8期。

② 讨论内容涉及历史研究和历史科学的方方面面,包括史学如何与其他科学相区分;史学究竟是人文/精神科学还是社会科学;诠释与分析、理解与解释之间的关系如何;什么是史学的价值无涉(Wertfreiheit)与价值有涉(Wertbezogenheit);什么是史学的客观与偏见等等。讨论的高潮是在1971—1973年,出版了一系列的专著和(会议)论文集,其中影响最大的是法贝尔的《史学理论》(Karl - Georg Faber, *Theorie der Geschichtswissenschaft*, München, C. H. Beck, 1971)和沃尔夫冈·蒙森的《超然于历史主义的历史学》(Wolfgang J. Mommsen, *Die Geschichtswissenschaft jenseits des Historismus*, Düsseldorf, Droste, 1971)。1973年,"历史理论"(Theorie der Geschichte)工作小组成立,出版了一系列讨论文集。新的历史理论教席也随之建立,在比勒菲尔德大学的执掌者是科泽勒克。

③ Hans Michael Baumgartner, "Thesen zur Grundlegung einer transzendentalen Historik", in ders., Jörn Rüsen (Hg.), *Seminar: Geschichte und Theorie*, Frankfurt a. M., Suhrkamp, 1976, S. 274 - 302, hier S. 276f.

内,历史视角之客观化……不再具有普遍强制力。"① 总之,人们对历史做出何种说明和解释,并不能由史料决定,史料本身的意义、史料考证和史料解释的功能都在一定程度上被弱化了。为了证明历史书写不是一种随心所欲的肆意妄为,蒙森等人将视角放在了历史知识的知识社会学和知识心理学的基础上。认为历史知识的建构性主要受以下因素影响:对历史和人性的设想,学科内部的结构和状况,历史学家所属的社会群体及其视角,历史学家对理性和经验的信仰、对现实的认知、对变化的理解、对未来的期待等等。之后德国史学家借鉴了弗莱克(Ludwik Fleck)的"思维集体"(Denkkollektiv)和"思维风格"(Denkstil)概念②;从库恩(Thomas Kuhn)那里学来了"范式"和"不可通约性"的概念;接受了福柯(Michel Foucault)"规训"的概念以及布尔迪厄(Pierre Bourdieu)的"场域"和"惯习"的概念。他们在这些概念的指导下,对历史学学科特性进行再思考。

　　第二个核心对象是历史知识的政治功用,即"历史(学)还有何用"的问题③。历史社会科学学派(Historische Sozialwissenschaft)

---

① Wolfgang J. Mommsen, "Der perspektivische Charakter historischer Aussagen und das Problem von Parteilichkeit und Objektivität historischer Erkenntnis", in Reinhart Koselleck, ders. und Jörn Rüsen (Hg.), *Theorie der Geschichte*: Bd. 1: *Objektivität und Parteilichkeit*, München, dtv, 1977, S. 441 – 468, hier S. 449.

② 波兰籍犹太裔学者弗莱克的思想,被认为开创了 20 世纪科学史和科学社会学研究的新方向,并给了库恩很多启发。他提出的"思维集体"是人们互相交流思想或者在智识上互相影响的共同体,是思想发展和知识储备的载体;"思维风格"是感知事物和适当领会已感知到事物的倾向性表现。思维风格会对个人施加一种定向的感知方式,集体的思维风格决定了个人的思维风格。思维集体将人们区分开来,只有思维集体内部的成员才可以互相沟通理解。德语圈从 20 世纪 80 年代初开始越来越重视弗莱克的思想,国内的相关讨论则一直较少(参见夏钊《弗莱克研究现状及其在中国的意义》,《科学文化评论》2014 年第 1 期)。

③ Reinhart Koselleck, " Wozu noch Historie?", *Historische Zeitschrift*, 1971 (1); Thomas Nipperdey, " Wozu noch Geschichte?", in Wolfgang Hardtwig (Hg.), *Über das Studium der Geschichte*, München, dtv, 1990, S. 366 – 388; Jürgen Kocka, "Geschichte – wozu?", in ders., *Sozialgeschichte. Begriff – Entwicklung – Probleme*, Göttingen, Vandenhoeck & Ruprecht, 1977, S. 112 – 131; Willi Oelmüller (Hg.), *Wozu noch Geschichte?*, München, Fink, 1977; Arnold Sywottek, *Geschichtswissenschaft in der Legitimationskrise. Ein Überblick über Diskussion um Theorie und Didaktik der Geschichte in der Bundesrepublik Deutschland 1969 – 1973*, Bonn – Bad Godesberg, Neue Gesellschaft, 1974.

第二十章　现代德国史学历史知识的认知建构及其诉求转向

自视为启蒙史学的继承人，要重构史学的实用主义。其核心人物韦勒（Hans-Ulrich Wehler）和科卡（Jürgen Kocka）试图将历史科学打造成一门"批判性的社会科学"，他们主张一种"具有实用性的、但是绝对不是为政治而工具化的历史科学"，号召历史学家比严肃认真地看待自己"在政治与社会教育上的职责"和对当下社会的自我启蒙具有重要实践意义的"道德工作"①，以便在公共领域重建历史科学的威望。与之相反，以尼培代（Thomas Nipperdey）和希尔格鲁伯（Andreas Hillgruber）为代表的新保守主义一方，则强调要时刻对学科的政治化保持警惕。虽然非科学的力量对历史研究的选题有重要影响，但是历史学家不应事先假定研究对象的政治和教育意义，只有抛弃对研究对象是否有用、是否符合道德伦理这样的判断，才能获得真正有助于实践的历史知识。

从后续的发展来看，对功用性的讨论超过了对科学性的讨论。其中一个至关重要的原因是在德国现代史学传统中，主体性尽管几经起伏，但却始终或隐或显地支撑着史学的发展。当后现代主义推动主体性回归时，对18世纪建构主义传统的重新发掘，让人们对历史知识之特性的认知从前科学到后科学隐隐形成了一个闭环。相反，围绕着历史的政治功用和历史科学的政治定位而展开的大讨论，导致了德国史学内部持久而深刻的分裂。

出于对这种认知分歧的妥协和规避以及主体性高扬的回应，德国史学将现实功用的建构，从承担社会政治责任逐渐转向促进个体历史意识和社会历史文化发展。2000年，德国科学基金会、欧盟委员会和德国科学赞助者联合会等多个机构合作提出了"反思性历史意识的促进与发展"计划（Die Foerderung und Entwicklung von reflektierem Geschichtsbewusstsein，简称 FUER Geschichtsbewusstsein）②。该计划主

---

① Jürgen Kocka, "Theorien in der Sozial- und Gesellschaftsgeschichte: Vorschläge zur historischen Sichtungsanalyse", *Geschichte und Gesellschaft*, 1975 (1).

② 参见 http://www1.ku-eichstaett.de/GGF/Didaktik/Projekt/FUER.html, 2019-04-01。

张，历史性思考就是重构与解构的过程。所谓重构就是以问题和方法为基础进行系统的叙述；所谓解构就是对已有之历史表现进行分析。历史性思考包括四种能力：历史性的提问能力、历史性的方法能力、历史性的取向能力和历史性的事实能力。历史教育学家潘德尔（Hans – Juergen Pandel）提出，历史学习是人类生活的一项终生活动，历史性思考的能力是人克服生活中的困境、面对各种争论的基本能力。这种能力包括：叙事能力（能够从不同的历史事件中提炼出一段"进程发展"的历史）、阐释能力（能够从历史材料的文字和图像信息中获取意义）、类型分析能力（能够对不同的历史文本类型及其价值进行评判）、历史文化运用能力（能够运用历史产品中的逻辑和理性）[1]。吕森则认为，历史学习之目的是让"我们有能力能够叙述我们所需之历史，以熟悉自己生活实践的时间维度"[2]。这些主张各有侧重，但其共同点是：历史学习的目标已不再是所学之历史知识的多寡，而是要学习如何以正确的方式运用历史思维来进行思考。

简言之，从18世纪至20世纪，德国史学对历史知识之建构性、科学性、自为目的性和现实功用性等特性的认知演化，根本上是为了获得自身的专业知识地位和社会现实地位而做出的努力。其中包含两个基本层次：其一是以科学性为基础的学科性。在这里，科学概念是变动的，科学性是复数的，其状态与性质是各自历史性地形成的。科学化并不是一个"自然"的过程。因此，历史学自我认知的"前现代—现代—后现代"发展脉络，与其说是一条递进式线性链条，毋宁说是一条迂回曲折、甚至自我相叠的道路。在科学性赋值的过程中，"自为目的性"的确立和保障是核心，史学之"自为目的性"不仅强化着学科自身的特异性，同时也制导着史家个体的自我诉求。历史学家个体在逻辑论证是独白式的，而历史知识之有效性是协商式的，学

---

[1] Hans – Jürgen Pandel, *Geschichtsdidaktik: Eine Theorie für die Praxis*, Schwalbach im Taunus, Wochenschau – Verlag, 2013, S. 207 – 245.

[2] Jörn Rüsen, *Historik. Theorie der Geschichtswissenschaft*, Köln u. a.: Böhlau, 2013, S. 258.

科的自我认知也是协商式的，是基于主体间性的。正因如此，在科学主导的知识体系中，就"历史是什么"和"历史学是什么"的问题展开的争论永远无法完全达成一致。其二是史学的现实功用性。德国史学曾经为了建构自为目的性而拒斥其伦理说教性；为了提高社会地位而突显自己的价值导向能力；当前其视角从国家转到个人因而注重个体历史思维能力的培育。这种变化的焦点并不在于史学之有用无用，而是在于怎么用。史学的功用性与科学性并非截然对立，其矛盾之处在于，它提倡最具系统性的科学方法论程序，但同时又倡导最具现实政治（Realpolitik）导向的功能论。现代德国史学就在这两极之间不断调试，尝试各种组合，以期找到自己的立足点。

第二十一章

历史文化：当代德国史学理论中的一个范畴

尉佩云[*]

就当代西方史学理论的发展而言，相较于英美语言分析哲学领域的纷繁硕果，静穆的大陆哲学传统下德国史学理论界未免有些沉寂。即便如此，相伴英美的"语言学转向"，德国史学理论自身也出现了一些值得关注的新思考，"历史文化"（Geschichtskultur）便是一例。沃夫冈·哈特维希（Wolfgang Hardtwig）在对历史文化的概念解释中提到，历史文化概念在德国的历史讨论中出现在 20 世纪 90 年代，并且哈特维希本人给历史文化的定义是"历史知识在一个社会中展现形式的总和"（Hardtwig，1990）。哈特维希总结道："无论如何，历史文化是从下列认识中得出的结论：一个社团或者社会的过去并非天然给定的，而是文化性地创造出来的，在历史文化描述的模式与复杂性中，它接受了象征性凝练的各种形式，其重要性在于阐明这些形式的目的、实现与功用，并于它们的关系中进行反思。"同时，哈特维希认为，在对去进行现实意义的研究中，20 世纪 70 年代以来出现了从"社会"向"文化"的范式转移，这种转移所表达的思想是：针对现

---

[*] 尉佩云：山西大学历史文化学院副教授。主要研究领域为西方史学理论与史学史、德国近现代史。参著《近二十年西方史学理论与历史书写》，译有《回首往事：对我学术生涯的简要回顾》《史学理论在历史教学与历史教化中的作用》等。在《史学理论研究》《史学月刊》《历史教学问题》等刊物上发表论文多篇。

第二十一章 历史文化：当代德国史学理论中的一个范畴

实性、诠释模式与价值判断的观点并不仅仅被人们理解为史料兴趣的功能，人们应该认识到，它构成了一种承受历史变迁并且具有相关的开启意义构建进程的整体（即德文的"Sinnbildung"）。"语言学转向"使得人们认识到美学在历史知识的构建中具有的重要意义。此外，在传统的历史意识的思想范畴以外，"记忆"在人类历史认知的基础性层面具有了可信度，并在人类的精神层面和行动导向中具有了思想效力。①

从哈特维希以上的解释中可以看出，首先，"历史文化"概念的出现本身是在历史研究接受了历史知识具有的构建性特点和美学维度的存在之后。并且在认知性层面而言，历史文化并非虚妄无物，而是以一种"象征性凝练"的方式对社团或社会的过去进行处理。其次，"历史文化"概念的出现和兴起是和20世纪的史学研究的总体性变迁是一致的。在20世纪70年代以来，计量史、社会史等社会科学化的史学潮流逐渐式微，代之以文化史（或所谓新文化史）研究趋势的兴起。其中代表性的比如拉杜里的《蒙塔尤——1294—1324年奥克西坦尼的一个山村》（1975）②、金兹伯格的《奶酪与蛆虫——16世纪一个磨坊主的精神世界》（1976）③等文化史研究作品出现，成为继史学社会科学化之后持续至今的范式。无论如何，这提醒我们历史文化是一个史学理论范畴内"后发性"的理论思考和构建。

一 "历史文化"的总体思想形态

对于中国的史学理论家或历史学家，乃至普通大众而言，"历史文化"势必不是一个陌生的概念。在中文语境中，"历史文化"可以

---

① Stefan Jordan (Hg.), *Lexikon Geschichtswissenschaft: Hundert Grundbegriffe*, Reclams Universal-Bibliothek, 2012, S. 112–113.
② Emmanuel Le Roy Ladurie, *Montaillou, Village Occitan*, 1975.
③ Carlo Ginzburg, *The Cheese and the Worms: The Cosmos of a Sixteenth Century Miller*, Baltimore, Johns Hopkins University Press, 1980. First published in Italian as *Il formaggio e i vermi*, 1976.

被理解为"历史的文化""历史和文化""历史与文化"。在一般性层面而言，这些理解都是具有对象性、认知性特点的概念，甚至一定程度上被视为一个社会中社会精英具有的学识水准的衡量标准。更多的情形是，"历史文化"在中文语境中被视为一种具有认识论特点的知识形态或者文化形态。在中国的学术界，历史文化是一个更加泛化的概念所指，并不具有特殊的思想逻辑。[①]

而在德国的学术界，如上述所言"历史文化"作为一个概念的出现是在20世纪90年代的时候，并且是以替代"社会"这个概念的面貌出现在德国历史学界。约恩·吕森（Jörn Rüsen，1938—　）作为当代德国史学理论界的代表性学者，"历史文化"这个概念是由吕森所引入理论界的。在吕森的体系中，"历史文化"并不是一个我们通常理解中的、泛化的知识形态所指（当然，在最基础的层面而言，历史文化肯定是具有认知论和作为知识形态的特点）。他将历史文化放在一个历史哲学的理论范畴中，以历史哲学的思想逻辑来看待这个概念在整个现代社会中扮演的角色和意义。我们可以朴素地将历史文化理解为历史和历史思考在现代社会及人类实践生活中具有的地位和意义伦理。无疑，历史文化一般被理解为经验层面的概念思考，而吕森所做的学术贡献在于，他将历史文化这种经验性的人类思考范畴诠释为具体的理论范畴，使得历史文化成为现代历史哲学思考的领域和对象。

吕森给历史文化先后下了两个定义，他在20世纪90年代论述历史意识和历史文化的相互关系及其定义时写道：

> 从历史意识到历史文化仅一步之遥。如果我们仔细研究一下历史意识在一个社会的生活中的作用，那么就可以看到，历史意识是一种完全独特的触及并影响人类生活践几乎所有领域的文化

[①] 就笔者所见，"历史文化"作为一个整体性的思想概念，在中国现在的史学理论或历史哲学的研究和讨论中是缺席的。

第二十一章　历史文化：当代德国史学理论中的一个范畴

功效（Kulturleistung）。因此，可以将历史文化定义为历史意识在一个社会生活中对（社会生活）实践有效性的表现。作为意识的实践，历史文化中基本涉及的是人类的主观性，是意识的一种活动。①

在最近的论述中，他将历史文化定义为：

> 历史文化是历史意识的意义形成功效（Sinnbildungsleistungen）的全部总和。它包括特定的时间过程中人类在面对他们的生活、行动、受难时的文化实践导向。历史文化将人类定位于一个时间变化过程之中，在其中，就是人类行动和受难发生之地，并且，人类本身的行动和受难在历史文化中得以在此确认和完成。历史文化的方向就来自于我们对人类过往经验的诠释，由此我们同时得以理解现在和开启未来视角发展的经验策略。②

从以上吕森的分析中可以看出，历史意识和历史文化具有非常密切的关系。在前一个定义中，他将历史文化定义为"历史意识在一个社会生活中实践有效性的表现"，在后一个定义中，他认为历史文化是"历史意识的意义形成功效的全部总和"——总的来看，正是由于历史意识在社会实践生活领域的实现和展现，历史文化才得以形成。至于这两个定义在语义学层面的差异，"历史意识在社会生活中实践有效性的表现"这个过程就是时间经验的意义形成过程，因而历史意识在社会生活中实践有效性的总体性展现就是历史文化。历史意识其于社会生活实践中有效性的展现过程昭示了历史意义的形成，这在本质上是一体两面的关系——如果历史意识不能在社会生活实践中展现其有效性，那么历史意义就是缺失的、无法形成的；历史意义如果已

---

① Jörn Rüsen, *Historische Orientierung*. Schwalbach: Wochenschau Verlag 2008, S. 235 – 236.
② Jörn Rüsen, *Historik. Theorie der Geschichtswissenschaft*. Köln: Böhlau 2013, S. 221.

经形成，说明历史意识在社会生活中完全能够实现其思想和精神效力。由此，吕森的这前后不同时期对历史文化的定义本质上是没有区别的，只是诠释的角度存在差异——第一个定义更加重视历史文化作为理论逻辑形成的结构性展现；第二个定义更加强调历史文化在人类行动和受难的整体性经验层面的地位和角色。

因而，非常朴素地，我们可以将历史文化理解为历史意识在人类生活中的精神实现和思想效力的发挥。而历史意识的精神实现和思想效力的发挥过程却是以历史记忆（Gedächtnis）和历史回忆（Erinnerung）① 为媒介或者实现手段。就历史意识的涵盖范畴而言，它更多的是指具有专业化和理性化的人类意识分支，对于人类无意识和前意识的倾向没有更多的重视。历史意识作为精神范畴，它为专业化和学术化的工作成果及社会实践提供思想动力和智力支持（比如博物馆和纪念日等对历史意识的"实体化"）。

而历史文化则相对专业化的历史实践领域而言是一个更广阔的范畴。相应地，在其精神范畴中，我们不仅要给予历史意识以足够的重视，还要对人类历史无意识和前意识（Un – und vorbewusste）倾向加以关注。因为作为历史意识在社会生活中实践有效性的表现，历史文化不仅涵盖了历史意识所给予时间经验的意义形成，还接受了某种无意识和前意识状态影响下的、"现时化"了的过去经验的思想效能。因此，在历史文化这个更大的思想观念中，吕森将其精神动力和促动机制从历史意识的焦点中扩展开来，以"历史记忆"这个概念试图探讨包括无意识和前意识在内的历史意识对人类实践生活的影响和塑造。因为，在"历史文化"作为一个理论概念进入我们的研究领域

---

① 在英文写作中，吕森将这两个德文概念通常分别作 Gedächtnis – Memory，Erinnerung – Remembering 或 Remembrance。在德文写作中，吕森倾向用 Erinnerung 来表我们通常所谓的"历史记忆"或"历史回忆"。笔者就此问及吕森在他看来这两个德文概念是否具有思想差异性，他并不认为其之间存在差异性。然而，在笔者文本阅读的过程中发现吕森在使用这两个概念时还是有些微的差异：他用 Gedächtnis 来表示更加鲜活的、直接的、短时性的记忆，而用 Erinnerung 来表示总体性层面上社会性的、长时段的、带有建构性的记忆，这也是在英文中他在一般性层面用 Remembrance 来表示"历史记忆和回忆"的原因。

第二十一章 历史文化：当代德国史学理论中的一个范畴

时，我们必须考量概念的完整性和逻辑性。对此，吕森说："如果我们能够一般性地总结出一个历史记忆的特征的话，那么历史文化作为一个有范畴化要求的术语就具有了合理性"①。

综上所述，我们可以对历史文化的功用性理解分为三个部分来看。首先，从学科范畴上看，历史文化是沟通专业的学术研究与人类的实践生活（Lebenswelt）的理论范畴。吕森的史学理论总体上是一个从人类实践生活需求出发回到人类实践生活并对其具有导向作用的过程，在其中，专业的学术研究和人类的实践生活是须臾不可分离的两个部分。② 我们得出这个结论是建基于他的第一个定义的逻辑基础之上，即历史文化是历史意识在一个社会中实践有效性的表现。正是通过历史意识的实践有效性，将专业范畴内的历史意识和广阔的人类实践生活联合了起来。由此，历史文化在其中起到了理论桥梁的作用。

其次，从历史意义的视角看，历史文化是现代社会的意义方案和可能性探索。在传统的历史意义方案（比如起源神话、宗教以及一切元理性的变体形态）在现代社会中失去了其思想效用之后，我们如何为现代社会中人类的一切实践活动（当然包括人文学术研究活动）寻找或树立一个合理的意义解释？没有意义的生活是荒谬的、散漫无际的，③ 我们必须将自己的生活建立在一个具备可理解性的思想基础之上。意义作为人类受难的出口，将这些洪荒、散漫的历史给予了人文性诠释，由此将痛苦的人类历史经验带入了历史的（人文的）世界。这是因为，在吕森的第二个定义中，历史文化作为历史意识的意

---

① Jörn Rüsen, *Historische Orientierung*. S. 236.
② 参见尉佩云《弥合现代与后现代史学理论的可能途径——以约恩·吕森的学科范型论为中心》，《史学理论研究》2014 年第 4 期。
③ 最为典型的例子可见塞缪尔·贝克特的两幕悲喜剧《等待戈多》。其没有开端、发展、高潮和结局的戏剧模式，为我们展现了一幕意义缺失状态下的生活：无序而且散漫，琐碎而且荒谬。这个若有若无、来又不来、像"漩涡的空心般具有吸引力"的戈多，我们其实可以将其看作现代社会的意义，而爱斯特拉冈和弗拉季米尔的种种荒谬行径正是因为戈多作为意义的缺失而导致的结果。

义形成功效的总和，其本身就是作为现代社会中人类实践生活的意义方案和可能性探索的领域而存在。

第三，从形成机制上看，历史文化是人类历史意识在社会实践领域的实现。我们遵循形式逻辑来分析这个概念的推论。作为论证的第一个层次的"诠释过去、理解现在和展望未来的相互联系"① 的历史意识，内在地包含着对过去、现在和未来这最为基本的三个历史时间维度的思考。由此类推，作为历史意识实现和具体化的历史文化，天然地也包含着在文化实践层面对人类的过去、现在和未来的时间三维的探究和思考。因而，在历史文化的形成机制层面而言，由历史意识所扮演并促动的对时间的感知和诠释，以及历史时间的导向和目的形成了历史文化。而对时间的感知和诠释、时间过程中的导向和时间目的之预设等等都是历史意识和历史记忆等作为人类精神范畴的产物。

那么，在作为不同促动机制的历史意识和历史记忆之间，存在着怎样的意义构成和思想差异呢？

二 "过去的迷思"：关于历史意义

独立的、单纯的过去对于现在有没有意义？或者说，独立的、单纯的过去本身能否存在？过去，或者历史思考中所谓的"过去"从来不仅限于时间的流逝如此简单。当然，由时间的流逝带来的时间距离的诱惑，这是给予人类历史思考和历史研究非常重要的动力来源。在此，人类的窥私癖和好奇心占据了主要的地位——我们想知道在永远无法再次回归的"过去"之中生活的人们是否和我们"人同此心，心同此理"。爱德华·吉本（Edward Gibbon）在描述其鸿篇巨制《罗马帝国衰亡史》的写作动因时说："那是在罗马，1764 年 10 月 15 日，临近傍晚，我正坐在卡皮托山的废墟上沉思，忽然传来朱庇特神

---

① 耶斯曼对历史意识的经典定义，见 Karl‑Ernst Jeismann, Geschichtsbewusstsein, In: Klaus Bergmann（Hrsg.）, *Handbuch der Geschichtsdidaktik*, Düsseldorf 1985, S. 40.

第二十一章 历史文化：当代德国史学理论中的一个范畴

殿里赤脚僧的晚祷声，我心中首次浮现出写作这座城市史的想法。"①吉本在其于意大利的"伟大旅程"（Grand Tour of Itatly）中，在罗马废墟上发思古之幽情成为写作这部经典的促动原因。此处的"发思古之幽情"可以视为跨越时间距离的历史感和历史意识的促发，正是由于这种对"往昔之幽幽，深不可测"的历史意识的诠释和阐发，成为具体探究并撰写罗马衰亡史的原因。由此，我们可以认为，纯粹逝去的时间过往本身由于时间距离的存在，横亘在"现在"和"过去"之间的时间裂隙促使我们产生了认识论的兴趣，并为历史想象留下了空间。

过去本身的性质是一个开放性的问题，在不同的理论家那里有不同的阐述。当然，这个问题又回到了史学理论的元问题，即过去本身是否真实地存在还是它仅仅存在于我们的话语文本之中？由此一般化地将这两类学者视为实证论者和建构主义者。当我们论及过去的地位和状况时不可避免地要考量其和现在的关系，吕森在论及过去和现在的关系时说：

> 在现今的史学理论领域内，在历史意义生成问题上的主导性观点是建构论的方式。过去的意义被认为是归属于过去，过去本身却对该意义并没有影响。但我认为，过去本身已经以历史发展的结果的方式展现出来。在此过程中，历史思考得以呈现并且也深受其影响。这个"展现"可以称之为传统（This presence can be called tradition）。在历史学家对过去进行构建组织之前，过去已经自我构建为现在作为过去发展结果的方式呈现于世界中。因而，在"过去"被主题化诠释为"历史"之前，"传统"在历史思考中具有持续有效性。②

---

① Edward Gibbon, *Memoirs of My Life*, Edited with an Introduction by Betty Radice, Penguin Classics, 2006, p. 161.
② Jörn Rüsen, "Tradition: A Principle of Historical Sense – Generation and its Logic and Effect in Historical Culture", *History and Theory*, Theme Issue 51 (Dec. 2012), 45–59, 引文出自第45页。

> 下篇　基于个案的理解

在"过去—现在"这个二元时间关系的历史意义问题上，吕森继承的是德国历史哲学传统中的"历史意义的不可预想性"（Unvordenklickeit）的观点，认为过去及过去的意义本身对"现在作为过去的结果"呈现方式的"建构"是具有先在性的。① 吕森在对过去本身的性质考察中，他反对建构论者，但他本身并没有走向实证主义的立场。因为，在他看来，过去并不是具有主体状态的时间维度，而是以现在作为其发展结果的方式呈现了出来。也即是说，过去对现在的影响并不是一个具体可辨的时空关系的影响状态，而是一个作为意义塑造结果的影响状态。那么，问题就被归纳为，在从过去到现在的时间过程中，过去是以何种意义方式展现为现在。或者说，在过去到现在的过程中，历史意义的影响和形成机制是如何运作的、如何在一个历时性的过程中演变的？

我们深入到历史意义内部逻辑来看上述问题，吕森对历史意义的定义是：

> 意义指的是人类世界的时间延展在主观性模式中得到的诠

---

① Unvordenklickeit，一般而言，一方面指的是"过于久远而难以忆起的时间"（J. H. CAMPE：Wb. der Dtsch. Sprache 5（1811）236.），另一方面指"超过记忆以外的缘故的开端"（GRIMM，a. O. ［1］2149；vgl. Art.〈Unvordenklich〉und〈Verjährung〉，in：W. T. KRUG：Allg. Handwb. der philos. Wiss.（1832－38）4，322.371；）。"Unvordenklickeit"作为一个哲学术语出现，是出自于谢林（F. W. J. Schelling）的"论不可预想性之一"（an sich Unvordenklichen u. Ersten）及其"什么是真实的开端"（was wirklich Anfang ist）（F. W. J. Schelling：Die Weltalter. Fragmente ［1811/13］，hg. M. SCHRÖTER（1979）211.）。谢林对该概念的发展是源于柏拉图和亚里士多德的"ἀνυπόθετον"，即"真实""不造假"（PLATON：Resp. 511 b；vgl. Art.〈Voraussetzungslosigkeit〉. ARISTOTELES：Met. IV，2，1005 b.），同时这个概念建立于谢林"形而上学彻底的失败"的观念基础之上。谢林援引康德的说法，在康德看来"这是人类理性的真正的深渊"，因为在人类的思考过程中，每一个条件之前总要附加另外一个条件从而使得这个条件成为可以理解的，但是绝对的不可理解性是无条件的，因为在其前面再也没有一个条件存在了（KANT：KrV B 641；vgl. SCHELLING：Philos. der Offenb. I，8. Vorles. SW II/3，163ff. KrV B 620f..）。因而，在人类理性深渊的之边际，本初的起始是无条件的，因为没有什么能够为其提供一个预设条件。所以，谢林将"不可预想性（Unvordenklickeit）"甚至视为"不可认知（理解）性（Undenkliche）"。以上解释参见 *Historisches Wörterbuch der Philosophie*，ed. Joachim Ritter，Karlfried Gründer，Gottfried Gabriel. Band 11：U－V. Darmstadt：Wissenschaftliche Buchgesellschaft 2001，S. 339－341。

第二十一章 历史文化：当代德国史学理论中的一个范畴

释。任何转变看起来都是有意图的，仿佛他们受到了目的意志的影响。意义概念与意图和目的性紧密联系在一起，而这种目的性则将人类的行动作为一个能进行思维和反思的主体活动凸显出来。①

可见，历史意义本身在德国的历史哲学传统中既不是一个实证主义的概念，也不是一个建构论的概念，而是介于两者之间：过去的意义对现在的影响是确实的；而人类理性对历史意义的主观性诠释却是带有建构论色彩的。而在吕森这里，历史意义本身成为一个具有现实性的概念——在对历史意义的前提预设进行忽略的基础上，历史意义已经替换为由"过去"到"现在"的这个时间过程中的变化、目的意志、未来导向的综合形成。像皮特·莫兹所说的历史意义对于吕森而言"仿佛圣杯中的精神泡沫在源源不断地为他流出"②。因此，在"现在"作为"过去"历史发展结果的呈现这个问题上，吕森用"Presence"这个概念来表达。"Presence"在表述过去的时间经验在现在人类生活世界的影响彰显的过程中，即在指涉过去的时间范畴的"现时化"影响时，吕森用"传统"这个概念来表达。此处的"Presence"起码有三层含义：首先，过去以现在作为结果的方式呈现出来，表现为"现在性"；其次，这个由过去到现在的时间过程作为历史过程而言是真实可辨的，就表现为过去在现在的"在场性"；第三，现在作为过去的存在和表现模式，"展现"为"现在"。

在第二个层面上，即过去在现在的"在场性"而言，荷兰史学理论家艾克·鲁尼亚（Eelco Runia）在《在场》（Presence）一文中对此作了陈述。③ 鲁尼亚在该文的开篇便说："历史哲学家长久以来都

---

① Jörn Rüsen, *Historische Sinnbildiung*, S. 18.
② Peter Munz, Review of Jörn Rüsen, Historische Vernunft, *History and Theory*, Vol. 24, No. 1 (Feb., 1985), pp. 92–100.
③ Eelco Runia, "Presence", *History and Theory*, Vol. 45, No. 3 (2006), pp. 1–29. 该文后来收入他 *Moved by the Past*, *Discontinuity and Historical Mutation*, NewYork, Columbia University Press. 2014.

被'意义'这个概念引入歧途——起先是不断追随，后来是发誓抛弃……在最近的三四十年里，历史哲学家们试图肃清他们的（也是我的）学科内力图确立意义的企图。"① 在对意义和在场的关系中，鲁尼亚写道：

> 我的文章（指《在场》——笔者注）立意在于在追寻越战退伍老兵的回忆时，在拥有一个由他们所爱的人的碳（指骨灰——笔者注）所制成的钻石以纪念他们独特的生命时，在世贸中心纪念日上阅读那些受难者的名字时，在这使人扭曲的重聚中，在这些可比较的现象中，并不是"意义"的缺失而是我更愿意称之为"在场"的缺失……"在场"在我看来，是"伸手可触及"的，它既不存在于文本形式中，也不是建构出来的，"在场"是使你成为你自己的那些人物、事物、事件、感情。"在场"呼吸着生命的低语和真实使之成为常规和陈词滥调（cliché）——"在场"是完全实现的事物而非被允诺的事物。②

通过鲁尼亚的这段陈述，我们可以看出，"在场"其实是鲁尼亚试图用来替代"意义"这个原本作为西方历史哲学中心的概念。"意义"伴随着现代社会的祛魅和元理性的分离（"Vernunft"成为"Verstanden"），伴随着意义和经验的分离，伴随着怀特式的表现主义对意义的冲击，③由此带来的结果是，在现代历史思考模式中，意义成为一个问题并不能完全统摄一切现代的历史思考。由此我们就厘清了鲁尼亚的"在场"这个概念的预设目标："在场"是鲁尼亚试图用来

---

① Eelco Runia, *Moved by the Past, Discontinuity and Historical Mutation*, p. 49.
② Eelco Runia, *Moved by the Past, Discontinuity and Historical Mutation*, p. 53.
③ 鲁尼亚在陈述怀特的表现主义（Representationalism）对意义及思辨历史哲学的影响时，举了一个非常有意思的例子，他说怀特的表现主义就像童话中的人许愿时想将自己所触碰的一切都变为金子，结果是他绝望地发现他碰触的食物在他放入口中时也变为金银而无法食用。怀特的理论失误也成为鲁尼亚提出在场概念的重要原因。见 Eelco Runia, *Moved by the Past, Discontinuity and Historical Mutation*, p. 53.

第二十一章 历史文化：当代德国史学理论中的一个范畴

代替"意义"并将其作为历史思考的中心的概念，特别是在处理"过去"与"现在"这个二元时间关系时。

具体来看，不管是吕森的"意义"还是鲁尼亚的"在场"，他们都在处理一个历史哲学的元问题——即在过去和现在之间、在过去的时间经验和现在的意义结构之间、在"发生了什么"和"表现为什么"之间的逻辑关系。一般化地来看，在人类由过去到现在的时间过程中，生活在现在的人们总是在"回溯式地"[①] 思考我们从过去得到了什么，或者过去对现在有什么影响这类非常基本的历史问题。

在此吕森用传统的历史哲学概念"意义"来表达，因而"意义"成为一种超时空的中介和存在物，像一种时空隧道。过去那些逝去的、流失的、无痕迹的一切时间产物，对于现在的人们来讲无根无垠。这些无根无垠而又无比真实的人类过往通过意义作为媒介传递到现在人类的生活世界中。而在鲁尼亚这里，吕森的"意义"变为"在场"。在"意义"受限的地方（比如作为人类恐怖历史经验的大屠杀），"在场"就浮现了出来。鲁尼亚将"在场"没有赋予过多的意义内涵，简单来讲，"在场"就是使你作为个人、使事物"是其所是"的一切东西。相比"意义"，"在场"是触手可及的，是真实的、物质的。因而，在过去到现在的演变中，特别是在处理人类历史的非连续性和断裂性的历史经验的过程中，"在场"提供了一个非常有用的分析框架。鲁尼亚就此说，在由过去到现在的过程中，"意义的传递"是以"在场的传递"为前提的。[②]

在文化实践层面，在由"过去"到"现在"的过程中，吕森的"意义"和鲁尼亚的"在场"都扮演着一个意义扭结的角色。尽管鲁尼亚本人并不认为"在场"会携带更多的"意义"的色彩。然而，作为时间转化和传递的思考媒介，经由这些媒介（即"意义""在场"或者其他宗教媒介），那些宏阔而又立体的时间过程作为"过

[①] 怀特用"retrospective"，鲁尼亚用"retroactive"来表达。
[②] Eelco Runia, *Moved by the Past, Discontinuity and Historical Mutation*, p. 83.

去"需要被"现在"所承接，在这个承接点之上，意义是不可避免的。因为，如果没有意义的存在，过去的时间之流和现在的人类生活世界无法联系在一起，由此会踱入时间的荒野（也即吕森所谓的"自然时间"）。一旦"在场"打算接手"意义"的思想工作，那么就不可回避地需要清算意义带给我们的成果。所以，鲁尼亚说"在场"是以"缺场"来表现自己。笔者认为，毋庸说，"在场"本质上是一种意义的变体形式——"在场"是以"意义缺场"的形式来思考由"过去"到"现在"这个时间过程中的意义。

三 "谁掌握过去，谁就掌握未来"：关于历史记忆

在乔治·奥威尔（George Orwell）的小说《1984》中，有一段对话如下：

"谁掌握过去，谁就掌握未来；谁掌握现在，谁就掌握过去"，温斯顿顺从地重复到。

"谁掌握现在，谁就掌握过去"，奥勃良说并慢慢点头表示赞同。"温斯顿，按你的想法，过去是不是真的存在？"

……

奥勃良微笑着，"你并不是形而上学家，温斯顿"，他说。"直到此刻你都没有真正考虑过存在意味着什么。让我更清楚地来说，过去在空间中具体地存在吗？是否有一个地方或者他处作为具体有形而且客观可靠的世界，过去在其中正在发生？"

"不。"

"那么过去在何处存在，根本上讲？"

"在文献记录中。过去被写下来了。"

"在文献记录中。还有呢？"

"在头脑中。在人类的记忆中。"

第二十一章 历史文化：当代德国史学理论中的一个范畴

"在记忆中，非常好。那么我们掌握所有的文献记录，掌握所有的记忆。然后我们就掌握了过去，对吗？"①

借由奥勃良的这个富有深意的提问，我们进入更深一层的分析。在过去到现在的"转化"②过程中，或者过去本身被"识别"出来并思考对现在的影响时，这是在历史意义领域完成的。而在历史意义领域的内部结构中，过去和现在的关系思考却是由历史记忆和历史意识所承担。对于历史记忆而言，其核心概念就是"现时化"（vergegenwärtigen）。扬·阿斯曼在论述历史回忆的"现时化"功能时说道："凝聚性结构（Konnektiven Struktur）同时也把昨天和今天链接到了一起：它将一些应该被铭刻于心的经验和回忆以一定形式固定下来并使其保持现实意义，其方式便是将发生在从前某个时间段中的场景和历史拉进持续向前的'当下'框架之中，从而产生出希望和回忆。""然而，一次逾越节晚餐的意义并不仅仅在于遵循完全相同的规范进行，从而重复去年的庆典，它更重要的意义是现时化另一个更早的事件：出埃及。"③ 对历史回忆的现时化这个问题，吕森表达了与阿斯曼类似的观点："记忆改变了过去的时间状态，使过去不再停滞于过去状态，而恰恰相反，记忆使过去成为现在，并且在这一过程中开启了未来的视角。历史记忆抓住过去的某些事物，并且同时使人们意识到这些事物是过去的逝去，但它们却与现在密切相关，即被现

---

① George Orwell, 1984, *Signet Classics*, Copyright Sonia Brownell Orwell, 1977, p. 248.
② 此处笔者用"转化"指的是在由过去到现在的时间过程中，是一个综合的、漫长的、广泛的过程，既包括时间演变，也包括经验性质的演变，同时也包含着其中人类一切的生活"痕迹"留给现在的产物；同时，这个"转化"也是一个非常不同的过程，在人类的理性认知中，可能既有迅猛的、冲击性的转变，也有难以察觉的、缓慢而不自知的演变。在总体上，这指的是由"过去"到"现在"的这个时间通道作为一个综合性范畴演变到现在的一切结果。
③ Jan Assmann, *Das Kulturelle Gedächtnis*, *Schrift*, *Erinnerung und politische Identität in frühen Hochkulturen*, München, C. H. Beck, 2007, S. 17. 英文版：*Cultural Memory and Early Civilization*, *Writing*, *Remembrance*, *and Political Imagination*, Cambridge University Press 2011. 中文版参见［德］扬·阿斯曼：《文化记忆：早期高级文化中的文字、回忆和政治身份》，金寿福、黄晓晨译，北京大学出版社2015年版。

时化了（vergegenwärtigt wird）。"①

通过上述阿斯曼和吕森的陈述，可以看出，他们对历史记忆的核心内容及功能的认同是一致的，即历史记忆使得那些过去的时间没有消失，而是通过历史记忆使之在现在的时空关系中产生了现实意义和影响。过去的时间以及在这个时间过程中所蕴含的经验性质，随着过去这个时间通道的流转，并没有成为一去不复返的虚妄，而是通过历史记忆使其在现在这个时间通道中产生了意义。在过去"转化"为现在的过程中，一方面是时间的演变，即由纯粹的"那时"变为"这时"；另一方面是凝结于时间中的经验性质的转化；其次是历史意义的转化。在现在表现为过去的由来这个层面上来看，鲁尼亚称之为"在场"，而吕森将这个过去在现在的"在场"称之为"传统"。所以，鲁尼亚的"在场"和吕森所谓的"传统"具有类似的范畴同指性（即前文"This presence can be called tradition"），都指的是过去在现在的时间状态中的留存。阿斯曼在论及"传统"和"记忆"时则说："群体与个人一样都'栖居'在自己的过去里，并从中汲取塑造自我形象的成分。奖杯装点体育协会的房间，荣誉证书装点运动员个人的房间，若非要称一个为'传统'，另一个称为'记忆'，则并无太大意义。"② 可见，阿斯曼和吕森在认为过去在现在通过历史记忆的留存，在时间层面和经验层面而言，他们并没有理论观点的差异。

而在历史意义和历史感层面而言，阿斯曼和吕森的观点分歧却是非常鲜明的。在吕森看来，历史意义不仅是过去到现在的一个时间承接点，而且是现在到未来的一个时间开启点。在历史意义中，过去、现在、未来这历史思考的三个基本的时间维度被先后统一了起来并且找到了相互之间的结构性关联。过去的事物能够进入现在和未来的时间联系中，只有在这种联系中，过去才获得了回忆者所具有的固有的

---

① Jörn Rüsen, *Historische Orientierung*. S. 238 – 239.
② Jan Assmann, *Das Kulturelle Gedächtnis*, *Schrift*, *Erinnerung und politische Identität in frühen Hochkulturen*, München, C. H. Beck, 2007, S. 47. 中文版第 41 – 42 页。

第二十一章 历史文化：当代德国史学理论中的一个范畴

时间性质（Zeitqualität）。①

吕森此处所谓的"回忆者所具有的时间性质"其实就是"历史感"或"历史性"。对于一个现代历史研究者而言，作为历史意识功能的"历史感"和"历史性"作为对相异的时间经验的体悟感知的主要结果，是研究者非常基本而又重要的能力素养，否则可能会导致"时代错置"（anachronism）的谬误。因而，对于作为德罗伊森的承继者的吕森，而又特别强调历史研究的学科性这样的学者而言，"历史感"是其研究中非常重要的内容。由此而来的历史意义甚至是作为吕森整个历史哲学体系的核心概念而存在的，因为在德罗伊森及吕森的逻辑中，历史意识具有的"历史感"和由此形成的"历史意义"使得"过去不再如同以往，过去的特定事件即时间联系依然保持过去的样子，正是通过这种情况的回忆，才会超越它们那种逝去的状态，从而获得现在性和未来性"②。这就是德罗伊森所谓的"过程"（Vorgang），在这个过程中事件变为了历史（"Aus Geschäften wird Geschichte"）。

阿斯曼则称"历史感"为"神话"（Mythos）并说"我怀疑历史感是否真的存在并认为文化记忆这个概念更合适一些"③。在历史意义和历史导向问题上，阿斯曼同样表示了拒绝：

> 回忆是进行符号化（Semiotisierung）的行为。这在今天也是如此，作为与符号化相对应的"意义创建"（Sinnstiftung）概念在历史研究中已经失去信用（Misskredit）。人们在这里要清楚的是记忆和历史学没有关系。我们并不期待一名历史教授能够"填满回忆、创造术语、解释过去"，但这并不能改变他一直在从事

---

① Jörn Rüsen, *Historische Orientierung*. S. 239.
② Droysen, Johann Gustav: *Historik. Historisch – kritische Ausgabe*, ed. Peter Leyh. Bd. 1. Stuttgart – Bad Cannstatt, Frommann – Holzboog 1977. S. 69.
③ Jan Assmann, *Das Kulturelle Gedächtnis*, S. 68.

下篇 基于个案的理解

这些工作的事实。①

阿斯曼在对来自于上述提到的韦勒名著的《德国社会史》的概念"填满回忆、创造术语、解释过去"所做的脚注中写道：

> 我认为韦勒主张的历史学应该倡导"导向性知识"（Orientierungswissen），并以此来替代"意义创建"这是一个过分的要求。作为"导向性"概念前提的意义概念实际上和"意义创建"中的意义概念是没有区别的。在马克斯·韦伯看来，科学应该脱离价值判断并作为单纯的认知而存在……在任何情况下，我们都不能期待埃及学会提供"导向性知识"②。

由此可见，阿斯曼并不认同历史学或者历史研究会具有超越性内容。作为历史研究超越性内容的"历史导向"这个被吕森所非常重视和推崇的概念也被阿斯曼所否定。③ 韦勒所使用的"意义创建"（Sinnstiftung）概念在吕森的体系里用"意义形成"（Sinnbildung）来表达，也是作为其理论架构的核心概念而存在。不过，在此阿斯曼倒是对"意义"与"导向性知识"的关系以反面论证的形式做了一个非常恰当的表述，即历史知识的"导向性"前提的意义和"意义创建"中的意义是并无区别的。这是因为，历史导向暗含着一个前提就是必须有历史统一体的存在，在过去、现在、未来之间具有历史连续性。在具有历史连续性的基础上，才能开启未来的时间视角并提供历

---

① Jan Assmann, *Das Kulturelle Gedächtnis*, S.77.
② 该脚注于 Jan Assmann, *Das Kulturelle Gedächtnis*, *Schrift, Erinnerung und politische Identität in frühen Hochkulturen*, München, C. H. Beck, 2007. S. 77. 第63个脚注的内容。阿斯曼提到的施提默尔（Micheal Stürmer）所引的韦勒（Hans - Ulrich Wehler）的著作应该为 *Deutsche Gesellschaftsgeschichte*, Bd. 2: Von der Reformära bis zur industriellen und politischen 'Deutschen Doppelrevolution' 1815 – 1845/49 1989。
③ 关于吕森历史导向问题的评论参见 David Carr, "History as Orientation: Rüsen on Historical Culture and Narration", *History and Theory*, Vol. 45, No. 2 (May. 2006)。

第二十一章 历史文化：当代德国史学理论中的一个范畴

史导向或者韦勒所谓的"导向性知识"。其次而言，韦勒的"意义创建"或吕森的"意义形成"中的意义本身就指的是历史连续性的形成。而历史导向和历史意义都需要以历史连续性作为一个前提基础，所以在两者中的"意义"前提当然没有实质的区别。

那么，我们如何来看待阿斯曼和吕森及韦勒之间的这种理论态度的差异？吕森在陈述他以及所属的历史学家群体的思想特征时说道："我这一代的德国历史学家共同面对着一个非常特殊的问题，面对纳粹时期的统治，我们怎么面对并理解、给出回应，怎么看待这段历史在德国历史中的定位。如果你读我这一代历史学家的作品，比如蒙森（Wolfgang Mommsen）、云客乐（Heinrich August Winkler）、韦勒（Hans-Ulrich Wehler）、科卡（Jürgen Kocka）等，你都会发现置于其中的道德准则和道德批判。因为我是这一代历史学家中的一员，所以我想说我们必须重新审视那些在纳粹体制中曾经工作过的人以及他们的动机。"[①] 对这一代历史学家而言，将纳粹和大屠杀的这段历史在整个德国历史中进行"历史化"是他们的学术研究中非常重要的内容，这也是韦勒所领衔的整个"比勒菲尔德学派"（Bielefeld School）的学术特点。[②] 因而，伴随着比勒菲尔德学派所秉持的道德准则和道德批判，历史意义和历史导向成为历史研究的中心议题。如果要将纳粹和大屠杀这段历史进行"历史化"（Historizing Nazi-Time[③]），将其力图置于历史连续性之中，那么作为历史连续性的思想源泉的历史意义自然成为重要内容。同时，既然作为历史连续性和历史意义而言，过去、现在、未来的时间三维关系自然就是其中之义，未来的视角和时间导向成为其核心内容。所以，在吕森及韦勒的

---

① [德] 约恩·吕森、尉佩云：《历史叙事、历史研究与历史伦理——访约恩·吕森》，《历史教学问题》2016 年第 1 期。
② 吕森在比勒菲尔德学派的大本营比勒菲尔德大学供职近十年（1989—1997），并在 1990 年以后担任跨学科研究所的所长。
③ 吕森对"历史化纳粹"在历史哲学层面的讨论，见 Jörn Rüsen, History: narration—interpretation—orientation, Berghahn Books（2005），第十章"Historizing Nazi-Time: Metahistorical Reflection on the Debate Between Friedländer and Broszat."。

研究中对历史意义和历史导向的坚守是可以理解的，这是和历史伦理和历史责任相关的层面。

相比吕森和韦勒而言，阿斯曼在德国的学术界中是作为埃及学家和古典学者。并且，他的主要的任教和生活经历都在德国相对保守的海德堡大学。作为一位实践历史学家而言，他说"历史意义在历史研究中失去信用"，这是和历史意义在 19 世纪晚期以来目的论历史哲学和元理性的萎缩相一致的过程。因而，阿斯曼和吕森的理论差异首先是面对的理论预设对象的差异，如果没有面对大屠杀这个在吕森研究中"永恒的主题"，那么历史意义在今日已经"名声不佳"是整体性的学术潮流所在。其次，吕森和阿斯曼的观点差异可以看作历史哲学家和工作的历史学家之间的差异，或者海登·怀特所谓的历史哲学家的"实用的过去"（practical past）和职业的历史学家的"历史的过去"（historical past）之间的差异。① 历史哲学家将理性和秩序带入"实用的过去"之中，而职业历史学家所构建的"历史的过去"则"不会给出任何有利于当前的教训"，并且"用叙述来表现分离的事实"——由此，反观阿斯曼说"任何情况下，我们都不能期望埃及学会提供'导向性知识'"则是情理之中。在阿斯曼看来，韦伯意义上的"价值无涉"（Wertfreiheit）的纯粹知识更为可靠。

不过，阿斯曼在上文中提到"回忆和历史学没有关系"则是值得进一步分析的。不管个人记忆、集体记忆、交往记忆还是文化记忆，一旦我们宣称他们在人类精神领域的普遍有效性的话，我们就不能忽略历史学的根本构成元素——历史学家在一个现代文化社会群体中所拥有的记忆对他的工作的影响。在历史思维和历史认知中，历史学家的理性精神和历史意识具有根本性的作用。对于前意识和非理性的层面而言，历史记忆和回忆在其中扮演重要角色。在个体层面而言，甚

---

① Hayden White, "*The Practical Past*". 作者于 2008 年 11 月参加雅典"反思和批判之间的历史"（History Between Reflexivity and Critique）学术会议时提交的论文。怀特所使用的这两个概念来自于英国哲学家奥克肖特（Michael Oakeshott），该文后被怀特扩充为书出版，即 *The Practical Past*, Northwestern University Press (30 Nov. 2014)。

第二十一章 历史文化：当代德国史学理论中的一个范畴

至个人的记忆对他的学术研究的立场态度、研究取向、价值判断等都有非常深远的影响——这也是为何在德国战后的吕森这一代史学家对纳粹进行反思批判并进行清算的原因。所以，如果我们一边宣称历史记忆和回忆在人类精神层面的普遍有效性，一面认为历史学和历史记忆没有关系则未免会陷入论证上的两难境地。

在吕森看来，不论是历史意识还是历史记忆，都是相互交织处于共生的状态中，不可能相互独立而存在。最后，两者呈现为文化记忆的"格式塔"（Gestalt）[①]——或者说，文化记忆本身呈现为人类活动的影响和结果的"格式塔"。总体来看。吕森并没有像阿斯曼一样宣称历史和记忆没有关系，他认为历史虽然和记忆是不同的，但没有历史记忆的话我们就不能历史地思考；而如果没有历史的话，记忆则不能超越个人生命界限以外的可能。因而，历史文化的理论总体上要求历史记忆的阐明，因为历史记忆为历史意识提供了媒介并且将过去转化为现在；我们也不能忽视历史意识在记忆中的角色，因为历史意识将历史记忆带入了生命界限以外的可能，并且使历史记忆牵涉到经验性内容从而使其具有了可靠性。[②] 只有如此，历史才能在文化上被定义为一门文化学科（Kulturwissenschaft）而存在。

四 结语

在德国随着20世纪70年代以来历史研究领域从社会向文化的转变，历史学逐渐承认了其作为知识形态而存在建构性的一面。在其中，历史文化作为整体性研究话语而出现就深刻地说明了这一点。由

[①] 心理学上，"格式塔"被解释为"是我们在心不在焉与没有引入反思的现象学状态时的知觉"。吕森此处的"格式塔"指的是在人类文化层面上，人类对自己的活动和过往的一种无意识或"先在"状态的思考和探究，这个思考的结果本身就呈现为"文化记忆"，因而，文化记忆就是人类活动的"格式塔"。安克斯密特在《叙事主义哲学的六条论纲》中称，叙事性解释是一种格式塔，具有提议（proposal）的性质。见 F. R. Ankersmit, *History and Troplolgy, the Rise and Fall of Metaphor*, University of California Press 1994, p. 37。

[②] Jörn Rüsen, *Historik, Theorie der Geschichtswissenschaft*, S. 232.

此，历史记忆和历史文化这两种学术话语在20世纪八九十年代在德国的史学界同时兴起并传播开来就并不是偶然的了。在以"象征性凝练"的方式处理过去的过程中，历史文化需要在社会生活领域重新考量历史和历史思考在人类生活中扮演的角色及其彰显形式的特征。而在吕森看来，历史文化作为一种公共历史话语的思考，必须要被纳入到职业历史思考的范畴中并加以理论化，为其在历史学作为一门学科性研究中寻找到合适的思想位置（"用范畴的眼光看待历史"[①]）。本文通过对"历史文化"这个思想范畴的分析，由此也可窥见当代德国史学理论发展的一个面相。

---

① "Ein Kategorialer Blick auf Geschichtlichs"，见 Jörn Rüsen：*Historische Orientierung*. S. 233。